번뇌를 지혜로 바꾸는 수행

번뇌를 지혜로 바꾸는 수행

초판 인쇄   2017년 11월 2일
초판 발행   2017년 11월 5일

지은이   욘게이 밍규르 린포체
옮긴이   까르마 빼마 돌마
펴낸이   이연창

펴낸곳   도서출판 지영사
         서울특별시 성북구 성북로 16길 16-12 1층(성북동 54-1)
         전화 02-747-6333 팩스 02-747-6335
         이메일 maitriclub@naver.com
         등록 1992년 1월 28일 제1-1299호

값 18,000원
ISBN 978-89-7555-188-8 03320

번뇌를 지혜로 바꾸는 수행

티베트 불교 기초수행 길잡이

욘게이 밍규르 린포체 지음
까르마 빼마 돌마 옮김

지영사

열한 살에 부모님 곁을 떠나 사원에 들어간 저는 늘 집이 그리웠습니다. 그런 제게 스승이신 쌀제 린포체께서는 "누구나 고향을 그리워하는 것은 진정한 고향이 우리 안에 있기 때문이다. 그걸 깨닫게 되기까지 사람들은 밖에서 행복을 찾으려고 한다"고 말씀하셨습니다.

한국 불교와 티베트 불교는 오랜 역사 속에서 독자적인 형태로 발달했지만, 양쪽 모두 마음의 본성을 찾는 수행을 합니다. 용어는 다를 수 있지만, 수행을 통해 자신의 본성을 알아차려 행복에 이르는 길을 닦아갑니다. 이렇게 우리는 행복을 밖에서 구하지 않고 안에서 구합니다.

석가모니 부처님의 첫 번째 가르침은 삶이 괴로움(苦)이라는 것입니다. 이 말씀은 언뜻 들으면 매우 우울한 소식 같지만, 괴로움에 대해 잘 알면 괴로움에서 벗어날 수 있다는 가르침이기도 합니다. 다시 한 번 제 스승님을 인용하자면, 물은 물로 빼야 합니다. 한 번은 세수하다가 잘못해서 귀에 들어간 물을 빼려고 안간힘을 쓰는 저를 보시고 린포체께서는 귀에 물을 더 부으라고 하셨습니다. 그러자 정말로 물이 빠져나갔습니다. 물로 물을 빼듯, 괴로움을 이용하여 괴로움을 이기는 것이 이 길입니다.

저는 어려서 심각한 공황장애로 고생했지만 명상으로 이겨냈습니다. 명상은 괴로움을 극복하는 훌륭한 수행법입니다. 꼭 좌복에 앉아야만 명상을 할 수 있는 것은 아닙니다. 음식점이든 학교든 또는 공항이든 쉴 새 없이 수다를 떠는 원숭이 마음을 다스리기 위해 여러분이 의도적으로 노력한다면, 여러분은 명상을 하는 것입니다.

집을 지으려면 튼튼하고 견고한 기초가 필요하듯 수행에도 든든한 기초가 있어야 합니다. 티베트 불교에서는 여덟 단계의 기초수행을 가장 중요하게 생각합니다. 기초수행은 우리에게 주어진 가장 믿을만한 지도입니다. 과거의 수많은 위대한 스승들께서 마지막 순간까지 기초수행의 끈을 놓지 않으셨던 이유가 바로 그 때문입니다. 여러분이 이 지도에 의지하여 행복과 깨달음의 길에 이르시기를 기원합니다.

밀라레빠께서 사랑하는 제자 감뽀빠에게 주신 마지막 가르침은 자신의 엉덩이에 박힌 굳은살이었습니다. 산 속 바위에 앉아 쉼 없이 명상한 결과였지요. 밀라레빠께서는 그것보다 더 심오한 가르침은 없다며 불법의 정수는 수행이라 하셨습니다. 이 책이 수행하는 이들에게는 용기와 힘을 주고, 아직 불교를 만나지 못한 이들에게는 의식의 지평을 넓히는 데 도움이 되기를 기원합니다.

2017년 9월

욘게이 밍규르

욘게이 밍규르 린포체Yongey Mingyur Rinpoche는 저의 스승 중 한 분이
시며 또한 제 근본스승 몇 분의 마음의 아들이시기도 합니다. 이런 제
가 린포체의 심오한 가르침에 서언을 쓴다는 것은 마치 대낮에 플래
쉬를 켜들고 다니는 것처럼 불필요하고 부적절한 일입니다. 이런 관점
에서, 이어지는 글은 린포체의 지혜와 법맥의 스승들께 바치는 헌사
라 하겠습니다.

밍규르 린포체의 저서 『티베트 린포체의 세상을 보는 지혜The Joy of
Living』에 이런 구절이 있습니다. "자신의 마음을 들여다보려고 할 때
나타나는 가장 심각한 장애 중의 하나는 '나는 원래 지금 이대로 태
어났으며 어떻게 해도 이것을 도저히 바꿀 수 없다'는 확신인데, 이런
생각은 자신도 모르는 사이에 우리 마음에 깊이 뿌리박혀 있습니다.
저 역시 어렸을 적에는 이와 똑같이 비관적으로 자포자기하는 심정
이었으며, 그 후 세계 각국에서 만난 사람들에게서도 이런 마음이 나
타나는 것을 자주 느꼈습니다. 우리가 꼭 의식적으로 생각하지 않더
라도 이렇듯 자신의 마음을 바꿀 수 없다는 관점이 마음에 박혀있기
때문에 자신을 바꾸려는 시도 자체를 하지 않는 것입니다.…… 많은
과학자들과 대화를 나누면서 제가 알게 된 놀라운 이론에 의하면 우
리의 뇌는 일상생활에서 실제로 변화를 일으킬 수 있는 구조로 되어

있습니다. 전 세계 과학계가 거의 예외 없이 이 이론에 동의하고 있습니다."

린포체는 불교의 심오한 가르침과 함께 현대 사회가 당면한 중요한 문제들을 자신만의 방식으로 편안하고 쉽게 풀어냅니다. 다채로운 개인적 경험과 사람들의 마음을 꿰뚫는 통찰력과 아울러 적극적인 자세로 현대 과학의 이론을 받아들여 이것들을 절묘하게 배치하는 것이 린포체의 특징입니다. 이 책에서도 린포체만의 탁월한 저술 방식이 여지없이 드러납니다. 린포체는 이 책에서 기초수행에 대한 포괄적인 가르침과 함께 기초수행을 전통적인 방법으로 바르게 수행하는 데 꼭 필요한 지침을 담았습니다. 그렇지만 이 책이 더욱 특별한 이유는 전통적인 가르침 곳곳에 독자에게 영감을 주는 추억담과 위대한 스승들의 일화와 함께 린포체 자신이 체험한 영적인 길에 대한 통찰이 담겨 있어 이들 전통적 지침이 생생하게 살아있는 가르침으로 완벽하게 되살아난다는 것입니다.

많은 수행자들이 이른바 고급 가르침에 목말라하는 오늘날, 밍규르 린포체께서 이 책의 주제로 기초수행에 대한 포괄적인 가르침을 선택한 것은 매우 큰 의미가 있습니다. 깝제 뒤좀 린포체Kyabje Dudjom Rinpoche를 인용하자면, "대원만大圓滿*의 의미를 이해하여 그것이 여러분의 심상속心相續에 심어지는 것은 기초수행에 달려있습니다."(닝마파의 가장 높은 단계의 가르침으로 티베트어로 족첸Dzogchen이라 함. 마음의 본성에 머무는 수행)

과거의 위대한 스승들은 예외 없이 이 같은 견해를 말씀하셨습니다. 디꿍 직뗀 곤뽀Drigung Jigten Gonpo*(1143~1217, 디꿍 까규의 개산조)께서는 "다른 전승에서는 본 수행이 심오하다고 하나 우리 전승에서는 기초수행을 심오하게 생각한다"라고 말씀하셨습니다.

이 책의 독자들은 올바른 기초를 확실하게 닦게 될 터이니 이어지는 수행 또한 자연적으로 제 자리를 찾을 것입니다. 기초수행을 제대로 하지 않으면 후속수행이 아무리 잘 되는 것처럼 보여도 꽁꽁 언 호수에 쌓아올린 성과 같은 운명을 맞게 됩니다. 봄이 되어 따스한 기운이 퍼지면 성은 온데간데없이 호수 아래로 가라앉고 말 것입니다. 기초수행을 생략해도 좋다고 생각하는 사람들의 오만한 믿음 또한 외부 환경에 어려움이 생기면 곧바로 무너지고 맙니다. 딜고 켄쩨 린포체Dilgo Khyentse Rinpoche께서는 "풍족하고 편안한 환경에서는 누구나 훌륭한 명상가가 될 수 있다. 악조건과 마주칠 때 명상가는 시험대에 오르는 것이다."라고 종종 말씀하시곤 했습니다.

어느 날 한 수행자가 켄쩨 린포체의 손자인 셰첸 랍잠 린포체Shechen Rabjam Rinpoche를 찾아왔습니다. 그는 대원만 수행이 아주 잘 된다면서 정견만 지키면 모든 것이 잘 된다고 늘어놓더니 이윽고 고민을 털어놓았습니다.

"그런데 저는 다르마 센터에만 가면 몹시 힘듭니다. 사람들이 너무 이기적이라 잘 지내기가 어렵습니다."

린포체가 그런 경우에는 마음을 닦는 수행인 로종Lojong이 좋을 것이라고 충고하자 방문객은 로종이 제일 어렵노라고 말했습니다. 불법에서 가장 심오한 최상승 가르침은 수행하기 쉽고, 제일 먼저 수련해야 하는 가르침은 너무 어렵다고 생각하는 것입니다.

방문객이 떠나자 랍잠 린포체는 위대한 스승 샵까 촉둑 랑돌

Shabkar Tsodruk Rangdrol*(1781~1851, 은둔 수행자로 족첸 수행의 대가, 밀라레빠의 화신으로 여겨짐)이 이런 경우에 대해 "돌이라도 씹을 것처럼 굴지만 버터도 씹지 못하는 사람들이 있다"고 말씀하신 것을 떠올렸습니다. 샵까르는 또한 당신의 자서전에서 이렇게 쓰셨습니다.

"요즘에는 '기초수행에 지대한 노력을 들일 필요가 없다. 그렇게 복잡하게 애쓸 까닭이 무엇인가? 마하무드라를 수행하는 것으로 충분하다'고 말하는 이들이 많다. 이런 이상한 말에 귀를 기울이지 말라. 해변에도 가보지 못한 사람이 어떻게 바다에 대해 말할 수 있단 말인가?"

그러면 어디에서부터 시작해야 할까요? 자신을 바꾸겠다는 절박한 마음으로 변화의 길에 들어서려면 제일 먼저 자기 자신을 꼼꼼하게 들여다보아야 합니다. "내 삶을 나는 어떻게 살고 있는가? 이제까지 내게 가장 중요했던 것은 무엇인가? 남은 생에 무엇을 하면 좋을까?" 등의 질문을 스스로에게 던져보는 겁니다. 물론 이런 질문들은 변화가 가능하며 또한 바람직하다고 생각할 때만 의미가 있습니다. 여러분의 삶과 여러분을 둘러싼 세상에서 바꿔야 할 것이 하나도 없습니까? 아니면, 여러분은 자신의 삶과 세상을 바꿔야 하며 또한 바꿀 수 있다고 생각하십니까? 그 결정은 여러분 각자가 내려야 합니다.

그런 다음에는 변화의 방향에 대해 성찰해야 합니다. 사회와 직장에서 더 높은 위치에 올라 더 많은 부와 쾌락을 누리는 것을 목표로 할 경우 그것이 실현되기만 한다면 성취감을 계속 느낄 수 있을까요? 이 갈림길에서 자신의 진정한 목표가 무엇인지를 자문할 때 우리는 스스로에게 정직해야 하며 표면적인 답에 만족해선 안 됩니다.

부처님께서 주신 답은 인간의 삶이 참으로 소중하다는 것입니다.

때로 환멸이 우리를 엄습한다고 해서 이 삶이 살아갈 가치가 없다는 의미는 아닙니다. 그러나 무엇이 삶을 의미 있게 만드는지 우리는 아직 명확하게 알지 못합니다.

불교의 위대한 스승들의 가르침은 아무렇게나 나온 처방이 아닙니다. 그 분들의 가르침은 수행자로서 깨달음의 길에 헌신하면서 겪은 생생한 체험에서 우러나온 살아있는 지침입니다. 그 분들은 놀라운 지식을 갖추고 행복과 고통을 만드는 기제를 명확하게 파악하셨습니다.

사람들은 현재 자신이 하고 있는 일에 매진하여 모든 계획을 성취하는 것이 우선이며 그런 다음에 수행자로서의 삶을 확실히 이해하고 전념해도 늦지 않다고들 말합니다. 그러나 이런 생각은 스스로를 최악의 방법으로 기만하는 것입니다. 위대한 스승 직메 링빠Jigme Lingpa(1729~1798)께서는 『공덕보장功德寶藏(Treasury of Spiritual Qualities)』에서 이렇게 말씀하셨습니다.

> 뜨거운 한여름의 열기에 고생하다가도
> 가을이면 휘영청 밝은 달빛 아래서 쾌락에 젖는 중생들이여.
> 남은 생에서 백 일이 사라진 것을
> 두려워하기는커녕 생각도 하지 않는다네.

그러므로 모래알이 손가락 사이로 빠져나가듯 시간이 흘러가게 내버려두지 말고 밀라레빠의 노래처럼 조심하고 경계해야 합니다.

> 죽음이 두려워 나는 산으로 들어갔네.
> 언제 올지 모르는 죽음을 명상하며
> 변하지 않는 궁극의 실상을 깨달았으니

이제 죽음이 더 이상 두렵지 않다네.

운둔 수행자들이 "아무것도 필요 없다"는 생각을 만트라처럼 되풀이할 때는 끝없는 번뇌와 망상에서 벗어나려고 안간힘을 쓰고 있는 것입니다. 번뇌망상에 사로잡히면 잃어버린 시간을 씁쓸하게 반추하게 될 뿐이니 수행에 온전히 헌신하기 위해 자신의 삶을 어지럽히는 것들을 스스로 정돈하려는 것이지요. 밍규르 린포체의 스승 중 한 분이신 뇨슐 켄 린포체Nyoshul Khen Rinpoche의 말씀처럼 "마음은 대단히 강력합니다. 행복을 짓는가 하면 괴로움을 짓고 천국을 만드는가 하면 지옥을 만들기도 합니다. 불법의 도움으로 마음의 독을 제거할 수 있다면 그 어떤 외적 요건도 여러분의 행복을 해치지 못합니다. 그러나 이 독이 마음에 남아있는 한 여러분은 자신이 찾는 행복을 이 세상 어디서도 발견할 수 없을 것입니다."

저의 근본스승인 딜고 켄쩨 린포체께서는 이런 힘을 가진 기초수행에 대해 많은 가르침을 주셨습니다. 린포체께서는 1991년 부탄에서 열반하셨는데, 부탄으로 가시기 얼마 전에 네팔의 셰첸 사원에 있는 당신의 작은 방에서 마지막으로 주신 가르침 또한 바로 기초수행에 대한 것이었습니다.

제가 이 책에 쓰인 가르침에서 많은 힘을 얻었듯이 여러분도 이 책으로 공부하고 수행하기를 권합니다. 이제 밍규르 린포체의 가르침을 함께 듣겠습니다.

마티유 리카르
네팔 카투만두의 셰첸 사원에서
2013년 4월

■차례

차
례

제1부 입문

01
기초수행

제 아버님, 뚤꾸 우곈 린포체*Tulku Urgyen Rinpoche(린포체는 '고귀한 사람이
라는 뜻의 티베트어로 위대한 스승을 일컬음)는 위대한 명상가이셨습니다.
저는 어린 시절을 아버지의 사원인 나기 곰빠*Nagi Gompa(곰빠는 티베트
어로 불교 사원 또는 절을 뜻함)에서 보냈는데, 나기 곰빠는 비구니 사원
으로 네팔의 수도인 카투만두의 고지대에 자리 잡고 있었지요. 정식
으로 공부를 시작하기 전에도 저는 스님들 틈에 끼어 아버지의 법문
을 듣곤 했습니다. 아버지께서 깨달음을 설명하시면서 쌍계sangye라는
티베트어를 쓰셨던 기억이 납니다. '쌍'은 '깨어나다'라는 말로 무지와
괴로움에서 벗어난다는 뜻이며, '계'는 "꽃이 피고 잘 자라다"라는 뜻
입니다. 깨달음에는 꽃이 피어나듯 활짝 열리는 느낌이 있다고 아버
지는 설명하셨지요.

어린 시절의 밍규르 린포체, 아버지와 형 촉니 린포체와 함께.
1981년 경 네팔 나기 곰빠에서

아버지는 깨달음에 대해 멋진 말씀을 많이 하셨는데 저는 그 의미
를 잘 몰라서 제 방식대로 이해하고 말았습니다. 깨달은 부처님이 되
면 불안이나 화, 질투 같은 감정이 절대로 일어나지 않을 거라고 생각
했지요. 그때가 일곱 살 무렵이었는데, 저는 늘 골골대는 체질에다가
게으르기도 했습니다. 깨닫기만 하면 이런 문제에서 벗어나 힘이 세지
고 건강해지고 두려움도 없어지고 잘못도 저지르지 않을 것 같았습니

다. 무엇보다도 좋은 점은, 나쁜 느낌을 남겼던 기억들이 말끔하게 지워진다는 거였지요.

깨달음에 대해 이렇게 만족스런 결론을 내리고는 어느 날 아버지께 여쭈었습니다.

"깨달은 후에도 나를 기억할 수 있나요? 예전의 나 말이에요."

제가 질문을 드리면 아버지는 으레 다정하게 웃으시곤 했는데, 이 질문은 유난히 재미있어 하셨습니다. 이윽고 웃음을 거두신 아버지께서 깨달음은 신들린 것과 다르다고 말씀하셨습니다. 티베트 문화에는 신령에 들린 이들이 앞날을 예고하거나 예언하는 신탁의 전통이 있습니다. 신이 들리면 이전의 자기를 까맣게 잊어버리고 완전히 다른 사람이 되어 주정뱅이처럼 마구 돌다가 쓰러지고 맙니다. 아버지는 미치광이 같은 행동을 흉내 내느라 두 팔을 흔들며 양 무릎을 번갈아 들어 올리면서 빙글빙글 돌며 춤을 추셨습니다. 그러다가 갑자기 춤을 멈추시고 말씀하셨지요.

"이런 게 아니야. 깨달음은 되레 자기 자신을 발견하는 거란다."

아버지는 두 손을 동그랗게 모으시고는 말씀을 이으셨습니다.

"너한테 다이아몬드가 이렇게 한 움큼 있는데 그게 무엇인지 모른다면 너는 그걸 조약돌처럼 함부로 다룰 게다. 그것이 다이아몬드라는 사실을 알아야만 소중하게 쓸 수 있는 것이지. 부처가 된다는 건, 네 손에 쥐고 있는 다이아몬드를 알아보는 것과 같단다. 너를 없애는 게 아니라 너를 발견하는 게야."

● 기초수행

티베트 불교의 기초수행은 자기 자신을 찾는 길을 준비하는 수행으로서 여덟 단계로 이루어져 있습니다. 이 수행은 여태껏 우리가 지녀온 다이아몬드를 알아보게끔 도와주는데, 이렇게 알아보는 것이 깨친다는 뜻입니다. 기초수행의 여덟 단계를 통해 우리는 번뇌와 괴로움을 일으키는 습관에서 벗어나 우리에게 본래 있는 지혜에 이르게 됩니다.

기초수행을 티베트 말로는 왼도ngondro라고 합니다. 왼도는 전행前行, 즉 제일 먼저 하는 수행이라는 의미로서, 전통적으로 '예비수행'으로 번역합니다. 그렇지만 '예비'라는 표현 때문에 왼도의 중요성이 폄하되는 경우가 아주 많았지요. 그래서 저는 '예비'라는 말보다 '기초'라는 표현을 선호합니다. 이 책에서는 '예비수행' 대신 '기초수행'으로 쓰겠습니다. 집을 지으려면 튼튼한 기초가 있어야 합니다. 견고한 토대가 없는 집은 무너질 수밖에 없으므로 그 집을 짓느라 들인 시간과 돈, 에너지를 허비하게 됩니다. 이 때문에 과거의 스승들께서는 한결같이 기초수행의 여덟 단계가 후속 수행보다 더 중요하다고 강조하셨습니다.

기초수행에는 무상無常, 고苦, 무아無我 등 모든 불교 전통의 가르침에 거듭거듭 나타나는 근본 교의들이 담겨 있습니다. 기초수행을 통해 자비와 업業, 공성空性 등의 개념이 흥미로운 이론에서 직접 체험으로 바뀝니다. 그리하여 자기 자신과 자신의 가능성을 예전과 다르게 이해하고, 타인을 이해하고 공감하는 방식도 달라집니다. 기초수행이 가져다주는 가능성은 방대하고 심오해서 그 전부를 알려고 애쓰다 보면 압박감이 들 수도 있습니다. 그러므로 기초수행은 단계적으로 밟아 나가야 한다는 점을 반드시 명심해야 합니다.

미혹迷惑에서 지혜로

아직도 가축을 이용하여 곡식을 빻는 곳이 세상 곳곳에 남아 있습니다. 그런 곳에 가본 사람들은 맷돌에 메어놓은 당나귀나 낙타를 보았을 겁니다. 녀석이 원을 그리며 걸으면 맷돌이 돌아가면서 그 밑에 놓은 밀이나 옥수수가 빻아져 가루가 되는 것이지요. 녀석은 눈가리개가 씌어져 있어 다른 데로 눈을 돌릴 수 없습니다. 우리의 일상도 그것과 똑같아서 늘 제자리를 맴돌고 있을 뿐입니다. 우리 안에 있는 보물을 알아보지 못한 채 무명無明이라는 원을 돌고 또 도는 것이지요. 재물이나 권력 또는 관계의 힘을 빌려 행복을 얻으려고 밖으로 팔을 뻗어보기도 하지만, 혼란한 마음은 조금도 스러지지 않은 채 무명의 틀에 더욱 단단히 갇힐 뿐입니다. 이 끝없는 윤회를 삼사라samsara라고 하는데, 삼사라는 산스크리트어로 '유전流轉' 또는 "원을 그리며 돈다"는 뜻입니다. 흔히 생사윤회의 덫에 걸렸다고들 말하지요. 불법佛法을 모르면, 끝없는 윤회에서 벗어나는 길이나 출구를 알지 못하면, 우리는 경론에 나오듯 '꿀단지에 갇힌 벌'이 되고 맙니다. 답답한 느낌에는 일종의 체념도 들어있겠지요.

깨달음의 첫 번째 징후는 우리가 지나온 길을 영원히 되풀이하도록 운명지어지지 않았음을 통찰하는 것입니다. 우리는 여태 '내 삶은 왜 이 모양이지? 까딱하면 화를 내는 습관에다 늘 불편한 감정이 남아 있어. 벗어날 방법이 도대체 보이지 않네' 하는 식으로 생각했습니다. 그러다가 이런 식의 분석과 사유로는 답이 나오지 않는다는 것을 알아채고 생각을 달리 합니다. '윤회계라는 꿀단지 어디엔가 갈라진 틈이 있을 거야. 그리로 빠져나갈 수 있지 않을까?' 이런 생각에서부터 윤회에서 벗어나겠다는 출리심出離心이 일어납니다. 욕망과 혐오로 나타나는 미혹한 마음에서 벗어나려는 것이지요. 소소한 위안거리를 쫓아다니는 짓을 멈추고 연애나 집, 명성 또는 재물을 얻으면 영원한 행복이 온다고 떠들어대는 세상으로부터 등을 돌립니다. 이제 우리는 더 이상 밖으로 눈을 돌리지 않습니다. 행복해지기 위해 필요한 모든 것이 이미 우리 안에 모두 있다는 사실을 깨닫기 시작했으니까요.

우리가 무엇 때문에 미혹으로 점철된 삼계육도를 윤회하는지 이해하는 것이 중요합니다. 우리가 윤회하는 이유는 외적 요건 때문이 아닙니다. 윤회는 우리를 둘러싼 세상에 존재하는 특정 대상으로 인해 일어나지 않습니다. 대상을 실재로 착각하여 마음이 습관적으로 집착하기 때문에 윤회가 일어나는 것입니다. 윤회에서 벗어나려면 마음이 우리 안에 쳐놓은 올가미에서 먼저 벗어나야 합니다. 누구나 괴로움을 겪지 않기를 바랍니다. 그러려면 우리가 느끼는 불안과 분노, 불만족의 원인에 대해 외적 환경으로 책임을 돌리는 습관을 버려야 합니다.

그렇다면 우리 마음이 무엇을 향하도록 만들어야 할까요? 마음 그 자체입니다. 미혹의 근원인 동시에 명료함과 행복의 근원인 마음 그 자체를 대상으로 삼아야 합니다. 괴로움을 일으키는 행동을 되풀이 하게 만드는 잘못된 인식에서 벗어나려고 노력해야 합니다. 이런 습관을 놓아버리면 선택할 수 있는 자유가 생깁니다. 그러면 불안과 이기심, 좋아하고 싫어하는 마음에 더 이상 끌려다니지 않아도 됩니다. 이런 자유를 철저하게 이해하여 자유로 충만한 삶으로 이끄는 것이 열반, 해탈, 깨어남, 또는 깨달음입니다. 불성이라고 해도 좋습니다. 불법에서 말하는 도道는 자유를 발견해가는 과정입니다. 윤회는 일종의 마음입니다. 열반도 일종의 마음입니다. 구름이 있든 없든 태양이 빛나듯, 번뇌와 괴로움 속에도 명료한 마음은 존재합니다.

여러분이 칠흑같이 깜깜한 밤에 어떤 마을에 도착했다고 상상해 보십시오. 자동차는 물론 집이나 사람도 없는 것처럼 보였지만 다음 날 아침이면 이 모든 것이 기적처럼 나타납니다. 물론 그것들은 변함없이 그곳에 있었지만, 어둠으로 인해 여러분이 그 존재를 알아차리지 못했던 것이지요. 우리에게 내재된 깨달음 성품도 똑같습니다. 알아차리기만 하면 미혹한 중생의 세계迷界가 깨달은 이의 세계悟界로 바뀌고 진정한 평온이 옵니다. 알아차림은 이 길을 여는 열쇠이며, 그 과정은 기초수행으로 시작됩니다.

여기에서 우리가 주의해야 할 것이 있습니다. 우리는 이 길을 따라 깨달음을 찾아가는 여정에 나서지만, 그렇다고 해서 우리의 내적인 깨달음이 순차적으로 순탄하게 이루어진다는 뜻은 아닙니다. 불법의 길은 우리의 행복과 평온, 안녕이 우리의 마음에서 비롯된다는 사실을 이해해야만 갈 수 있습니다. 하지만 우리를 미혹에 빠뜨리는 습관은 매우 끈질기게 남아 있어서 정해진 순서에 따라 쉽사리 버려지지 않습니다. 제가 직접 체험한 바로는, 상습적인 습관을 놓아버릴 수 있는 특별한 가르침을 받는다고 해도 하루아침에 그런 일이 일어나지는 않습니다.

놓아버리기

갈애와 집착을 놓아버리라는 것이 부처님의 가르침이라고 흔히들 말하는데, 과연 놓아버린다는 의미가 무엇일까요? 어떤 이들은 놓아버린다는 것이 재산이나 명예, 멋진 집 또는 좋은 직장을 갖지 않는다거나 가족, 친구 심지어는 자식까지 포기하라는 뜻이라고 생각합니다. 그것은 놓아버리기를 잘못 이해한 것입니다. 우리가 놓아버리고 포기해야 할 것은 집착하는 마음입니다.

저도 기초수행을 처음 시작하던 때는 이 점을 명확하게 이해하지 못했지요. 제가 속한 전승에서는 3년 무문관 수행을 시작하면서 기초수행을 하는 전통이 있습니다. 이 기간 중에는 교학과 수행에 철저하게 몰두하기 위해 집중에 방해가 되는 요소를 전부 없애거나 최소화합니다. 친구와 가족도 만나지 못합니다.

열한 살이 되면서부터 저는 북인도의 다람살라 서쪽에 있는 세랍링 Sherab Ling 사원에서 지냈습니다. 그리고 열세 살 때 3년 무문관 수행을 시작하자마자 명백한 모순에 부딪치고 말았습니다. 불교의 가르침은 모든 것이 마음에 달렸다는 것이니, 재산이든 음식이든 명예든 다 허용된다는 말로 들렸다가도 다른 한편으로는 이 모든 것을 포기해

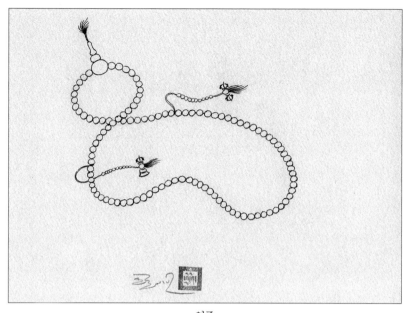

염주

야 한다는 의미로 들리는 거였습니다.

　어느 날 오후, 저는 무문관 스승이신 쌀제Saljay 린포체(1910~1991)를 찾아뵈었습니다. 쌀제 린포체는 동 티베트의 빨풍Palpung 사원에서 11대 따이 시뚜 린포체의 가르침을 받으셨습니다. 1959년에 중국을 탈출한 후에는 까르마 까규파의 수장이신 16대 까르마빠께서 주석하신 인도 동부 시킴Sikkim의 룸텍Rumtek 사원에서 후학을 가르치셨습니다. 존자님이 열반하시자 현 12대 따이 시뚜 린포체의 주석 사원인 세랍링으로 오셨지요. 당시 린포체는 법당에서 조금 떨어져있는 방에서 지내셨는데 늘 한 손에는 백팔염주를 다른 손에는 기도륜인 마니차를 들고 계셨지요. 린포체는 언제나처럼 마니차를 돌리고 계셨습니

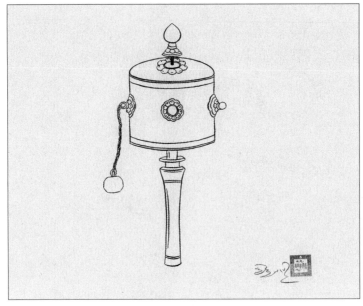

기도륜, 티베트어로 마니차라 함

다. 마니차의 나무 손잡이 위에 있는 금속 원통에는 경문이 들어 있
어 손잡이를 가볍게 돌리면 경문이 돌아갑니다. 마니차는 부처님의
가피를 널리 퍼뜨리기 위해 만들어졌습니다. 마니차에 가장 많이 쓰
이는 만트라는 관세음보살의 대자비 진언인 옴 마니 빼매 훙-Om Mani
Peme Hung입니다.

저는 린포체의 가르침을 듣고 있노라면 네팔과 인도에서 살던 삶을
모두 버려야 된다는 생각이 든다고 말씀드리고는 이렇게 여쭈었습니다.

"정말 모든 것을 버려야 된다는 말씀이신가요? 숲속으로 들어가거
나 동굴에서 살아야 하나요?"

린포체는 고대 인도불교의 위대한 스승이신 띨로빠와 나로빠의

이야기를 들려주셨습니다. 인도의 84 대성취자 중 한 분인 띨로빠 Tilopa(989~1069)는 까규 법맥의 개산조로 나로빠에게 가르침을 전했으며, 나로빠Naropa(1016~1100)는 까규 법맥의 두 번째 조사로 인도 날란다Nalanda 대학의 대학자이자 논사였습니다. 그 분은 자신의 배움이 완전하지 못함을 깨닫고 안정된 지위를 포기하고 띨로빠의 제자가 되었습니다. 린포체는 띨로빠가 나로빠에게 주신 가르침을 답변으로 대신하셨습니다.

"네가 윤회하는 것은 외적 현상들 때문이 아니다. 네가 윤회하는 단 하나의 이유는 집착심 때문이다. 다만 집착을 놓아버려라."

린포체는 말씀을 잇기에 앞서 제 반응을 살피셨습니다. 제가 여느 때처럼 말 대신 표정으로 계속하시기를 청하자 린포체는 말씀을 이어가셨습니다.

"그렇다고 물질적인 안락함에 빠지라는 소리가 아니야. 그것으로는 결코 행복해질 수 없어. 그러나 놓아버리기만 한다면, 동굴이든 왕궁이든 행복하게 살 수 있지."

린포체는 염주로써 놓아버리기와 포기가 어떻게 다른지 보여주셨습니다. 린포체는 왼손바닥을 아래로 하고 보리수 열매로 만든 염주를 손에 쥐셨습니다.

"염주를 잘 보렴. 염주를 꽉 움켜쥐면 쥘수록 손가락 사이로 염주 알이 더 많이 빠져나오는 법이지. 염주 알을 모조리 움켜쥐려고 용을 쓰다 보면 손에 더 힘을 주게 되어 결국에는 힘이 딸려 더 이상 애쓰지 못하고 포기하게 되는 게야."

린포체가 손에서 힘을 빼자 염주가 무릎 위로 툭 떨어졌습니다. 린포체는 말씀을 이어가셨습니다.

"그러나 놓아버리기는 포기와 다르단다. 그 차이를 보여주마."

린포체께서 손바닥을 뒤집어서 손을 펴고 염주를 올려놓자 염주는 손바닥 위에 얌전히 놓였습니다.

"이것이 놓아버리는 것이다. 어떤 현상이든 문제될 것이 없지. 재산도, 돈도, 분별하는 마음도 모두 괜찮아. 문제는 집착이야. 지금 내 손이 보여주고 있는 것이 놓아버리기란다. 힘을 주어 꽉 움켜쥐지 않아도 염주는 여전히 내 손에 있지 않니? 손바닥을 아래로 엎는 것과 위로 뒤집는 것, 그 차이가 바로 지혜야."

이처럼 놓아버리기에는 지혜가 있습니다. 너무 꽉 움켜쥐면 희망이 사라집니다. 마음을 윤회에서 열반으로 돌려놓는 이 수행의 핵심은 집착을 놓아버리는 것입니다. 행복의 가장 큰 장애가 값비싼 집이나 명망 높은 직업이 아니라 갈애와 집착이라는 사실을 알게 되었으니, 여러분은 안도의 한숨을 내쉬겠지요. 그러나 놓아버리기는 못 쓰는 물건을 쓰레기장에 버리거나 낡은 코트를 노숙자에게 주는 것과는 차원이 다릅니다. 윤회계의 모든 것을 떠나려 하니, 여러분은 자기 뼈에서 스스로 살점을 떼어내는 것 같이 느껴질 것입니다.

외적인 차원에서 무언가를 포기하지 않은 채 아무것도 집착하지 않는 마음으로 단숨에 비약하기는 매우 어렵습니다. 이 때문에 불법의 길에는 단계별로 출리심을 일으킬 수 있도록 도와주는 수행이 포함되어 있습니다. 우리 마음에 내재된, 깨어있는 성품을 인식하기 위해 의도적으로 마음을 닦는 것이 명상입니다. 명상 그 자체가 출리심을 나타냅니다. 집착과 탐욕에 빠진 미혹한 마음으로라도 습관적으로 판에 박힌 행동을 하는 대신 미혹한 마음을 다스리기 위해 일부러 노력하는 것이니까요. 명상과 함께 우리는 한 걸음 앞으로 성큼 나아갑니다. 기초수행과 함께 명상을 통해 습관적인 번뇌로부터 마음을 돌리는 방법을 배워 우리 안에 있는, 깨달음의 원천에 다가간다면 우리는 또 한 걸음을 내딛는 것이지요.

쌀제 린포체와 아버지는 "우리가 가는 길에 필요한 모든 것이 이미 우리 안에 다 있다"고 수없이 말씀하셨습니다. 두 분께서 이 말을 그토록 거듭하신 이유가 무엇일까요? 우리가 설령 이 말을 이해한다 해도, 실제로는 이 말을 믿지 않기 때문입니다. 그 누구도 이 말을 완전히 믿지 못합니다. 그래도 상관없습니다. 어쨌든 우리는 어디서든 시작을 해야 하니까요.

우리에게 있는 것을 찾기만 하면 된다니, 아주 쉽게 들릴 수도 있지만 이 일은 결코 쉬운 일이 아닙니다. 윤회에 대한 집착은 뿌리가 깊고도 끈질겨서 외부로부터는 그 어떤 힘을 가해도 끊어내지 못합니다. 이 집착은 안에서부터 끊어져야 합니다. 자기 자신에 대한 갖가지 해석과 분별, 관습적인 견해를 모두 놓아버리고 자신이 진정 누구인지 알아가는 방법을 배우면서부터 이 일은 시작되며, 명상은 가장 효과적인 도구가 됩니다.

사마타

기초수행 전반에 걸쳐 우리가 하게 되는 명상 중의 하나가 사마타 shamata입니다. 사마타는 산스크리트어로 '적정寂靜'을 뜻하며, 티베트어로는 시네shinay라고 합니다. 다음 장에서 사마타 수행에 대해 설명하겠지만 보다 명확한 이해를 위해 몇 가지 짚고 가도록 하지요. '적정' 즉 '고요한 머물음'은 흔들림 없이 그대로 머무는 마음을 가리키는 것으로 상황에 따라 늘 밀어내거나 끌어당기는 마음과는 전혀 다른 마음입니다. 우리는 인식을 통해 이 마음에 접근합니다. 무엇을 인식해야 할까요? 알아차림입니다. 알아차림은 마음의 아는 특성으로서 우리에게 늘 있으며 단 한순간도 우리에게서 분리되지 않습니다. 평소에는 알아차림을 인식하지 못하지만, 숨을 쉬지 않으면 살지 못하는 것처럼 알아차림 없이 우리는 살지 못합니다. 그러므로 저는 사마타와 알아차림 명상이란 말을 서로 바꿔서 쓰기도 합니다.

우리에게 있는 알아차림을 발견하면 마음이 본래 가진 고요함과 명료함에 다가가게 되는데, 이 마음은 조건과 상황, 우리의 감정과 기분에 좌우되지 않습니다. 우리가 행복하든 슬프든 또는 평온하든 불안하든, 알아차림은 늘 존재합니다. 늘어나거나 줄어들지도 않습니다. 알아차림은 얻어지는 것이 아니라 인식되는 것입니다. 우리는 알아차림을 인식하는 방법을 배우게 됩니다. 그러면 알아차림의 인식이 마음의 깨달은 성품을 일깨웁니다.

그러나 자신의 가능성과 능력을 믿지 못하는 한, 우리는 알아차림을 절대로 인식할 수 없습니다. 우리의 결함을 모두 놓아버리고 우리가 이미 부처라는 사실을 깨닫기에는 자신이 부족하다는 생각도 놓아버려야 합니다. 이 길에 필요한 모든 것이 우리에게 다 있다는 사실을 100퍼센트 믿지 못한다 해도, 자신의 능력에 대한 믿음을 어느 정도는 길러야 합니다. 이를 위해 기초수행의 첫 번째 단계는 불성이 우리 손에 쥐어져 있다는 사실에 확신을 가질 수 있도록 세심하게 마련되어 있습니다.

● 4공가행과 4불공가행

전통적인 기초수행 법본은 짧고 간단한 것에서부터 길고 복잡한 것까지 매우 다양합니다. 주석서 또한 많이 전해져 내려옵니다. 의례와 공양, 관상 등에 대해 세세한 지침을 담은 주석서도 여럿 있습니다. 그렇지만 기초수행이 낯선 제자들로서는 예로부터 전해온 설명만으로는 수행의 열의를 일으키기 어렵고, 그렇다고 시대를 초월하여 보편적으로 적용되는 가르침의 정수를 이해하기 위해 티베트 불교의 오랜 역사와 전통을 섭렵하기도 어렵습니다. 그러므로 이 책에서는 기초수행의 의미에 보다 중점을 두려고 합니다. 물론 방법론적 정보도 많이 드릴 생각입니다. 이제부터 기초수행의 여덟 단계를 간단히 소개하겠습니다. 그래야 각론에 들어갈 때 전체 과정을 제대로 이해할 수 있을 겁니다. 숲 전체가 어떤 모습인지 알아 놓으면 나무들 사이에서 길을 잃고 헤맬 염려가 줄어들겠지요.

　기초수행은 '4공가행四共加行', 즉 법으로 마음을 돌리는 네 가지 사유와 '4불공가행四不共加行'으로 나뉩니다. '공가행'과 '불공가행'은 수행에 사용하는 방편과 기술에 따라 구별됩니다. 4공가행은 모든 불교 전통, 즉 상좌불교와 대승, 금강승에서 공통적으로 수행합니다. 4불공가행에도 모든 불교 전통에 공통되는 견해가 많은데, 귀의가 대표적입니다. 그렇지만 불공가행에서 쓰는 방편 중에는 티베트 불교에서만 나타나는 것들이 있습니다.

법으로 마음을 돌리는 첫 번째 사유−인간 존재의 귀중함

4공가행의 첫 번째 단계는 우리들 인간이 윤회에서 벗어나는 데 필요한 모든 것을 가지고 태어났음을 사유하는 것입니다. 첫 번째 사유에서는 흔히 우리가 당연하게 생각하기 쉬운 특성과 요건, 즉 눈·귀·팔다리·기관 그리고 생각하고 말하고 학습할 수 있는 인간의 능력을 사유하고 진심으로 감사하는 마음을 일으킵니다. 인간이 가진 신체적, 정신적인 장점을 살펴봄으로써 지금 이 순간 우리에게는 희유하고 소중한 깨달음의 가능성이 있다는 확신을 공고히 하게 됩니다. 이 사실을 알면 자신이 가진 결점만을 보려고 드는, 보편적이면서 동시에 매우 인간적인 성향을 끊어낼 수 있습니다. 자신이 부족하다는 생각에서 벗어나야만 발원의 힘이 강해지고 능력을 최대한 발휘할 수 있습니다.

법으로 마음을 돌리는 두 번째 사유−무상無常

귀중한 인간으로 태어남으로써 우리가 갖게 되는 기회는 희귀할 뿐만 아니라 오래 지속되지도 못합니다. 어쩌면 아주 오래도록 이런 기회가 다시 오지 않을 수도 있습니다. 그 누구도 늙음과 죽음을 피할 수 없건만, 우리는 자신의 몸에 배신감을 느끼며 늙어갑니다. 살아가면서 누구나 맞게 되는 지극히 당연한 현상들에 대해 인간은 극도로 저항하는데, 이런 저항 자체가 괴로움을 일으킵니다. 우리가 틀림없이 죽는다는 사실을 더 이상 부정하지 않고 온전히 받아들일 때, 우리는 비로소 인간이라는 귀중한 모습으로 살아가는 시간을 충분히 활용할 수 있습니다. 이것이야말로 두 번째 사유에서 가장 중요한 핵심입니다.

우리의 몸, 건물, 비행기, 컴퓨터 등 그 무엇을 살펴보아도 어느 것도 영속하지 않는다는 사실을 여실히 보여줍니다. 우리 몸은 특히 상대하기 어려운 난제입니다. 우리는 정말로 죽고 싶지 않기 때문이지요. 아무리 영원히 살 것처럼 행동한다 해도, 논리적이고 이성적인 마음은 우리가 죽을 수밖에 없다는 사실을 알고 있습니다. 자신의 직업과 경제적 상황, 사랑하는 사람들과의 관계가 영원히 지속될 거라는 망상을 품지만, 이것들은 외적 원인과 조건에 의지하므로 변할 수밖에 없습니다. 모든 현상이 무상함을 알지 못하면 가질 수 없는 것들을 움켜쥐려고 안간힘을 씁니다. 모든 조건 지어진 현상은 변합니다. 일어난 모든 것은 사라집니다. 우리는 변할 수밖에 없는 것들을 고정시키려고 기를 쓰며 무상의 진리를 부정하고 윤회의 고통을 일으킵니다.

지금 우리가 처한 상황과 우리가 바라는 바가 일치하지 않기 때문에 날마다 엄청난 혼란과 불만이 야기됩니다. 가령, 공항에 도착하니 비행기가 늦게 뜬다고 가정합시다. 지연된 출발을 기다리는 승객들이 느끼는 집단적 불안은 전염성이 매우 강합니다. 불안에 사로잡히지 않으려면 달라진 상황을 수용해야 합니다. 그러나 대부분의 사람들이 비행기는 당연히 제시간에 떠야 한다고 생각하므로 출발이 지연되면 화가 나게 되어있다는 식으로 행동합니다. 마치 바늘에 걸린 물고기가 낚싯대에 딸려오듯, 기대가 좌절되면 으레 실망과 짜증, 심지어는 분노가 일어납니다.

무기력하다는 생각이 들겠지만, 실은 그렇지 않습니다. 늦게 뜨는 비행기는 우리 힘으로 어쩔 수 없다 해도, 분노만큼은 확실히 제어할 수 있습니다. 명상을 통해 알아차림을 챙기면 됩니다. 알아차림은 우리에게 항상 내재되어 있는, 마음의 아는 특성입니다. 일단 알아차림을 챙기면, 올라오는 반응에 더 이상 공감하지 않게 됩니다. 이렇게 되면 평소의 행동이 달라지며, 설사 상황 자체가 달라진다 해도 그 상황에 대처하는 방식을 바꾸게 됩니다.

공항에서 언제 뜰지 모르는 비행기를 기다리거나 꽉 막힌 도로 또는 사람들이 길게 늘어선 현금인출기 앞에서 차례를 기다리는 등 매일같이 일어나는 사소한 문제들로 인해 때로 우리 마음은 엄청난 혼란과 의기소침에 빠집니다. 대부분의 현대인들이 이런 마음으로 하루하루를 보냅니다. 스트레스가 머리끝까지 쌓인 채 외적 환경에 일일이 반응하며 책임을 전가하려 듭니다. 이런 식으로 집착하기 때문에 죽음이 임박해서도 코앞에 닥친 변화를 받아들이지 못하는 겁니다. 우리의 일상은 변화와 무상에 적응할 수 있는 기회를 무한대로 제공하지만 우리는 이 세상의 모든 시간이 전부 자기 것인 양 소중한 기회를 낭비하고 맙니다.

알아차림의 인식이 탄탄해지면, 우리는 최소한 외부에서 일어나는 상황에 대처하는 방식을 바꿀 수 있습니다. 비행기가 지연된 경우, 분한 마음에 항공사 직원에게 화를 낸다면 상대방은 공격을 받았으니 당연히 자신을 방어하고 보호하려 들 것입니다. 그들 나름의 지혜라 하겠지요. 그렇지만 수행을 하면 가려서 행동하게 됩니다. 습관적으로 일어나는 마음과 이리저리 바뀌는 감정 패턴이 보이니까요. 행동과 그에 따른 반응이 다음 순간의 우리 마음에 어떤 영향을 끼치는지 알게 되는 것이지요. 알아차림의 인식이라는 방편이 있으면 선택권이 생깁니다. 그러면 어떤 상황이든 미리 정해진 대로 반응하지 않게 됩니다. 자기 자신의 무상을 받아들이면 습관적으로 반응하는 대신 앞으로 겪게 될 괴로움을 줄일 수 있는 태도를 생각하게 됩니다. 이것이 바로 다음 단계인 업, 원인과 결과입니다.

법으로 마음을 돌리는 세 번째 사유─업業

업은 원인과 결과의 법칙으로 산스크리트어로 까르마karma라 합니다. 사미승에게 업을 가르칠 때 티베트에서는 전통적으로 "씨앗을 심으면 곡식이 자란다"는 명제로 설명합니다. 엔진을 켜야 자동차가 움직이기 시작합니다. 그것이 세상 만물이 돌아가는 이치입니다. 업에서 우리가 배워야 하는 윤리적 요소는 지금 이 순간의 우리의 행위가 다음 순간을 결정하는데, 자신과 다른 존재들에게 긍정적, 부정적 또는

밍규르 린포체, 1983년 무렵 네팔 누브리에서

중립적으로 작용한다는 것입니다. 일상적 행위의 대부분은 중립적으로 좋지도 나쁘지도 않지만, 가령 비행기가 지연되는 경우에는 긍정적 또는 부정적인 행동을 하게 됩니다. 현재는 과거에 의해 좌우되고 미래는 현재에 의해 결정됩니다. 언제나 명백하지는 않습니다. 왜냐하면 지금 이 순간 우리가 하는 행위가 미래에 영향을 주는 것은 틀림없지만, 그 미래가 다음 순간이 될 수도 있고 다음 해 또는 다음 생이 될 수도 있기 때문입니다.

환생을 믿지 못하고 업이라는 개념에 저항하는 이들이 많습니다. 전생과 미래생을 연상하기 때문이지요. 그러나 사후에 일어나거나 혹은 일어나지 않을지도 모르는 환생만 업과 관련된 것이 아닙니다. 업의 이해는 이번 생과도 밀접하게 관련되어 있습니다. 그러니 업을 이해함으로써 좋은 과보를 얻기 위해 일부러 환생을 믿을 필요는 없습니다. 업은 오랜 과거 또는 가까운 과거에 일어난 사건이 현재의 마음에 어떻게 영향을 주었는지 그리고 오늘의 행위가 미래에 어떤 영향을 끼치게 될지를 설명하는 데 도움을 줍니다.

까르마는 운명이 아닙니다. 이 점을 확실히 해야 합니다. 현재 상황에 작용한 과거 업이 미래를 결정하지 않습니다. 미래를 결정하는 것은 우리의 행동입니다. 자신과 다른 존재들에게 도움을 주려는 의도로 행동하는지 또는 해를 주려는 의도로 행동하는지에 따라 우리의 미래가 결정됩니다. 자신의 업은 자기가 짓는 것으로서, 스스로의 행동을 철저하게 책임질수록 자신이 원하는 삶을 일구는 역량이 더 커집니다.

우리의 삶은 미리 정해진 것이 아닙니다. 과거나 현재의 상황과 상관없이 우리는 삶의 방향을 바꾸고 조정할 수 있습니다. 우리가 반드시 죽는다는 사실을 인식하면 선업을 짓겠다는 발원이 간절해집니다. 만물은 무상하고 죽음은 예고 없이 옵니다. 까르마를 이해하면 지금 이 순간 우리가 살아가는 삶의 의미가 중요해집니다. 매 순간이 깨달음을 위한 기회가 되며, 이런 순간들이 언젠가는 끝난다는 사실을 받아들이면 매 순간을 더욱 잘 활용하게 됩니다. 환생을 믿으면 선업을 짓겠다는 마음이 더욱 커지고 강렬해집니다. 우리는 다시 태어나기 위해 최선의 조건을 만들기를 바라며, 지금 이 순간이야말로 최상의 기회를 제공하기 때문입니다. 자신과 다른 존재들에게 해를 끼치지 않고 그들이 괴로움에서 벗어나게 해주는 행동은 내생의 괴로움과 장애를 덜어줍니다.

우리가 겪는 괴로움이 우리가 자초한 것임을 이해하면 업과 인과법에 더욱 세심한 주의를 기울이게 됩니다. 네 번째 사유의 주제는 괴로움입니다. 괴로움을 미래로 끌고 가지 않으려면 바로 지금 괴로움을 줄이려고 더욱 노력해야겠지요.

법으로 마음을 돌리는 네 번째 사유—고苦

앞에서 설명한 세 가지 사유, 즉 귀중한 인간 존재, 무상 그리고 업을 사유함으로써 우리는 행복해지려는 노력이 헛된 일임을 받아들이기 시작합니다. 사람들은 대부분 나이가 들어가면서 윤회의 결점들을 알게 됩니다. 그러나 아무런 대안이 없다면 맷돌에 묶인 낙타처럼 하염없이 맴돌며 최선을 바라기나 하겠지요. 그러나 이 미혹의 세계에서 진정으로 출리심을 일으키려면 무엇보다도 먼저 윤회계의 특징인 괴로움과 불만족을 정면으로 대면해야 합니다. 그런 다음에야 우리는 비로소 괴로움에서 벗어날 수 있는 견해와 선업에 전념할 수 있는 준비를 갖추게 됩니다.

석가모니 부처님의 첫 번째 가르침은 '두카dukka'에 관한 것으로, 두카는 산스크리트어로 보통 고苦 또는 괴로움으로 번역됩니다. 사람들이 흔히 고통이란 말에서 연상하는 것은 지진, 전쟁 또는 치명적인 질병과 같은 재앙입니다. 그렇지만 불교 수련의 대부분은 항공편이 취소되거나 텔레비전 리모컨이 보이지 않을 때 평온한 마음을 유지하는 방법 등과 관련된 것들입니다. 날마다 일어나는 이런 짜증거리들이 하찮게 여겨지겠지만, 사실 이것들이야말로 우리가 살아가는 삶의 내

석가모니 부처님, 기원전 566~485 무렵

용이며 우리를 끊임없이 불안하게 만드는 요인입니다. 두카는 절대로 평온해지지 않는 마음을 가리키며, 늘 지금과 다른 상황을 원하면서 끝없이 돌고 도는 마음입니다.

　때로 두카는 불만족으로 이해되기도 하는데, 아무리 좋은 상황이라 해도 무엇인가 부족하다는 느낌이 남기 때문입니다. 이를테면, "완벽한 날씨야, 그런데 조금 덥네"라거나 "이것만 있으면 내 삶이 아주 잘 굴러갈 텐데" 하고 생각하는 것이지요. 돈이 조금만 더 있으면, 승진만 된다면, 저 집만 살 수 있다면 등등 끝이 없습니다. 만족하지 못하는 마음은 외적인 환경을 바꾸려고 계속 밖으로 나돌거나 아니면 그것을 피하려고 안으로 움츠러듭니다. 새 자동차나 자기가 좋아하는 음식을 향해 손을 뻗거나 새로운 파트너나 명성을 쫓아다니지요. 갈망하고, 움켜쥐려 하고, 절대로 현재에 만족하지 못하는, 늘 불안한 마음입니다. 잠자리처럼 내려앉을 자리를 찾으려고 분주하게 돌아다니는 마음으로 때로 내려앉기도 하지만 단지 몇 초뿐이지요. 두카가 일관되게 바라는 것은 현재 상황이 바뀌는 것입니다. 불안한 마음에는 여러 단계가 있어서 모든 유형을 한 마디로 단정 짓기 어렵습니다. 불만족은 극심한 괴로움으로 악화되어 삶을 불행하고 비참하게 만듭니다.

부처님께서는 윤회의 원인이 집착과 무명이라는 것을 간파하셨습니다. 윤회가 괴로움을 낳는다는 것을 알면 윤회에서 벗어나려고 안간힘을 쓰게 됩니다. 그 출발점이 우리의 상황을 받아들이는 것, 또는 최소한 제대로 인식하는 것입니다. 우리를 윤회하게 만드는 태도와 행동 방식을 잘 살펴서 확실하게 인식하면 그것에서 벗어날 수 있습니다. 인식 그 자체가 윤회라는 꿀단지에 금이 가게 만드는 것이지요.

나기 곰빠에서 지내던 시절, 저는 어느 날 아침 아버지께서 고성제苦聖諦에 대해 법문 하시는 것을 들었습니다. 아직 어렸으므로 스님들이 이런 가르침을 열심히 듣는 이유를 도통 이해하지 못했습니다. 법문이 끝나 스님들이 자리를 뜨고, 저는 한쪽 구석에 시무룩하니 남아 있었지요. 아버지가 "아메ahme!" 하고 저를 부르셨습니다. 아메는 티베트 사람들이 쓰는 애칭으로 "내 사랑" 또는 "얘야" 정도의 뜻입니다.

"아메, 왜 그리 슬픈 표정을 짓고 있지?"

"어버지께 처음 들은 가르침이 나쁜 소식이니까요."

제 말에 아버지는 동남아시아 방문 중에 한 다르마 센터에서 열린 주말 법문에 대해 이야기하셨습니다. 그곳 제자들이 빌려놓은 장소는 아주 커다란 강당이었습니다. 첫날은 빈자리 하나 없이 사람들이 빼곡히 들어찼지만 둘째 날에는 반 가까이 자리가 비었습니다. 일정이 끝날 무렵 몇몇 제자들이 아버지께 청했습니다.

"괴로움에 대해서는 이제 들을 만큼 들었습니다. 이번에는 좋은 소식을 좀 일러주십시오."

"나쁜 소식이 곧 좋은 소식이라네."

그 일화에 이어 아버지는 대부분의 존재에게 괴로움을 인식하는 능력이 없지만 인간은 괴로움을 인식할 수 있다고 설명하셨습니다.

"인간이 여느 존재들과 다른 점은 괴로움을 아는 능력이야. 그것이야말로 인간으로 태어난 복이지. 그러나 그것이 진짜로 이득이 되려면 괴로움이라고 아는 것을 괴로움에서 벗어나는 길로 삼아야 한다. 괴로움을 인정하지 않는 한, 우리는 영원히 윤회에서 벗어날 수 없어."

괴로움을 인식하면 괴로움에서 벗어날 수 있습니다. 괴로움과 정면으로 맞서면 그것이 우리 삶에 미치는 역동적인 힘이 약해지고, 삶은 괴로움이라는 나쁜 소식이 괴로움에서 벗어날 수 있다는 좋은 소식으로 바뀝니다. 자기 안에 있는 괴로움의 원인을 외부에 전가하지 않고 갈망과 집착을 더 많이 놓아버릴수록 괴로움이 더 많이 사라집니다. 괴로움이 더 많이 사라질수록 우리의 본성이 더 많이 드러납니다. 우리라는 존재의 본성은 우리의 기분과 감정에 따라 존재하거나 사라지지 않습니다. 더 커지거나 적어지지도 않습니다. 시황에 따라 올라가고 내려가는 주식시장과 전혀 다릅니다. 끓어오르는 분노와 "와!" 하고 감탄사가 절로 나오는 순간들, 절망과 열광, 이 모두가 물결과도 같이 우리 안에 늘 존재하는 고요하고 명료한 마음에서 일어나서 다시 그 마음으로 사라집니다. 나타나고 사라지고, 다시 나타나고 다시 사라집니다.

●행복

서양 사람들은 행복을 추구한다고 하면서 외적 조건을 쫓아다니는 것 같습니다. 독재 정권을 무너뜨리고, 재무구조를 새로 짜고, 파트너나 집을 바꾸는 것이 그런 예입니다. 사회가 조장하는 대로 사람들은 명성과 권력, 부를 추구하는 것에 자신의 행복을 겁니다. 욕망을 만족시키기 위해 엄청난 노력을 쏟아 붓지요. 유행하는 옷이나 가구를 사러 다니고, 승진에 매달리거나 더 많은 봉급을 타려고 협상을 벌입니다. 이런 종류의 행복은 성공에 달려있으며, 이때 성공은 자신이 추구하는 것을 얼마나 성취했는가, 또는 자신의 욕망을 얼마나 만족시켰는가에 따라 관습적으로 평가됩니다. 그런데 여기에는 문제가 하나 있습니다. 문제는 욕망의 본성으로서, 욕망은 만족되어지지 않으며, 설사 만족된다 하더라도 오래 가지 못한다는 것입니다.

제가 지금 설명하려는 행복은 쫓아다닌다고 해서 구해지는 것이 아닙니다. 사실, 생각이나 환상을 쫓아다니거나 이것저것 멋진 대상을 찾아다니는 대신 스스로 모든 것이 넉넉하다고 느끼면 느낄수록 우리는 깨어있는 자족감을 더 많이 체험하게 됩니다. 이 자족감은 늘 우리 안에 있지만, 우리가 마음의 거친 반응에 하도 익숙해진 탓에 혼란스런 마음을 오히려 정상으로 느끼는 것이지요. 집착을 놓아버리려면 수행해야 합니다.

이렇게 평안하게 깨어있는 상태는 매우 흡족하고 즐거운 것으로서 진정한 행복의 느낌에 가깝습니다. 우리는 모두 이런 상태를 경험한 적이 있습니다. 긴장을 완전히 푼 상태에서 어깨를 편안히 떨구고 온갖 근심거리를 놓아버리며 휴~ 하며 긴 숨을 내쉬고는 '다 괜찮아. 나도, 내가 처한 상황도 그리고 이 세상도' 하고 생각했던 순간이 틀림없이 있을 겁니다. 모든 상황을 있는 그대로 받아들인 것이지요. 그러면 자신이 원하는 것을 잡으려고 더 이상 손을 뻗지 않습니다. 편안해지는 조건을 만들려고 애쓰지도 않습니다. 이렇게 놓아버리고 나면 마음이 편안하고 즐거워집니다. 우리는 이 상태를 얻기 위해 어떤 전략도 세우지 않았습니다. 우리가 처한 환경을 조작하거나 바꾸려는 어떤 시도도 하지 않았습니다. 그러나 이토록 완벽하게 만족스런 순간들은 눈 깜짝할 사이에 지나가버리곤 합니다. 몇 초만 지나면 온갖 망상과 갈망, 환상이 돌아옵니다. 그러나 꾸준히 계율을 지키고 수행에 정진하면 이렇게 자연스런 평안이 순간적 체험으로 끝나지 않고 조금씩 길어집니다.

● 구전□傳

법으로 마음을 돌리는 네 가지 사유, 즉 4공가행에 대한 간단한 설명을 마치고 다음 단계인 4불공가행으로 나아가기에 앞서 티베트 불교 수행에서 전통적으로 내려오는 구전에 대해 몇 가지 짚어보겠습니다. 다른 수행도 마찬가지이지만, 기초수행의 후반부인 4불공가행을 책으로 배우고 익혀도 아무 문제가 없습니다. 불경과 논서는 깨닫기 위해 노력하는 우리에게 더할 나위 없는 도움이 됩니다. 그렇지만 4불공가행을 실제로 수행하려면 살아계신 지도자나 스승으로부터 구전을 받아야 합니다.

티베트 불교에서 구전은 의식과 가르침을 포함하며, 수행자에게 특정 수행을 시작할 수 있는 권한을 줌으로써 수행자의 능력을 인정하고 향상시킵니다. 구전은 절차와 격식이 간단한 것부터 복잡한 것까지 다양합니다. 구전이라는 개념이 낯설게 느껴지겠지만, 티베트 불교에서 구전은 우리가 이미 알고 있는 것들과 비슷한 방식으로 작용합니다. 예를 들어, 우리들은 모두 어느 정도의 교육을 받았을 터인데, 그러기 위해서는 관심이 가는 과목을 가르치는 교육시설을 찾아내야 했지요. 자격을 갖추기 위해 입학시험도 치렀습니다. 시대에 따라 형식에 구애 받지 않고 지식을 전한 때도 있었고 졸업식과 같은 의식과 통과의례로 보다 높은 수준의 학업을 시작할 수 있는 자격을 부여하기도 합니다. 교육과정의 틀과 절차에 따라 우리는 자신의 열정과 관심사를 탐구해 나갑니다.

구도求道의 의미에서 볼 때, 구전은 이를테면 어떤 과목을 배우기 위해 등록하는 것이라기보다는 자신의 마음을 전과 다른 방식으로 보는 것입니다. 그러므로 구전에서는 스승의 자격이나 정보를 전달하는 특별한 능력보다 스승에게서 느껴지는 존재감이 더욱 중요합니다. 이 길을 인도해줄 스승과 연을 맺고 법맥에 이어짐으로써 깨달음의 가능성은 더 이상 추상적인 개념이 아니라 우리가 보고 느낄 수 있는 것이 됩니다.

그러면 구전이 정확하게 어떻게 작용하는지 살펴보겠습니다. 스승은 우리를 내적인 길로 이끄는 지도자로서 산스크리트어로 구루guru라고 합니다. 구루는 수행의 에너지를 지니고 있습니다. 구전은 일종의 의식으로 때로 몇 분이면 끝나기도 하는데, 스승이 법본을 읽고 가르침을 줌으로써 수행자가 능력을 발휘하게 만드는 것입니다. 마치 전기코드에 연장선을 잇는 것과 같은 이치로서, 이미 연결된 콘센트에 플러그를 꽂기만 하면 전기가 들어오게 되어 있는 것이지요. 구전은 우리의 역량을 활성화시켜 수행 과정을 활기차게 만듭니다. 휴대폰에 넣는 SIM 카드는 누구나 살 수 있지만 우리가 그것을 실제로 사용하려면 활성화시켜야 합니다. 구전의 특수한 역할이 바로 그것입니다.

구전 의식을 치르는 동안 살아있는 스승과 수행 공동체의 도반들을 만나면서 우리는 깨달음의 가능성을 처음으로 맛봅니다. 불법과 법맥을 대표하는 스승처럼 우리도 똑같이 깨달을 수 있다고 느끼는 것이지요. 구전은 단순히 수행을 허락하는 의식으로 끝나지 않습니다. 구전을 받음으로써 우리는 "나 또한 할 수 있다"는 자신감과 희망적인 관측을 얻습니다.

적절한 구전을 받지 않으면 수행은 힘을 잃고 죽은 언어같이 되어버립니다. 의욕을 북돋는 공부거리는 많지만 구전의 현장에서 살아있는 스승이 주신 가르침에서만 곧바로 얻을 수 있는 정수가 없다면 수행은 메말라버립니다. 마치 훌륭한 선생님의 수업을 받는 대신 책을 보며 피아노 치는 법을 배우는 것과 같습니다. 수행의 자격을 갖추었다는 자신감이 없으면 쉽게 게을러지거나 의욕을 상실하게 되어 수행이 침체됩니다.

책을 읽는 것과 수행은 다릅니다. 그 차이를 중요하게 여기십시오. 수행을 해야겠다는 마음이 일어나면 적절하고 믿을 만한 지도자를 찾아야 합니다. 티베트 사람들은 원하는 수행의 구전을 받기 위해 며칠을 밤낮 없이 걷곤 했습니다. 요즘에는 다르마 센터 가까이에 살지 않더라도 인터넷을 검색하면 자신이 필요한 지도자의 방문 소식을 접할 수 있고 가까운 곳에 상주하는 라마가 있는지도 알 수 있습니다. 온라인 공부 모임에 가입해도 좋습니다. 질문이 생기거나 자신이 참가할 수 있는 수행 일정을 알아볼 수도 있으니까요. 이것은 매우 중요한 일입니다.

● 4불공가행

지금까지 배운 4공가행, 즉 귀중한 인간 존재, 무상, 업 그리고 괴로움을 사유함으로써 우리는 한 발자국 뒤로 물러나서 우리를 계속 윤회하게 만드는 습관적인 양식을 들여다볼 수 있습니다. 이어지는 4불공가행은 내면으로 깊숙이 들어가는 단계입니다. 4공가행과 마찬가지로 4불공가행에서는 자신의 행동을 들여다보는 한편, 자신에게서 보다 미세하고 안정된 요소를 찾아내는 방편들이 새로이 추가되어 우리에게 내재된 불성을 인식하는 과정이 시작됩니다.

첫 번째 4불공가행-귀의

이제 우리는 최고의 스승이신 부처님, 불교의 가르침인 다르마, 깨달은 분들의 모임인 승가에 귀의하는 것으로 기초수행의 두 번째 단계인 4불공가행을 시작합니다. 귀의의 동기는 우리에게 이미 구족된 선함과 지혜 그리고 자비심을 일으키고 증장시키는 것입니다. 이런 특성들이 여태까지는 흙에 덮인 다이아몬드처럼 우리 안에 가리어져 있었습니다. 불법승 삼보는 이것들을 환하게 드러나게 하는 도구입니다. 우리는 귀의 수행을 통해 우리에게서 가장 선하고 본질적인 특성, 즉 우리 자신의 불성에 귀의하는 능력을 기릅니다. 그러나 불성의 의미를 우리는 아직은 잘 모릅니다.

먼저, 우리가 의지하게 되는 귀의처에 대해 살펴보기로 하지요. 우리는 대부분 보호를 받으려고 할 때 어떤 사람이나 어떤 것과 하나가 되려고 합니다. 인간관계나 가정, 건강 또는 재물에 의지하려고 듭니다. 그러나 가정을 잃거나 관계가 깨지거나 돈이 떨어지고 건강이 나빠지면 이들 조건에 걸었던 보장 또한 줄어들거나 사라집니다. 정치권력이나 군사력에 의지하다가 자신이 지지하는 정부가 무너지면 지위와 명망을 잃고 맙니다. 조금만 살펴보아도 윤회계의 의지처는 무척이나 믿을 수 없으며, 우리의 마음 또한 불안정하다는 것을 알 수 있습니다. 오르락내리락하지 않으면 이리저리 왔다 갔다 하지요.

우리는 이제 방향을 완전히 바꾸어서 해탈의 길에 도움이 되는 의지처로 눈을 돌립니다. 보호받으려는 본능은 그대로이지만, 우리 안에 있는 긍정적인 특성을 고양시키고 행복을 지속시키는 의지처를 선택하는 것입니다. 의지처를 구하는 마음을 없애는 것이 아니라 바꾸는 것이지요. 우리가 이미 가지고 있는 것에서부터 시작하면 됩니다.

불자들은 전통과 문화적 배경이 다르다 해도 모두 불법승 삼보에 귀의합니다. 제가 속한 전승에서는 보디찌따bodhicitta, 즉 보리심菩提心이 귀의에 포함됩니다. 보리심은 일체중생이 불성을 깨닫기까지 도와주기 위해 우리 자신이 깨달음을 얻겠노라고 간절히 바라는 마음입니다. 보리심의 핵심은 지금부터 우리가 하는 모든 수행의 동기, 궁극적으로는 모든 일상생활의 동기가 일체중생이 자신의 불성을 깨달아 부처를 이루고 영속하는 자유를 얻도록 돕겠다는 발원이라는 것입니다. 우리가 베푸는 사랑과 음식, 위로, 옷과 돈도 물론 도움이 됩니다. 그러나 여기에 보리심이 더해지면 일체중생을 궁극적으로 이롭게 하겠다는 궁극적인 발원이 됩니다. 그러므로 우리는 일체중생을 이롭게 하려는 동기로 우리가 깨달음을 얻기까지 불법승 삼보에 귀의하는 것입니다. 보리심 서원은 나와 남을 구별하지 않으므로 4불공가행의 귀의 수행은 다른 불교 전통의 그것과 다릅니다.

두 번째 4불공가행－정화

귀의와 마찬가지로 정화 수행은 인간이 가진 근본 조건으로 인해 요구되는 수행입니다. 우리는 너나없이 자기 자신과 다른 존재에게 고통을 야기하는 행동을 할 수밖에 없습니다. 인과법을 이해하는 사람들은 남을 해치면 필연적으로 자기 자신에게도 해가 된다는 사실을 압니다. 살생의 예를 들면, 고의적인 살인을 저지르기도 하고 고속도로에서 자동차를 운전하다가 피치 못하게 곤충을 죽일 수도 있겠지요. 거짓말을 하거나 남을 속이기도 합니다. 우리는 용서를 받아야 하거나 정화해야 하는 행위를 어쩔 수 없이 저지릅니다.

그런데 우리의 본성이 깨끗하고 청정하다면 무엇을 정화해야 하는지, 의문이 일어날 수 있겠지요. 결국은 다이아몬드에 묻은 흙을 씻어내는 것입니다. 우리가 이미 깨끗하다는 사실을 깨달을 때까지 마음을 정화하는 것이지요. 이것을 알지 못하면 매일같이 온갖 일을 겪을 때마다 끝도 없이 문제가 일어난다고 여기면서 어떻게든 고치려고 듭니다. 정화 수행을 통해 자신이 깨끗하지 않다고 생각하는 습관이 깨어집니다.

세 번째 4불공가행－만달라 공양

두 손을 모아 만달라 수인을 짓는 티베트 노인들을 여러분은 그림이나 사진에서 한 번쯤은 본 적이 있을 겁니다. 실제로는 쌀이나 꽃을 손에 쥐고 있다가 짧은 기도문을 외운 후 손을 펴서 공중으로 뿌리기도 합니다. 손에 쥔 것이 없을 때는 손짓으로라도 모든 것을 놓아버리

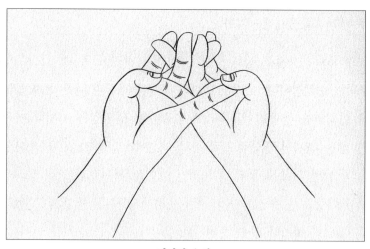
만달라 수인

고 내어줍니다.

저는 늘 이런 분들 속에서 자라났지만, 어느 날 할머니께서 만달라 수인을 짓는 것을 보고는 문득 관심이 생겼습니다. 무엇을 하시느냐고 여쭙자 할머니는 온 세상과 그 안의 모든 것, 심지어는 당신 자신까지 불보살님들께 바치는 것이라고 하셨습니다. 그 말씀에 저는 그만 입을 다물고 말았는데, 질문거리가 하도 많아 할머니를 성가시게 할까봐 염려가 되어서였지요.

세랍링에서 공부하면서 만달라 수행은 놓아버리는 마음을 기르는 수행이라는 가르침을 들었습니다. 쌀제 린포체는 할머니와 똑같은 말씀을 하셨지요.

"온 세상과 그 안에 있는 모든 것을 내주는 것이지. 그렇게 해서 놓아버리는 마음을 기르는 거야."

린포체는 지구, 은하계, 바다, 구름 등등 놓아버리는 것들을 구체적으로 열거하셨습니다. 그 말씀을 듣자 의아한 생각이 들어 끼어들었습니다.

"그렇지만 그런 것들은 우리 것이 아니잖습니까?"

"이 수행의 대상은 마음이야. 상상에서는 무엇이든 전부 다 내어 줄 수 있지. 그렇지만 일반적인 의미에서 '나의 것'이라고 생각하는 것들도 내줄 수 있어. 집, 마니차, 돈, 책상, 책 등등. 심지어는 네 몸도 내주는 거야."

"그 말씀은, 정말로, 진짜로 준단 말씀인가요?"

"움켜쥐고 있는 마음을 내어 주는 게야. 괴로움을 일으키는 마음을 놓아버리는 것이지. '나라고 하는 마음을.'"

움켜쥐고 집착하는 '나'라는 마음이야말로 해탈에 이르는 길의 근본적인 장애입니다. 이 장애물을 녹여 없애기 위해 우리는 상상력을 동원하여 무량한 공양물을 바치는 일종의 실험을 합니다. 상상 속에서 보시하는 마음을 기르고, 그럼으로써 공덕이 쌓입니다. 동시에 그렇게 상상함으로써 평범하고 개념적인 상대적 실재 저편으로 갑니다. 그리하여 마음의 공성과 명료함을 얼핏 맛보게 됩니다. 이 마음으로부터 모든 현상이 일어남을 통찰하면 지혜가 쌓입니다. 궁극적으로는 우리의 본성이 모든 것의 원천으로서 무궁무진하며 다이아몬드처럼 깨지지 않는다는 것을 깨닫기에 이릅니다.

네 번째 4불공가행─구루 요가

기초수행의 마지막 단계인 구루 요가는 마침내 넓은 강변에 도착해서 반대편 기슭으로 건너가기를 간절히 바라는 단계라고 할 수 있습니다. 아직은 자기 자신을 소중히 여기는 습관에서 완전히 벗어나지는 못했지만, 그런 습관이 있음을 알고 있으며 번뇌에 휘둘리는 삶을 더 이상 살지 않겠다는 자신감도 약간은 생겼습니다. 마음의 명료함을 언뜻 맛보았을 수도 있습니다. 이제껏 걸어온 길의 가치를 절감하므로 앞으로 더 나아가겠다는 의지와 열의도 생겼습니다. 그러나 우리는 아직 혼자 힘으로 윤회에서 열반으로 건너가지 못합니다. 살아 있는 스승, 구루가 계셔야 합니다.

기초수행의 마지막 단계인 구루요가를 통해 우리에게 스승이 계시다는 것이 얼마나 이로운지를 체험합니다. 궁극적으로 우리의 본성과 스승의 본성이 서로 분리될 수 없음을 깨닫고, 이 깨달음에서 비롯된 확신과 믿음이 우리가 가는 길에 힘을 불어넣어줍니다. 우리의 마음과 구루의 마음이 하나가 되며 이로써 법맥 전체, 즉 우리의 수행을 언제라도 도와주시려는 수승한 존재들의 무량한 가피를 받는 것이지요.

강 건너편 기슭이 가깝게 느껴지든 멀게 느껴지든, 그 강을 건너려면 도움을 받아야 합니다. 구루의 도움으로 수행자의 미혹한 인식이 명료하게 바뀝니다. 구루는 우리가 윤회에서 열반으로 건널 수 있는 다리가 되어주십니다. 구루요가는 기초수행과 후속 수행을 잇는 다리이기도 합니다. 이 시점부터 우리는 우리를 계속 윤회하게 만드는 그릇된 습관을 바꾸기 위해 전력을 다하며, 그 동안의 기초수행을 통해 얼핏이나마 맛본 대자유를 상기하며 견해와 태도를 재정립합니다.

● 기초수행의 중요성

하루라도 빨리 '고급' 수행을 하려고 기초수행을 서둘러 마치는 사람들이 많습니다. 그러나 기초수행보다 더 중요한 수행은 없습니다. 티베트의 위대한 스승들께서는 기초수행을 마친 후에 어떤 수행을 하셨을까요? 그 분들은 기초수행을 처음부터 다시 시작하셨습니다. 제가 아는 분들만 해도 기초수행을 16번이나 마치신 분이 여럿인데, 다들 높은 성취를 이루셨습니다. 죽음에 임박하여 기초수행을 다시 닦으신 스승들도 많습니다. 기초수행은 수행의 처음이자 마지막입니다.

기초수행이 진전됨에 따라 수행은 물론 견해의 확립에 점점 더 많은 공을 들여야 합니다. 매 단계는 다음 단계로 나아가는 준비 과정의 역할을 하므로 우리는 여법하게 기초수행을 닦게 됩니다. 이 점을 마음에 담고 절대로 서두르지 마십시오. 기초수행보다 더 중요한 수행을 애써 생각하지 마십시오. 차근차근 한 단계씩 해나가다 보면 산란하고 어지러운 마음이 명료해질 것입니다.

02

명상

수행의 핵심 도구

기초수행에 들어가기에 앞서 명상에 대해 이야기하고자 합니다. 명상은 기초수행을 비롯한 모든 수행에 있어서 가장 필수적인 도구이기 때문입니다. 그런데다가 요즘에는 명상에 대해 저마다 다르게 접근하는 경향이 있습니다. 제가 제일 처음으로 접했던 명상에 대해 이야기하는 것이 좋겠습니다. 그러면 명상에 대해 공통적으로 이해할 수 있을 겁니다.

아버지는 명상의 효과를 유능한 양치기에 비유하셨습니다. 나기 곰빠 시절, 아버지가 쓰시던 작은 방에는 커다란 창문이 나있어서 가없는 하늘과 그 아래로 드넓게 펼쳐진 카투만두 시내가 보였습니다. 저는 아버지와 함께 그 방에 앉아 양떼에게 풀을 먹이는 목동들을 바라보곤 했지요. 한 번은 아버지께서 이런 말씀을 하셨습니다.

"유능한 목동은 언덕에 앉아 방심하지 않고 정신을 차려서 양떼를 살펴본단다. 그러다가 한 마리가 딴 길로 가면 재빨리 언덕을 내려가 녀석을 제자리로 인도하지. 경주하듯 뛰어다니며 양떼를 이쪽저쪽으로 몰고 다니지 않는단다. 그러니 양들은 늘 충분히 풀을 뜯어 먹고 또 지치지도 않지. 목동 또한 지칠 일이 없고."

"그러면 훌륭한 목동들은 명상을 하는 건가요?"

"직접적으로 마음을 닦는 것은 아니니 명상을 한다고는 할 수 없지만, 목동들은 여유가 있고 산만하지 않지. 안으로는 마음을 침착하게 유지하고 밖으로는 양들을 지켜볼 뿐 쫓아다니지 않는단다. 명상하는 사람들이 생각을 쫓아다니지 않듯이. 서투른 목동은 시야가 좁게 마련이야. 양 한 마리가 왼쪽으로 길을 벗어나면 그 녀석을 쫓아다니느라 다른 녀석이 오른쪽으로 벗어나는 것을 놓치고 말지. 그러다 보니 자기 꼬리를 물려는 강아지처럼 뱅뱅 돌게 되는 게야. 명상은 생각과 느낌을 조절하려는 것이 아니야. 유능한 양치기처럼 다만 주의 깊게, 방심하지 않으면서 자연스럽게 머무는 게야."

하루는 아버지께서 목동을 손으로 가리키셨습니다. 목동은 평평한 바위에 등을 기대고 앉아 저 아래 양떼를 바라보고 있었지요. 목동은 점심 보자기를 끄르고는 간간히 눈을 들어 양들을 확인하면서 천천히 식사를 했습니다. 점심을 마친 목동이 나무 피리를 꺼내자 아버지는 창문을 열었습니다. 피리 소리가 들려왔지요. 모두가 행복해 보였습니다. 목동도, 아버지도 그리고 양들도.

제가 "목동은 지금 명상을 하는 건가요?" 하고 여쭙자 아버지는 고개를 저으셨습니다. 저는 다시 여쭈었지요.

"그래도 목동은 여전히 행복할까요?"

"유능한 목동은 무엇을 하든 걸림이 없단다. 목동의 마음이 편안하고 고요하니 양들이 편안해서 얌전히 있는 게야. 양들이 불안할 일이 없으니 도망갈 일도 없고. 그러니 목동은 한가롭게 언덕에 앉아 점심을 먹고 또 피리를 부는 게다.

"그러나 행동이 여유롭다고 마음도 늘 그런 것은 아니야. 오늘은 햇볕이 참 좋구나. 너무 춥지도 않으면서 바람도 세지 않고. 목동에게 더할 나위 없이 완벽한 환경이지. 환경이 변하면 어떤 일이 일어날까? 주인이 양을 모두 팔아치운다면 목동의 마음이 어떨까? 진정한 마음의 자유를 알려면 명상을 해야 한다. 그래야 마음 그 자체의 본성을 알 수 있고, 생각이나 감정, 환경에 끌려 다니지 않게 되지. 바람이 불든 해가 나든 늘 안정되고 고요한 마음을 유지할 수 있단다."

어떤 환경에서든 편안하고 고요한 마음을 기르려면 마음을 살펴보아야 합니다. 마음을 직접 들여다보면 우리 안에 있는 명상적 알아차림이 드러납니다. 기초수행의 단계마다 내용과 접근법이 서로 다르지만, 어떤 단계든 수행자가 자신의 마음을 의도적으로 들여다보게 되어 있습니다.

● 알아차림

알아차림은 우리에게 내재된, 마음의 아는 특성으로 우리가 본래 타고난 것입니다. 알아차림이 없으면 우리는 제구실을 하지 못합니다. 알아차림 없이는 그 무엇도 경험할 수 없습니다. 그렇지만 우리가 알아차림을 늘 인식하는 것은 아닙니다. 사실 우리는 대부분의 시간에 알아차림을 인식하지 못합니다. 명상을 통해 우리에게 이미 있는 알아차림을 인식하게 됩니다.

알아차림에는 세 가지 형태가 있습니다. 명상을 배우기 전에 우리가 경험하는 것이 평상시 알아차림입니다. 명상적 알아차림은 알아차림 자체를 인식하는 데서 옵니다. 이런 인식이 깊어져서 알아차림의 본성을 직접 체험하는 것이 청정한 알아차림입니다.

평상시 알아차림

평상시 알아차림의 가장 중요한 특성은 알아차림 자체가 잘 인식되지 않는다는 것입니다. 마음에서 일어나는 별의별 생각과 이미지에 완전히 사로잡혀 있으므로 알아차림 자체를 인식하지 못하는 것이지요. 알아차림은 늘 우리 안에 있습니다. 알아차림이 없으면 우리는 제구실을 못하지만 알아차림을 인식하지 못한다 해도 제구실은 합니다.

평상시 알아차림에는 두 가지 형태가 있습니다. 하나는 유능한 목동에게서 본 바와 같이 주의 깊고 방심하지 않는 것으로 명상과 관련된 특성입니다. 다른 형태는 산란한 것이 특징으로 명상적 태도와는 전혀 다릅니다. 두 가지 모두 알아차림 자체를 인식하지 못합니다.

가령 꽃을 볼 때, 눈으로 꽃을 보면서 마음으로는 피자나 애인, 영화를 생각한다면 산란한 특성을 가진 평상시 알아차림입니다. 자동차를 몰고 친구들과 음식점에 갔다가 돌아가는 길을 놓고 서로 의견이 갈리는 경우가 있습니다. 알아차림이 사라지는 바람에 돌아오는 길을 잊은 것은 아닙니다. 호흡이 없으면 살 수 없듯 알아차림이 없으면 살 수 없으니까요. 알아차림이 산란한 마음, 스스로에게 수다 떠는 마음 그리고 환상과 공상으로 덮인 것이지요. 음식점에 가는 것은 알았지만 어떤 길로 갔는지 알 만큼 충분히 알아차리지는 않았던 겁니다. 알아차림은 흐려지고 가려지기는 하지만 없어지지는 않습니다. 알아차림이 산만해지면 서툰 목동처럼 되어버립니다. 아침을 먹으면서 저녁에는 무엇을 먹을까 생각하고, 저녁 식사 때는 아침에 무엇을 먹었는지 도통 기억하지 못합니다.

설거지나 운전을 하거나 또는 수학 문제를 풀 때 그 일에 주의를 기울이면 계속 집중하게 됩니다. 아무개가 일을 참 잘한다는 말은 대부분의 경우 주의력과 집중력이 뛰어나다는 의미입니다. 제화공은 가죽을 정교하게 꿰매고 아교로 붙이고 가죽을 유연하게 만드는 일에 집중해야 합니다. 의사라면 환자의 신체적, 감정적 증세에 주의를 기울여야 합니다. 어떤 직업이든 남들보다 뛰어나려면 주의 깊은 평상시 알아차림이 산란한 알아차림보다 두드러져야 합니다. 주의, 그러니까 마음 자체가 알아차림의 대상에 머물러야 합니다. 양치기는 양, 제화공은 신발, 의사는 환자, 운전수는 도로에 마음을 집중해야 합니다. 이때 마음은 산만한 수다에 휩쓸리지 않고 대상을 인식하지만 알아차림 그 자체를 인식하지는 못합니다.

주의력과 집중력 같은 마음의 특성은 문장의 암기 등 불법을 공부하는 데도 유익한 도구가 됩니다. 그러나 집중하고 몰입한다고 해서 우리가 타고난 본래 상태의 마음이 드러나지는 않습니다. 이 마음에서 우리는 진정한 자유를 발견할 수 있는데, 그러려면 알아차림을 인식해야 합니다.

명상적 알아차림

명상에서는 알아차림 자체를 어느 정도 알아차릴 수 있어야 합니다. 명상에서는 마음이 인식한 현상뿐만 아니라 마음의 특성을 알게 됩니다. 명상을 처음으로 시작할 때는 불상이나 자신의 호흡, 꽃 등 대상을 이용하면 도움이 됩니다. 대상에 주의를 기울이면 되니까요. 그러나 단순히 주의를 기울인다고 해서 명상이 되는 것은 아닙니다. 명상에서 가장 중요한 두 가지 요소는 의도와 인식입니다. 명상을 시작할 때 우리는 일부러 마음을 대상에 머물게 하는데, 이때 의도가 개입합니다. 무엇이 일어날 때 우리는 그것이 일어나고 있음을 아는데, 이것이 인식입니다. 즉, 주의를 기울인다고 해서 호흡 외에 다른 모든 것들을 느끼거나 알지 못할 정도로 호흡에 완전히 몰두하는 것은 아닙니다. 들어가고 나오는 호흡을 온전히 의식하면서 호흡을 의식한다는 것 또한 아는 것입니다.

가령 꽃을 알아차림의 대상으로 이용한다면, 꽃이라는 대상에 주의를 기울임으로써 알아차림을 인식하는 데 도움을 받습니다. 명상의 대상이 우리로 하여금 알아차림을 인식할 수 있게 도와주는 것이지요. 부처님께서는 "비구는 걷고 있을 때 걷고 있는 것을 알고, 서있을 때 서있는 것을 알고, 앉아있을 때 앉아있는 것을 알고, 누워있을 때는 누워있는 것을 안다"라고 말씀하셨습니다. 이렇게 아는 것, 즉 매 순간 그때그때의 행위를 아는 것이 명상입니다.

대상을 이용하여 일단 알아차림을 인식한 경우, 도움이 된다면 계속 대상에 의지해도 되지만 너무 집중하지는 않습니다. 호흡이나 시각적 형상을 명상의 대상으로 하면 마음이 더 넓어지고 편안해져서 마음이 바쁘게 움직일 때도 편안하고 고요한 마음을 유지할 수 있습니다. 꽃 명상을 시작하면서 여러분에게 알아차림이 있는지 없는지 걱정하지 마세요. 꽃을 대상으로 하여 알아차림을 인식하겠다는 의도를 내면, 그렇게 됩니다. 의도와 동기 그 자체가 인식을 초래합니다.

기초수행에서는 명상의 대상으로 소나 개 등 동물에서부터 천상계 존재, 본존, 구루, 전 우주에 이르기까지 매우 다양한 대상을 이용합니다. 만트라 소리도 대상이 됩니다. 무엇을 대상으로 하든 과정은 꽃이나 호흡을 대상으로 할 때와 똑같습니다. 대상은 마음의 특성을 드러내고 인식하게 해주는 역할을 합니다.

청정한 알아차림

명상적 알아차림이 깊어지면 이른바 청정한 알아차림을 경험하기도 합니다. 청정한 알아차림은 일종의 비범한 의식이 아닙니다. 사실, 청정한 알아차림의 특징 중 하나는 너무나 평범하다는 것입니다. 명상을 시작하면 알아차림을 처음으로 얼핏 맛보는 순간이 있습니다. 그것이 자연스럽게 연장되면 청정한 알아차림이 됩니다. 명상 과정 자체가 우리를 알아차림뿐만 아니라 알아차림의 본성에 이어줍니다. 일단 청정한 알아차림을 인식하면, 기초수행을 포함한 모든 깨달음의 길이 청정한 알아차림을 더욱 확고하게 인식할 수 있도록 도와주며 삶의 모든 요소가 깨달음의 길이 됩니다.

●명상법

알아차림이 우리에게 늘 있다 하니, 그렇다면 알아차림을 인식하지 못할 리가 없다는 생각이 들기도 하겠지요. 그렇지만 의도와 동기를 내도 명상이 제대로 안 되면 좌절에 빠지고 맙니다. 듣기에는 정말 간단한 것 같은데 실제로는 잘 되지 않습니다. 머리로는 모든 것을 이해하는 것 같아도 명상이 정말로 간단하다는 것을 깨닫지 못한 채 잘못된 관점에 매달리기 때문입니다. 여기에서 한결같이 나타나는 오류는 지금 무언가가 잘못되었다고 생각하는 것입니다. 명상실이 조용하지 않거나 너무 덥거나 추운 것 같고, 자신의 생각이나 감정이 잘못되었거나 너무 많이 올라온다고 느끼는 것이지요. 무엇이 올라오든 그것이 문제라고 생각합니다.

명상은 이제까지 우리가 알지 못했던 마음의 갖가지 양상을 밝혀내려는 실험이라 할 수 있습니다. 그러니 실험하겠다는 의도를 낸다면, 명상 중에 어떤 것이 올라오든 괜찮습니다. 무엇이 올라오든 다만 알아차리고 놓아버리십시오. 집착하거나 고정시키거나 판단하지 마세요. 사열대 위에서 열병식을 바라보듯 연속적으로 일어나는 생각과 감정을 다만 바라보십시오.

명상하기에 적합한 정신적 또는 물질적 환경을 조성하려고 애쓰는 대신 자신의 몸을 이용하면 아주 좋습니다. 부처님께서 말씀하시기를 우리의 몸은 물잔과 같고 마음은 물과 같다고 하셨습니다. 물잔이 움직이지 않으면 물 또한 움직이지 않습니다. 물잔이 흔들리면 물도 흔들립니다. 몸을 고요히 하면 마음을 다스리는 데 도움이 되므로, 명상법에서 첫 번째로 배워야 할 것은 몸의 자세입니다.

명상을 위한 특별한 공간이 있다면 도움이 되겠지만, 여법한 불단과 창밖으로 폭포가 보이는 명상실이 없어서 고민이라는 생각을 놓아 버리세요. 완벽한 명상실에 집착하는 것은 산란심이거나 핑계일 뿐입니다. 어떤 상황이든 상관없습니다. 깨끗하고 조용한 공간이 있다면 아주 훌륭합니다. 그러나 지저분하고 어수선한 도시에 살아도 아무 문제없습니다. 감옥에서, 군대 막사에서 그리고 노숙자 쉼터와 병원에서 사람들은 명상합니다. 핵심은 마음을 살피는 것입니다. 좋은 조건이든 불리한 조건이든 모든 것이 수행에 도움이 됩니다.

명상에 가장 든든한 도움이 되는 것은 바깥의 장소가 아니라 우리의 몸입니다. 몸과 마음은 연결되어 있습니다. 병이 나서 몸에 에너지가 떨어지면 마음 또한 에너지를 잃어버립니다. 감기에 걸리거나 두통이 심하면 사람들은 흔히 "올바로 생각할 수 없다"고 말합니다. 거절 당해 마음이 괴로우면 몸 또한 마치 삶에 두들겨 맞은 것처럼 기운이 떨어집니다. 연애나 승진 등으로 마음이 행복해지면 몸 또한 자신감으로 살아납니다. 그렇지만 명상할 때 몸이 마음을 도와준다고 느끼는 사람은 그리 많지 않은 것 같습니다.

칠지좌법

명상에 도움이 되는 자세를 취하기 위해 수행자는 칠지좌법七支坐法이라 불리는 전통적인 지침을 따릅니다. 이 자세는 깨달은 형상의 특성을 나타냅니다. 칠지좌법을 따르면 몸과 마음이 안정되고 에너지 통로가 정렬되어 마음이 깨어나고 열리며 편안해집니다.

사람마다 몸이 다르기 때문에 자세를 제대로 취하려면 약간의 훈련이 필요합니다. 처음에는 오랫동안 앉아 있으려고 애쓰지 마십시오. 5분이나 10분 정도로 짧은 시간 동안 움직이지 않고 올바른 자세를 유지하는 것이 통증을 느끼거나 자세가 불편하여 이리저리 몸을 움직이며 산란한 마음으로 40분을 버티는 것보다 훨씬 더 유익합니다.

●다리

바닥에 앉아 양 다리를 교차합니다. 엉덩이를 방석으로 괴어 무릎보다 10센티미터 정도 높이는 사람들이 많습니다. 이렇게 앉으면 엉덩이와 양 무릎의 세 지점이 균형을 이루어 안정감을 느끼게 되며 상체를 잘 받쳐줍니다. 신체적인 어려움으로 바닥에 앉는 것이 힘들 경우에는 의자에 앉아도 좋습니다. 이때는 등을 곧게 펴고, 의자에 베개를 놓아 몸을 높이거나 발밑에 베개를 놓아 무릎과 엉덩이의 높이를 맞추십시오. 두 발은 반드시 바닥에 고정해야 합니다. 강하고 용맹스런 느낌이 일어나는 자세를 취하되 공격적이거나 수동적인 자세는 피합니다.

　가부좌로 바닥에 앉는 방법에는 몇 가지가 있습니다. 결가부좌로 불리는 금강좌는 가장 안정적인 자세로서 왼발을 오른쪽 허벅지 위에 올려 몸 가까이 당기고 오른발은 왼쪽 허벅지 위에 놓는 자세입니다. 티베트인들 중에 결가부좌를 하는 이들은 많지 않습니다. 대부분이 반가부좌를 선호합니다. 반가부좌는 한쪽 발을 반대쪽 허벅지 위에 놓는 것입니다. 양 다리를 모두 바닥에 내려놓는 평좌도 있습니다. 이 때는 한쪽 다리를 접어서 몸 가까이 당겨놓고 다른 쪽 다리를 그 바깥쪽으로 놓으면 됩니다.

　가부좌 자세는 등을 바로 가누고 몸과 마음의 동요를 다스리는 데 도움을 줍니다. 좌식 생활이나 책상다리 자세가 익숙하지 않다면 이 자세가 어렵고 때로 고통스럽기도 하겠지만 시간이 흐르면 나아집니다. 스트레칭으로 몸을 풀어주면 도움이 되는데, 명상과 수행 자체가 가부좌를 트는 능력을 키워줍니다. 그러나 명상은 경기가 아닙니다. 결가부좌 자세를 100미터 달리기 결승점처럼 생각해선 안 됩니다. 자세보다 더 중요한 것이 의도입니다. 진정한 의도를 내고, 자신이 할 수 있는 만큼 올바른 자세를 취하면 됩니다.

●손

　양손을 양무릎에 각각 가볍게 얹습니다. 또는 한 손을 손바닥을 위로 하여 무릎과 배꼽 사이에 놓고 다른 손 역시 손바닥을 위로 하여 포개 놓습니다. 이때 오른손을 밑에 놓아도 되고 왼손을 밑에 놓아도 됩니다. 정좌 자세에서는 양손의 엄지손가락 끝이 서로 닿는 계란 모양의 무드라를 맺습니다. 무드라mudra는 산스크리트어로 손과 손가락으로 맺는 수인手印을 포함하여 의례에서 짓는 몸짓을 가리킵니다. 손바닥을 아래로 하여 양손을 양 무릎 위에 놓아도 좋습니다. 다리가 길고 팔이 짧은 사람들이 이 자세를 취하면 어깨나 팔뚝에 긴장이 오기도 합니다. 그럴 때는 손을 살짝 뒤로 하여 허벅지 위에 놓으면 긴장감이 사라집니다.

●팔죽지

양 팔죽지와 몸통을 약간 띄우는 것이 좋습니다. 겨드랑이 10센티미터 정도 아래 달걀을 하나씩 끼웠다고 상상하면 어떤 상태인지 느껴질 겁니다. 이렇게 하면 가슴이 넓게 열립니다. 전통적인 표현으로는 팔을 "독수리의 날개 형상"으로 만드는 것입니다. 그렇지만 금방이라도 날개를 펄럭이려는 듯 어깨를 들어 올리고 팔꿈치를 바깥쪽으로 밀어내면 안 됩니다. 그렇게 하면 견디기 어려운 긴장이 옵니다. 가슴에서 숨 쉴 수 있는 공간을 최대한 확보하는 것이 가장 중요하므로 양팔을 죄어 가슴을 웅크리면 안 됩니다.

●등

등에서 가장 중요한 자세는 등을 똑바로 유지하는 것입니다. 등이 구부정하면 가슴이 웅크러들어 마음이 양껏 활기를 내지 못해 의기소침해져서 졸음에 빠지기 쉽습니다. 등이 굽으면 몸의 통로가 막혀 마음이 불안하고 불편해집니다. 등이 너무 굳고 꼿꼿하면 몸과 마음이 긴장되어 심신이 쉽게 지칩니다. 완벽하게 꼿꼿한 자세로 앉아있던 사람이 갑자기 잠에 빠져들기도 합니다. 자세를 곧게 유지하려고 용을 쓰다가 힘이 빠져버린 것이지요. 티베트 사람들이 자주 쓰는 표현처럼 막대기를 삼킨 것처럼 앉아있는 것은 좋은 자세가 아닙니다.

사람마다 체형이 다르며 척추 또한 다르다는 사실을 잊지 마세요. 티베트에서는 명상할 때 등을 바르게 세운 자세를, 동전을 똑바로 쌓아올린다거나 화살이 곧게 뻗은 것 같다고 비유합니다. 그러나 실제로 척추는 자연스럽게 휘어져있습니다. 그러므로 "바르고 꼿꼿하다"는 표현이 등의 자세를 객관적으로 설명하는 것은 아닙니다. 각자에 맞게 완벽한 균형을 이룬 자세를 취하면 됩니다.

●목과 머리

등이 자연스런 자세를 유지하면 머리는 앞으로 많이 숙어지지도 않고 뒤로 젖혀지지도 않으면서 편안하게 자리를 잡습니다. 이런 자세에서는 대개 고개가 약간 앞으로 숙어지면서 턱 끝이 목 쪽으로 조금 당겨져 뒷목이 늘어납니다. 명상 초보자들은 물론 수행을 오래 한 이들도 명상 중에 마음이 들뜨거나 지루해지는 일이 반복적으로 일어나게 마련입니다. 머리가 너무 앞으로 수그러지면 지루함이나 졸음이 찾아왔다는 신호입니다. 턱이 조금 치켜세워졌거나 앞으로 나오면 대부분의 경우 생각이 많아 산만해지거나 들뜬 상태임을 나타냅니다. 몸이 바르게 균형을 잡으면 마음의 두 가지 성향인 들뜸과 지루함을 다스리는 데 도움이 됩니다.

몸이 바른 자세인지 알아보는 방법이 있습니다. 입 정도의 높이에서 손바닥을 아래로 하여 한 손에 오렌지를 쥐고 다른 손은 손바닥을 위로 하여 배꼽 아래에 놓고 위쪽의 손을 펴서 오렌지를 떨어뜨립니다. 바른 자세에서는 오렌지가 아래쪽 손바닥 위에 떨어집니다.

•입

입과 턱 주위 근육에서 긴장을 풀면 윗니와 아랫니, 입술이 살짝 벌어지면서 입이 편안히 쉬는 상태가 됩니다. 그런 다음 혀끝을 윗니와 입천장이 만나는 위쪽에 살짝 놓으세요. 호흡은 입이나 코, 또는 양쪽 모두로 하면 됩니다.

•눈

불교 전통에 따라 명상시 눈을 감을 것을 권하는 스승도 있습니다. 명상 초심자의 경우, 눈을 감으면 마음이 산만해지는 것을 막는 데 큰 도움이 된다고 생각하는 사람들이 많습니다. 그러나 눈을 감음으로써 생길 수 있는 문제가 있습니다. 수행을 이어가는 과정에서 우리는 갖가지 환경과 상황에서 마음을 닦게 됩니다. 편안한 좌복, 훌륭한 명상실, 등과 손의 자세 등 명상법에 대한 갖가지 조언은 마음을 닦는 법을 배우는 데 도움이 되는 것들로서 오랜 세월에 걸쳐 시험되고 입증되었습니다. 이렇게 오래도록 전해 내려온 방법을 무시하면 안 되겠지요. 그렇지만 마치 돌부처처럼 완벽한 명상 자세를 유지하는 것이 우리의 목표는 아닙니다. 일상을 벗어난 환경에서만 수행한다거나 눈을 감는 등의 요령으로 자신을 잊으려고 한다면 일상의 행위를 수행으로 이끄는 데 장애가 될 수도 있습니다. 이런 이유로 저는 여러분에게 명상 중에 눈을 뜰 것을 권합니다.

눈을 뜨고 명상할 때 시선을 두는 방식은 세 가지입니다. 첫 번째, 몸 앞쪽으로 60에서 90센티미터 떨어진 지점을 가볍게 내려다봅니다. 두 번째, 평상시처럼 앞을 봅니다. 세 번째는 약간 올려다보는 방법입니다. 세 가지 방법을 교대로 하면 아주 좋습니다. 한 가지 방법을 오랫동안 취하면 지루하거나 피곤해질 수 있습니다. 시선을 바꾸면 명상에 활기를 더해줍니다. 또한 눈이 깜빡이는 것을 통제하려고 애쓰지 마십시오. 눈이 깜빡일 때는 그냥 깜빡이면 됩니다. 그걸 조절하려고 들면 긴장이 옵니다.

명상을 위한 조언

적어도 20분 동안 움직이지 않고 바르게 앉아 있을 수 있는 자세를 찾아내야 합니다. 그렇게 되려면 아직 멀었다고 생각한다면, 방법이 하나 있습니다. 우선, 1분이나 5분 동안 같은 자세를 유지하십시오. 그리고 날마다 1분씩 늘려나가는 겁니다. 얼마 동안 명상할 것인지 시간을 정해놓고 그 시간을 꼭 지키는 것이 좋습니다. 그러면 명상 중에 "이제 그만 할까? 이 정도의 아픔은 참아야겠지? 이번 통증은 너무 심한 거 아냐?" 등등 스스로 물어보는 시간을 허비하지 않아도 되니까요. 1분이라도 같은 자세를 유지하겠다는 마음을 갖는 것이 몸을 자주 움직거리며 20분 동안 앉아있는 것보다 훨씬 더 훌륭합니다.

자신에게 알맞은 자세가 정해지면 먼저 긴장된 부위가 없는지 잠시 온몸을 훑어보세요. 턱과 입, 목 그리고 턱 끝의 위치를 살핍니다. 긴장이 느껴지는 부위가 있으면 긴장을 풀어주십시오. 어깨는 특히 주의해서 살펴보아야 합니다. 필요하다면 의식적으로 어깨를 끌어내리세요. 손, 손가락, 등, 발목에 긴장이 느껴지는지 확인하세요. 어떤 방법으로든 긴장을 풀어 안정되고 편안한 상태를 유지해야 합니다.

이제 마음을 완전히 편안하게 하십시오. 이 말은 어떤 일이 일어나든 다 괜찮다는 뜻입니다. 몸에 긴장감이 여전히 남아 있다 해도 상관없습니다. 몸보다 마음의 긴장을 푸는 일이 더 중요합니다. 그러니 자신이 할 수 있는 만큼 가장 좋은 자세를 취한 다음에는 마음을 편안하게 하세요. 운동 경기나 중대한 프로젝트에 임하듯 명상을 대하면 몸이 긴장됩니다. 반면에 사우나에서 휴식을 취하는 것같이 생각한다면 몸에 힘이 빠져 잠이 들고 말겠지요. 몸과 마음이 느슨하지도 않고 긴장하지도 않는 중도를 유지해야 합니다.

일상에서의 명상자세

좌복에서 벗어나서 명상할 때, 또는 줄을 서서 기다리거나 길을 걷거나 버스를 탄 상태에서만 명상할 수 있는 상황에서는 두 가지 사항을 유의하십시오. 즉, 등을 곧게 펴고 온몸의 근육에서 힘을 빼야 합니다.

●원숭이 마음

명상을 처음 시작하는 사람들이 이구동성으로 하는 말이 좌복에 앉는 순간 마음이 바빠지기 시작하면서 평상시보다 훨씬 더 많은 생각들이 몰려온다는 것입니다. 이 현상은 원숭이 마음 때문에 일어납니다. 원숭이 마음은 여기저기로 분주하게 뛰어다니며 혼자서 수다를 떠는 마음으로 통제가 불가능합니다. 사람들은 평온하고 고요한 마음을 기대하며 명상에 임하지만, 막상 좌복에 앉으면 에스프레소를 마신 것처럼 되어버립니다. 음식에서 음악에 이르기까지 마음이 사방팔방으로 날아다니는 바람에 복권이 당첨되는가 하면, 멋진 자동차를 구입하고 유기농 햄버거를 먹는 생각도 떠오릅니다. 마치 롤러코스터라도 탄 것처럼 종잡을 수 없는데다가 황당하기도 해서 조금 무서운 느낌까지 들 겁니다. 사실 이것은 좋은 징조입니다. 원숭이 마음은 늘 이런 식으로 행동하니까요. 본디 카페인에 중독된 듯 쉽게 흥분하는 것이 원숭이 마음의 버릇입니다. 단지 전에는 그런 사실을 전혀 알아채지 못했을 뿐입니다.

원숭이 한 마리를 아름다운 법당에 풀어놓으면 금세 모든 것이 엉망이 되고 말 겁니다. 녀석이 여기저기로 뛰어다니며 화려한 중국산 실크를 갈기갈기 찢어놓고 물잔들을 바닥에 내동댕이치고 방석도 찢을 테니 결코 보기 좋은 모습은 아니겠지요. 그런데 우리 마음이 실제로 이렇습니다. 잠시도 가만히 있지 못하고 이쪽저쪽 헤집고 다니며 모든 것을 엉망으로 만들면서 정신없이 나댑니다. 집을 짓거나 시험 준비를 하거나 소득세를 계산하는 등, 육체적 또는 정신적인 일에 마음을 집중하면 원숭이를 문간에 가만히 세워둘 수 있습니다. 그러나 자유 시간이 많아지면 주도권은 다시 원숭이에게 넘어갑니다.

교도소 독방에서 몇 년간 복역하던 중에 유전자 검사로 무죄가 입증되어 풀려난 사람에 대해 들은 적이 있습니다. 오랜 독방 생활에 대한 소감을 묻자 그는 자기 자신 말고는 아무도 같이 있을 사람이 없다는 것 자체가 최악의 고문이라고 말했답니다. 명상이나 외적으로 마음을 풀만한 것이 전혀 없는 상태에서 마음이 스스로를 고문하는 괴로움이 얼마나 끔찍한 것인지를 나타내는 말입니다.

원숭이는 일거리가 없으면 견디지 못하므로 스스로를 바쁘게 만들기 위해 마음을 계속 굴립니다. 예를 들어, 월말에 은행에서 받은 입출금 내역서가 여러분이 계산한 것과 천 원 정도 차이가 난다고 합시다. 원숭이는 좋아서 미칠 지경이 됩니다. 녀석은 모든 내역서를 일일이 검토하여 어디가 잘못되었는지 찾아내라고 여러분을 다그칩니다. 이 문제를 해결하면 기다리고 있었다는 듯 또 다른 문제가 나타납니다.

개인 면담 시간에 가족과 애인, 고용주 때문에 생기는 문제를 토로하는 수행자들이 많습니다. 제가 언뜻 듣기에는 대수롭지 않은 문제들 같습니다. 그러나 당사자가 곱씹어 생각하면 할수록 문제는 더 커집니다. 아무것도 아닌 일을 큰일처럼 과장하는 것이 원숭이 마음의 특기입니다. 불안한 원숭이 마음의 본성이지요.

우리는 마음 자체를 들여다보지 않기 때문에 이런 원숭이를 만나면 몹시 당황합니다. 그러나 실제로 이것은 알아차림을 인식하는 것으로, 끊임없이 움직이는 많은 생각과 느낌과 충동을 알아차림을 통해 인식하기 시작하는 것입니다. 생각을 없애기 위해 명상을 하는 사

쌀제 린포체, 세랍링에서 1988년 무렵

람들에게는 원숭이 마음과의 조우가 몹시 실망스러울 것입니다. 그러나 원숭이 마음을 반드시 없애야 하는 것은 아닙니다. 생각을 만들어 내는 공장을 무시하는 것은 결코 도움이 되지 않으며, 그것을 억누르는 것 또한 불가능합니다. 그러니 원숭이 마음을 친구로 만들어야 합니다. 방법은 함께 놀아주는 겁니다. 공격적으로 몰아 부치면 안 됩니다. 새로 친구가 된 원숭이 마음을 지배하거나 조종하려고 하면 안 됩니다. 새 친구의 특성을 파악하고 싶다면 언제라도 만날 수 있게 늘 자리를 지키고 있어야 하겠지요. 명상을 시작하면 명상법이나 불교 전통에 상관없이 누구나 원숭이 마음을 만나게 되어 있습니다. 알아차림 명상으로 녀석에게 생산적인 일거리를 주면 됩니다.

쌀제 린포체는 원숭이 마음을 사장에 비유하셨습니다. 사장이 하는 일은 사원들을 일 년 내내 최대한으로 부리는 것입니다. 원숭이 마음은 결코 느슨해지는 법이 없이 우리를 최대한으로 부려먹습니다. 우리를 계속 밀어붙여 별로 중요하지도 않은 것들을 끊임없이 생각하게 만듭니다. 직장에 고용된 직원들이 사장의 명령이라면 무엇이든 노예처럼 따르는 것과 마찬가지입니다. 그런데 우리는 직원으로서 보다 유리한 협상을 끌어내는 방법을 전혀 알지 못합니다. 왜냐하면 우리는 자신이 노예가 아니라 사장이라고 믿고 있기 때문입니다.

우리는 원숭이 마음과 자신을 동일시하므로 에고의 노예가 되고 맙니다. 언제나 '저건 내가 좋아하는 초콜릿이네. 이건 꼭 사야 돼. 나는 시금치는 싫어. 저 사람이 나는 좋아. 저 사람은 별로야. 이 자동차는 참 멋진데. 저건 형편없군' 하는 식으로 생각합니다. 원숭이 사장이 이쪽저쪽으로 확확 잡아당길 때마다 반응하므로 잠시도 고요하게 머물지 못한 채 사납게 요동치는 파도와 같습니다. 원숭이 사장이 내리는 명령을 하나하나 따르느라 정신이 없습니다. 그러다가 문득 '잠깐! 가끔은 내가 원숭이에게 명령을 내릴 수도 있잖아!'라고 생각하기도 합니다. 그러나 어떻게 하면 되는지, 우리는 그 방법을 모릅니다.

쌀제 린포체는 좋아하고 싫어하는 것, 수용과 거절, 혐오와 끌림 등 우리를 혼란된 상태에 묶어두기 위해 원숭이가 사용하는 이 모든 명령이 마음이 반영된 투사라고 하셨습니다. 투사를 통해 감각자료가 걸러지고 감각대상을 대하는 태도가 형성됩니다. 그리하여 냄새는 냄새에 그치지 않고 향기롭고 기분 좋은 경험으로서 우리를 끌어당기거나 불쾌한 냄새로서 혐오감을 일으키는 것입니다. 새들은 매혹적인 소리를 내지만 컹컹 짓는 개는 그렇지 않습니다. 이런 반응은 실제 상황이나 대상에 의거하여 일어나는 것이 아니라 우리에게 이미 형성된 사고방식에 따라 일어납니다. 린포체는 설명을 계속하셨습니다.

"우리는 늘 영사기가 비추는 대로 반응하지만 정작 영사기를 사용하는 방법을 모른단다. 영사기가 바로 우리의 사장, 원숭이 마음이야. 원숭이를 미워한다고 해서 해결될 일이 아니지. 그러면 부정적인 마음에 갇히게 되어 원숭이는 오히려 더 큰 힘을 갖게 된단다. 원숭이를 가두면 된다고 생각하겠지만, 그런 노력은 아무 소용이 없어. 녀석은 늘 도망갈 방법을 궁리하거든. 그러나 원숭이 마음의 노예가 되면 안 되지. 묘수는 원숭이 마음에게 일거리를 주는 거야. 원숭이 마음은 일을 좋아하거든. 일하는 것을 좋아하고 늘 바빠야 좋아해. 그러니 원숭이 마음을 직원으로 만들고 네가 사장이 되어 부리면 되는 거야."

이제 막 명상을 시작한 단계라면 원숭이는 한 가지 일을 오랫동안 수행하지 못합니다. 금방 지루해져서 가만히 있지 못하고 다시 소란을 피우고 맙니다. 우리가 통제권을 가지려면 원숭이에게 일거리를 주는 것뿐만 아니라 원숭이가 계속 바쁘게 돌아가도록 일거리를 바꿔주어야 합니다. 통제력이 커지면 원숭이를 훈련시켜 하루 종일 우리를 위해 일하도록 만들 수 있습니다. 물론 하루아침에 되지는 않습니다. 이런 이유로 쌀제 린포체께서는 알아차림을 인식하는 데 의도를 두되, 명상법과 대상을 가끔 바꾸라고 가르치셨습니다.

● 알아차림 명상

기초수행에서는 알아차림의 대상을 바꾸어도 좋습니다. 호흡을 대상으로 명상하다가 꽃을 보거나 소리를 듣는 명상으로 바꾸면 됩니다. 그런데 이때 원숭이 마음이 튀어나와서 "이봐! 지금 뭐하고 있어? 그때 일어났던 그 일을 되돌려보고 미래에 대해 생각하라니까!" 하고 소리를 지른다면 어떻게 해야 할까요? 만약 호흡을 대상으로 명상하고 있다면, 다시 호흡으로 돌아가면 됩니다. 스스로를 비판하지 말고, 낙담하거나 절망하지도 말고, 다만 호흡으로 돌아가 그것에 머물면 됩니다.

다양한 형태의 사마타, 즉 알아차림 명상은 우리 마음에 내재된 특성을 발견하는 방법을 가르쳐줍니다. 대부분의 사람들이 호흡을 대상으로 알아차림을 인식합니다. 감각을 대상으로 하는 명상입니다. 호흡은 가장 보편적인 대상으로 어떤 상황과 조건에서도 존재하고 또한 이용할 수 있습니다. 그러므로 명상에서는 "호흡으로 돌아오라"는 말을 그토록 자주 듣게 되는 것이지요. 종잡을 수 없는 생각에 빠져들 때, 과거의 경험에서 헤매거나 분노와 질투의 블랙홀에 걷잡을 수 없이 빠질 때, 다시 또 다시 호흡으로 돌아가는 것입니다. 이런 특성 때문에 호흡은 특히 초보 수행자들이 가장 신뢰할 수 있는 대상입니다.

호흡을 대상으로 하는 알아차림 명상을 한 번 연습해보겠습니다. 무엇보다도 염두에 두어야 할 점은 어떤 명상이든 의도적으로 연습하기에 앞서 마음을 편안하게 가져야 한다는 것입니다. 마음을 편안하게 하십시오. 어떤 자세로 있든 그 자세를 유지하세요. 이제, 마음을 쉬는 것이 어떤 느낌인지 알아보겠습니다. 일상에서 어떻게 쉬는지 한 번 돌이켜 보세요. 장거리 달리기 도중에 발을 멈추거나 잠깐 쉴 때 어떤 느낌이 들던가요? 집안 구석구석을 두 시간 넘게 쓸고 닦고 하다가 잠시 일을 멈추고 쉬면 어떻던가요? 아니면, 여러분이 홍콩이나 미니애폴리스에 있는 초고층 아파트의 20층에 산다고 가정합시다. 아파트에 막 도착하니 관리인이 정전이라고 합니다. 발전기도 작동하지 않아 20층을 걸어서 올라가야 합니다. 마침내 집에 도착합니다. 물 한 잔을 벌컥벌컥 마시고는 소파 깊숙이 몸을 던집니다. "휴~" 하는 안도의 한숨이 절로 나옵니다. 마음을 쉬는 것은 바로 그것과 같습니다. 엄청나게 힘든 일을 마쳤다고 상상하면서 이 같은 안도감을 가만히 느껴보세요. 그저 쉴 뿐입니다. 단 몇 초라도 마음을 완전히 편안하게 쉬세요. "휴~"

지금 아주 힘든 일을 하고 있다고 상상하십시오.

이제 쉽니다.

몇 초 동안 더 쉬어보세요.

이제 쉼에서 나오십시오.

어떤 느낌이었나요?

이제부터 제가 아주 중요한 비밀 하나를 가르쳐드리겠습니다. 그 비밀은, 이렇게 마음을 쉬는 것이 바로 명상입니다.

제가 만약 이 사실을 미리 말했더라면 여러분은 큰 기대감을 가지고 명상을 시작했을 겁니다. 그러면 긴장하게 되고 불안해져서 도움이 되지 않았겠지요. 조금 전에 여러분이 느꼈던, 그저 쉬는 마음, 무엇이 일어나든 그대로 놔두고 아무것도 조절하려고 하지 않는 마음, "휴~" 하는 바로 그 마음이 본래의 알아차림에 가깝습니다. 이것을 "열린 알아차림" 또는 "대상 없는 사마타"라고 합니다.

이 마음이 열린 알아차림과 가깝다고 말한 의미는 명상하려는 의도가 없이 단지 경험한 것만으로는 큰 이로움이 되지 않는다는 것입니다. 동기와 의도는 알아차림을 인식하는 데 큰 도움이 됩니다. 그러나 의도에 기대하는 마음과 바라는 마음이 과도하게 들어가면 실망하기 쉽습니다. 일부러 의도를 내면서 그와 함께 편안하게 쉬는 마음을 가져야 합니다.

이 연습을 몇 번이고 반복하십시오. 알아차림에 너무 집착하지 마십시오. 마음이 헤매고 있음을 알게 되면 호흡으로 돌아와 다시 시작하세요.

이번에는 정식으로 명상을 해보겠습니다. 사마타, 즉 알아차림 명상으로 호흡을 대상으로 하는 명상을 시작하겠습니다.

호흡을 대상으로 하는 알아차림 명상

▶등을 바르게 한 상태에서 편안한 자세로 앉는다.
▶눈은 떠도 되고 감아도 된다.
▶1분이나 2분 정도 대상 없는 알아차림에 머문다. 힘든 일을 마치고 소파 깊숙이 몸을 던질 때 가졌던 느낌을 마음에 떠올린다.
▶평상시처럼 입이나 코, 또는 입과 코 양쪽으로 호흡한다.
▶숨이 들어오고 나갈 때 들숨과 날숨을 알아차린다.
▶날숨이 끝날 때 다음 들숨 전에 자연스럽게 오는 틈을 알아차린다.
▶마음이 이리저리 헤매면 마음을 다시 호흡으로 가져간다.
▶5분에서 10분 정도 명상을 계속한다.
▶열린 알아차림에 머물어 명상을 마친다.

명상을 처음 시작하는 사람들에게 호흡은 가장 보편적인 알아차림의 대상입니다. 그렇지만 여러분의 감각기관이 인식하는 형상, 소리, 냄새, 맛 또는 촉감은 무엇이든 알아차림의 대상이 됩니다. 꽃, 조각상 또는 타오르는 향처럼 외부 대상 또한 어떤 것이든 좋습니다. 위에서 연습한 것과 같이 열린 알아차림에 몇 분 동안 머무는 것을 포함하여 모든 단계를 반복하십시오. 여러분의 몸과 마음을 가다듬는 데 도움이 될 것입니다.

만약 형상을 대상으로 한다면 그것에 가볍게 눈을 머뭅니다. 여러분이 보고 있는 것을 조사하거나 분석하거나 판단하거나 분별하지 마십시오. 대상을 다만 보고 있을 뿐입니다. 소리를 선택했다면 그저 듣기만 합니다. 옆에서 느껴지는 움직임, 소리, 냄새 또는 온도 변화 등 다른 감각을 일부러 막으려고 하지 마세요. 모든 감각을 열어놓으세요. 여러분이 선택한 대상을 계속 알아차림하면서 다른 감각을 인식하면 됩니다. 한 번에 5분에서 10분 정도 연습합니다.

열린 알아차림

명상을 처음 시작하는 단계에서도 알아차림을 대상으로부터 알아차림 자체로 가져가도 좋습니다. 알아차림이 저절로 옮겨가기도 하는데, 이때 막으려 하지 말고 그대로 놔두십시오. 그래도 괜찮습니다. 그러다 보면 자연적으로 '열린 알아차림'으로 들어가기도 합니다. 열린 알아차림에서는 대상 없이도 알아차림이 유지됩니다. 그러다가 마음이 헤매기 시작하면 다시 대상을 이용하여 알아차림을 계속 인식하면 됩니다.

명상을 계속 하다 보면 일상에서 일어나는 갖가지 경험에 의지하여 명상하는 법을 배우게 됩니다. 그러면 명상 대상이나 장소 또는 명상에 적절한 시간이나 자세에 대해 여러분이 갖고 있는 관념에서 벗어납니다. 이제는 대상에 집중하거나 몰두하려고 안간힘을 쓰는 대신, 충만하고 편안한 알아차림에 의지하여 어떤 경험이든 다 받아들이고 모든 것을 깨달음의 대상으로 여깁니다. 호흡을 대상으로 명상할 때도 호흡에 집중하는 대신 호흡을 알아차리도록 해보십시오. 어떤 것을 대상으로 사마타 명상을 하든, 알아차림을 대상에서 알아차림 자체로 가져갑니다. 마음이 알아차림에 고정되면 대상을 완전히 내려놓으세요. 그러면 대상 없는 사마타가 됩니다. 열린 알아차림과 같은 것이지요.

이제 여러분은 100퍼센트 편안한 상태로 열린 알아차림을 수행합니다. 무엇이 떠오르든 그 상태로 완벽합니다. 원숭이 마음이 미친 짓거리를 하도록 그냥 내버려 둡니다. 원숭이는 쉴 필요가 없습니다. 녀석은 어떻게 쉬는지를 모르니까요. 그것이 녀석의 본성입니다. 원숭이는 여기저기 돌아다니거나 낮잠을 자기도 하겠지요. 그러나 여러분은 이제 더 이상 원숭이와 하나가 아닙니다. 여러분은 알아차림과 하나가 되었으니까요. 여러분이 지금 200퍼센트로 편안하다면 둘 중 하나에 빠집니다. 억지로 편안해지려고 용을 쓴 탓에 더 긴장하게 되거나 너무 긴장이 풀어져 몸이 구부정해지면서 잠이 듭니다. 그러니 100퍼센트가 정답입니다. 명상을 시작할 때마다 열린 알아차림으로 몇 분 동안 마음을 쉬게 하세요. 그저 쉬는 겁니다.

여기에 또 하나의 비밀이 있습니다. 열린 알아차림으로 마음을 쉬는 명상에서 진짜 장애가 무엇일까요? 답은 아주 간단합니다. "와!" 하는 감탄사가 나올 만한 체험은 없으며, 보탤 것도 없고, 무언가 해야 할 것도 없다는 것입니다. 마치 코끝과도 같아서, 너무 가까워서 보지 못하는 것입니다. 때로 스승들께서는 "명상을 멈추라"고 하십니다. 이 말씀은 알아차림을 하지 말라는 뜻이 아니라 햇빛 아래서 손전등을 사용하지 말라는 뜻입니다. 그렇지 않아도 밝은 햇빛을 더 밝게 만든다며 손전등을 켜듯, 우리는 모든 것을 구족했으면서도 본래로 부족하다고 여기고는 마음을 닦달하고 있으니까요.

열린 알아차림은 공간과 같습니다. 우리는 공간에 대해 말하고 공간을 가리키기도 하지만 실제로 공간을 인식하지는 못합니다. 공간에 무엇이 있는지 볼 수 있을 뿐입니다. 공간을 본다고 말할 때 우리가 의미하는 것은 계곡, 책상, 나무 등 어떤 장소의 정의 또는 전망 정도이지 공간 그 자체는 아닙니다. 공간을 인식한다 해도 별로 이로움이 없다고 생각하듯, 우리는 열린 알아차림 수행을 썩 중요하게 생각하지 않습니다. 공짜로 얻은 것이 소중하게 느껴지지 않는 것처럼 열린 알아차림의 이로움을 제대로 믿지 못하는 것이지요. 대가를 지불해야만 가치가 보장된다고 생각하니까요. 여기에서 우리가 지불하는 대가는 열린 알아차림보다 훨씬 더 많은 노력을 들여야 하는, 대상 있는 알아차림을 수련하는 것입니다. 명상 대상이 있으면 마음은 해야 할 일이 있으므로 쉬지 못합니다. 정해놓은 감각 대상에 주의를 기울여야 하니까요.

어떤 명상 수련이든 1분 또는 2분 정도 열린 알아차림으로 시작하는 것이 좋습니다. 열린 알아차림은 우리를 본래의 마음과 이어줍니다. 불안, 공포, 분노 또는 질투라는 사나운 바람이 호수 표면을 휘젓는다 해도 그 아래는 여전히 맑고 고요합니다. 이 사실을 이해하는 것이 매우 중요합니다. 우리는 너무 산란해서 명상할 수 없다는 생각을 너무 많이 하기 때문입니다. 분노와 질투가 끓어올라 평정심을 유지할 수 없다는 말도 자주 합니다. 그 무엇도 우리의 평정심을 깨지 못합니다. 평정심에서 떨어져 나올 수는 있지만, 평정심을 깰 수는 없습니다. 이 얼마나 멋진 일입니까? 그러나 지금 우리는 본래의 알아차림에 의지한다고 말할 수 있을 정도로 알아차림을 충분히 인식하지는 못합니다. 어쩌면 알아차림의 존재조차 믿지 못할지도 모릅니다. 분노나 격정이 사납게 일어나면 그것에 마음을 온통 빼앗기고 맙니다. 이런 때는 호수 표면뿐만 아니라 바닥까지 사나운 파도가 일렁이는 것 같습니다. 그러나 그렇지 않습니다. 행복하든 슬프든, 화가 치밀든 우울하든 또는 기쁘든 활기가 넘치든, 우리에게는 늘 청정하고 맑고 명료한 알아차림이 있습니다. 알아차림은 감정이나 생각에 따라 일어나지 않습니다. 그것은 상황이나 조건에 따라 일어나는 것이 아닙니다.

우리에게 내재된 훌륭한 특성을 이해하려면 알아차림에 이어져야만 합니다. 알아차림은 형태가 있는 것도 아니고 고정된 것도 아니고 측정할 수도 없지만, 우리 인간이라는 존재의 근저에 항상 있습니다. 우리 마음이 아무리 혼란스럽고 무언가에 사로잡혀 있더라도, 원숭이가 아무리 휘젓고 다닌다 해도, 우리에게는 알아차림이 있습니다. 부정적인 생각을 없애거나 밀어내지 않아도 된다고 말하는 이유가 바로 이 때문입니다. 요동치는 마음에 의식적으로 알아차림을 가져가면 원숭이 마음은 자동적으로 힘을 잃게 되어 있습니다.

생각과 친해지기

누구나 한 번쯤은 정말 미친 사람처럼 생각에 휘둘린 경험이 있을 겁니다. 어떤 사람이나 사건, 직장 상사와 겪은 갈등, 애인과 다툰 일 등등, 아무런 도움이 되지 않건만 마치 꿀단지에 빠져 하염없이 맴도는 벌처럼 생각은 꼬리에 꼬리를 물고 이어집니다. 생각이 문제라는 생각이 들면, 이번에는 그것을 없애려고 듭니다. 사실 생각은 명상을 도와주기도 하는데 우리는 생각을 적으로 만들어버립니다. 명상 중에는 생각하는 것이 제일 나쁜 일이라고 믿으니까요. '나는 이렇게 하루 종일 생각에 빠져 사는구나. 그렇지만 명상은 심오하고 청정한 것으로 아무런 생각이 없는 공성 속에서 노니는 거야. 지복. 무아. 청정. 평화. 정말 멋진 일이야!' 그렇지만 막상 좌복에 앉으면 어떻습니까? 명상 중에도 마음은 다른 때와 똑같이 돌고 또 돕니다. 바라던 행복과 평화를 실현하는 대신 우리는 어쩔 수 없이 생각과의 전쟁을 벌이기 시작합니다. "이 못된 생각들! 꺼져 버려!" 하고 소리를 질러댑니다.

음주, 마약, 폭식, 쓸데없는 쇼핑, 인터넷 서핑 등 생각을 없애는 방법은 아주 많습니다. 무언가에 중독시켜 마음을 한 곳으로 몰아가는 행위들이지요. 현대인들은 흔히 원하지 않는 생각을 없애는 데 효과적이고 건전한 방법이 명상이라고 생각합니다. 가령 꽃 명상에서 꽃에 집중하는 목적이 생각을 억누르거나 없애려는 것이라고 생각합니다. 몇 초 정도는 생각이 없어질 수도 있지만, 대상에 대한 강한 집중을 풀면 기다렸다는 듯 생각은 우리 마음으로 다시 밀려들어옵니다. 이 방법은 지속되지 못하며 변화시키는 힘도 없습니다.

명상은 우리 마음을 건전하게 다스리는 방법을 제시합니다. 그렇지만 우리가 명상하는 목적이 생각을 없애는 것은 아닙니다. 이것이 명상에 대한 가장 심각한 오해입니다. 생각은 호흡과 마찬가지로 자연스런 행위입니다. 인위적인 공백을 억지로 만드는 것은 명상과 정반대로서, 명상은 마음이 본래 가진 명료함을 드러내려는 것입니다.

제가 생각과 친구가 되는 법을 배운 계기는 어렸을 적에 세랍링에서 겪은 사건이었습니다. 당시만 해도 세랍링 사원은 현대적인 인도라기보다는 옛 티베트에 더 가까웠습니다. 실내에 수도가 없어서 내 방에서 화장실에 가려면 꽤 한참을 걸어가야 했지요. 어느 날 화장실에서 위쪽 창문을 열려고 손으로 밀었더니 꼼짝도 하지 않기에 두들겨 보았습니다. 얼마쯤 두들기자 창문이 열리면서 바깥쪽 벽에 세게 부딪쳐 유리가 깨지고 말았습니다. 걷잡을 수 없는 불안감이 몰려왔습니다. 사람들이 바보 같은 나를 싫어할까봐 두려웠습니다. 또 시자와 선생님들이 틀림없이 화를 낼 테니 그것도 걱정이고, 이 중죄가 밝혀져서 벌을 받을 일도 무척 겁이 났지요.

이틀 동안 나는 입을 다물었고 사람들도 제게 별다른 말을 하지 않았습니다. 그러나 내 머리 속은 온통 깨진 유리뿐이었습니다. 드디어 저는 깨진 유리창을 누군가가 발견하기 전에 스스로 나서기로 결심하고 관리 책임자를 찾아갔습니다. 더듬대며 어렵사리 상황을 설명하니 그 분은 아무 일도 아니라는 듯 괜찮다고 말했습니다. 창이 워낙 오래 되었고 나무 창틀까지 썩어서 그렇지 않아도 교체할 생각이었다고 덧붙이더군요. 저는 편안해진 마음으로 책임자의 방을 나왔습니다.

그러나 얼마 지나지 않아 제가 저지른 짓이 다시 생각나기 시작했습니다. 책을 읽다가도 깨진 유리의 영상이 문득 떠오르면 겁에 질리

밍규르 린포체(앞쪽)와 형 촉니 린포체, 셰랍링에서 1989년 무렵

곤 했습니다. 그 모습이 뇌리에 떠오르면 심장이 마구 뛰었습니다. 영상을 없애려고 갖은 애를 썼지만 도무지 사라지지 않았습니다. 저는 스스로를 질책하며 "바보같이 굴지 마! 관리 책임자도 아무 문제가 없다고 말씀하셨잖아" 하고 중얼거리곤 했지요. 그래도 소용없었습니다. 결국 저는 쌀제 린포체를 찾아갔습니다. 상황을 말씀드리고 린포체께 여쭈었습니다.

"생각을 없애는 방법을 일러주세요."

"생각을 없앨 수는 없단다. 그래도 괜찮아. 생각을 꼭 없애야 하는 건 아니야. 어쩌면 생각이 네게 가장 좋은 친구가 될 수도 있어. 너를 도와주는 동지로 만드는 방법을 배우면 되니까."

당시 저는 린포체의 말씀을 완전히 이해하지 못했습니다. 그렇지만 "생각을 친구로 대하느냐 또는 적으로 대하느냐에 따라 행복 아니면 괴로움으로 다르게 나타난다"는 것만큼은 알아들었습니다. 어떻게 하면 생각과 친구가 되는지, 저는 여전히 알지 못했지요. 그러나 떠오르는 생각을 무시하거나 지워버리려 애써도 상황은 여전히 어렵고 괴로움의 강도 또한 그대로 이어진다는 사실을 이해하기 시작했습니다.

대부분의 경우 우리는 운전대를 원숭이 마음에게 뺏깁니다. 한 생각이 다른 생각으로 꼬리에 꼬리를 물고 이어지면서 생각이 멈춰지지 않아 우리는 종종 미친 사람처럼 됩니다. 알아차림을 기르면 강물에 더 이상 빠지지 않습니다. 알아차림이 있으면 우리는 파도에 떠밀리지 않고 강가에 서있을 수 있습니다. 자기 마음대로 우리를 조종하는 원숭이 마음에서 벗어나는 것이지요. 생각은 여전히 거기 있습니다. 생각은 가만히 있거나 요동을 치기도 하고, 집요하거나 산만할 때도 있으며 때로 몹시 거칠어지기도 합니다. 그러나 이제 우리는 생각이 '나'라고 믿지 않습니다. 우리는 생각이 아니라 알아차림이 된 것입니다. 알아차림을 인식하면 한 걸음 뒤로 물러서서 생각을 바라볼 수 있습니다. 우리가 생각을 바라보고 있다는 것 또한 알아차립니다. 생각이 우리를 더 이상 괴롭히지 않으니, 생각을 없앨 필요가 없습니다. 생각의 파괴력이 사라진 것이지요. 생각이 아니라 우리에게 본래 있는 알아차림이 '나'라는 사실을 깨달았기 때문입니다.

생각을 명상의 대상으로 이용하기

명상 초보자에게 가장 보편적인 대상은 호흡, 종소리 또는 꽃입니다. 마음이 이리저리 헤맬 때 대상으로 돌아갑니다. 또 다른 방법은 생각을 대상으로 이용하여 알아차림을 인식하는 것입니다. 생각을 계속 알아차리면 원숭이 마음에 끌려 다니지 않으면서 생각의 줄거리를 따라가지 않은 채 우리 마음을 통과하는 생각들을 아무런 반응도 하지 않고 다만 바라볼 수 있습니다.

이 연습을 한 번 해보겠습니다. 먼저, 여러분 머리 주위로 날아다니는 파리를 보듯, 떠오르는 생각들을 바라봅니다. 눈을 뜬 채 원숭이 마음이 이 생각에서 저 생각으로 바쁘게 옮겨 다닐 때마다 머리를 왼쪽이나 오른쪽, 또 위아래로 휙휙 움직이면서 계속 바라보십시오. 피자, 계획, 애인, 비행기표. 떠오르는 생각들을 바라보고 또 바라봅니다. 그렇고 그런 생각들을 몇 분 동안 바라봅니다.

이 연습이 매우 어렵다는 사람들이 많습니다. 그러나 사실 이 연습은 우리 마음에서 늘 실제로 일어나는 일을 이어가는 것일 뿐입니다. 거울로 비추듯 일부러 들여다보려고 하니 몸이 얼어붙고 마는 것이지요. 의도적으로 원숭이 마음을 들여다보려면 습관을 깨는 수밖에 없습니다. 낯선 일을 하려니 어렵게 느껴지는 것이 당연합니다. 이제 우리의 생각을 대상으로 하는 명상을 정식으로 해보겠습니다.

생각을 알아차림의 대상으로 하는 명상

▶척추를 바르게 한 상태에서 편안한 자세로 앉는다.

▶눈은 떠도 되고 감아도 된다.

▶1분이나 2분 정도 열린 알아차림에 머문다.

▶생각이 떠올라도 그대로 둔다. 알아차림을 생각 자체로 가져간다. 알아차림으로 생각을 본다. 생각을 바꾸거나 없애려고 애쓰지 않는다. 단지 알아차리면서 생각을 본다. 생각을 분석하거나 분별하거나 판단하지 않는다. 다만 바라보기만 한다.

▶생각이 자연적으로 사라지면 열린 알아차림에 머문다.

▶생각이 다시 돌아오면 알아차림의 대상으로 이용한다.

▶생각에 끌려가면 마음을 다시 생각을 알아차림하는 과정으로 가져간다.

▶이런 방법으로 5분에서 10분 정도 계속한다.

▶열린 알아차림에 머무는 것으로 마무리한다.

대부분의 경우, 생각을 계속 알아차리려고 하다 보면 생각이 사라집니다. 이것은 바람직한 현상으로서, 생각이 사라지게 놔두면 됩니다. 생각을 붙잡으려고 애쓰지 마십시오. 생각을 붙잡지 않으면 종종 열린 알아차림에 이르게 됩니다. 그러니 그냥 놔두십시오. 이 명상을 오래 하다 보면, 생각이 그대로 남아있어도 그것에 이리저리 끌려 다니지 않게 됩니다. 알아차림이 원숭이 마음의 에너지를 다른 방향으로 돌려놓기 때문입니다. 생각을 단지 바라보기만 할 뿐 그 물결에 휩쓸리지 않는다면, 여러분은 명상을 하는 것입니다. 알아차림을 수행하라는 여러분의 명령을 따르는 것이니까요. 이런 식으로 생각을 이용하여 생각으로부터 벗어납니다.

생각은 멈추지 않지만, 생각을 쫓아다니는 것은 멈출 수 있습니다. 마음이 알아차림을 인식하면 '나'라는 것에 매달리고 집착하는 일이 줄어듭니다. 독립적으로 존재하는 '나'가 있다는 견고한 의식을 녹이는 데 도움이 된다면 무엇이든 이롭습니다. 알아차림을 인식하는 마음은 '나'와 '나의 것'만을 더 이상 주장하지 않습니다.

알아차림 자체에 알아차림을 둔다는 것은 생각과 감정에 따라 마음이 움직이는 것을 '나'라고 여기고 쫓아다니는 짓을 멈춘다는 뜻입니다. 이렇게 되면 어떤 상황이든 안정된 상태를 유지할 수 있습니다. 몸과 마음의 상태가 어떻든 내적, 외적 환경이 어떻든 상관없습니다. 폭풍이 오든 땡볕이 내리쬐든, 행복하든 괴롭든, 원하는 생각이든 원치 않는 생각이든, 생산적인 감정이든 파괴적인 감정이든, 어떤 상황에서도 흔들리지 않습니다.

●의도

어떤 수행이든 동기를 명확하게 하는 것이 매우 중요합니다. 자동차 타이어처럼 둥근 물체를 언덕 위에 놓으면 아래로 굴러 내려갑니다. 알아차림의 인식도 이렇게 이루어집니다. 의도가 정해지면 마음이 그 방향으로 갑니다. 이때 목표는 대상이 아니라 알아차림입니다. 대상은 도구로서 도와주는 역할을 합니다. 대상을 도구로 이용하여 알아차리는 마음에 다가가는 것이지요. 일단 마음을 모으기 위해 대상을 이용한다면 여러분은 의도를 낸 것이며, 그것으로써 명상의 대상이 알아차림으로 바뀌게 됩니다.

노슐 켄 린포체는 늘 말씀하셨습니다.

"어떤 수행을 하든 가장 중요한 요소는 알아차림이다. 알아차림에 모든 게 다 들어있다. 알아차림을 인식하게 되면 모든 수행이 다 중요해지지. 알아차림을 인식하지 못하면 설령 아무리 특별하고 수승한 수행을 전부 다 한다 해도 깨달음에는 실제로 도움이 되지 않아."

마음이 이리저리 방황해도 걱정하지 마십시오. 스스로 분별하지 말고, 화를 내거나 자기 혼자만 그렇다고 생각하지 마십시오. 누구든 마음은 방황하게 마련입니다. 방황해도 괜찮습니다. 생각에 마구 얽혀들 때면 호흡 또는 여러분이 선택한 대상으로 돌아오십시오. 그러다가 또 방황하면 대상으로 다시 돌아오면 됩니다. 누구나 그렇게 하면서 배워나갑니다. 대상으로 돌아오면, 가령 호흡으로 다시 돌아오면 마음이 호흡에 의지하여 안정되므로 알아차림을 인식하게 됩니다. 호흡을 알아차리는 명상을 한다면 호흡에 집중하는 마음이 자동적으로 알아차림을 인식하는 것입니다. 즉, 대상에 의지함으로써 알아차림을 인식합니다. 대상으로부터 마음을 밀어내려고 하지 마세요. 저절로 그렇게 되니까요. 그러려면 대상에 집착하지 않는 한편 알아차림을 인식하겠다는 의도를 계속 내야 합니다.

명상은 마음이 하는 것입니다. 마음이 가는 곳이면 어디서든 명상할 수 있습니다. 명상은 정해진 시간에 좌복에 앉아 정해진 방법으로 하는 것이라는 관념 때문에 많은 혼란이 일어납니다. 우리가 언제 어디서든 알아차림을 인식할 수 있다면, 좌복이 어떻네 또는 7지좌법이 어떻네 하며 명상에 대해 요란을 떠는 까닭이 대체 무엇인지 궁금해질 겁니다. 이제껏 우리는 원숭이 마음이 '나'라고 철석같이 믿어왔기 때문입니다. 이것에서 우리에게 본래 있는 알아차림이 '나'라는 믿음으로 바뀌려면 다양한 방법과 도구가 필요합니다. 그렇지만 이것들이 명상의 진정한 의미라고 오해하면 안 됩니다. 명상의 목적은 대상에 대해 배우는 것이 아니라 우리의 마음을 공부하는 것입니다. 선과 악, 행복과 불행, 원만함과 불안증 등 모든 가능성의 원천이 마음이기 때문입니다. 해탈은 바로 우리의 가슴과 마음에 있습니다.

기초수행을 닦고 있는 수행자에게 가장 큰 장애는 기초수행과 명상이 서로 다른 별개의 수행이라고 생각하는 것입니다. 그렇지 않습니다. "귀의대배나 만트라 수행보다 명상이 훨씬 더 좋아요"라고 입버릇처럼 말하는 제자들이 정말 많습니다. 불법의 길에 들어선 이상, 모든 수행은 알아차림 수행입니다. 수행이 향상됨에 따라 모든 행위가 알아차림 수행이 됩니다. 아니면, 적어도 알아차림을 수행하는 기회가 됩니다. 깨어 있는 모든 순간, 우리는 수행의 기회를 갖습니다.

아무리 혼란스럽든 또는 아무리 행복하든 흔들리지 않는 것이 명상의 목표라고 말할 수 있을 겁니다. 그러나 과정과 결과는 반드시 구별해야 합니다. 알아차림을 인식하는 과정은 원숭이 마음에 틀림없이 영향을 끼치므로 마음이 전과 같이 산만하거나 민감하게 움직이지 않습니다. 알아차림의 인식을 기르면 마음은 분명히 고요해집니다. 그러나 명상에서는 알아차림을 계속 인식하는 것에 의도를 두고 무엇이 일어나든 그대로 일어나게 놔둡니다. 명상에서는 의도가 제일 중요합니다.

　이렇게 명상을 하다보면 실제로 마음이 안정되고 평온해지기도 합니다. 그러나 고요한 마음이나 특별한 결과를 얻는 것에 초점을 맞추면 안 됩니다. 고요함에 집착하면 잠깐 동안만 고요할 뿐입니다. 그러나 알아차림을 지속적으로 인식하게 되면 알아차림 자체가 본질적으로 고요함을 알 수 있습니다. 이것이 알아차림의 본성입니다. 마음이 아무리 사납게 출렁거려도 알아차림은 고요합니다. 알아차림의 변함없는 고요함은 언제나 우리와 함께 있습니다. 그러므로 행복한 느낌이나 괴로운 느낌이 있든 없든 상관없이 우리는 평화롭고 안정된 느낌을 갖게 됩니다. 이런 느낌을 맛보면 마음은 자연스럽게 고요해집니다. 고요한 마음이 명상의 목표는 아니지만, 명상으로 인해 고요해지는 결과를 얻는 것이지요. 수행을 계속하면 마음이 사납게 요동쳐도 고요한 알아차림에 이어집니다. 이렇게 관점을 바꾸고 의도를 확고히 하면 괴로운 생각과 느낌까지도 깨달음에 이르는 길이 됩니다. 그러면 무엇이 일어나든 다스릴 수 있다는 강력한 자신감이 생깁니다. 내적 또는 외적으로 아무리 혼란스러워도 우리에게 있는 알아차림을 한 점 의심 없이 믿기 때문입니다.

수행의 단계

　불법 수행은 서서히 진전됩니다. 가령, 여러분이 생전 처음으로 본 달이 친구가 종이에 그린 달 그림이었다고 가정해 봅시다. 친구가 그린 달은 달의 모양과 색깔 그리고 특징들입니다. 이것은 이제 막 불법에 들어선 이들에게 말로써 법을 설명하는 것과 같습니다. 개념 저편을 가리키기 위해 개념을 사용하는 것이지요. 수행을 시작한 단계에서는 대체로 말, 이미지, 글자 그리고 느낌으로 법을 이해합니다. 여기에 있으면서 저기에 있는 법을 가리키는 것입니다.

수행이 진전되면 수행에서 얻은 경험으로 달을 보는 능력이 달라져서 이제는 호수에 비친 달을 볼 수 있습니다. 이 달은 그림 속의 달보다 생생해서 평면적인 이미지나 말보다 선명하고 강렬합니다. 우리의 불성이 달이라고 말할 때, 우리는 개념 너머로 가기 위해 개념을 사용하고 있는 것입니다.

세 번째 단계는 직접 깨닫는 것입니다. 개념화하지 않고 달을 직접 보는 것이지요. 말도 없고, 설명도 없고, 선입견도 없습니다. 있는 그대로의 알아차림뿐입니다. 우리는 우리가 가리키던 것이 됩니다. 여기와 저기, 나와 법 사이에 구분이 없습니다. 먼저 우리는 달이 은백색임을 봅니다. 작은 깨달음이 왔습니다. 이로써 직접적인 깨달음이 시작됩니다. 이 단계에서 우리는 부처가 되지는 못하지만 윤회와 괴로움에서 벗어납니다. 우리의 본성을 온전히 본다면 보름달을 보는 것과 같습니다. 그 순간 깨달음의 길이 완성됩니다. 더 이상 깨달을 것이 없다는 뜻입니다. 그때부터는 법을 수행하여 깨달음을 더욱 깊고 견고하게 해야 합니다.

우리는 말로써 상대적 실재인 마음을 구별합니다. 그러나 단어와 개념은 배움의 수단일 뿐입니다. 알아차림을 평상시 알아차림, 명상적 알아차림 그리고 청정한 알아차림의 세 영역으로 나누는 것은 분리되지 않는 하나의 알아차림을 이해하는 데 도움이 되기 때문입니다. 오직 하나의 알아차림만 있습니다. 알아차림은 우리가 본래 타고난, 마음의 특성입니다. 누구에게든 이 마음이 있습니다. 우리는 하늘을 서쪽 하늘 또는 동쪽 하늘로 구분해서 말합니다. 그러나 하늘은 오직 하나뿐입니다. 알아차림은 하늘과 같아서 나눠지지 않습니다.

명상과 일상생활

현대인들은 대부분 마음의 평화를 얻기 위해 또는 스트레스를 줄이거나 더없는 행복을 얻기 위해 명상을 배웁니다. 이런 노력은, 특히 마음이 괴로움의 원천인 동시에 행복의 원천이라는 믿음이 있을 때 더욱 긍정적으로 작용합니다. 그러나 그러다 보면 명상을 시작과 끝이 있는 행위로 분류하게 되는 경우가 종종 생깁니다. "지금은 명상하지만, 이따가는 명상하지 않을 거야"라는 식이지요.

문제는 이런 식으로는 명상의 긍정적인 결과가 얼마 지속되지 않는다는 것입니다. 명상과 일상의 행위를 하나로 만들려고 노력하지 않기 때문입니다. 명상의 목적인 지혜와 자비에서 완전히 멀어진 것입니다. 몸을 단련하면 근육이 생기듯 명상의 힘이 커질 수는 있겠지만, 목적이 명확하지 않은 명상에서는 진정한 자유를 발견하기 어렵습니다.

명상의 효과는 좌복을 벗어난 일상에서 제대로 나타납니다. 매일 반복되는 행동이 하나도 달라지지 않았다면 여러분은 명상의 이익을 아직 얻지 못한 것입니다. 만약 이웃의 강아지가 여러분 집에 들어와

잔디밭에 오줌을 싸거나 웨이터가 식은 스프를 가져오거나 항공편이 취소될 경우 명상을 시작하기 전과 똑같이 화가 나고 짜증이 난다면 무언가 잘못된 것입니다.

견해를 이해해야만 자신이 가려는 목적지를 파악하고 견해에 의거하여 일상의 모든 행위를 영위할 수 있습니다. 불교의 견해는 우리의 진정한 본성, 즉 알아차림의 정수는 근본적으로 청정하고 완전하며, 평소 우리에게 없다고 여기는 훌륭한 특성을 모두 갖추고 있다는 것입니다. 이런 견해를 바탕으로 행동하지 않는다면, 아무리 격식을 갖춘 명상도 메마르고 활기가 없습니다. 장난감 가게의 선반 위에 죽은 듯 앉아 있는 인형 같은 꼴이 되고 맙니다. 수행을 아주 잘하고 있는 것처럼 보이지만 깨달음은 손이 닿지 않는 저 먼 곳에 있을 뿐입니다.

우리는 기초수행의 모든 단계에서 명상적 알아차림을 기릅니다. 명상적 알아차림이 세 번째 알아차림인 청정한 알아차림으로 바뀌는 것은 전승에 따라 다릅니다. 제가 속한 까규파 전승에는 마음의 본성을 이미 깨달은 지도자나 스승이 제자의 청정한 알아차림, 즉 마음의 본성을 제자에게 직접 가리켜 보여줍니다. 이것을 "마음의 본성에 관한 직접 가르침pointing-out teachings on the nature of mind"이라고 합니다. 우리는 깨닫는 데 필요한 모든 것을 이미 가지고 있지만 청정한 알아차림을 정확하게 인식하지 못합니다. 청정한 알아차림이 너무나 단순하고 평범하기 때문입니다. 깨달음이 매우 극적이며 완전히 새로운 경험을 가져올 것이라고 생각하여 기적과 같은 체험을 기대하는 사람들이 많지만, 우리는 사실 단 한 순간도 청정한 알아차림과 분리되지 않습니

1부 ― 입문 ― 명상

다. 그러므로 우리 안에서 우리가 미처 인식하지 못했던 것을 지도자나 스승, 또는 구루께서 알려주시는 것이지요.

까규파 전승에서는 때로 기초수행을 처음 시작하는 제자에게 마음의 본성에 관한 직접 가르침을 주기도 합니다. 여러 가지 수행을 마친 후에 가르침을 줄 때도 있습니다. 만약 여러분이 이와 같은 직접 가르침을 이미 받았다면 기초수행을 닦아가면서 청정한 알아차림을 더욱 깊이있고 확고하게 알아차릴 수 있도록 노력하십시오.

어떤 종류의 알아차림을 적용하든 기초수행 과정에서 우리는 알아차림에 대해 이전에 미처 보지 못했던 무엇인가를 인식할 수 있습니다. 불교에는 수승한 견해가 아주 많이 있지만, 우리를 윤회에서 열반으로 건네주는 것은 알아차림의 인식입니다

03
나의 구루

기초수행을 설명하기에 앞서 제 스승님들에 대해 짧게 말씀드리겠습니다. 불법에 대해 제가 아는 모든 것을 가르쳐주신 스승님들이 과연 어떤 분들이신지 여러분이 궁금해 하실 것 같아서요.

저는 스승님들과 전혀 다른 시절에 자랐습니다. 스무 살 무렵에 서양을 처음 방문했고, 영어도 조금 배웠습니다. 설명하는 방식도 스승님들과 다릅니다. 스승님들과 달리 저는 과학과 심리학에 지대한 관심을 가졌으며, 제가 언급하는 사례와 참고 자료 또한 전혀 새로운 것들입니다. 그러나 이것들은 스승님들이 제게 주신 가르침과 근본적으로 똑같습니다. 오늘날의 상황은 스승들께서 티베트에서 수행하던 시절에 비해 많이 달라졌지만 인간의 마음은 달라지지 않았습니다. 그러므로 기초수행은 예전과 마찬가지로 현대를 살아가는 사람들에게

도 여전히 적절하고 유익합니다.

구루를 여러 분 모신 이들도 있고 한 분만 모신 이들도 있습니다. 구루가 몇 분이든 옳고 그름은 없습니다. 저는 네 분의 근본스승을 모셨습니다. 제 아버지이신 뚤꾸 우겐 린포체, 따이 씨뚜 린포체, 쌀제 린포체 그리고 뇨술 켄 린포체이십니다. 켄 린포체는 어느 정도 나이가 들었을 때 처음 뵈었고, 나머지 세 분은 제가 어렸을 적부터 뵈었습니다. 스승님들의 깨달은 지혜에 가까이 다가갈수록 저는 그 분들이 근본적으로 같음을, 즉 완전히 똑같은 하나의 마음이라는 믿음이 더욱 굳건해지며, 그것은 오늘도 이어지고 있습니다.

●뚤꾸 우겐 린포체

제 아버지이신 뚤꾸 우겐 린포체Tulku Urgen Rinpoche(1920~1996)는 언제나 자애롭고 다정하셔서 제게 사탕도 주시고 밤이면 잘 자라며 뺨에 뽀뽀도 해주셨는데, 티베트인들 사이에서는 그리 흔한 일이 아니었지요. 조금 나이가 들자 저는 아버지가 대단하신 분이라고 생각하게 되었습니다. 높은 라마들과 외국인들을 포함하여 주변의 모든 사람들이 아버지를 굉장한 인물로 모셨으니까요. 사람들은 서로 의견이 갈리는 일이 생기면 "뚤꾸 우겐 린포체께 여쭙자"고 말하곤 했지요. 제가 그런 분의 아들이라는 사실에 사람들이 다들 놀라고 깊은 인상을 받은 것처럼 보여 으쓱한 마음이 들곤 했습니다. 그렇다 해도 어린 제게 아버지는 안경을 끼고 당뇨병을 앓는 노인에 불과했습니다. 그러나 아버지에게서 가르침을 받으면서부터 그런 신체적인 면은 전혀 신경이 쓰이지 않았습니다. 아버지의 지혜가 제 관심을 온통 사로잡았기에 그 분의 지혜만을 보고 싶고 듣고 싶어 했습니다. 그때부터 저는 아버지를 구루로 모셨습니다. 어떤 의미에서 아버지는 제게 아버지라기보다는 구루이셨습니다.

아버지는 지난 세기에 가장 존경받는 명상가 중 한 분으로서 티베트 캄 지역에서 나셨습니다. 중국의 침공을 피해 네팔에 정착하여 두 곳에 사원을 세우고 다르마 센터를 여러 곳에 마련하여 가르침을 펼치셨습니다.

아직 어려서 가르침을 받기 전이었는데, 아버지로 인해 제가 생각하던 현실이 크게 흔들렸던 적이 몇 번 있었습니다. 그 중 하나는 지금도 아주 또렷하게 기억납니다. 아버지는 누구든 차별 없이 대하시는 걸로 유명했지요. 어느 날 오후는 네팔 왕국의 장관이 방문하기로 되어 있었습니다. 주방 사람들은 기대에 들떠서 특별한 과자와 차를 준비했고 스님들과 외국인들 사이에도 흥분이 고조되었습니다. 그렇지만 아버지는 평상시와 똑같아서 그 분의 행동만 보아서는 그 날 특별한 일이 있으리라고 아무도 짐작하지 못했을 겁니다. 나만 해도 아버지가 특별한 옷으로 갈아입으실 거라고 추측했지만, 아버지는 그러지 않으셨습니다. 이윽고 우아한 실크 옷을 입은 장관이 도착하여 아버지께 세련되고 품위 있는 인사말을 건넸습니다. 아버지와 장관은 얼마 동안 대화를 나누었는데 두 분은 함께 하는 자리가 무척 즐거운 듯 보였지요.

장관이 떠나고 얼마 지나지 않아 마을에 사는 걸인이 몇 가지 문제를 의논한다며 아버지를 찾아 왔습니다. 때가 덕지덕지 앉은 발에 머리카락은 엉겨 붙고 낡은 옷은 여기저기 찢어져 있었지요. 내 눈에는 그이가 몹시 더럽고 추레했습니다. 지금 생각하면 아버지는 제 느낌에 공감하지 않으셨을 것 같습니다. 아버지는 누구든 겉모습부터 보시지 않았거든요. 아버지에게서 아주 특별한 것 중 하나가 만나는 모든 존재 하나하나에서 불성을 알아보시는 거였습니다. 아버지는 걸인에게 장관을 위해 만든 과자와 특별한 차를 들라고 권하셨습니다. 걸인을 대하는 아버지의 목소리나 태도에는 달라진 것이 없었지요. 아버지는 장관과 걸인을 조금도 다르지 않게 똑같이 대했습니다. 두 사람을 똑같이 중요하게 여겼습니다. 말로 표현하기는 어려웠지만, 그런 태도는 제 어린 마음에도 아주 놀랍고 특별하게 느껴졌습니다.

깨달은 스승에게서 기대하는 것이 겨우 이런 태도라니, 실망하는 이들도 있을 겁니다. 그렇지만 우리 자신과 우리가 아는 사람들의 행동을 살펴보면 이 같은 태도가 얼마나 특별한지 그 진가를 알 수 있습니다. 그러면 대체 어떤 마음에서 이런 태도가 나오는지, 또 이런 마음이 중요하게 생각하는 것은 무엇인지 궁금한 생각이 들기도 하겠지요. 그 마음은 윤회계에서 가치 있게 생각하는 것들과는 거리가 멉니다. 자신에게 집착하거나 사회적 통념에 따른 위계에 매달리지도 않습니다. 이 책에서 의미하는 적정寂靜, '고요한 머물음'은 조용하고 아름다운 곳에서 하는 명상처럼 차분한 상황을 가리키는 것이 아니라 요동치는 상황 한가운데서도 흔들리지 않고 평온한 마음을 가리킵니다.

● 따이 시뚜 린포체

제12대 따이 시뚜 린포체Tai Situ Rinpoche(1954년~)는 셰랍링 사원의 대
승정이십니다. 저는 어렸을 때 셰랍링 사원에서 꽤 오래 살았는데, 린
포체는 그때부터 지금까지 제게 가장 중요한 스승이십니다. 린포체를
처음 뵌 것이 4살인가 5살 때였습니다. 그때 저는 앞으로 무슨 일이
벌어질지 전혀 알지 못했지만, 스승님은 다 알고 계셨던 것 같습니다.
당시 어머니는 외할머니와 외할아버지를 모시고 인도로 성지 순례를
떠나면서 나도 데려가셨지요. 우리는 구루 린포체가 명상했던 히마찰
프라데시Himachal Pradesh 주의 서쪽 지역에 있는 초뺴마Tso Pema에 갔

12대 따이 시뚜 린포체, 2008년 보드가야에서

11대 따이 시뚜 린포체, 뻬마 왕축 걀뽀(1886~1952)

습니다. 구루 린포체Guru Rinpoche는 8세기에 인도 불교를 티베트에 전한 분으로 파드마삼바바Padmasambhava란 이름으로 잘 알려져 있습니다. 우리는 그곳에서 달라이 라마Dalai Lama 존자님의 법문을 들었습니다. 석가모니 부처님이 깨달음을 얻으신 보리수가 있는 보드가야Bodh Gaya와 초전법륜을 굴리신 사르나트Sarnath도 방문했습니다. 나보다 열 살 많은 형, 촉니Tsoknyi 린포체도 만났습니다. 형은 셰랍링에서 30분 거리에 있는 따시종Tashi Jong에서 공부하고 있었지요. 그런 다음 우리는 따이 시뚜 린포체를 접견하기 위해 약속을 잡았습니다. 외할아버지 라마 따시 도르제Lama Tashi Dorje는 전대 11대 따이 시뚜 린포체와 티베트의 추르푸Tsurphu 사원에서 함께 지내신 적이 있습니다.

세랍링을 처음 방문한 날, 따이 시뚜 린포체는 외할아버지께 "16대 까르마빠Karmapa 존자님께서 이 아이가 전대 밍규르 린포체의 환생자라고 하셨다"라고 전하셨습니다. 외할아버지는 이 사실에 대해 들은 적은 있지만 공식적으로 인정받은 것은 아니었기에 그때서야 제가 환생자란 사실이 명확하게 밝혀진 셈입니다. 세랍링을 나오면서 외할머니가 제게 말씀하셨지요.

"네가 그토록 대단한 꼬마라니, 참 놀랍구나!"

"대단한 꼬마라니, 그게 무슨 말씀이에요?"

"너는 뚤꾸란다."

뚤꾸tulku는 티베트어로 영적 성취를 이룬 분의 환생자를 의미하며, 그러므로 뚤꾸는 영적 성취를 이룰 가능성을 더 많이 타고났다고 할 수 있겠지요.

그 다음날, 우리는 다시 린포체를뵈러 갔습니다. 린포체는 외할아버지가 청한 장수관정을 주셨습니다. 장수관정에는 특별한 약초와 달콤했기에 재료를 섞은 장수 환약과 감로를 삼키는 의식이 있었지요. 린포체는 우리 가족을 위해 가피환과 감로를 준비하셨고, 제게는 보리가루인 짬빠tsampa와 버터, 설탕으로 빚은 아주 맛난 가피환을 별도로 주셨습니다. 저만을 위한 가피환은 특별하기도 하고 유별나게 달콤했기에 저는 지금도 이 관정의식을 떠올리면 행복해집니다.

의식을 마치자 린포체는 제게 "언제라도 이 사원에 와서 공부해도 좋다"고 말씀하셨습니다. 6년 후, 이 말씀은 현실이 되었습니다.

따이 시뚜 린포체를 처음 뵙던 때, 저는 아주 오래 전부터 그 분을 알고 있었던 것처럼 느꼈습니다. 나중에야 알게 된 사실이지만, 전대 밍규르 린포체는 모두 전대 따이 시뚜 린포체로부터 가르침을 받았으며, 동부 티베트의 캄 지역에 있는 밍규르 사원 또한 전통적으로 따이 시뚜 법맥의 본사인 빨뿡 사원의 분원입니다. 참고로, 저는 7대 밍규르 린포체입니다.

● 쌀제 린포체

아버지와 쌀제 린포체는 티베트에서부터 서로 아는 사이셨습니다. 나중에는 두 분이 함께 16대 까르마빠 존자님이 주석하신 인도 시킴의 룸텍 사원에서 어린 스님과 뚤꾸를 가르치셨습니다. 쌀제 린포체와 아버지는 어린 제게 불법의 토대를 세워주신 분들입니다. 두 분의 가르침은 견해와 표현이 매우 흡사해서 한 분의 가르침을 받으면 다른 분의 가르침으로 늘 재확인하는 식이었습니다. 여러 가지 면에서 두 개의 몸을 가진 한 분의 스승에게서 배운다는 느낌이었고, 어느 분에게서 무엇을 배웠는지 종종 혼동이 되곤 했지요.

두 분에게서 저는 그 분들의 지혜를 배우기에 앞서 사랑과 자비를 먼저 체험했습니다. 두 분 모두 아무리 어려운 상황에서도 남을 돕기 위해서라면 노고를 마다하지 않으셨지요. 세랍링 인근에 있는 비르Bir

의 망명자 거주지에 사는 티베트 사람들 사이에서 쌀제 린포체의 따뜻한 마음은 명성이 자자했습니다. 사람들은 병으로 고생하는 가족을 위해 기도해 달라고 린포체를 찾아오거나 망자의 장례식을 위해 방문해 줄 것을 요청하곤 했습니다. 린포체는 "지금은 너무 바쁘다"거나 "가는 길이 나쁘다"는 말을 한 번도 하신 적이 없습니다. 망명자 거주지는 사원에서 자동차로 30분 거리였지만 길이 매우 꾸불꾸불해서 겨울이나 장마철에는 위험이 따랐습니다.

세랍링에 간 지 2년이 지나서 저는 정식으로 7대 밍규르 린포체로 즉위했습니다. 그로부터 얼마 지나지 않아 작은 사건이 일어났습니다. 한밤중이었는데 방문을 마구 두들기는 소리에 잠이 깼지만 한동안 못 들은 척했습니다. 뚤꾸는 대개 시중을 들어주는 시자侍者가 있는데, 그때 시자는 옆방에 있었지요. 우리는 문을 두들기는 이가 누구든 간에 그냥 가버리기를 바랬습니다. 결국 저는 시자에게 밖이 시끄러운 이유를 알아보라고 일렀습니다. 문 밖에는 비르에서 온 사람들 셋이 추위에 몸을 떨고 서있었습니다. 그들의 이야기를 들어보니 방금 세상을 떠난 아버지 곁을 지켜주고 망자를 위한 장례식을 집전해줄 것을 제게 청하기 위해 세랍링까지 자동차를 타고 왔노라는 거였습니다. 당시 저는 겨우 12살이었으며 망자를 위한 특별한 기도가 무슨 소리인지도 알지 못한데다가 몹시 졸려서 그저 모든 것이 귀찮기만 했습니다. 때는 겨울이었고 유리창은 성에로 덮여 있었지요. 따뜻한 이불 속에서 나갈 마음이 추호도 없었던 저는 시자에게 다음날 아침 8시에 가겠다고 전하라고 일렀습니다. 그들이 떠나자 저는 그들 때문에 잠이 깬 것이 몹시 화가 났고, 그래서 다시 잠을 이루지 못했습니다.

다음날 아침에 시자는 비르까지 타고 갈 자동차를 마련해 놓았습니다. 비르에 가면 내가 첫 번째로 상가에 도착한 라마가 될 텐데 무엇을 어떻게 해야 할지 몰라 저는 안절부절못했지요. 그런데 상가에 도착하니 뜻밖의 사실이 저를 기다리고 있었습니다. 쌀제 린포체께서 이미 도착하신 거였습니다. 전날 밤에 제게 거절당한 사람들이 쌀제 린포체를 깨웠고, 린포체는 곧장 그들과 함께 비르로 떠나셨던 것이지요. 연로한 린포체께서 따뜻한 침대를 물리치고 그 추운 밤에 길을 나섰다는 사실에 저는 매우 놀라고 감동을 받았으며, 한편으로는 제 행동이 몹시 부끄러웠습니다. 그 밤에 일어난 일로 저는 린포체께 완전한 믿음을 갖게 되었으며, 세월이 흐를수록 린포체의 한없는 자비심을 더욱 깊이 느끼곤 했습니다.

●뇨슐 켄 린포체

뇨슐 켄 린포체Nyoshul Khen Rinpoche(1932~1999)에 대해 처음 들었던 때는 세랍링으로 떠나기 직전이었습니다. 나기 곰빠에서는 저녁이면 많은 서양인들이 아버지의 작은 방에 모여 법문을 듣곤 했습니다. 때로 아버지는 법문에 앞서 새로운 소식을 물으셨습니다. 전기도 안 들어오고, 라디오도 텔레비전도 없는 시절이었지요. 그 시간은 아버지가 개인적으로 진행하는 BBC 뉴스아워Newshour 같았지요. 아버지의 물음에 한 사람씩 나서서 미국의 대통령 선거, 티베트 망명정부와 중국 간의 회담, 남미에서 일어난 지진 등 새로운 소식을 전했으니까요.

어느 날, 제자 하나가 "뇨술 켄 린포체가 티베트에 계시다"는 소식을 전하자 아버지는 깜짝 놀란 표정으로 물으셨습니다.

"그 말이 정말인가? 린포체가 비자를 받았다던가? 이 소식을 어떻게 알았지?"

제자는 뇨술 켄 린포체가 티베트 동부의 캄 지방의 까톡Kathok 사원에 계신 것이 확실하다고 대답했습니다. 까톡 사원은 티베트 불교에서 가장 오래 된 종파인 닝마파Nyingma의 6대 본사 중 하나입니다. 아버지는 말씀하셨습니다.

"이건 정말 굉장한 소식이야! 린포체와 같이 위대하고 깨달은 스승이 계시니, 티베트 사람들은 정말 다행이야."

그날 밤, 아버지는 제게 "모든 노력을 다해 뇨술 켄 린포체의 가르침을 반드시 받아야 한다"고 말씀하셨습니다.

그렇지만 그 후 2년 동안 저는 주로 세랍링에서 지내다가 3년 무문관 수행을 시작했기에 줄곧 그곳에 머물러 있었습니다. 무문관 수행이 끝나자마자 저는 가족을 보려고 네팔로 갔습니다. 아버지는 다시 "뇨술 켄 린포체의 가르침을 꼭 받아야 한다"고 말씀하셨습니다. 평소처럼 "가게에 가서 석유램프를 사오렴" 하고 이르시듯 특별한 점이 느껴지지 않는 어조였지요. 아버지는 제가 압박감을 느낄까봐 염려하셨지만, 나중에 알고 보니 켄 린포체께 이미 줄을 놓으셨더군요. 뒷날 아버지는 이토록 위대한 스승에게서 배울 기회를 가지게 된 것은 정

뇨술 켄 린포체, 1988년 무렵

말 행운이라고 제게 말씀하셨습니다.

네팔에 머무는 동안 저는 부탄에서 거행되는 딜고 켄쩨 린포체Dilgo Khyentse Rinpoche(1910~1991)의 다비식에 참석하라는 전갈을 받았습니다. 그때가 1992년 가을이었는데, 켄 린포체를 처음 뵌 기억이 마치 어제 일처럼 생생합니다. 어떤 관념적인 분별도 일어나지 않더군요. 린포체 의 눈과 입, 손의 움직임, 걷고 말씀하시는 모습 등 그 모든 것이 제게 는 말 없는 가르침이었습니다. 린포체는 완전히 이완되어 걸으실 때면 몸에 근육이 하나도 없는 것처럼 보였습니다. 그렇지만 린포체는 아주 빠르게, 마치 얼음 위를 지치듯 부드럽게 걸으셨기에 눈곱만큼의 긴장감도 느껴지지 않았지요. 두 눈은 늘 조금 치켜 뜨여 있어서, 한 순간도 명상을 멈추시지 않는 것 같으셨습니다. 이마를 가로지른 눈썹은 마치 독수리가 날개를 편 형상이었으며, 한 시간에 한 번이나 될까, 두 눈을 거의 깜빡이지 않으셨습니다. 그렇다고 무언가를 넋을 놓고 바라보는 모습도 아니었습니다. 그 분은 모든 것이 완벽하게 자연스러웠으며 또한 언제나 깨어 계셨습니다.

부탄에서 저는 뚤꾸 빼마 왕걀Tulku Pema Wangyal 린포체와 친구인 뗀진Tenzin 그리고 시자와 함께 지냈습니다. 다비식 기간 중에 하루는 노슐 켄 린포체의 점심 초대를 받아 린포체의 방으로 갔습니다. 방두 개가 이어져 있었는데, 우리는 안쪽 방에서 점심을 먹었습니다. 저는 린포체께 아버지로부터 많은 말씀을 들었는데 드디어 이렇게 뵙게 되어 정말 다행이라고 말씀드렸습니다. 그날 이어진 대화는 대부분 부탄에 대한 거였습니다. 우리는 그 다음날부터 켄 린포체가 당시 사셨던 부탄의 이곳저곳을 돌아볼 계획이었지요. 린포체는 우리에게 볼 만한 곳과 순례자들이 잘 가는 성지, 도로 사정 등을 설명해주셨습니다.

점심이 끝나갈 무렵 시자가 와서 서양인들이 린포체를 뵙고자 바깥방에서 기다린다고 전했습니다. 린포체는 우리에게 잠깐 기다리라는 손짓을 하시고는 바깥방으로 들어가서 뒤쪽 방문을 닫으셨습니다. 내 친구 뗀진은 호기심을 이기지 못해 두 손과 양 무릎으로 버티고 엎드려 한쪽 뺨을 방바닥에 대고는 방문과 바닥 사이의 틈으로 바깥쪽 방안을 엿보았습니다. 그리고는 서양 사람들의 질문에 린포체께서 답을 하고 계시다고 중계방송하듯 전했습니다. 그 말을 듣고 저도 뗀진을 따라 한쪽 뺨을 방바닥에 대고는 엉덩이를 하늘로 치켜들었습니다.

그런데 바로 그때 시자가 갑자기 문을 여는 바람에 우리 둘은 이마를 문에 꽝 찧고 말았습니다. 우리는 당황해서 얼굴이 벌겋게 달아오른 채 평소 방바닥에 얼굴을 대고 엎드리는 것이 취미라는 듯이 시자를 올려다보며 미소를 지었습니다. 너그러운 시자는 아무 말도 하지 않았지만 뚤꾸 뻬마 린포체는 웃음을 참지 못했지요. 켄 린포체가 돌아오셨을 때 우리는 다시 의젓하게 앉아있었습니다. 저는 린포체의 가르침을 꼭 받고 싶다고 말씀드렸습니다. 린포체는 가부간의 답을 하지 않으시고 "두고 보자"라고만 하셨습니다. 저는 린포체께 한없는 믿음을 느끼게 되었기에 하루라도 빨리 가르침을 받고 싶었습니다. 그러나 그렇게 되기까지는 몇 년을 더 기다려야만 했지요.

마침내 저는 부탄으로 건너가서 켄 린포체로부터 뇽티Nyongtri 전승의 구전을 받게 되었습니다. 뇽티는 '체험적 가르침'이라는 뜻으로 대원만 수행, 즉 족첸Dzogchen을 구전 전수하는 법맥입니다. 전통적으로 스승이 살아계신 동안 단 한 명의 제자에게 법맥을 전승하는 것으로서, 때로 이 과정은 수십 년이 걸리기도 합니다. 스승은 제자가 한 과정을 완벽하게 깨우칠 때까지 다음 과정을 가르치지 않습니다. 이 점에서 체험과 함께 논리학과 경론 또는 대론을 공부하는 다른 법맥들과 구별됩니다. 이 전승에서는 수행에서 오는 체험이 있어야만 다음 단계로 나아갈 수 있습니다. 제자가 이전 단계의 가르침을 체현하고 깨달았음을 스승이 인가하지 않는 한, 제자는 다음 단계로 나아갈 수 없습니다. 제 경우 스승님의 가르침을 전수받는 데 수십 년이 걸리지는 않았습니다. 그렇지만 부탄에서 수개월 동안 린포체 곁에 머물면서 받았던 가르침이 지금도 제 삶을 이끌고 있습니다.

● 구루의 역할

우리에게 이미 석가모니 부처님이 계시는데 살아있는 스승이 왜 또 필요한지를 어렸을 때는 이해하지 못했습니다. 그러나 지금은 그 어떤 말로도 스승의 역할이 얼마나 중요한지를 표현할 수 없을 정도로 스승은 제게 꼭 필요한 분입니다. 수행 자체가 스승의 가치를 확인해주지만, 그런 일이 곧바로 일어나지는 않습니다. 비불교적 환경에서 성장하여 성인이 되어 불법을 만난 사람들 대부분이 수행을 하면 금방 행복해지리라 생각합니다. 본래부터 깨달은 존재로서 우리가 할 일은 단지 금강석 같이 빛나는 우리의 본성에 묻은 때를 닦아내는 것이라는 가르침을 우리는 이미 들었습니다. 그렇게 되기까지 얼마나 오래 걸릴까요? 또 얼마나 많은 도움이 필요할까요?

끓어오르는 열정으로 불법의 길에 들어섰는데 아무 일도 일어나지 않는다면 어떻게 해야 할까요? 습관적으로 올라오는 감정이 여전히 완강하게 버티고 있거나 실망과 좌절감으로 처음의 낙관적이던 마음이 움츠러들면 어떻게 해야 할까요? 이 길을 끝까지 따라가면 해탈에 이르는 것은 분명하지만, 괴로움이라는 병을 치료하려면 먼저 원인을 살펴봐야 합니다. 이 말은 자만심과 오만, 분노와 탐욕 등 우리가 가진 가장 어려운 문제들을 추상적이고 이론적인 방법이 아니라 가능한 한 가장 직접적인 방법으로 다스려야 한다는 뜻입니다. 이 문제들이 우리 마음에 묻은 진흙이며 이것을 닦아내려면 시간이 걸리고 또한 도움이 필요합니다. 누구든 마찬가지입니다.

불법의 길에 들어선 대부분의 사람들이 자신의 괴로움이 외부 환경에 기인한다고 믿고 있습니다. 초반에는 해탈에 이르는 장애물이 우리 마음이 지어낸 것으로서 그것을 깨뜨리면 다이아몬드같이 깨끗하고 밝은 특성에 다가갈 수 있다는 생각을 거의 또는 전혀 하지 못합니다. 늪을 지나는 것처럼 이 여정이 힘겹게 느껴지는 때도 어김없이 옵니다. 그렇다면 어떻게 해야 할까요? 우리가 만약 에베레스트 정상에 오르고자 한다면 책이나 영화를 통해 그 길을 아는 사람이 아니라 이미 그곳에 올랐던 안내자가 필요합니다. 그 지역의 지형을 확실히 알고 어떤 로프를 사용해야 하는지 잘 알고 있는 안내자를 찾아야 합니다.

기초수행의 전 과정에서 우리는 제2의 천성이 되어버린 가짜 '나'의 해체를 도와주는 도구들을 사용합니다. 놓아버리고, 놓아버리고 또 놓아버립니다. 우리는 아주 철저한 놓아버리기를 반복하고 다시 반복합니다. 에고는 놓아버리지 않는 습관이 있기 때문입니다. 에고가 하는 일은 우리가 정말로 누구인지를 알지 못하게 방해하는 것이며, 스승의 특별한 역할은 우리가 누구인지 일러주는 것입니다.

저의 스승님들 중 세 분이 이미 돌아가셨지만 저는 지금도 여전히 그 분들에게서 새로운 가르침을 배우고 있습니다. 예전에는 명확하게 이해하지 못했던 것, 제대로 알지 못했으면서도 안다고 생각했던 것들이 문득 명료하게 드러나는 때가 있습니다. 오래 전에 들었던 가르침을 지금 당면한 문제에 적용하면 그 분들의 지혜가 마치 살아있는 것처럼 환히 드러납니다. 스승님들의 가르침은 지금도 제게 힘과 영감을 주고 있으며, 그 분들이 제게 베푼 사랑과 관심에 감사하는 마음이 새록새록 깊어갑니다. 우리는 불법승 삼보를 공경하고 깨달음을 일깨워주는 불상 등을 보며 영감을 얻지만 그것들이 우리에게 발원을 일으키고 지켜나갈 수 있도록 자비심과 격려 그리고 가르침을 직접 주지는 못합니다. 살아있는 스승만이 우리를 불법의 정수에 이어 주십니다.

제2부 4공가행

04
법으로 마음을 돌리는 첫 번째 사유
인간 존재의 소중함

티베트 불교의 기초수행은 종파에 따라 조금씩 다르지만 대체로 4공가행四共加行과 4불공가행四不共加行으로 되어 있습니다. 이제부터 4공가행에 대해 자세하게 알아보겠습니다. 기초수행의 전반부를 이루는 4공가행은 '공통적' 기초수행 또는 '외적' 기초수행이라고도 하며, '법으로 마음을 돌리는 네 가지 사유'를 닦는 것입니다. 첫 번째 사유에서는 소중한 인간 존재에 대해 숙고합니다.

인간으로 태어난 것이 소중한 까닭은 깨달음의 가능성 때문입니다. 우리는 부처로 태어났으며, 불법의 모든 수행은 우리에게 이 사실을 일깨워주고 우리가 깨달음에 이르도록 도와줍니다. 우리에게는 깨달음의 능력이 있지만 실제로는 그 능력을 믿지 않습니다. 그러므로 인간 존재의 소중함을 사유함으로써 자신이 부족하다고 생각하는 관점을 정반대로 바꿔야 합니다.

어느 날 아버지는 법문 중에 "여러분 모두에게 불성이 있다"고 하셨습니다. 나기 곰빠의 작은 방에는 비구니 스님들이 모여 있었고 아버지는 바닥보다 조금 높은 강단 위에 앉아 계셨습니다. 하루의 대부분을 명상과 법문으로 보내는 티베트 스승들은 다들 그런 강단을 침대로도 쓰셨지요. 그때가 8살 무렵으로, 저는 바닥에 깔린 카펫과 방석에 앉은 스님들 사이에 끼어 앉아 아버지의 가르침을 들었습니다. 아버지는 늘 마음의 본성과 자신의 불성을 깨닫는 것에 대해 말씀하셨습니다. 청정한 알아차림이라고도 하셨는데, 용어는 다르지만 모두 같은 가르침이었습니다.

그 전에도 아버지는 우리 모두가 본래 부처로서 불성을 가지고 태어났으며, 인간으로 태어난 것이야말로 이 사실을 인식할 수 있는 가장 좋은 기회라는 말씀을 자주 하셨습니다. 그때마다 저는 한 마디도 놓치지 않으려고 열심히 듣긴 했지만, 약골에다가 걱정이 많은 아이였던 제게 이렇게 멋진 소식은 남의 일처럼 생각되곤 했습니다. 당시 저는 부끄러움을 많이 타는데다 공황 장애까지 있어 몹시 힘든 상황이었습니다. 폭설이 내리거나 천둥과 번개가 사납게 치는 날이면 공황상태에 빠져 목이 막히고 온몸에 땀이 나며 속이 계속 울렁거리는 어지럼증에 시달렸습니다. 이런 일들을 겪고 있었으니 부처님과 똑같은 성품이 내게 있으리라고는 상상도 할 수 없었지요.

그날 아침, 아버지는 "믿든 믿지 않든 여러분의 본성과 모든 부처님의 본성은 눈곱만치도 다르지 않다"고 하시며 한 사람도 예외가 없음을 유달리 강조하셨습니다. 그러자 그날만큼은 저도 그럴 거라는 생각이 처음으로 들었습니다. 내가 본질적으로 부처님과 똑같다는 생각만으로도 자신감이 조금 생기는 것 같았습니다. 위축감이나 두려움도 줄어들 거라는 생각도 들더군요.

그 즈음 아버지는 제게 인간 존재의 소중함에 대한 가르침을 주시며 제가 만약 개로 태어났거나 소로 태어났다면 명상할 수 있는 자유와 시간이 있을까를 생각해보라고 하셨습니다. 또한 어떤 조건이 갖추어져야 불법과 인연이 닿을 수 있는지 살펴보라고도 하셨습니다. "우리는 부처가 되기 위해 필요한 모든 것을 가지고 있다"라고도 하셨는데, 그 말씀은 우리가 이미 부처임을 깨달아야 한다는 뜻이었습니다.

"우리는 볼 수 있고, 들을 수 있고, 맛볼 수 있고, 감촉할 수 있으며, 무한한 자비를 느낄 수 있다. 또한 불법이 존재하는 장소와 시대에 태어났다는 유리한 조건을 가졌지. 이렇게 모든 것을 갖추었으니 무엇보다도 먼저 할 일은 이번 생에 우리가 가진 훌륭한 조건들을 충분히 인식하고 감사하는 마음을 가지는 것이야."

가족 모두가 서로 사랑하며 불법을 헌신적으로 수행하는 가정에 태어난 제게 이 공부는 쉬울 법도 했지요. 그러나 내게 있다는 훌륭한 특성을 알아보기 위해 좌복에 앉으면 공황 장애와 거친 마음 그리고 허약하기 짝이 없는 제 몸만 생각났습니다. 스스로 생각해도 바보 같아서 저는 아버지께 무엇이 잘못되었는지 일러달라고 말씀드렸습니다.

"네 자신에게서 좋지 않은 점들이 먼저 보였다는 것은 아주 좋은 징조야. 그것들이 네 마음에 아주 깊숙이 박히면 살 속으로 파고들어 간 가시처럼 아예 안 보이니까. 나쁜 것을 떼어내려면 우선 그걸 네 눈으로 봐야 하겠지."

아버지는 다시 마른 소똥을 예로 드셨습니다. 인도와 네팔에서는 대부분 소똥을 연료로 이용합니다. 축축한 소똥을 동글납작하게 빚은 다음 흙벽에 붙여놓고 햇볕에 말려서 사용하는 것이지요.

"소똥을 흙벽에 붙이면 그게 마르면서 달라붙어 아예 벽같이 되어버리지. 그때 벽에 붙은 소똥을 물로 씻어내면 벽이 어떻게 되든? 우선은 전보다 훨씬 더럽고 냄새도 지독하지. 그렇지만 계속 물을 부어가며 씻어내면 소똥은 결국 벽에서 떨어져나가고 벽은 깨끗해지는 법이야.

"네 마음을 가만히 들여다보면 처음에는 네가 싫어하는 점들만 보이고, 그러다 보면 부정적인 특성이 진짜로 늘어나는 것처럼 생각하게 되지. 아주 자연스러운 현상이야. 그러다가 그 부정적 요소들이 너의 아주 작은 한 부분에 불과하다는 걸 알게 되는 순간이 온다. 그 밑에 불성, 청정한 알아차림이 있어. 그건 아무리 씻어내도 없어지지 않는 것이지. 아무리 깊숙이 감추어져서 네 눈에 보이지 않는다 해도, 불성은 늘 너와 함께 있단다."

우리는 대부분 자신의 감정패턴과 습관적 사고방식에 철저하게 길들여져서 결국 그것들이 '나'라고 생각하게 됩니다. 이런 식으로 스스로를 한정시켜 규정하므로 가능성 또한 위축됩니다. "나는 이러이러하다"라는 고정관념에 스스로를 가두기 때문이지요. 자신의 삶에 만족하지 못하면서도 변화의 가능성을 억누르고 맙니다. 자신이 그어놓은 한계를 넘어서려면 인간으로서 우리에게 주어진 특성과 유리한 조건들을 당연하게 생각하는 습관과 태도를 놓아버려야 합니다.

아버지의 가르침을 통해 제 안에는 제가 싫어하는 것들 말고도 훌륭한 것이 많이 있다는 사실을 서서히 믿게 되었습니다. 나 같은 사람도 진짜로 깨달을 수 있겠다는 생각도 들었지요. 우리가 가진 가능성을 깨닫고 또한 그 가능성을 제대로 이용하는 능력이 우리에게 있음을 확신하는 것이 법으로 마음을 돌리는 첫 번째 사유의 핵심입니다.

●여덟 가지 여유와 열 가지 원만

인간 존재의 소중함에 대한 가르침은 8유가八有暇와 10원만十圓滿 또는 10가지 혜택에 대해 사유하는 것입니다. 이들 18가지 항목 하나하나가 우리 스스로 만든 습관에서 벗어나는 확실한 방법을 보여주고 또한 우리 안에 이미 있는 훌륭한 특성을 새롭게 살펴보게 합니다.

●여덟 가지 여유

여덟 가지 여유, 8유가는 선천적으로 갖게 되는 불리한 환경과 관련된 것으로 우리는 다행히도 이런 제약에서 벗어나 불법의 지혜를 만날 수 있는 상황과 조건을 가지고 태어났습니다.

처음 네 가지는 비인간계의 존재들이 겪는 끝없는 고통을 사유함으로써 인간으로 태어난 이로움에 감사하는 것입니다. 여러분이 소로 태어났다고 한 번 상상해보십시오. 소의 삶을 구속하는 정신적, 육체적 조건에서 벗어나 인간으로 태어난 것이 얼마나 다행인지 깨닫게 될 것입니다. 자기가 배설한 똥 무더기 속에 서있는 소의 모습을 떠올리거나, 피비린내와 울부짖는 소리가 난무하는 도살장에서 공포에 질려있는 소를 한 번 상상해 보십시오. 이렇게 견디기 어려운 가혹한 조건에서는 불성을 떠올릴 수 없을 겁니다. 소의 참혹한 삶을 상상하고 사유함으로써 우리가 인간으로 태어나서 누리는 특별한 이로움이 얼마나 값진가를 확실하게 인식합니다.

여덟 가지 여유에 대한 사유에서는 먼저 네 가지 비인간계, 즉 지옥·아귀·축생·천상계에 태어난 불리함과 인간으로 태어난 이로움을 비교합니다. 그런 다음 인간계에서 깨달음의 가능성을 제약하는 네 가지 상황을 사유하면서 우리가 이들 제약에서 벗어난 것에 감사하는 마음을 가집니다. 네 가지 상황은 불법이 없는 곳, 그릇된 견해가 지배하는 곳, 부처님이 태어나지 않은 곳, 그리고 불법 수행에 심각한 지장을 주는 육체적, 정신적 장애입니다. 다행히도 우리는 이런 불리한 상황에서 벗어나 태어났습니다. 그러나 여덟 가지 여유를 계속 유지하려면 육도六道의 개념을 명확하게 알아야 합니다.

● 육도 윤회

티베트 불교에서는 여섯 가지 세계인 육도를 상정하여 우리를 윤회하게 만드는 번뇌를 설명합니다. 윤회계의 육도는 삼악도三惡道와 삼선도三善道로 나뉩니다. 삼악도는 지옥·아귀·축생이며, 삼선도는 인간·아수라·천상입니다.

지옥·아귀·축생은 각각 분노·탐욕·무지에 해당하며, 그 순서는 육체적, 감정적 괴로움의 정도를 나타냅니다. 축생은 무지한 마음을 나타냅니다. 축생은 훌륭한 특성이 꽤 있지만 자기들의 처지에 대해 생각하는 능력이 없어 기대나 불안에서 벗어나는 방법을 알지 못하므로 자기가 잡아먹지 않으면 남에게 잡아먹히는 삶을 살아갈 수밖에 없습니다. 축생도 인간과 똑같이 불성이 있지만 그들이 처한 상황 때문에 불성을 인식하지 못합니다.

물론 우리들 인간도 무지합니다. 무지는 우리가 타고난 불성을 확인하는 데 가장 큰 장애입니다. 그러나 축생과 달리 인간은 번뇌와 무지를 넘어설 수 있습니다. 가령, 아이들이 설탕이 많이 들어간 음식을 계속 먹는 바람에 당뇨병 환자가 많아진다고 할 때 우리에게는 이지력이 있어 보다 현명한 선택을 할 수 있습니다. 욕망에 이끌려 습관적으로 달달한 음식에 손이 가지만, 나쁜 습관을 극복하는 능력 또한 있습니다. 환경과 관련된 예를 하나 더 들어보지요. 화학폐기물과 인간이 버린 쓰레기로 생활용수와 식수가 심각하게 오염된 지역이 아주 많습니다. 우리 인간이 지혜롭지 못해 생긴 현상이지만, 우리에게는 이 문제를 해소할 수 있는 바람직한 대안을 찾아내는 능력이 또한 있습니다. 우리의 몸과 마음에 배어있는 나쁜 습관들은 타고 난 것이 아닙니다. 무지로 인해 흐려진 청정한 알아차림을 일깨울 수 있는 능력이 우리에게 있습니다. 윤회계를 특징짓는 괴로움을 클레사klesha, 번뇌라고 합니다. 클레사는 본래의 선하고 청정한 마음을 오염시키는 분노나 탐욕 등 파괴적인 감정입니다. 번뇌는 마음을 어지럽혀 우리가 타고난 지혜를 깨닫지 못하게 만듭니다.

삼악도—축생·아수라·지옥

육도를 설명할 때 가장 아래의 지옥에서부터 시작해서 위로 올라가는 것이 일반적입니다. 그렇지만 비인간계에서 우리들이 가장 쉽게 접근할 수 있는 존재가 축생이므로 여기서는 먼저 축생에 대해 알아보겠습니다. 동물적 본능에서 비롯된 저속한 충동에 사로잡혔던 경험을 한 번 떠올려보십시오. 최근에 어떤 음식이 견딜 수 없이 먹고 싶었거나, 원초적인 성욕이 일어났거나 또는 스트레스가 극에 달해 누군가에게 덤벼들거나 도망치고 싶었던 적이 있을 겁니다. 그 강렬했던 갈망이 지금도 느껴지지 않나요? 짐승들은 목숨이 끊어질 때까지 스스로를 보존하려는 본능과 충동으로 살아갑니다. 이것과 비슷한 상태로 사는 사람들도 많습니다. 자기 자신에 대해 제대로 알지 못하기 때문입니다. 비인간계를 사유하는 주목적은 우리가 인간으로서 그들이 겪는 괴로움에서 벗어난 것을 기뻐하고 감사하며, 우리에게 주어진 깨달음의 기회를 놓치지 않겠다고 다짐하는 것입니다.

아귀계는 불룩 나온 배에 목은 길고 뼈만 앙상하게 남은 존재들이 사는 세계입니다. 아귀는 물을 마실 때 한 번에 꼭 한 방울만 삼킬 수 있습니다. 산스크리트어로 프레타preta라 불리는 이 저주받은 존재들은 아무리 먹어도 채워지지 않는 허기와 늘 타는 듯한 갈증으로 고문을 당합니다.

아귀가 실제로 의미하는 것이 무엇일까요? 탐욕입니다. 탐욕은 절대로 만족되지 않는 마음이므로 늘 집착하고 절망할 수밖에 없습니다. 우리는 이런 세계가 어떤 것인지 아주 잘 압니다. 전 세계를 강타한 2008년의 금융 위기를 한 번 떠올려보십시오. 많은 사람들이 법과 도리에 어긋나는 방법과 수단을 총동원하여 날마다 돈을 긁어모으느라 혈안이 되었습니다. 탐욕과 이기심에 사로잡히면 자신의 행위가 몰고 올 괴로움에 대해서는 단 한순간도 생각하지 못합니다. 마음의 힘이 그토록 강력합니다. 채워지지 않는 욕구에 마음을 빼앗기면 부처님의 가르침 조차 귀에 들어오지 않는 지경이 되고 맙니다.

배고픈 아귀는 기갈의 세계를 영원히 벗어나지 못합니다. 우리 중에도 이런 상태로 살아가는 이들이 있지만, 인간이라면 누구도 그렇게 살도록 운명지어지지 않았습니다. 그러려면 탐욕과 이기심이 해탈에 장애가 된다는 것과 우리가 이 상태를 벗어날 수 있다는 것을 이해해야만 합니다. 인간은 윤회계의 온갖 괴로움을 겪고 있지만, 인간으로 태어났다는 것은 우리가 스스로 만든 감옥에서 빠져나와 윤회를 완전히 벗어날 수 있는 열쇠를 쥐고 있다는 뜻입니다.

티베트의 육도윤회도에는 지옥이 가장 밑에 있는 것으로 나타나는데, 이는 가장 극심한 괴로움을 겪기 때문입니다. 지옥의 존재들은 분노와 적개심으로 시달립니다. "분노에 눈이 먼다"라는 말이 있지 않습니까? 최근에 머리끝까지 화가 치밀어 올라서 무엇 때문에 화가 났는지, 어떻게 해야 화를 삭일 수 있을지 아무런 생각도 나지 않았던 상황을 돌이켜보십시오. 분노에 완전히 사로잡혀 눈이 멀어버리면 자신은 물론 다른 사람에게 피해를 준다는 사실도 생각나지 않고 분노에서 빠져나가는 출구도 전혀 볼 수 없는 상태가 됩니다.

분노와 적대감에 더해 지옥의 존재들은 극심한 더위와 혹독한 추위 등 환경에서 비롯된 고문과도 같은 괴로움에 시달리며, 이런 조건들로 인해 괴로움의 늪에 빠져 헤어나지 못합니다. 신경이 죄어오거나 이가 곪거나, 근육 경련이 일어날 때 겪었던 끔찍한 통증을 떠올려 보십시오. 아니면 자신이 고문을 당하고 있는 모습을 상상해 보세요. 태어난 순간부터 마지막 숨을 몰아쉴 때까지 그와 똑같은 강도로 괴로움을 겪는다고 생각해 보세요. 그런 상황에서 여러분이라면 해탈하겠다는 생각을 일으킬 수 있을까요?

지옥이 대체 어디 있을까요? 다른 윤회계와 마찬가지로 지옥 또한 특정한 세계가 아니라 우리의 번뇌와 망상을 나타냅니다. 이런 마음은 외적 요건들로 인해 일어난 것이 아닙니다. 지옥에 대해 혼란스러워하는 것은 서양인들만이 아닙니다. 티베트 사람들도 윤회계가 저기 바깥에 있는 어떤 곳이라고 오해하곤 합니다. 이 때문에 쌀제 린포체께서는 "일체만물은 마음의 현현이다. 저 바깥에 따로 존재하는 지옥은 없다"라고 말씀하시곤 했습니다.

육도는 인간이 겪는 괴로움을 나타내므로 우리가 육도에 태어났다고 생각하는 대신 우리 마음이 육도를 어떻게 드러내는지 사유하십시오. 만약 우리가 육도에 태어나는 것으로 잘못 이해한다면, 어디에 태어났든 우리는 그것을 피할 수 없는 운명으로 받아들여야 합니다. 그러나 그렇지 않습니다. 해탈은 분노와 탐욕, 무지, 그 밖의 파괴적인 감정에 더 이상 지배당하지 않는다는 뜻입니다. 증오에 사로잡히는 순간 우리는 이른바 '지옥'에서 살게 되는 것입니다. 지옥은 벗어날 수 없으므로 불법을 만날 수 없고, 그러므로 깨달음의 가능성도 없기 때문이지요. 마음의 괴로움이 극에 달하면, 한 걸음 뒤로 물러서서 지금 무슨 일이 일어나고 있는지 살펴볼 여유가 없습니다. 자신의 부정적인 요소들을 '나'라고 믿으면 우리는 강물에 빠져 물결에 휩쓸려 떠내려가고 맙니다.

삼악도에 대해 사유하면 억제할 수 없는 충동과 욕망에 빠지지 않을 수 있다는 자신감이 생겨 더 이상 번뇌에 휘둘리지 않게 됩니다. 선택권은 우리 손에 있습니다. 우리가 본래 가진 지혜를 인식하고 알아차림을 기를 수 있습니다. 삼악도의 고통은 자신에게 내재된 깨달음의 성품을 인식할 수 있는 여유가 없는 것입니다. 이 고통을 사유함으로써 우리는 삼악도의 존재들에게 무량한 자비심을 불러일으키게 됩니다.

삼선도―인간·아수라·천상

삼선도는 인간·아수라·천상입니다. 인간들이 겪는 괴로움의 주된 원인은 갈애와 탐욕, 집착입니다. 집착이 꼭 집이나 음식, 돈, 파트너

같이 외적인 것만을 가리키지는 않습니다. 인간의 집착은 자기 자신에 대해 움켜쥐고 있는 관념에 매달릴 때 가장 강해집니다. 자기가 소중히 여기고 보호하고 싶어 하는 가상의 인물을 꾸며내고 조작하여 그것을 '나'라고 잘못 인식하고 집착하는 것이지요. 자신을 언제나 최고의 자리에 앉혀놓고 관념적 자아와 그 자아가 필요로 하는 것들을 충족시키려고 안간힘을 씁니다.

인간계의 장점은 윤회에서 열반으로 건너갈 수 있을 정도의 괴로움을 겪는다는 것입니다. 너무 크지도 않고, 너무 작지도 않습니다. 삼악도의 괴로움은 너무도 가혹해서 해탈의 가능성이 전혀 없습니다. 인간의 고통은 해탈을 향한 소망을 꺾지 않을 뿐만 아니라 잠깐이나마 행복한 순간들을 맛보게 함으로써 고통이 영속하는 것이 아니라 그 또한 무상하고 변한다는 사실을 확인시켜 줍니다. 고통과 행복이 깨달음에 이르는 완벽한 조건을 함께 만들어내는 것이지요. 참으로 멋지지 않습니까?

아수라와 천신들이 사는 세계는 질투와 자만이라는 괴로움을 나타냅니다. 일반적으로 수라도와 천상은 서로 다른 두 개의 세계로 제시되지만, 티베트의 기초수행에서는 하나의 세계로 분류됩니다. 아수라와 천신은 사치와 풍요의 유혹에 빠져 깨닫겠다는 마음을 일으키지 못합니다. 최고로 좋은 음식, 으리으리한 가구와 번쩍거리는 자동차, 최고급 욕조와 환상적인 섬에서 보내는 휴가 등, 사람들이 즐거움과 감각적 욕망을 만족시키기 위해 얼마나 많은 시간과 돈, 에너지를 들이는지 한 번 생각해 보십시오. 인간의 삶은 갖가지 물질로 포장되어 겉으로는 안전하고 만족스럽게 보여도 실은 피할 수 없는 인간사의 영욕으로 매 순간 황폐해지고 있습니다. 재산이 사라지고 사회적 지위가 기울고 사랑하는 이들이 떠나는 것을 속수무책으로 바라보며 아무런 준비도 하지 못한 채 늙고 병들어 죽어가는 것이지요.

천상에 탐닉하는 사람들은 명상을 하더라도 마음을 다스리기보다는 법당에 아름다운 그림이나 불상을 보기 좋게 진열하는 것에 더 많은 시간을 보냅니다. 안락함의 유혹을 이기지 못해 소파에 누운 채로 수행하기도 합니다. 이것의 문제는 수행하기가 더욱 어렵다는 것입니다. 사치와 감각적 만족에 빠져버린 마음은 알아차림 수행에서 멀어질 수밖에 없습니다. 바른 자세로 앉아 굳은 의지로 노력하면 감각적 탐닉, 맹목적인 분노나 욕망 같은 습관적인 마음의 덫에서 놓여나는 데 도움이 됩니다.

천상계의 존재들은 더 없는 행복감을 느끼기 위해 또는 행복한 경험을 일부러 지어내기 위해 명상을 이용하기도 합니다. 마치 섬에 있는 멋진 리조트로 데려다주는 비행기를 타는 것과 같습니다. 명상의 목적은 현상을 있는 그대로 체험하고 마음의 본성을 명료하게 보기 위한 것이지만, 천상에서는 쾌락을 추구하기 위해 명상합니다. 천상의 존재들은 이렇게 그릇된 방법으로 행복을 추구하기 때문에 결국 괴로움만 있는 삼악도로 떨어지고 맙니다.

아버지께서는 인간계야말로 깨달음을 위한 최고의 기회를 보장한다고 늘 강조하셨습니다. 하지만 어린 저는 그래도 천상이 더욱 매력적으로 보였습니다. 맛있는 음식과 화려한 파티, 아름다운 음악이 떠나지 않는 호화로운 궁전들이 생각났으니까요. 그러자 아버지는 감각적 욕망이 완전히 충족되면 약간 취한 듯한 상태가 되기 때문에 천신들은 조금 멍청하다고 설명하셨습니다. 스스로에 도취되어 현실에 안주하므로 천신들은 수명이 매우 깁니다. 아버지는 "천상계 존재들의 삶에는 지혜가 없지"라고 말씀하셨는데, 그 어조만으로도 지혜가 없는 삶이야말로 세상에서 제일 가련한 삶이라는 것을 저는 단박에 알았습니다.

여덟 가지 여유의 수행

일체중생이 불성을 타고나므로 해탈에 절대적 장애는 없습니다. 그러나 모든 중생들이 현재 상황에서 깨달음의 기회를 갖는 것은 아닙니다. 많은 존재들이 자신의 정신과 육체, 감정 상태에 만족하는데, 이것이 불법의 길에 아주 큰 장애가 됩니다. 어떤 존재든 어려움과 장애를 만납니다. 그러나 인간으로 태어났다는 사실은 이 같은 어려움과 장애에 굴복하지 않는 능력이 있음을 의미합니다.

여덟 가지 여유에 대한 사유에서는 해탈의 가능성이 제한된 상황에 처한 존재와 자신을 맞바꿉니다. 즉, 자신이 지옥계의 존재, 아귀, 축생 또는 천신이라고 상상하는 것이지요. 텔레비전을 보듯 밖에서 그냥 보는 것이 아니라 그 존재를 구체적으로 구현해야 합니다.

여덟 가지 여유를 꼭 순서대로 사유하지 않아도 됩니다. 자신을 지옥계의 존재나 아귀로 상상하는 것이 너무 힘들거나 서글퍼지면 먼저 축생이나 천신에 대해 사유한 다음에 더 어려운 것을 하면 됩니다. 가장 쉬운 존재부터 시작하는 것이 좋습니다. 아무래도 축생이 제일 쉬울 겁니다. 소나 개 등 여러분이 친근하게 느끼는 동물을 하나 고르십시오.

소를 대상으로 하는 유도 명상

▶ 척추를 바르게 하고 편안한 자세로 앉는다.
▶ 눈은 떠도 되고 감아도 된다.
▶ 1분이나 2분 정도 열린 알아차림에 머문다.
▶ 소의 형상을 떠올리고 마음을 그것으로 가져간다.
▶ 소의 형상에 마음을 머문다. 마음이 방황하면 소의 형상에 마음을 다시 가만히 가져간다.
▶ 이제 자신이 소가 된다. 발이 네 개에다 긴 꼬리가 달려있다. "음매" 하는 울음소리를 내고 풀을 우적우적 먹는 자신을 상상한다.
▶ 네 가지 면에서 소의 삶에 대해 사유한다.
  몸: 소의 몸은 어떠한가? 실제로 소가 되어보니 어떤 느낌인가? 속속들이 구체적으로 느낀다.
  수명: 소의 수명이 짧은 것을 생각한다. 인간으로서 오래 살 수 있고 깨달음의 기회가 주어진 것에 감사한다.
  환경: 소는 어디에서 밤과 낮을 지내는가? 어디에서 먹는가? 파리떼와 똥으로 뒤범벅된 외양간이나 쨍쨍 내리쬐는 햇볕 아래서 살아가는 소의 모습을 떠올린다.
  고통: 이 소는 어떻게 살아가며 무엇으로 이용되는가? 사람들에게 우유나 고기를 공급하기 위해 사육된다. 코청이 뚫려 코뚜레에 꿰인 채 채찍으로 맞고 뜨거운 햇볕이 내리쬐는 들판에서 일해야 한다. 좁디좁은 공장식 사육장에서 옴짝달싹하지 못한 채 자란다. 주인이 소에게 온갖 화학약품을 먹여 성장속도를 조절하고 단기간 내에 체중을 늘려 시장에 내다판다. 이 모든 고통을 자신의 몸으로 최대한 느끼며 알아차린다.

▶자신이 소라면 얼마나 많은 제약 속에서 살아야 하는지 인식한다. 살아 가는 길을 스스로 선택할 수 없는 것은 물론이고 괴로움의 원인을 뿌리 뽑는 것은 더더욱 어렵없다.

▶이제, 소와 전혀 다른 조건을 가진 인간으로 태어난 행운에 대해 사유하 고 감사한다. 자신이 소가 되는 상상과 인간으로 태어난 행운에 감사하 는 사유를 번갈아가며 반복해도 좋다.

▶마음이 산란해지거나 피곤해지면 열린 알아차림에 잠시 머물다가 다시 소 명상으로 돌아간다.

▶5분에서 10분 정도 계속한다.

▶열린 알아차림에 머무는 것으로 마무리한다.

평상시 알아차림과 명상적 알아차림

소에 마음을 머무는 것과 소에 대해 공상하는 것은 다릅니다. 마 음이 소에 머물면, 알아차림 명상이 됩니다. 평소 우리가 무엇을 생각 할 때, 생각하겠다는 의도를 가짐으로써 생각이 시작되는 것은 아닙 니다. 생각은 꼬리에 꼬리를 물고 아주 빠르게 일어나므로 우리는 무 슨 일이 일어나는지 알지 못합니다. 게다가 우리는 자신과 생각을 동 일시합니다. 자신의 생각에 완전히 빠져서 그것이 바로 자신이라고 믿 는다는 뜻입니다. 여기에서 알아차림을 인식하겠다는 의도를 내면, 생 각하는 동안 자신이 생각하고 있음을 알 수 있습니다. 위의 연습에서 우리는 의도적으로 소를 상상하기 때문에 마음이 하는 행동을 그 순 간에 인식하게 되므로 생각에 빠져 자신을 잃어버리는 일은 일어나지 않습니다. 알아차림이 있으면 자신이 명상하고 있다는 것을 압니다.

평상시 알아차림과 명상적 알아차림의 차이를 느껴보십시오. 그 차이는 소에 대해 생각하는 동안 알아차림을 인식하는 것입니다. 생각하고 있는 동안 자신이 생각하고 있음을 아는 것이지요. 알아차림을 인식하겠다는 의도를 내는 것으로 명상을 시작합니다.

분석 명상을 할 때는 사유하는 시간과 마음을 쉬는 명상을 교대로 하면 아주 좋습니다. 소가 되었다고 상상하다가 지루하고 답답해지면 소에 질린 느낌이 듭니다. 그러면 다 놓아버리고 쉬도록 하세요. 관상 觀想을 멈추고 알아차림에 머무십시오. 이 책에서는 관상과 상상이란 말을 함께 쓰겠습니다. 둘 다 수행의 방편으로서 특정한 형상을 의도적으로 만들어 마음에 떠올리는 것입니다. 이제 마음을 쉬면서 숨을 깊이 내쉽니다. 휴~. 이것이 쉬는 것으로, 열린 알아차림을 수련하는 방법입니다. 더 이상 소에 대해 생각하지 마세요.

명상을 하는 중에 생각에 빠지면 무엇을 하고 있는지를 놓쳐 버립니다. 그런 때 생각에서 깨어나야 합니다. 그리고는 다시 명상으로 돌아갑니다. 바로 그 순간, 알아차림을 경험하게 됩니다. 명상 아닌 명상으로, 산란하지 않고 헤매지 않는 마음입니다. 먼저, "아, 내가 헤매고 있네!" 하고 압니다. 그리고는 "이제 다시 명상해야지" 하고 생각합니다. 그런데 이 생각은 조금 나중에 오기 때문에 그 사이에 틈이 생깁니다. 이 틈이 산란하지 않은 알아차림입니다. 자신이 어디에 있는지, 무엇을 하고 있는지 알고 있지만 마음을 단속하려고 하지도 않고 무언가를 하려고 애쓰지도 않습니다. 주변에서 무슨 일이 일어나든 완전히 편안한 상태가 됩니다. 명상하지 않는 명상에 머무는 것입니다.

명상이 지겨워지거나 진력나면 명상을 그만두고 싶은 마음이 일어납니다. 느낌이 실제로 달라지는 체험을 할 때도 명상을 놓아버리게 됩니다. 가령, 소에 대해 논리적으로 사유하다 보면 인간으로서 가진 유리한 조건을 어렵지 않게 파악할 수 있습니다. 그런데 이렇게 사유를 통해 이해한 것이 체험에서 우러나오는 느낌으로 바뀌는 순간이 있습니다. 그때는 명상을 내려놓고 그 느낌에 머뭅니다. 휴~. 이때 여러분은 특별한 노력을 들이지 않고 명상 아닌 명상에 머뭅니다. 무엇이 일어나든 또 일어나지 않든, 분별하지 않고 헤매지도 않습니다.

마음이 다시 동요하고 원숭이 마음의 두서없는 수다가 시작되면 소 명상으로 되돌아가세요. 그러려면 약간의 훈련과 노력이 필요합니다. 1분 동안에 스무 번도 넘게 명상에서 벗어나서 헤매다가 다시 소 명상으로 돌아간다 해도 괜찮습니다. 마음이 방황하지 않도록 길들이려면 연습이 필요한 법이니까요.

소 명상을 마칠 때는 여러분의 삶이 소의 그것과 다르다는 사실을 기뻐하고 고마워합니다. 그 차이점들을 사유하세요. 고요하게 앉아서 알아차림에 머무는 것으로 명상을 마무리합니다. 이 연습은 5분에서 10분 정도 합니다.

인간계의 네 가지 제한 조건

지금까지 법으로 마음을 돌리는 첫 번째 사유 중에서 네 가지 비인간계인 지옥, 아귀, 축생 그리고 천상에 대해 알아보았습니다. 이제부터는 우리들 인간의 깨달음의 가능성을 제한하는 네 가지 조건을 설명하겠습니다.

첫 번째는 '외곽지역'으로서, 우리가 다행히도 그곳에 태어나지 않은 것에 대해 사유합니다. '외곽지역'이란 말은 불교 국가와 이웃한 나라들이 불교를 믿지 않거나 불법에 적대적이었던 시대에서 유래된 말입니다. 오늘날에는 자신이 믿지 않는 종교들을 비판하거나 비난하는 국가나 사회를 가리키거나 현 정권을 지지하지 않는 종교기관을 억압하는 국가나 사회를 의미하는 말로 이해하면 되겠지요. 아일랜드 기독교도들 간의 갈등, 스리랑카의 불교도와 힌두교도인 타밀족 사이의 불화 그리고 무슬림 교도들인 시크파와 수니파 사이에서 일어나고 있는 종파 간의 침략전을 떠올려도 좋습니다. 그들과 비교하면 우리 스스로가 선택한 종교를 따를 수 있는 자유가 얼마나 소중한지 알 수 있습니다.

두 번째는 잘못된 견해가 지배하는 곳에 태어나는 것입니다. 삿된 견해를 믿는 사람들 속에서는 깨달음을 얻겠다고 발원하기 어렵습니다. 삿된 믿음이 만연한 곳에서는 불법의 이로움을 얻기가, 설령 불가능하지는 않다 해도, 매우 어렵습니다. 잘못된 견해에는 타인을 해치는 것이 선행이라거나, 이익이 된다면 노예제도나 도살도 정당하다고 믿거나, 색즉시공色即是空과 같이 이해하기 어려운 진리를 부정하는 것 등이 있습니다.

세 번째는 부처님이 아예 오시지 않은 세상입니다. 인간의 역사에서 완전한 깨달음을 얻은 스승이 안 계신 시대를 암겁暗劫이라고 합니다. 암겁에 태어났다면 우리는 불법에 대해 아무것도 듣지 못했을 것입니다. 그러니 불법의 진리를 깨달을 수 있는 환경은 아예 말할 필요도 없겠지요. 그러나 다행히도 우리는 그런 세상에 태어나지 않았으니, 이 얼마나 기쁜 일입니까?

네 번째와 다섯 번째는 정신적, 육체적인 장애를 가지고 태어나 정상적인 생활이 불가능한 것입니다. 장애가 있으면, 불법의 수행이 불가능한 것은 아니지만 매우 어렵습니다. 우리에게 이런 문제가 없는 것을 당연하게 여기는 대신, 건강한 몸과 마음이 주는 혜택을 기뻐하고 고마워하는 것이 마땅합니다. 이렇게 사유하다 보면 인간 존재에게 주어진 특별한 능력을 인식할 수 있습니다. 또한 이런 능력이 법을 듣고 경전을 읽고 가르침을 받으러 다니거나 성지 순례를 가는 등 우리가 깨달음을 얻기 위해 노력하는 과정에 중요한 역할을 한다는 점을 이해하게 됩니다.

일일 수행

일일 수행의 일부로서 여덟 가지 여유를 소 명상과 같은 방식으로 각각 사유합니다. 처음에는 한 가지를 사유하는 데 10분 정도 걸리겠지만 익숙해지면 1, 2분이면 충분합니다.

다른 상황으로 넘어갈 때마다 각각의 상황에서 겪는 고통을 뼈저리게 느끼도록 하십시오. 자신도 모르는 사이에 자비심이 마음으로부터 우러나와 사유하는 중에 눈물이 흐를 때도 많을 겁니다. 자비심을 일부러 밀어내려고 애쓸 필요는 없습니다. 그러나 늘 깨어 있어서 어떤 현상이 일어나면 그것이 일어나고 있다는 것을 바로 알아차려야 합니다.

자신을 다른 존재로 바꾸어가며 사유하는 까닭은 괴로움의 소멸에 필요한 모든 것이 우리에게 있다는 사실을 깨닫기 위해서입니다. 이것이 여덟 가지 여유에 대해 사유하는 가장 중요한 목적입니다. 이 수행에서는 아주 중요한 이익을 추가로 얻습니다. 명상에서 가장 큰 장애는 혼침과 도거掉擧인데, 살아있는 존재를 대상으로 명상하면 이런 장애가 잘 일어나지 않습니다. 마음을 길들이려고 애쓰노라면 두 가지 반응이 일어납니다. 마음이 비정상적으로 둔해지고 흐릿해지거나 아니면 분주해지면서 들뜹니다. 마음이 둔해지면 우리가 길을 들이기 전에 마음의 문이 닫히므로 의도를 놓치고 맙니다. 그러면 졸음이 오고 때로는 잠에 빠지기도 하지요. 마음이 들뜨면 마치 취한 벌처럼 사방으로 윙윙대며 날아다니느라 어느 한 대상에 머물지 못합니다. 호흡이나 불꽃, 꽃 등의 명상 대상에 알아차림을 가져가려고 애써보아도 마음의 힘이 약해 혼침과 도거를 물리치지 못하는 경우가 많습니다. 그렇지만 살아있는 존재를 대상으로 하는 명상에서는, 특히 괴로움이나 무상을 사유할 때, 마음이 흔들리지 않고 안정되어 명상에 계속 집중하게 되므로 쉽사리 혼침과 도거에 빠지지 않습니다. 물론 우리 마음은 여전히 방황할 것입니다. 마음은 본래 그렇게 작동하니까요. 그럴 때마다 알아차림으로 다시 돌아오면 됩니다.

든든한 토대

다음 주제로 나아가기에 앞서, 인간 존재의 소중함에 대한 사유가 기초수행 전반에 걸쳐 어떻게 든든한 토대가 되는지 설명하겠습니다.

무엇보다도, 사유 자체가 알아차림을 인식하도록 합니다. 비인간계 존재들과 자신을 바꾸어 사유하는 과정에서 우리 안에 자애로운 마음과 측은지심이 늘 존재한다는 사실을 발견하기 시작합니다. 그러니 우리가 타고난 이 특성들을 증장시키는 방법만 알아내면 되는 것이지요. 공상과 환상이 우리의 삶을 지배하도록 내버려두면 자신이 지어낸 가짜 현상을 실재라고 곧바로 믿어버리고 맙니다. 생각은 엄청난 힘을 발휘하여 우리를 압도하게 마련입니다. 상상의 힘을 빌려 비인간계 존재들에 대해 사유하면서 우리를 계속 윤회하게 만드는 마음의 패턴을 무너뜨리는 방법을 배울 수 있습니다.

우리는 신분에 매우 집착하므로 여자, 티베트인, 불자, 수행자 등 자신이 소중하게 여기는 이름표를 붙여놓은 상자들 속에 갇혀서 삽니다. 수백 개가 넘는 이름표는 우리가 조작한 견고한 정체성과 같습니다. 그러나 자신을 동물로 상상할 수만 있다면 견고한 자의식이 허물어지기 시작합니다. 우리가 만든 상자에는 이제 소 한 마리도 들어가 있습니다. 정말 대단하지 않습니까?

자신에 대한 고정관념이 조금씩 허물어지기 시작하면 새로운 모습과 태도, 정체성을 시도할 수 있습니다. 불법을 계속 수행하면 이런 식으로 더욱 유연해지고 융통성이 생기므로 자신과 다른 사람들에게서 알아차림과 지혜, 자비심을 더 많이 느낄 수 있습니다. 그러니 우리가 만약에 소가 될 수 있다면, 우리는 부처님도 될 수 있는 것입니다.

처음에는 이렇게 단순히 상상력을 이용하면 되지만, 이 수행은 점차 복잡해집니다. 밖에 있는 동물을 상상하다가 나중에는 우리 자신이 그 동물이 됩니다. 밖에 계신 부처님을 상상하다가 마지막에는 우리 스스로가 부처가 됩니다. 시작은 대단치 않지만, '나'의 의미와 가능성이 확장되기 시작하면 우리는 무엇이라도 될 수 있습니다. 마침내 견고한 고정관념이 모두 깨어지고 우리가 깨닫게 되는 것은 우리는 부처가 되는 것이 아니라 이미 부처라는 사실입니다.

불법의 수행에 상상력을 도입하면 갖가지 이름표가 붙은 작은 상자들을 놓아버리고 가능성의 영역을 넓힐 수 있습니다. 마음이 늘 하는 짓을 강제로 멈추기 위해 마음을 통제하고 억누르는 대신, 마음이 가진 창조적인 에너지를 이용합니다. 우리의 마음을 온통 사로잡고 있는 말과 이미지, 이야기들을 건설적으로 쓰이도록 만드는 겁니다.

매 순간 마음의 내용을 바꾸고 재구성하는 것은 무엇일까요? 마음은 왜 그토록 변덕을 부릴까요? 이 질문에 답하려면, 먼저 여러분을 규정하는 본질적인 '나' 또는 '자아'가 있는지를 자문해야 합니다. 만약에 그런 자아가 있다고 생각한다면 자아를 찾으려 노력해야겠지요. 여러분이 자신에 대해 가지고 있는 고정관념에 어떤 근거가 있습니까? 아니면, 여러분의 정체성은 다만 개념으로서 존재합니까? 현상에 대한 관념을 모두 놓아버리고 자신에 대한 믿음까지 모두 놓아버리면 여러분에게 남는 것이 무엇입니까? 있는 그대로의 직접 체험에서 보이는 것이 무엇입니까?

제가 주석하고 있는 보드가야의 뗄가Tergar 사원에서 법문하던 중에 한 제자가 제 법좌 앞에 놓인 나무 상자를 가리키며 그것은 상황과 용도에 따라 탁자나 장식함 또는 법좌가 된다고 말한 것이 기억납니다. 객관적 실재에 대한 자신의 견해와 관계없이 사람들은 경험이 객관적 실재로부터 일어난다고 생각하지만, 사실 경험을 일으키는 것은 상상입니다. 상상력은 영적인 길에 큰 자산이 될 수 있지만 엄청난 골치 거리가 되기도 합니다. 그러므로 자신과 타인에게 이로움이 되도록 상상을 이용하든지 아니면 상상의 지배를 받든지 둘 중 하나를 선택해야 합니다.

이 수행을 하다 보면 흥미로운 의문이 많이 일어납니다. 우리가 자신을 다른 존재로 상상할 수 있는 것은 무엇 때문일까? 자신을 다른 존재와 바꿀 수 있다는 의미는 무엇일까? 만약 이 세상과 자신에 대한 우리의 믿음이 관념에 불과하다면, 우리는 대체 누구이며 또 무엇일까? 이 질문들은 공성이라는 절대적 진리, 즉 고정되고 조작된 정체성으로부터 우리를 벗어나게 하는 궁극적 실재를 암시합니다. 앞으로 이것에 대해 살펴볼 기회가 많이 있겠지만 지금은 독창적이며 흥미있는 문제라는 것만 알고 넘어가기로 하지요.

열 가지 원만 또는 혜택은 우리가 타고난 깨달음의 기회를 말합니다. 열 가지 원만은 인간으로 태어났고, 불법이 없는 변경이 아니라 중토에 태어났고, 감각이 온전한 상태로 태어났고, 사회적으로 구속당하지 않는 신분으로 태어났고, 불법에 대한 믿음을 가지고 태어났고, 부처님이 출현하신 곳에 태어났고, 부처님이 불법을 가르치신 곳에 태어났고, 불교의 정법이 이어지고 있는 곳에 태어났고, 승가가 있는 곳에 태어났고, 자비로운 스승들이 계시는 곳에 태어난 것입니다.

●열 가지 원만

열 가지 원만 또는 열 가지 혜택은 깨닫기 어려운 상황과 반대 되는, 해탈에 유리한 인간의 조건을 강조합니다.

첫 번째 원만은 인간으로 태어난 것으로서, 깨달음에서 가장 중요한 조건입니다. 우리가 가진 깨달음의 능력을 완전히 이용하지 못한다 해도, 인간으로서 자신의 의식을 탐색하고 마음의 작동 원리를 배우고 우리 안의 불성을 직접 체험하고 에고와 성격, 자신에 대한 관념 저편의 본성을 알 수 있는 가능성이 있다는 것은 여전히 놀랄만한 일이입니다.

두 번째 원만은 중토中土를 가리킵니다. 중토는 불법을 만날 수 있는 기회가 존재하는 곳을 의미하며, 석가모니 부처님이 깨달음을 얻으신 곳, 즉 인도의 중앙에 있는 보드가야를 가리키기도 합니다. 또한 우리가 자란 곳이나 학교 같은 물리적 환경 등 불법을 만날 수 있게 해준 모든 환경을 의미합니다. 중토를 너무 문자 그대로 해석할 필요는 없습니다. 우리가 불법을 만날 수 있는 시대와 장소에 태어났음을 인식하고 감사하는 것이 중요합니다.

세 번째 원만은 우리의 감각이 온전하게 태어난 것입니다. 다행히도 이 시대는 맹인을 위한 점자책과 농아를 위한 수화가 있습니다. 예전에는 장애 때문에 수행을 할 수 없었지만, 이제는 우리가 타고난 잠재력을 얼마든지 발휘할 수 있는 세상이 되었습니다. 그러나 감각기관의 결함이 너무 심해서 수행하기 어려운 이들이 여전히 존재합니다. 그러므로 우리는 두 눈이 있어 지혜로운 말씀을 읽을 수 있고 두

귀가 온전하여 생생한 불법을 들을 수 있는 점을 마땅히 기뻐해야 합니다.

네 번째 원만은 사회적으로 구속당하지 않는 신분으로 태어난 것입니다. 이것은 자신과 타인에게 고통을 야기하는 생계 수단을 의미하며, 특히 카스트와 계급제도가 지위를 결정하던 시대와 관련된 것입니다. 오늘날 예전처럼 확고부동한 사회제도를 시행하는 국가는 그리 많지 않습니다. 그렇지만 취업은 필요한데 일자리는 한정되어 있고, 이익을 위해서라면 환경파괴를 관습적으로 용인하며, 방위산업이나 정육산업에 종사하는 등 인류 세계는 고통을 불러오는 생계 수단을 여전히 인정하고 있습니다. 네 번째 원만을 사유하면서 우리에게 선택권이 있다는 사실을 인식하고 이 세상에 더 이상의 고통을 보태지 않는 생계 수단을 선택할 수 있는 것에 감사합니다.

다섯 번째는 불법에 헌신하는 마음을 가지고 태어난 행운을 사유하는 것입니다. 만약 그렇게 느끼지 않는다 해도 괜찮습니다. 우리에게는 불법을 믿고 일체중생에게 관심을 기울일 수 있는 잠재력이 있다는 것과 깨달음의 가능성이 있다는 것을 인식하면 됩니다.

나머지 다섯 가지 원만은 불법을 만날 수 있는 환경을 가리킵니다. 첫째, 부처님이 이 세상에 출현하셨습니다. 둘째, 부처님이 출현하셨을 뿐만 아니라 법륜을 굴리셨습니다. 만약 부처님이 나타나셨지만 법을 가르치시지 않았다면 우리에게 그리 큰 도움이 되지 않았을 겁니다. 그런데 이런 일이 실제로 일어날 뻔했습니다. 보드가야에서 깨달음을 얻으신 후 석가모니 부처님께서는 "내게 일어난 일, 내가 배우고 깨우친 진리를 아무도 믿지 않을 것이다. 이 진리를 가르치려고 애쓰는 것은 의미가 없다. 아무도 이해하지 못할 테니까"라고 생각하셨습니다. 그러나 전설에 의하면 그때 브라흐마Brahma*(힌두교에서 창조의 신, 한역은 범천梵天)와 비슈누Vishnu*(힌두교에서 유지, 보존의 신)가 부처님께 가르침을 펴시도록 탄원하고 간청을 드렸다고 합니다.

셋째, 부처님이 나타나 가르침을 펼치셨을 뿐만 아니라 불교의 정법이 유지되고 있으니 우리는 축복을 받은 것입니다. 정법이 이어지지 않았다면 부처님의 가르침은 사라졌겠지요. 많은 종교들이 역사 속에서 나타나고 스러졌습니다. 왕조와 왕가의 전승도 사라졌습니다. 그러나 불교의 정법은 석가모니 부처님 시대로부터 2600년 동안 단절되지 않고 이어지고 있습니다. 이것이 얼마나 희유한 일인지 그 진가를 알아야 합니다.

넷째, 불법을 따르는 승가가 유지되고 있으니 고마운 일입니다. 부처님이 나타나시고 가르치셨다 해도 그 분의 가르침이 지금껏 생생하게 이어져 내려오지 못했다면 불법은 문화적 유산으로 남아 박물관에서나 볼 수 있었을 것입니다. 석가모니 부처님의 지혜가 끊어지지 않고 지금까지 전해 내려와 우리가 그 지혜를 배우고 수행하여 체험한다는 사실은 위대한 축복으로서 그저 당연한 일로 받아들여서는 안 됩니다.

마지막으로, 다섯 번째 원만은 우리가 불법을 만날 수 있도록 유리한 환경을 만들어주시는 스승의 자비입니다. 자비로운 법의 스승이 계신 곳에 태어난 것에 대해 우리는 감사해야 합니다. 제 경우만 하더라도, 저 혼자의 힘으로는 불안과 공황 발작에서 벗어나지 못했을 것이 틀림없습니다. 습관적인 불안증세가 나타날 때마다 휩쓸려 떠내려가지 않고 지켜볼 수 있었던 것은 오로지 스승님들이 도와주셨기 때문입니다. 그 덕분에 저는 마음의 안정을 찾았고, 그것은 이전에 살던 세상과는 완전히 다른 곳에서 사는 느낌이었습니다. 저 혼자서는 절대로 할 수 없는 일로서, 덕분에 저는 스승님들의 자비를 온 마음으로 사무치게 체험했습니다. 깨달으신 분이라면 으레 그러시리라 관념적으로 이해하지 않았습니다.

인간 존재의 희귀함

법으로 마음을 돌리는 첫 번째 사유를 수행함으로써 이제 우리는 인간으로 태어난 것에 대해 지극히 감사하는 마음을 일으키게 되었습니다. 주위를 잘 돌아보고 이 조건이 영속하지 않으며 희귀한 것으로서 다시 돌아오지 않을지도 모르는 기회임을 알아야 합니다. 8세기 무렵 인도 날란다 대학에서 수학한 샨티데바Shantideva는 아무도 주목하지 않는 학승이었으나 어느 날 법회에서 이제까지 없었던 법을 설하면서 대중의 관심을 받기 시작했습니다. 이 가르침이 바로 『입보리행론』으로서 그 내용이 명철하면서도 친근하여 오늘날 전 세계 불자들이 이 논서를 공부하고 있습니다. 샨티데바는 '공덕품'에서 이렇게 말씀하셨습니다.

유가구족은 너무도 얻기 어려운 것

이제 고귀한 인간의 몸을 받았으니
이 기회에 이익을 이루지 못한다면
내 어떻게 이런 기회를 다시 얻을 수 있겠는가.

인간으로 태어난 것이 참으로 특별한 일이라는 말씀을 처음으로 듣던 날, 저는 아버지께 이런 질문을 드렸습니다.

"인간이 그토록 귀한 존재라면, 카투만두 거리는 어째서 그렇게 늘 사람들이 넘쳐나나요? 비집고 들어가기도 힘들잖아요."

아버지는 대답 대신 인도를 오가며 장사하던 티베트 상인의 이야기를 들려주셨습니다. 상인은 티베트에 계신 스승에게서 인간 존재의 소중함과 희귀함에 대한 법문을 들었습니다. 얼마 후 상인은 스승을 찾아가서 여쭈었습니다.

"스승님, 혹시 캘커타에 다녀오신 적이 있으신가요?"

"아니, 없네."

"아, 스승님께서 인간으로 태어나기가 그토록 어렵다고 생각하시는 이유를 이제 알겠습니다. 캘커타는 거리마다 사람들이 어찌나 복작대는지 걸어 다니기가 어려울 지경입니다. 티베트는 워낙 땅이 광활하고 마을도 몇 안 되는데다가 산을 몇 개씩 넘어야 마을이 겨우 나타나니까 인간 존재가 특별하다고 믿게 되신 것 같습니다. 그렇지만 제가 장담하건대 그건 사실이 아닙니다."

"삽 한 자루를 들고 숲에 들어가서 사방 1미터 정도로 땅을 한 번 파 보게. 그곳에 살고 있는 온갖 생명들을 하나하나 다 세려면 대체 며칠이나 걸릴 것 같은가?"

개미가 땅속에 집을 지으려고 파낸 흙이 쌓인 조그마한 개밋둑에도 작은 도시보다 더 많은 생명들이 살고 있습니다. 가장 많은 생명체들이 살고 있는 곳은 바다입니다. 지금도 국제적으로 진행되고 있는 연구에 의하면 해양에는 20여만 종의 생명체들이 살고 있습니다. 티베트 속담에는 인간으로 태어날 확률이 맞은편 벽에 생쌀 한 줌을 연신 던져서 쌀 한 톨이 벽에 달라붙는 확률보다 더 낮다는 말이 있습니다.

불교적으로 이해하면, 인간으로 태어났다는 것은 과거 생에서 쌓은 선업의 결과입니다. 오늘날 이 세상에서 타인의 행복을 위해 일하거나 공격을 당하고도 참는다거나, 경제적으로 어려운 때 돈이나 음식을 보시하는 것이 얼마나 드문 일인지 한 번 생각해 보십시오. 이기심과 적대감에서 비롯되는 그 많은 행위에 비하면 이타주의와 희생정신에서 우러나온 행위는 미미합니다. 이 부분은 업과 관련된 내용으로서, 자세한 논의는 법으로 마음을 돌리는 세 번째 사유에서 살펴보겠습니다. 지금으로서는 다만 이렇듯 귀한 인간의 몸을 받아 태어난 것에 감사하는 마음을 갖고 이 일이 우연히 일어나지 않았다는 사실을 알면 됩니다. 인간으로 태어난 것의 가치를 올바로 인식하고 다른 것은 걱정하지 마십시오.

수행을 도와주는 장애

캐나다의 브리티쉬 콜럼비아British Columbia 주에 살고 있는 친구가 하나 있는데, 그이는 그곳이 불법 공부에 도움이 안 된다며 불평한 적이 있습니다.

"서양에서 불법을 수행하려니 혼자라는 느낌이 많이 듭니다. 가족들은 제가 의학을 공부하거나 다른 좋은 직업을 갖기를 바랍니다. 불법의 가르침에 따라 다른 이들을 도우면서 살아가려고 애쓰지만 그런 노력을 이곳 사람들은 귀하게 여기지 않는답니다. 법을 소중히 대하는 티베트하고는 전혀 다르지요."

저는 그이에게 이렇게 말했습니다.

"불법을 수행하는 이들은 저마다 자신만의 어려움을 헤쳐 나갑니다. 그렇지 않다면 우리가 수행하는 이유가 무엇이겠습니까? 또한 누구든 격려가 필요한 법입니다. 일체중생을 괴로움에서 벗어나게 하겠노라 발원한 보살과 스승들이 예외 없이 장애와 좌절에 빠졌고 가족들과도 문제가 있었지요. 석가모니 부처님을 한 번 생각해 보세요. 나로빠와 밀라레빠께서도 엄청난 시련을 겪으셨습니다. 이 분들이 위대한 것은 장애가 없어서가 아니라, 바로 그 장애를 이용하여 불성을 깨달으셨기 때문입니다. 근래의 스승님들도 마찬가지이십니다. 켄쩨 린포체를 한 번 생각해 보세요."

딜고 켄쩨 린포체는 20세기 티베트 불교에서 가장 위대한 스승 중한 분이십니다. 망명한 티베트인들을 위해 많은 불사와 가르침을 베풀고 서양에 불법을 전하는 데도 크게 기여하셨습니다. 그 분은 어렸을 적부터 오로지 불법을 배우겠다는 생각뿐이셨습니다. 린포체의 형도이미 뚤꾸로 확인되었고 부모님 또한 독실한 불자였지만 아들 하나는 자신들 곁에 두기를 원했습니다. 어린 린포체를 본 라마들은 너도나

딜고 켄쩨 린포체(오른쪽)과 뚤꾸 우겐 린포체, 나기 곰빠에서 1985년

도 린포체의 특별한 성품을 칭송했지만 부모님은 어린 아들이 승려가
되는 것을 허락하지 않았습니다.

그러던 중 어느 해 여름에 상황이 달라졌습니다. 곡식을 수확할 시
기가 되자 일꾼을 여럿 고용한 린포체의 아버지는 커다란 단지를 화
덕에 걸고 일꾼들에게 먹일 죽을 끓였습니다. 그런데 형과 밖에서 놀
던 린포체가 그만 펄펄 끓는 죽 단지에 빠지는 사고가 일어났습니다.
린포체가 10살 무렵의 일이었지요. 린포체는 심한 화상을 입고 침대
에 누워 지내야 했습니다. 가족들은 매일같이 모여 장수기도를 올렸
지만 린포체는 여러 달 동안 사경을 헤맸습니다.

어느 날, 오랫동안 병석에 누워 고생하는 린포체에게 아버지가 말

했습니다.

"네 생명을 구할 수만 있다면 우리는 무엇이든 다 할 게다. 어떻게 하면 병이 좀 나아질 것 같으냐? 기도도 좋고 의식도 좋으니 생각나는 대로 말하려무나."

"승복을 입으면 좋아질 것 같습니다."

아버지의 질문이 떨어지기가 무섭게 켄쩨 린포체는 대답했습니다. 아버지는 물론 린포체의 청을 들어주었습니다. 린포체는 상처 난 살 위에 조심스럽게 승복을 걸쳤습니다. 그 후 상처는 매우 빠르게 회복되었습니다.

또 한 분의 위대한 스승으로서 티베트에 불교를 전하는 데 결정적인 역할을 하신 아티샤Atisha(982~1054) 존자도 가족 간의 갈등을 겪었습니다. 석가모니 부처님처럼 그 분도 왕족으로 태어나셨지요. 아티샤에게 왕위를 물려주기를 원한 아버지는 온갖 수단을 강구하여 아들이 불교에 심취하지 못하도록 막았습니다. 나로빠 스승님도 비슷한 일을 겪으셨습니다. 그 분이 원하는 것은 오로지 불법의 추구였지만, 부모님의 강요에 결혼을 해야 했습니다. 결국 좋은 결과를 얻지는 못했지요.

위대한 스승들이 성취하신 깨달음은 당연히 우리에게 영감을 줍니다. 그러나 그 분들이 우리와 다를 바 없이 어려움과 가족 간의 갈등을 겪었다는 사실 또한 우리에게 큰 힘을 줍니다. 그 분들이 우리와 똑같이 장애와 어려움에 부딪쳤다는 점을 생각하면 난관을 이겨낸 스승들의 정진력과 인내 그리고 헌신을 떠올리게 됩니다. 미혹의 세계에서 벗어나려면 우리도 그런 성품을 길러야 합니다.

이 길을 가는 우리는 혼자가 아닙니다. 지금까지 법맥을 이어온 스승들과 그 분들의 수행이 우리와 함께 합니다. 인간 존재의 소중함을 사유하면 우리도 할 수 있다는 자신감이 생깁니다. 이 길을 가는 데 필요한 모든 것이 우리에게 이미 있다는 사실에서 용기를 얻어 우리가 타고난 보물을 낭비하지 않게 되지요. 이제 우리는 엄청난 가능성을 가진 씨앗 몇 알을 심은 것입니다. 조금만 노력한다면 자기 자신을 다른 눈으로 보게 될 것이 틀림없습니다. 스스로를 가두었던 고정관념에서 벗어나 우리에게 무한한 가능성이 있음을 느낍니다. 예전에는 생각도 하지 못했던 휴가나 봉급 인상을 사장에게 당당하게 요구하는 자신을 발견하며 스스로 놀라는 때도 있을 겁니다. 대중 강연이나 항공여행, 사람들 앞에서 노래 부르기 등 전 같으면 엄두조차 내지 못했던 행동도 누군가가 요청하면 스스럼없이 하게 될지도 모릅니다.

이 수행의 핵심은 깨달음이 아주 멀리 있는 가능성이 아니라 바로 우리의 본성임을 아는 것입니다. 불에는 열기가 있듯, 우리에게는 깨달음이라는 본성이 있습니다. 그러나 깨달음은 오로지 지금 일어난다는 사실을 인식해야만 우리는 깨칠 수 있습니다. 소중한 인간 존재를 사유함으로써 지금 이 순간 우리에게 주어진 기회보다 더 나은 것은 없다는 사실을 깨달아야 합니다.

05
법으로 마음을 돌리는 두 번째 사유

무상無常

어머니는 카투만두 계곡의 열기를 별로 좋아하지 않으셔서 여름이면 저를 데리고 외조부모님이 계신 누브리Nubri로 가시곤 했습니다. 누브리는 제가 태어난 고향으로 네팔과 티베트 국경의 바로 남쪽에 있습니다. 그곳 사원 중 하나에는 티베트 사람들이 시체를 놓아두는 천장터를 그린 그림이 걸려 있었습니다. 할머니를 따라 갔다가 처음으로 보게 된 그 그림에서는 새들이 마치 잔치라도 벌이는 것처럼 짐승들과 사람들의 시체를 뜯어먹고 있었습니다. 저는 할머니께 여쭈었습니다.

"저건 무슨 그림이에요?"

"죽음을 그린 거야."

"죽으면 어떤 일이 일어나나요?"

"몸은 그대로 남겨둔 채 마음이 떠나는 거란다."

"마음이 어디로 가나요?"

"그건 할아버지께 여쭈어보는 게 좋겠다."

할머니는 조금 엄한 어조로 말씀하셨습니다.

지금도 살아계신 외할아버지는 아주 높은 성취를 이루신 명상가이십니다.*(린포체의 외할아버지, 따시 도제는 2017년 6월 16일 네팔에서 열반하셨음) 법당에서 할아버지가 명상하실 때면, 저는 그 곁에 앉아 있기를 참 좋아했습니다. 그러나 수줍음이 많았던 저는 할아버지께 죽음에 대해 여쭙지는 못했습니다.

그리고 얼마 지나지 않아 저는 무상과 처음으로 대면하게 되었습니다. 할아버지 댁에서 함께 사는 목부 아저씨가 병에 걸린 거였지요. 외가댁은 소, 야크 그리고 야크와 소의 교배종인 조dzo를 수십 마리 길렀습니다. 할아버지를 도와 목부 둘이서 가축을 돌보고 밭농사를 짓고 우유로 버터와 치즈를 만들었습니다. 외할아버지는 그 유제품을 카투만두에서 오는 상인들에게 파셨지요. 그 중 한 아저씨가 유난히 제게 다정하게 대해 주셔서 함께 놀아주기도 하고 가축을 데리러 갈 때면 집에서 멀리 떨어진 초원으로 데려가기도 했지요. 할아버지 댁은 집 세 채가 나란히 붙어 있었는데, 우리 가족은 가운데 집에서 살았고 목부 아저씨는 우리 옆의 집 2층에 살았습니다. 저녁이면 할머니가 식사를 준비하셨는데, 아저씨는 제시간에 나타나는 법이 없어서 할머니께 늘 꾸지람을 들었습니다. 두 분은 정말로 사이가 좋았지만, 겉으로는 옥신각신 말다툼을 하곤 했지요.

외할머니 등에 업힌 밍규르 린포체, 누브리의 집에서 1976년 무렵

　그런데 어느 날부터인가 아저씨가 시름시름 앓기 시작했습니다. 제가 여섯 살 무렵으로 아저씨는 쉰 살쯤 되었을 겁니다. 아저씨는 밭일이나 가축을 돌보지 못하고 방에서 많은 시간을 보내기 시작했지요. 이때만큼은 할머니도 아저씨에게 무척 살갑게 대하셔서 아저씨가 제일 좋아하는 음식을 만들어 방으로 가져다주곤 하셨습니다. 나도 가끔은 아저씨에게 식사를 가져다주었는데 그 때마다 아저씨는 침대에 누워계셨습니다. 제가 아저씨 곁에 앉으면 아저씨는 말씀하셨지요.
　"나는 점점 좋아지고 있어. 그렇지만 오늘은 걷는 게 힘들구나." "그럼요. 아저씨는 정말로 많이 나으셨어요. 금방 건강해지실 거예요."

저는 그렇게 말했지만 몇 달 지나지 않아 아저씨는 돌아가셨습니다. 저는 한 달 넘게 울었습니다. 날마다 울지는 않았지만, 때때로 눈물이 나곤 했지요. 아저씨라는 존재, 그 분의 사랑과 유머가 그리웠습니다. 아저씨는 누브리 가족의 일원이었습니다. 병 때문에 아저씨가 우리 곁을 떠나리라고는 한 번도 생각한 적이 없었습니다. 또한 우리 모두의 삶이 화살처럼 순식간에 지나간다는 사실도 느끼지 못했지만 제가 아는 사람들이 속속 세상을 떠나기 시작했습니다.

가을이 돌아왔습니다. 어머니와 저는 누브리와 카투만두를 잇는 고개가 눈으로 막히기 전에 나기 곰빠로 돌아왔습니다. 어느 날 저녁, 저는 시자와 몇몇 비구니 스님들과 함께 밖에 둘러 앉아 편안하게 이야기를 나누고 있었습니다. 한 스님이 아버지께 돌아가신 분을 위해 기도해 주실 것을 청했습니다. 아버지는 기도 중에 티베트 사람들이 즐겨 말하는 골짜기 이야기를 언급하셨습니다. 한 골짜기에서 누군가가 죽는 것은 이웃한 골짜기에 사는 사람들에게 '인간은 모두 조만간 죽는다'라는 말을 전하거나 상기시킨다는 의미를 가진 이야기였습니다. 윤회계에서는 그 무엇도 영원하지 않습니다.

만약에 모든 것이 무상함을 이해하지 못한다면, 어떤 관계나 상황, 또 내 몸이나 마음이 변하지 않기를 늘 바라게 될 거라는 생각이 어렴풋이 들기 시작했습니다. 그러나 사실은 이것들 모두가 매순간 변하고 있습니다. 변하지 않는 것은 어디에도 없건만 영속하는 것을 구하느라 마음이 늘 집착하고 분노한다는 사실을 저는 조금씩 이해하기 시작했습니다.

● 무상을 사유함

무상, 즉 모든 것이 영속하지 않음을 사유하면 자연적으로 죽음을 생각하게 됩니다. 기초수행 법본에는 "이 세상과 그 안에 있는 모든 것이 무상하다. 나 또한 곧 죽을 것이다"라는 구절이 있습니다. 곳곳에 배어있는 죽음의 두려움 그리고 몸이 스러져가도 남아 있는 '나'라는 존재에 대한 집착은 정말로 좋은 수행거리입니다. 누구나 이런 마음을 갖고 있으니까요. 죽음과 임종에 대해 명상하면 매우 끈질긴 집착을 뿌리 뽑을 수 있습니다. 만약 진정으로 죽음에 대한 명상을 부지런히 이어간다면 살아가는 방식이 틀림없이 달라질 것입니다.

자신이 무상함을 받아들이면 무의미한 행동이나 더 큰 괴로움을 일으키는 행위에 시간을 낭비하지 않겠다고 다짐하게 됩니다. 무상의 진리를 제대로 이해하게 되면 해탈을 바라는 마음이 실제로 증대됩니다. 자신에게 주어진 희유한 기회가 사라지기 전에 최선을 다해 수행하겠다고 발원하는 것이지요. 임종을 맞는 침상에서야 모든 것이 무상함을 느끼고 처음으로 죽음을 제대로 준비하지 못한 것을 후회하는 어리석음을 피해야 합니다. 무상을 늘 절절하게 느끼면, 여러분이 바라는 바와 현실의 간격이 줄어들기 시작합니다.

여러분이 매일 하는 수행 중에 죽음에 대한 명상이 포함되어 있다고 합시다. 그런데 어느 날 오후 공항에 도착해서 항공편이 취소되었다는 소식을 듣고 화가 났다면, 그것은 여러분의 수행이 무엇인가 잘못되었다는 뜻입니다. 어쩌면 명상에서 몸의 자세나 감각에 지나치게 집중한 나머지 변화를 한사코 싫어하는 마음을 간과했을지도 모릅니다. 또는 마음이 원하는 바를 놓아버리지 못해 지금 실제로 벌어지고 있는 일을 받아들이지 못하는 것일 수도 있습니다. 여러분은 죽음을 준비하고 있으며 무상 또한 받아들인다고 생각할는지 모르지만, 자동차 엔진이 꺼지거나 자신이 제일 좋아하는 스웨터에 조금만 좀이 슬어도 그만 평정심을 잃고 맙니다.

만약 죽음을 명상해도 사소한 변화를 받아들이는 태도가 바뀌지 않는다면, 너무 심각하지 않은 상황을 택해 보다 집중적으로 사유해 보십시오. 예를 들면, 이제는 고인이 된 친지가 보냈을 마지막 며칠을 떠올리거나, 병으로 고생하거나 세상을 떠난 친구 또는 몹시 아픈 반려동물을 생각해 보세요. 처음부터 자신의 죽음을 받아들이기는 쉽지 않습니다. 다른 사람의 죽음도 마찬가지입니다. 그렇다 해도 괜찮습니다.

기초수행 과정에서 법으로 마음을 돌리는 첫 번째 사유를 통해 우리는 인간으로 태어났으므로 희유하고도 소중한 깨달음의 기회를 가진다는 사실을 확신합니다. 그런 다음 무상을 사유하여 더 이상 시간을 낭비하지 않고 진심으로 불법을 받아들여 우리가 늘 소망하는 행복을 가꾸기 위해 앞으로 나아갈 수 있는 용기를 갖는 것입니다.

전체적인 틀 안에서 선택할 수 있다면, 자신의 능력을 감안하여 너무 쉽거나 너무 어렵지 않는 대상을 골라야 합니다. 만약 여러분 자신이나 사랑하는 이를 대상으로 무상을 사유하는 과정에서 몹시 불안한 감정이 일어났다면, 그것은 문제가 되지 않습니다.

어떤 대상을 선택하든, 절대로 변하지 않을 것 같이 보이는 견고한 외관에 마음을 머물도록 합니다. 그런 다음 마치 장작이 타들어가거나 초가 녹아내리는 것같이 그 대상이 변해가는 모습을 지켜봅니다. 처음에는 바람직한 방향으로 변해가는 대상을 선택하는 것이 좋습니다. 이를테면, 병을 앓다가 건강해진 사람 또는 봄에 핀 꽃이 가을이면 사과가 되는 모습을 상상해 보세요. 봄에 피는 꽃들은 너무나 사랑스러워 우리를 들뜨게 만들고, 가을이면 과일로 변하니 참 좋지 않습니까? 긍정적이거나 중립적인 변화는 모든 것이 변한다는 진리를 확고하게 인식시키는 데 도움이 됩니다. 그러나 무상의 사유에서 우리가 얻는 심오한 이로움은 모든 것이 영속한다는 환상에 매달리면 괴로움과 불만족이 일어난다는 사실을 인식하는 것입니다.

무상이라 하면 흔히 이로움보다는 손실을 연상합니다. 그러나 우리의 삶에서 긍정적인 가능성이 실현될 수 있는 것은 모든 것이 무상하기 때문입니다. 수행 초반에는 모든 것이 변한다는 진리를 편하게 받아들일 수 있도록 적절한 대상을 선택하는 것이 매우 중요합니다. 그러나 우리가 여기에서 배우려는 것이 모든 것이 무상하다는 진리만은 아닙니다. 우리는 무상의 사유를 통해 괴로움에서 벗어나는 것을 배워야 합니다. 모든 현상이 무상함을 받아들이는 것은 아무리 잘라내도 끝없이 이어지는 망상과 왜곡을 지혜의 칼로 끊어내는 것입니다. 이 점이 제일 중요합니다.

현대 과학은 수천 년 전에 수많은 사원과 대학, 심지어는 도시 전체가 무너져 흙으로 변했다는 증거들을 속속 보여줍니다. 멸종된 동물들의 증거도 있습니다. 지금 살아 있는 사람들은 100년이 지나면 모두 죽고 없을 겁니다. 숲, 호수, 집, 경제체계, 정치제도, 자동차, 언어 그리고 생각, 이 모든 것이 변합니다. 우리는 무상을 쉽게 머리로 이해하려 듭니다. 그러나 부처님이 내리신 해답을 해석하는 것은 중요하지 않습니다. 무상의 진리를 인정한다면서도 모든 현상이 영속하는 것처럼 행동한다면 괴로움이라는 병이 끊임없이 이어집니다. 그러므로 명상이 중요합니다. 무상을 대상으로 알아차림을 인식하면 끊임없이 일어나는 변화를 받아들이는 태도가 달라집니다.

우리가 지각하는 모든 현상을 추론에 의하지 않고 그때마다 직접 체험하여 그것들이 계속 변화하며 실체가 없음을 깨닫기는 매우 어렵습니다. 사람들은 윤회가 괴로움이라는 생각을 몹시 불편하게 여깁니다. 그래서 대부분이 "나는 지금 아주 행복해. 행복했던 시간도 꽤 많았지"라고 말합니다. 그러나 돌이켜보면 행복한 순간들은 모두 변했습니다. 언젠가는 흩어지거나 사라질 조건과 상황에 의지했기 때문이지요. 그 다음에는 무엇이 오던가요? 어떤 현상이든 자신이 바라는 바에 집착하면 그것이 변할 때마다 우리는 실망과 절망 그리고 갈망에 빠집니다. 그렇지만 변화를 행복한 경험의 하나로 인식하면 괴로울 일이 없습니다. 알아차림이 있으면 그렇게 할 수 있습니다. 알아차림이 있으면 행복한 순간들을 고착시키려고 안간힘을 쓰지 않습니다.

현실과 우리의 주관적인 인식은 늘 괴리가 있습니다. 부처님께서는 현실을 바르게 지각하고 인식하지 못하는 데서 괴로움이 일어나는 것을 보셨습니다. 실제 상황에 자신이 원하는 바를 덧붙이기 때문에 극심한 괴로움이 일어나는 것입니다. 우리는 지금 전쟁이나 치명적인 질병, 쓰나미나 지진 같은 엄청난 재난, 또는 관계가 깨지거나 직장을 잃거나 화재로 집이 재가 되었을 때 느끼는 극심한 고통에 대해 말하는 것이 아닙니다. 날마다 우리의 삶을 끊임없이 혼란 속으로 밀어 넣는 사소한 사건들, 이를테면 컴퓨터가 고장 나거나 자동차 타이어의 바람이 빠지거나, 세탁소에 보낸 셔츠가 엉망이 되어 돌아오거나, 항공편이 취소되는 일들에 대해 이야기하는 것입니다. 우리는 세탁물이 엉망이 되는 대신 깨끗해져서 돌아오기를 바라고, 컴퓨터가 문제없이 잘 돌아가기를 기대합니다. 그러나 기대하는 바에 너무 집착하면 아주 사소한 변화도 수용할 수 없게 되고, 그러면 삶은 뒤죽박죽이 됩니다. 마음은 짜증으로 시작해서 실망하기에 이르고 급기야는 불평불만이 극에 달해 불같이 화를 내고 맙니다.

게다가 대수롭지 않은 일이 도화선이 되어 일련의 사건을 일으키면서 결국 파국에 이르는 경우도 있습니다. 예를 한 번 들어보지요. 젊은 아기 엄마가 세탁소에 맡긴 셔츠를 찾으러 갔다가 아끼던 셔츠가 엉망이 된 것을 알았습니다. 그이는 화가 머리끝까지 나서 그곳을 나왔습니다. 분노에 사로잡힌 그이는 등 뒤에서 트럭이 다가오는 소리를 듣지 못해 그만 흙탕물을 뒤집어쓰고 말았습니다. 화가 난 채로 세탁소를 나왔는데, 이번에는 더 큰 분노가 일어난 것입니다. 이때 마음의 갈피를 잡지 못하면 심지어는 차에 친다든지 하는 치명적인 사고로 이어질 수도 있습니다. 그러면 그이의 아기는 고아가 되겠지요.

이런 식으로 무지와 의도하지 않은 결과로 괴로움이 끝없이 이어지는 것이 윤회입니다. 처음부터 크게 시작되는 사고는 없습니다. 사소한 불만이 재앙으로 커지는 것입니다. 사마타 명상을 통해 우리는 불평불만을 터뜨리기에 앞서 먼저 스스로를 돌아보고 점검하는 방법을 배울 수 있습니다.

집착심 놓아버리기

불만족의 원인이 집착임을 이해해야 합니다. 우리는 자신과 자신이 바라는 바에 대해 어떤 고정관념이나 환상을 만들어놓고 그것에 집착합니다. 이런 집착 때문에 현상을 있는 그대로 보지 못합니다. 법으로 마음을 돌리는 두 번째 사유의 핵심은 태어나서 죽을 때까지 피할 수 없는 변화를 받아들이고 우리에게 주어진 한정된 시간 속에서 인간 존재라는 이점을 최대한 이용하겠다는 마음을 가지는 것입니다. 그러나 이제 막 수행을 시작한 우리로서는 일상적인 삶에서 탐욕, 저항, 집착 등 본능적인 감정을 다스려야 할 필요가 있습니다. 나중에 알게 되겠지만 이런 감정들이 '나'라는 존재를 어떻게 받아들일지를 결정합니다. 일단 집착을 놓아버리면 현상을 보다 있는 그대로 받아들이게 되어 우리가 무상하다는 사실도 받아들일 수 있습니다.

무엇이든 너무 집착하고 움켜쥐면 전체 그림을 보지 못합니다. 엉망이 된 셔츠 때문에 파국을 맞은 아기 엄마의 예에서 보듯, 우리는 사소한 일을 크게 과장하여 괴로움에 시달립니다. 비행기를 놓치면 물론 불편이야 하겠지만, 그렇다고 그것이 재앙은 아닙니다. 자신의 기대와 계획에 지나치게 집착하면 멀리 내다보지 못합니다. 무엇이든 대단한 일이 되어버리며, 이런 과잉 반응은 파괴적인 행동으로 이어집니다.

집요한 집착과 반대로 너무 느슨하게 풀어진 경우도 있습니다. 이렇게 생각하는 것이지요. '아무것도 중요하지 않아. 그러니 의미 있는 일을 하려고 애쓸 필요도 없어. 결국에는 깨지고 말 관계나 우정에 다들 너무 집착하고 있어. 나는 절대로 그러지 않을 거야. 어쨌든 조만간 죽을 텐데 무엇을 한들 무슨 소용이 있겠어?' 이런 견해는 잘못된 가정에서 나옵니다. 집착과 습관적인 태도는 타고난 것이어서 절대로 바뀌지 않으므로 아무리 벗어나려고 애써도 소용없다고 생각하는 것입니다. 또한 우리가 근본적으로 선하다는 것 그리고 자신과 일체중생을 위해 우리의 본성을 깨달을 수 있다는 것을 알지 못하는 무지에서 비롯된 견해입니다. 무상의 이해가 실망과 낙담으로 이어지면 안 됩니다. 오히려 지금 당장 무지에서 깨어나 진정한 삶을 추구하겠다는 마음을 일으켜야 합니다. 집착하는 마음을 알아차리면 움켜쥐지도 않고 무관심하지도 않으면서 균형을 이루게 됩니다.

우리는 집착을 끝내 놓아버리지 못하고 자신이 원하는 것들을 지키려고 안간힘을 쓰다가 스스로 무너지기도 합니다. 주변에서 애인이나 재산 또는 권력에 지나치게 집착한 나머지 심장마비를 일으키는 등 몸이 극심하게 나빠진 경우를 한 번 떠올려 보세요. 여러분 자신도 예외가 아닙니다. 제자들에게 들었는데, 롤링 스톤즈라는 밴드가 부른 "만족할 수 없어"I Can't Get No Satisfaction라는 록큰롤이 그렇게 유명하다면서요? 불만족이야말로 집착에서 가장 두드러지게 나타나는 느낌입니다. 현대인들은 너나 할 것 없이 더욱 더 많은 것을 원하고 자기가 가진 것에 더욱 더 만족하지 못합니다.

미세한 무상과 거친 무상

무상을 나타나는 측면에서 보면 미세한 무상과 거친 무상이 있습니다. 거친 무상은 우리 눈에 뚜렷하게 보이는 변화를 가리키는 것으로 땔나무가 재로 변하고, 지붕이 내려앉고, 냉장고가 고장 나고, 인간이 늙고 죽는 것 등입니다. 미세한 무상은 매 순간 일어나는 변화로서 대부분 알아채거나 볼 수 없지만 거친 형태 속에 내재되어 있는 무상입니다. 어느 날 갑자기 나타나 우리를 놀라게 하는 주름살은 사실 몇 년을 두고 생겨나고 있었던 것입니다. 사과꽃이 초 단위로 변형되어 사과가 되는 것은 미세한 변화의 전형입니다. 그 사과가 우리 입속으로 사라질 때, 거친 무상이 일어나는 것이지요.

차를 마시던 중에 찻잔을 바닥에 떨어뜨렸다고 가정해 봅시다. "쨍그랑" 하는 소리와 함께 찻잔은 구운 점토 수십 조각이 되어 버립니다. 이것이 거친 무상입니다. 그러나 깨지지 않은 컵 또한 10억분의 1초인 나노초마다 변합니다. 우리들 또한 나노초마다 변합니다. 시간을 과거·현재·미래로 구분하여 이해하는 관습 때문에 우리는 모든 현상에 시작과 끝이 있다고 생각합니다. 찻잔이 깨지면서 '찻잔임'을 끝내는 바로 그 순간에 구운 점토 조각들이 생기는 것입니다.

변하지 않는 것은 아무것도 없습니다. 변화가 아주 미세해서 그 사실을 감지하기 어려운 경우가 있긴 합니다. 서양에는 이것을 아주 멋지게 표현하는 말이 있습니다. "우리는 같은 강물에 두 번 들어서지 못한다"라는 말입니다. 하루도 빠지지 않고 매일 어떤 강에 간다고 할 때, 우리는 오늘의 강은 어제의 강과 같고 또한 내일의 강과도 같다고 단정합니다. 그러나 그 강은 날마다, 초마다, 나노초마다 변합니다. 관습적으로 무상은 현상의 종말, 즉 겉으로 드러나는 소멸로 이해됩니다. 그러나 무상은 우주의 모든 요소에 존재합니다. 얼음에서 물을 분리하지 못하듯, 현상에서 무상을 떼어놓을 수 없습니다.

우리는 인간의 종말에 죽음이라는 개념을 적용합니다. 동물과 자동차, 나무에도 적용합니다. 관습적인 이해에 따르면, 의식을 가진 존재의 종말을 규정하는 것은 그 존재의 마지막 호흡입니다. 그러므로 우리는 이 순간을 변화나 전환으로 보는 것에 전혀 익숙하지 않습니다. 만약 여러분이 몰던 빨간 스포츠카가 고속도로에서 멈춘다면 "자동차가 죽었다"고 말하겠지요. 그렇다 해도 그 자동차는 고칠 수 있고 고물로 팔거나, 녹여서 다른 물건으로 만들 수도 있습니다. 배는 가라앉고, 집은 무너지고, 반려동물은 죽고, 낚시 그물은 낡아서 헤어집니다. 이런 표현들은 종말을 암시하는 것으로 형태의 변화를 나타냅니다. 이른바 종말은 하나의 변화로서 우리가 알거나 갖고 싶어 하거나 또는 확인할 수 있는 어떤 것이 끝나는 것입니다. 종말은 대상이 아니라 개념에만 적용됩니다. 대상은 단지 변화할 뿐입니다. 깨진 찻잔은 찻잔으로서는 종말을 맞았지만 무언가 다른 것이 되었습니다. 우리가 눈으로 보고 확인할 수 있는 모든 것, 또한 우리 눈에 보이지 않는 모든 것이 다 변합니다. 이렇게 끊임없는 변화는 상대적 실재의 본성이 드러나는 것일 뿐입니다.

밍규르 린포체의 즉위식, 1987년 셰랍링에서

무상과 죽음에 대한 명상

아버지는 죽음에 대한 명상이 지혜와 자비심을 기르고 분노와 괴로움, 집착 그리고 아픔을 해소하는 데 제일 좋은 방편임을 애써 설명하셨습니다. 그렇지만 그 말씀이 제게는 오히려 나쁜 소식으로 들렸으며 또 믿기지도 않았습니다. 이 생각이 바뀐 것은 12살 때였습니다. 당시 저는 셰랍링에서 살고 있었고, 그 날은 제가 전대 밍규르 린포체

전대(6대) 밍규르 린포체

의 환생자로 정식으로 즉위하는 의식이 거행되었습니다. 즉위식에 참
석하기 위해 수백 명이 본당에 모였습니다. 비르와 티베트 망명정부가
있는 다람살라, 네팔 그리고 지역에 있는 티베트 사원들에서 온 사람
들이었지요. 따이 시뚜 린포체께서는 높은 보좌 위에서 대중을 바라
보며 의식을 거행하셨습니다. 저는 린포체 한쪽 옆에 앉았고 따시종
에서 온 형, 촉니 린포체가 제 맞은편에 앉았습니다. 저는 이 의식 때
문에 벌써 몇 주 동안이나 몹시 불안한 상태였습니다. 그 날 형은 종

일 제 곁을 떠나지 않고 저를 진정시켜주었습니다.

그러나 법좌에 오르자 목이 조여오면서 마치 난기류를 만난 비행기에 탄 것처럼 어지럼증이 몰려왔습니다. 땀이 비 오듯 흐르고 구역질이 나는 등 제 생애 최악의 공황 발작이 왔습니다. 촉니 린포체는 제가 기절할까봐 걱정이 되어 물을 마시라는 손짓을 연신 보냈습니다. 즉위식이 끝나갈 때 사람들이 의식에 쓰이는 하얀 스카프인 카따khata를 바치며 내 앞을 지나면 저는 한 사람씩 가피를 주어야 했습니다. 길게 늘어선 줄의 맨끝에 서있던 사람이 마침내 내 앞을 지나가고 의식은 끝났지만, 극심한 공포는 여전히 계속되었습니다. 참석한 사람들은 모두 대형 야외 텐트 아래 마련된 특별한 점심식사에 초대되었지만 저는 방으로 달려갔습니다.

침대에 누워도 구토증과 어지럼증이 가라앉지 않았습니다. 그렇게 시작된 공황 발작이 며칠이나 계속되니 꼭 죽을 것 같다는 생각이 들었습니다. 그때, 아버지가 죽음 명상에 대해 하셨던 말씀이 생각났습니다. 나는 모든 것이 무상함을 떠올리고 나 또한 영속하지 않음을 사유했습니다. 공황 발작으로 곧 죽을 거라는 결론을 이미 내린 뒤였기에, 앞으로 다가올 죽음을 떠올려도 겁이 나지 않았습니다. 전에는 몹시 겁이 나고 두려웠었지요. 저는 스스로에게 질문을 던졌습니다. "만일 내가 내일 죽는다면, 그러면 어떻게 될까?"

그러고도 며칠이 지났지만 공황 발작은 여전히 가라앉지 않았습니다. 저는 실제로 "내일이 내 생의 마지막 날"이라고 생각하기에 이르렀습니다. 침대에 누워 마치 남이 된 양 내가 죽는 장면을 상상했습니다. 그러면서 스스로에게 물었습니다.

"내일 죽는다면 후회가 되겠지? 내 삶의 마지막 몇 시간을 후회로 보내야만 한다면, 나는 과연 무엇을 후회하게 될까? 아직 어리니까 돈이나 사업, 명성에 대한 후회는 아닐 거야. 몸이 허약하긴 하지만, 크게 후회되지는 않을 것 같아. 거만하다거나 화를 잘 냈다거나 욕심꾸러기였다는 후회도 아닐 것 같아."

그러다가 문득 의미 있는 삶을 살지 못했다는 데 생각이 미쳤습니다. 이제 막 수행을 시작했는데 곧 죽을 테니 다른 사람들을 도울 기회가 없다는 생각도 들었습니다. 이런 생각을 이어가다 보니 제 안에 불법에 헌신하는 마음과 약간의 자비심이 있다는 것이 느껴졌습니다.

이 체험과 함께 죽음의 공포에 대한 지독한 혐오감이 조금씩 엷어지기 시작했습니다. 그 전에는 늘 죽음의 공포가 너무나 두려웠습니다. 그렇게 두려운 것이 겁이 나서 불안에 떨며 땀을 흘리곤 했지요. 그렇지만 이 체험을 통해 나는 죽음과 죽음에 대한 두려움을 따로 떼어놓고 보기 시작했고, 그 덕분에 두려움이 덜 무서워졌습니다. 그 다음부터는 죽음에 대한 명상을 통해 모든 것이 무상함을 이해하게 되었고, 그러므로 불법을 수행해야겠다는 마음을 일으키게 되었습니다. 불법이야말로 영속하는 행복의 유일한 원천임을 마음 깊이 받아들인 것입니다. 그러면서 사소한 염려와 관심사가 떨어져나가기 시작했습니다.

길게 늘어선 줄에서 차례를 기다리면서 짜증을 내거나, 셔츠를 망쳐놓은 세탁소 주인에게 화를 내거나, 컴퓨터가 고장 났다고 열을 내거나, 또는 비행기가 늦어지면 화가 치미는 등, 예전에는 정상이라고 여겼던 태도와 행동을 더 이상 하지 않는다면, 여러분은 출리심을 일으킨 것입니다. 집착심을 드러내거나 자신과 다른 사람들에게 아무 도움이 되지 않는 행동을 스스로 원해서 하는 사람은 아마 없을 겁니다. 물론, 우리의 습관은 너무나 강력해서 하루아침에 바뀌지는 않습니다. 그러나 관점을 바꾸어 미혹한 세계에서 청정한 세계로 주의를 돌리면 깨달음의 종자가 열매를 맺기 시작합니다.

대상의 선택

무상을 사유하려면 적절한 대상을 선택하는 것이 중요합니다. 여러분은 혹시 주식 시장에 돈을 투자해 본 적이 있습니까? 자신이 직접 투자하지 않았더라도, 주변에 금융 위기 때 돈을 잃은 사람들이 있을 겁니다. 이렇게 재산이 갑작스럽게 사라진 것을 명상의 대상으로 택해도 좋습니다. 이 경우 거친 무상이 거칠게 드러납니다. 이번에는 보다 미세한 동기를 떠올려 보십시오. 기대했던 것과 다른 결과를 가져온 동기를 찾아보세요. 탐욕과 집착에 이끌린 마음이 일으킨 문제들을 떠올려보세요. 이런 상상을 해도 좋습니다. '사실은 주식시장에서 잃은 돈을 전부 다 스승님과 사원에 공양 올리려고 했는데!' 하고 상상하는 것입니다. 그런 다음 석가모니 부처님의 가르침을 생각해 보십시오. "무상에 대해 단 몇 초라도 사유하는 것이 온 우주의 보석을 모두 모아 내 상수 제자들에게 바치는 것보다 더 큰 공덕을 쌓는 것이다."

이제 자신의 죽음에 대해 사유할 준비가 되었다면, 자신이 집이나 병원에 누워 있는 모습을 떠올리면서 "오늘이 내가 이 세상에서 보내는 마지막 날"이라고 상상하십시오. 소리가 잘 들리지 않고 눈이 흐려지는 등 사대가 무너지는 것이 느껴집니까? 날숨이 점점 더 길어지고 들숨이 점점 얕아지는 것을 느껴보세요. 어떤 후회가 남는지, 스스로에게 질문해도 좋습니다.

여러분이 지금 무상을 사유하는 이유는 마음을 해탈로 돌리기 위해서입니다. 이 점을 잊으면 안 됩니다. 이번 연습에서는 후회나 죄책감을 일으키거나 적을 생각나게 만드는 기억은 떠올리지 않아야 합니다. 대신, 청정한 마음에 이어질 수 있도록 "아, 그때 다른 사람들에게 좀 더 잘해 줄 걸!" 하고 생각하세요. 발원은 지난 날 남에게 더 많은 도움을 주고 관대하고 자비로웠기를 바라는 마음을 일으킵니다. 이와 같은 발원의 힘으로 여러분은 앞으로 더욱 노력하게 될 것입니다. 죽음에 대해 사유하면 거친 무상이 드러납니다.

명상을 마무리하면서 "나는 아직 살아있다. 아직 죽지 않았으니 이제부터 선행을 많이 닦아야겠다" 하고 생각하세요. 수행은 이렇게 기쁨을 일으킵니다. 죽음 명상은 자만심을 다스리는 데도 효과가 있습니다. 대부분의 사람들은 근육질의 몸, 상장과 학위, 빨강색 스포츠카 또는 아름다운 집을 가진 것으로 자신이 다른 이들보다 우월하다고 느끼고 자랑스럽게 생각합니다. 그렇다면 침대에 누워 임종을 기다리고 있는 자신을 한 번 상상해보세요. 여러분의 지위를 나타낸다고 여겼던 그것들이 지금은 어떻게 느껴집니까?

무상에 대한 유도 명상

▶ 척추를 바르게 하고 편안한 자세로 앉는다.

▶ 눈은 떠도 되고 감아도 된다.

▶ 1분이나 2분 정도 열린 알아차림을 한다.

▶ 무상을 사유할 수 있는 대상을 하나 선택한다. 자기 자신이나 제3자의 몸, 반려동물 또는 집이나 나무를 택해도 좋다.

▶ 대상이 처음 생긴 순간부터 지금까지 어떻게 변했는지 살펴본다. 매 순간의 변화를 조사한다.

▶ 자신을 대상으로 하여 무상함을 사유할 때는 다음 사항을 질문한다.
  내 삶의 시간들이 덧없이 흘러가고 있지 않은가?
  모든 것이 매 순간 변하고 있지 않는가?
  영원히 사는 사람이 있는가?
  죽음이 지금이라도 아무 예고 없이 올 수 있지 않는가?

▶ 마음이 산만해지면 잠시 멈추었다가 다시 계속한다.

▶ 때때로 사유를 멈추고 열린 알아차림에 머문다.

▶ 이런 식으로 5분에서 10분 정도 사유한다.

▶ 열린 알아차림에 머무는 것으로 마무리한다.

　자신의 죽음, 또는 치명적인 질병에 걸린 부모님이나 사랑하는 이에 대해 사유하다 보면 이야기에 끌려가기 쉽습니다. 그때마다 알아차림으로 돌아오십시오. 알아차림을 인식하는 것이 명상적 알아차림과 평상시 알아차림의 차이입니다. 이야기에 끌려가는 것은 괜찮지만, 마음을 다시 알아차림으로 가져가도록 노력해야 합니다. 만약 자신의 죽음이나 사랑하는 이의 죽음을 계속 사유하는 과정에서 마음이 너무 괴로우면 멈추세요. 적합한 대상을 선택하는 것이 중요합니다.

　또 다른 방법은 호흡을 대상으로 미세한 무상에 대해 명상하는 것입니다. 배가 불러오고 꺼지는 느낌, 팽창하고 수축하는 느낌에 알아차림을 가져가세요. 배의 움직임을 잘 알아차리게 되면, 배가 불러오고 꺼질 때마다 죽음이 한 호흡 더 가까이 다가오고 있음을 사유하세요. 숨을 들이쉬고 내쉴 때마다 눈·귀·근육·힘줄 등 여러분 몸에 있는 모든 것이 변하고 있습니다. 이것이 미세한 무상입니다.

가슴의 움직임과 호흡을 대상으로 자신의 몸이 무상함을 알 수 있으면, 열기가 식으면 차가움으로 변하고 즐거움이 괴로움이나 불편함으로 변하는 것을 느껴 보세요. 느낌과 감각이 늘 변하는 것을 알아차리십시오. 들숨 때 콧구멍으로 들어오는 공기의 느낌을 알아차리고 날숨 때는 그 느낌이 어떻게 달라지는지 알아차리세요.

자신의 죽음에 대해 명상할 때 감당하기 어려운 두려움이나 불안이 밀려오면 그와 같은 감정을 대상으로 죽음이 왜 그리 두려운지, 죽음을 받아들이는 것이 왜 그리 어려운지 사유하세요. 아니면 타인의 죽음에 대해 사유해도 좋습니다. 일반적으로 두려움은 집착에서 오며, 죽음을 두려워하는 것은 아주 자연스러운 일입니다. 두려움을 없애려고 하는 대신, 그 느낌을 알아차림 명상의 대상으로 이용하십시오. 느낌을 계속 알아차리면 두려움 자체가 줄어드는 것을 발견할 것입니다.

어떤 상황이나 이야기를 떠올릴 때 두려움이 일기도 하는데, 이 수행을 효과적으로 하려면 이야기에 끌려 들어가지 않아야 합니다. 한 발 뒤로 물러나 이야기에서 떨어져 나오면 두려움에 공감하지 않게 되어 느낌의 강도가 약해집니다. 무상이나 죽음의 두려움에 대한 사

유하다가 호흡을 대상으로 몸이나 느낌을 알아차리는 명상을 교대로
해도 좋습니다.

아버지의 죽음

서양인들은 죽음에는 필연적으로 두려움이 따른다고 생각하는 편
입니다. 아버지의 죽음을 겪으며 나는 죽음이 항상 두려움을 동반하
지는 않는다는 것을 알게 되었습니다. 아버지는 당뇨병으로 여러 해
고생하셨지요. 임종 무렵에는 형 촉니 린포체와 제가 나기 곰빠에서
아버지 곁을 지켰습니다. 어느 날, 병세에는 별 차도가 없었는데 아버
지는 그 동안 당신의 치료를 도와준 사람들에게 고맙다는 인사를 전
하기 시작했습니다. 유능한 간호사처럼 당신을 보살펴준 비구니 스님
들과 정기적으로 방문하여 진료해준 의사 선생님 그리고 요리사 외에
도 여러 분들이 있었지요. 형과 나는 대체 무슨 일인지 알 수 없어 마
주보며 고개를 갸우뚱했습니다. 아버지가 모든 사람들에게 고마워하
시는 이유를 알 수 없었지요.

다음날 아침, 아버지는 소변을 보기 위해 어렵사리 일어나셨습니
다. 침대로 돌아오신 아버지는 명상 자세로 앉으셨습니다. 형과 나는
아버지를 만류했습니다.

"그렇게 앉아 계시면 힘들어서 안 됩니다. 편하게 누워서 쉬세요."

아버지는 괜찮다고 하시며 편안한 미소를 지으셨습니다. 그리고는
얼마 지나지 않아 아버지의 호흡이 느려지기 시작했습니다. 비구니 스
님이 산소가 떨어져간다며 흡입기로 약을 넣었지만 호흡은 계속 느려

졌습니다. 날숨이 길어지고 들숨이 짧아지더니 마침내 숨이 멈추었습니다. 아버지의 얼굴은 정말로 편안해 보였습니다. 보는 각도에 따라 조금씩 다르게 보이는 얼굴이 발그레한 빛이 섞인 진주 같았습니다. 아버지가 누워계신 방은 아주 평화로웠습니다. 아버지는 그렇게 사흘 동안 명상 자세로 앉아 계셨습니다. 그러다가 아주 천천히 오른쪽으로 몸이 기울어지더니 그쪽으로 쓰러지셨습니다.

아버지는 늘 "수행자에게 병은 즐거움이요, 죽음은 좋은 소식이다"라고 말씀하시곤 했습니다. 좋은 소식의 의미는 죽음이 깨달음에 이르는 최상의 기회를 제공한다는 것입니다. 몸에서 힘이 빠지고 기관들이 닫히고 수분이 마르면서 호흡이 느려지면 불성이 보다 두드러집니다. 감각기능이 자연적으로 소멸되면서 특별히 애쓰지 않아도 있는 그대로의 알아차림이 드러납니다. 집착과 분별, 번뇌 망상을 일으키는 이원성이 녹아집니다. 명상을 한 번도 하지 않았던 사람들도 마찬가지입니다. 남는 것은 원초적 형태의 무명으로서, 자신에게 내재된 알아차림의 본성을 인식하지 못하는 것입니다. 그러나 몸이 용해되면서 무명의 마음과 지혜의 마음의 간격이 매우 좁아지므로 몸이 자연적으로 해체되는 과정에서 본래 갖추어진 마음의 청정한 본성을 인식할 수 있는 기회가 커집니다.

호흡이 멈추면 말, 개념, 감각 등 의식의 거친 요소가 사라지므로 알아차림이 선명하고 명료하게 드러납니다. 그러나 이처럼 순간적으로 드러나는 청정한 알아차림은 인식되지 못한 채 사라지는 경우가 대부분입니다. 마음의 본성을 볼 수 있는 것은 몇 순간에 지나지 않습니다. 대부분의 사람들은 이 기회를 놓치고 말지만, 마음의 본성을 이미 깨달은 이들은 불성을 아주 선명하게 체험하게 됩니다. 심지어는 이런 상태가 며칠씩 지속되기도 하는데 이 기간에 정화와 깨달음의 과정이 계속됩니다. 이 말은 죽음으로 완전한 깨달음을 얻을 수 있다는 뜻입니다. 아주 높은 경지의 깨달음을 성취한 이들도 살아있는 동안에는 분별심과 집착심의 흔적이 조금 남아 있을 수 있습니다. 육체가 소멸되는 과정에서 마음은 이런 흔적으로부터 완전히 정화됩니다. 이렇게 볼 때 제 아버지께서는 열반 후 사흘 동안 앉은 채로 죽음을 명상하시며 완전한 깨달음을 얻으신 것입니다.

죽음은 좋은 소식?

이제 막 수행을 시작한 우리로서는 질병이 즐겁지 않으며, 죽음 또한 제 아버지의 경우처럼 좋은 소식일 리가 없지만, 늘 그랬듯이 우선 피하려고만 들지 마십시오. 죽음이 두려운 나머지 낙담하거나 우울증에 빠지는 사람들이 꽤 있습니다. 불법의 수행자에게 죽음의 두려움은 역동적인 에너지의 원천이 되기도 합니다. 실제로 이 두려움을 이용하여 보다 적극적인 자세로 바꿔 지금 이 순간을 받아들이고 해탈을 향해 나아갑니다.

죽음을 명상하는 중에 두려움이 너무 커서 힘들다면 방법이 있습니다. 여러분이 실제로 하는 활동 중에서 승마나 암벽타기 같이 약간의 두려움을 일으키는 것을 하나 선택합니다. 대중 강연이나 이벤트 주최 같은 사회 활동도 좋습니다. 긴장감으로 손에서 땀이 나고 입이 마르는 행위를 하나 선택하세요. 이 상황을 대상으로 명상합니다. 몸에서 느껴지는 감각에 알아차림을 가져갑니다. 그러면 두려움의 감각을 온전히 인식하면서도 알아차림이 있으므로 두려움에 끌려가거나 휘둘리지 않습니다. 지금 무엇이 느껴지나요? 아마 기쁨이 여러분의 몸에 퍼질 것입니다. 두려움에 사로잡히거나 도망가는 대신 두려움을 이용하고 다스렸다는 데서 오는 기쁨입니다.

무상의 사유에서 얻는 궁극적인 이로움은 소중한 인간의 몸으로 살 수 있는 시간이 한정되어 있다는 사실을 받아들이고 그럼으로써 윤회에서 벗어나 깨달음을 얻겠다는 진정한 발원을 일으키는 것입니다. 죽음과 임종에 대해 명상하면서 무상을 조사하고 탐구할 수 있다면 아주 좋습니다. 자신을 대상으로 하는 대신 두려움이 덜한 현상으로부터 시작해도 괜찮습니다. 어느 쪽이든, 설령 우리가 지금 죽어가고 있다고 해도, 명상을 하는 동안 모든 것이 필연적으로 변한다는 사실을 편안하게 받아들이게 되도록 수행해야 합니다.

언젠가 캐나다의 노바스코샤Nova Scotia 주 북부의 케이프 브리튼 Cape Breton 섬을 방문한 적이 있습니다. 그곳의 해양 기후는 하도 변화무쌍해서 하루에도 몇 번씩 해가 나다 비가 오고 다시 해가 나고 무지개가 뜨는가 하면 다시 구름이 끼고 비가 내리곤 했지요. 그 지역 사람들의 표현에 따르자면 "날씨가 마음에 안 들면, 잠깐만 기다리면 된다"는 식입니다. 우리의 마음이나 기분도 그것과 똑같습니다. 지금 여러분의 기분이 마음에 안 든다면 1분만 기다리면 됩니다. 기분은, 마음만 먹으면, 바뀝니다. 기분은 마음 안에 고정된 것이 아닙니다. 우리가 매달리지만 않는다면, 구름이 태양 위로 흘러가듯, 기분은 흘러갑니다. 그러려면 집착을 놓아버려야 합니다. 그 누구도 몸이 변하는 것을 막지 못합니다. 자신의 몸이 절대로 변하지 않을 것처럼 몸에 매달리고 집착하면 괴로움이 일어난다는 점을 사유해야 합니다.

모든 현상은 변할 수밖에 없습니다. 그것이 본성이기 때문입니다. 이 사실을 일단 받아들이면, 얻을 수 없는 것을 바라는 마음이 줄어듭니다. 욕망과 망상의 바람이 부는 대로 이리저리 펄럭이는 마음을 길들이는 것입니다. 무상에 대한 사유와 명상을 결합하면 마음이 평온하고 안정되어 사소한 일이 일어날 때마다 밀어내거나 끌려 다니지 않습니다. 그러면 불안이나 불만족에 빠지지 않은 채 자신을 포함한 일체중생을 위해 영속하는 지혜와 자비를 일으키는 데 전념할 수 있습니다. 세간에서 맛보는 당장의 즐거움에서 등을 돌려 기나긴 깨달음의 길로 나아가는 것입니다.

● 무상—상대적 진리

모든 현상의 본성이 무상이라고 말하는 이유가 무엇일까요? 이제까지 우리는 나무, 책상 그리고 우리의 몸 등 영속하는 것처럼 보이는 것이 실제로는 영속하지 않음을 살펴보았습니다. 이렇게 잘못된 인식에 비하면 무상은 분명히 '참'에 가까운 관점입니다. 그러나 무상은 궁극적 진리가 아니므로 상대적 실재에 의거할 때만 '참'에 보다 가까울 뿐입니다.

앞에서 설명했듯 무상은 관습적인 의미의 시간, 즉 과거·현재·미래에 결부되어 있습니다. 그런데 시간 자체가 상대적입니다. 여러분이 "어제 나는 동물원에 갔다"라고 말할 때, 그 말은 현재에만 존재합니다. "나는 내일 동물원에 갈 것이다"라고 말할 때, 그 말 또한 현재에만 존재합니다. 과거는 이미 지나갔고 미래는 아직 오지 않았습니다. 시간을 초, 시간, 일, 월 등등으로 나누는 것은 단지 관습일 뿐입니다.

"내 몸은 무상하다. 이 책상과 나무, 세상의 모든 현상이 무상하다"라고 말할 때, 우리는 이 모든 현상에 별개의 독립적인 존재를 배정합니다. "나는 죽을 것이다"라는 말이 전제로 하는 것은, '나'는 정자와 난자가 수정된 시각이나 탄생한 시각에 등장한 별개의 존재로서 '나'에게 내재된 본질적 존재는 '내'가 호흡을 멈출 때 끝난다는 것입니다. 이런 식으로 자신의 무상과 직면하면 불법을 수행하고 윤회계의 유혹을 저버리겠다는 다짐이 굳건해지는 이로움이 있습니다.

괴로움에서 벗어나기 위한 최상의 대치법은 모든 현상이 무상함을 받아들이는 것입니다. 무상이 모든 현상의 본성이라지만, 우리의 견해는 여전히 관습적인 인식으로 물들어 있습니다. 모든 현상에는 시작과 끝이 분명하게 있는 고유하고 독립적인 존재가 있다고 아직도 생각하기 때문입니다.

그러나 현상이 어떻게 시작되는지는 그렇게 명확하지 않습니다. 강물이 흘러가는 것은 무엇 때문일까요? 또 무엇 때문에 강물이 마르고, 엉망이 된 옷에 과민하게 반응하게 될까요? '나'라는 존재의 진정한 뿌리는 무엇일까요? 원인과 조건이 무엇일까요? 다음 장에서 우리는 인과법, 즉 업에 대해 살펴볼 것입니다. 업 또한 과거·현재·미래라는 관습적이고 상대적인 인식을 조건으로 합니다. 무상과 업을 함께 이해하면 우리가 그토록 소중히 여기는 개별적인 자아라는 개념이 해체됩니다. 그러면 특정한 공간에 특정한 시간부터 존재하기 시작하여 개별적이고 고유한 자아를 유지하는 '나'라는 개념이 이전과 달리 맞지 않는다는 생각이 들 것입니다.

더욱이 이 개별적이고 독립적인 '자아'가 다른 현상에도 똑같은 특성을 부여합니다. 이를테면, 고유한 '자아성自我性'을 가진 내가 내 자동차를 알아본다는 것인데, 마치 자동차 또한 원인과 조건과 상관없이 고정된 정체성으로서의 '자동차성自動車性'을 가진 것처럼 생각하는 것이지요. 그러나 그렇지 않습니다. 잘못 인식된 자아를 더 이상 고착시키지 않으면 우리 주변의 대상들 또한 눈에 보이는 견고함을 잃기 시작합니다. 한 가족이 거목 몇 그루를 배경으로 의자에 앉아 있는 모습을 담은 가족사진을 예로 들어보겠습니다. 이 사진을 컴퓨터에서 확대하면 픽셀 단위로 보입니다. 계속해서 사진을 확대하면 작은 형태 하나하나가 공간으로 가득 차버려서 평소 눈에 익은 모습들이 전혀 알아볼 수 없는 형태가 됩니다.

이런 경험을 통해 형태가 한없이 커지기도 하고 공空이 되기도 하는 변화 그 자체가 현상계의 이치임을 스스로 느낄 수 있습니다. 가령 책상, 나무, 컴퓨터, 자동차 또는 인간의 몸을 해체하면 형태가 없어집니다. 해체된 부분을 다시 조립하면 형태가 다시 만들어집니다. 처음에는 견고하고 안정되게 보이는 것이 실제로는 서로 충돌하는 원자의 집합이며, 원자 그 자체는 대부분 빈 공간으로 되어 있습니다. 보면 볼수록 더 보이지 않는 것이지요. 짓든 부수든, 형태의 변화는 공성이 없다면 일어나지 않습니다. 공성으로 인해 모든 것이 가능합니다. 공성은 형태를 취소하거나 없애지 않습니다. 공은 무無가 아닙니다. 컴퓨터에서 이미지를 확대한다고 해서 이미지가 파괴되지 않습니다. 단지 다르게 보일 뿐입니다. 그러다가 이미지를 축소하면 원래 크기로 다시 돌아옵니다.

반야심경은 "색은 공이고 공은 색이다. 공은 색과 다르지 않고 색은 공과 다르지 않다"(色卽是空 空卽是色 色不異空 空不異色)라고 가르칩니다. 현상이 없으면 공성을 이해할 수 없고 공성이 없으면 현상을 이해할 수 없습니다. 현상의 상대적 세계를 이해하려면 공성의 절대적 세계를 반드시 이해해야 합니다. 예를 들어, 윤회계의 미혹에 젖어있는 우리들은 끊임없이 변하는 물질을 변하지 않고 고정되고 영속하는 것으로 인식합니다. 결국은 사라지고 말 것에 집착하면 괴로움이 온다는 사실을 한시도 직시하지 못한 채 가족과 집, 명성에 매달립니다. 기초 수행을 닦아가는 과정에서 수행자는 색과 공으로 반복하여 돌아가서 자신이 어떻게 괴로움을 만드는지 탐구합니다. 몸이 쇠락하고, 씨앗이 곡식이 되고, 봄이 여름으로 변하는 것, 이 모든 것이 무상을 입증합니다. 이런 변화가 일어날 수 있는 것은 공성 때문입니다. 공성이라는 절대적 실재가 없다면 물질은 안정되고 변하지 않을 겁니다. 그러나 물질은 변합니다.

무상에 대해 명상하다 보면 슬퍼지기도 하고 때로는 낙담도 하게 됩니다. 상대적 시간과 사물의 종말을 떠올리게 되므로 마음이 우울해질 때도 있습니다. 우리가 그렇게 소중하게 생각하는 몸이 영속하지 않는다니, 처음에는 자신의 몸에 전보다 더 집착할 수도 있겠지요. 그러나 우리가 바라는 바와 세상이 돌아가는 이치가 크게 다르다는 점을 이해하면 어쩔 수 없이 그 사실을 받아들이게 되고 자신의 몸과 사랑하는 사람들을 포함하여 모든 것이 변하고 스러지고 죽는다는 사실을 수용하게 됩니다.

진흙이 엉겨 붙은 다이아몬드에서 흙보다 귀한 것을 찾을 수 있는 것도 무상 때문입니다. 우리를 규정하는 편협하고 혼돈된 강박적 인식은 우리 안에 고착되어 있는 것이 아닙니다. 습관적인 자기 폄하, 집착, 분노, 번뇌 또한 영속하지 않습니다. 모든 것이 무상하므로 우리는, 원하기만 한다면, 변할 수 있습니다. 그러나 우리가 이 세상의 시간을 전부 가진 것은 아닙니다. 모든 것이 영속하지 않는다는 깨달음이 우리를 흔들어 일깨워 우리가 죽을 수밖에 없음을 인정하고 받아들이면 우리에게 주어진 삶을 최대한 의미 있게 쓰겠다는 발원을 일으키게 됩니다. 그러면 무상의 진리가 든든한 응원군이 되어 지금 우리에게 주어진 소중한 기회를 낭비하지 않고 제대로 활용할 수 있도록 힘을 보태줄 것입니다.

법으로 마음을 돌리는 세 번째 사유

업業

세랍링으로 떠나기에 앞서 저는 아버지에게서 업業, 즉 까르마에 대한 가르침을 여러 번 들었습니다. 그런데 막상 쌀제 린포체 밑에서 기초 수행을 공부하고 보니, 까르마에 대해 꼭 알아야 한다고 생각했던 것과 제가 실제로 알고 있는 부분이 달라 매우 걱정이 되었습니다. 그래서 세 번째 4공가행인 까르마를 배우기에 앞서 린포체를 뵈러 갔습니다. 저는 매우 심각한 표정으로 린포체께 말씀드렸지요.

"스승님, 저는 아무래도 까르마의 의미를 잘 모르겠습니다."

린포체께서는 웃음을 터뜨리셨습니다. 당시 저는 겨우 13살로서, 나보다 나이가 훨씬 많은 제자들도 이 개념에 막히곤 했으니까요. 그렇지만 그 기본 이론은 어렵지 않습니다. 본질적으로 까르마는 원인과 결과, 즉 인과법因果法입니다.

이윽고 웃음을 멈추신 린포체는 전통적으로 사미승에게 업을 설명하는 방식대로 제게 질문을 던지셨습니다.

"땅에 씨앗을 심어본 적이 있느냐?"

저는 엄마하고 외할머니와 함께 누브리의 들판을 걸을 때면 한없이 좋았던 기억을 떠올리며 특히 그릇에 담긴 씨앗을 뿌릴 때가 제일 행복했다고 말씀드렸습니다. 그러자 린포체께서는 그 씨앗이 자라려면 어떤 조건이 필요한지 다시 물으셨습니다.

"흙이 필요합니다. 햇빛도 필요하고 날씨도 좋아야 하고 비도 와야 합니다. 또 잡초도 뽑아줘야 합니다."

"모든 것은 그렇게 원인과 조건이 있어서 서로 의존하여 생겨나는 것이다. 시간도 필요하고 폭풍이나 가뭄 같은 장애도 없어야 하고, 새나 사슴 등 씨를 먹어치우는 동물도 없어야겠지. 이런 조건들이 모두 필요한 게야. 햇볕이 부족하면 곡물이 자라지 못하고 비가 너무 많이 내리면 씨앗이 휩쓸려가겠지. 원인이나 조건에 따라 결과가 달라지는 법이야. 그러나 원인과 조건이 확실하게 구비되면 어떤 것으로도 결과를 바꿀 수 없어. 볍씨를 심었는데 감자나 장미가 나오는 법은 절대로 없지."

이어서 린포체는 젊었을 적 도반 스님이 성지순례에 나섰던 이야기를 들려주셨습니다. 예전에는 티베트에서 성지를 순례하려면 무거운 짐을 등에 지고 몇 주를 걸어 다니면서 때로는 외떨어진 동굴에서 잠을 자야 했지요. 동 티베트에서 라싸로 가는 길에 그 스님은 눈이 하얗게 덮인 고산을 넘던 중에 점심을 준비하려고 잠시 걸음을 멈추었습니다. 스님은 짐을 내려놓고 돌을 찾으러 나섰습니다. 돌 세 개를 들고 와서 땅에 둥그렇게 늘어놓고는 나뭇가지를 주워 왔습니다. 늘어놓은 돌 안에 나뭇가지를 놓고 차를 만들 눈을 끓이기 위해 작은 주전자를 꺼냈습니다. 부싯돌로 불이 붙여지지 않자 스님은 바위틈에 있는 마른 풀을 찾으러 다시 나서야 했습니다. 마침내 불이 붙었고 스님은 눈을 녹인 물로 차를 끓이고 보릿가루를 먹었습니다.

그런 다음 스님은 잠시 쉬려고 바위에 등을 기댔습니다. 그런데 무심코 주위를 둘러보니 사방에 발자국이 어지럽게 찍혀 있는 거였습니다. 스님은 놀라고 겁이 났습니다. 그러다가 생각해 보니 그것들이 모두 자신이 낸 발자국이었습니다. 발자국을 둘러보며 스님은 한 잔의 차를 만드는 데 얼마나 많은 원인과 조건이 필요한지 생각했습니다. 또한 눈, 차 주전자, 나무, 풀, 돌 등을 둘러보며 그것들이 각기 서로 어떻게 의존하는지에 대해 사유했습니다.

인과법의 이해가 정말로 중요합니다. 우리는 4공가행에서 제일 먼저 인간 존재의 귀중함을 사유하면서 우리가 필요로 하는 모든 것이 이미 우리 안에 있다는 사실을 인식함으로써 진정한 자기를 찾을 수 있다는 자신감을 길렀습니다. 두 번째, 무상의 사유에서는 이 소중한 기회가 순식간에 지나가버리므로 우리가 가진 시간을 최대한 활용해야 한다는 것을 배웠습니다. 그러려면 업과 인과의 법칙을 이해하는 것이 매우 중요합니다. 인간으로 태어났기에 깨달음의 가능성이 있는 것처럼 매 순간 우리가 하는 일상의 행위 또한 똑같은 가능성이 있습니다.

우리의 일상은 원인과 결과로 이루어진 행위의 연속입니다. 이것이 세상의 이치입니다. 차를 만들려면 먼저 물을 끓여야 합니다. 전기불이 들어오려면 우선 스위치를 켜야 합니다. 원인과 결과에 윤리적 의도를 더한 것이 까르마입니다. 선한 의도를 가진 행위, 즉 선행은 선업으로 이어지고, 의도가 선하지 못한 악행은 악업으로 이어집니다. 인과법을 의도, 동기, 충동, 의욕 등으로 범위를 넓혀서 살펴보면 이것들이 우리 마음의 조건이 되어 업을 형성한다는 것을 알 수 있습니다. 행복하기를 원한다면 어떤 원인과 조건이 행복으로 이어지는지 알아야 합니다. 마찬가지로 만약 우리가 괴로움을 일으키는 조건을 제대로 이해하지 못한다면 어떻게 그것으로부터 벗어나기를 기대할 수 있겠습니까?

●행동의 결과

몸과 말과 마음으로 짓는 10가지 악행이 있습니다. 살생, 투도, 사음은 몸으로 짓는 세 가지 악행이며, 거짓말, 이간질하는 말, 거친 말과 수다는 말로 짓는 네 가지 악행입니다. 마음으로 짓는 세 가지 악행 중 첫 번째는 남의 행복이나 성공을 더불어 기뻐하지 못하거나 남의 행복을 자신의 괴로움의 원인으로 삼는 것이며, 두 번째는 남들에게 어려움이나 고통이 오기를 바라는 것이며, 세 번째는 잘못된 견해로서, 이를테면 인과법을 믿지 않거나 그 밖의 불법의 견해를 무시하는 것입니다.

10악행과 반대되는 10가지 선행이 있습니다. 몸으로는 관대한 행동을 하는 것으로 남을 돕거나 보호하고, 기분 좋은 말로 남을 편하고 화합하게 하며, 다른 사람들의 행복을 도와주는 견해를 갖는 것 등입니다. 또한, 선하지도 악하지도 않은, 중립적인 행위가 있습니다. 이 때문에 쌀제 린포체께서는 의도가 중요하다고 강조하셨습니다. 가령, 분노나 경멸, 복수 또는 그 밖의 개인적인 동기로 남을 해치는 것이 아니라 오히려 그들을 보호하려는 의도로 해를 끼치게 되는 경우가 있습니다. 경찰관이 인질 50명을 보호하기 위해 범인 한 사람을 총으로 쏜다면, 의도는 남의 생명을 보호하려는 것이고 그 방법은 살인입니다. 이런 경우의 까르마는 어떻게 나타날까요? 의도가 선하다는 것은 누구도 부인하지 못합니다. 그렇지만 선한 의도가 악업을 깨끗이 지우지 못한다는 사실 또한 분명합니다.

불교에 등장하는 이야기들을 살펴보면, 한 생명을 해치면 설사 다른 50명의 생명을 구하더라도 괴로움의 과보를 받게 됩니다. 그러나 좋은 의도를 가진 행위의 업은 남을 해치려는 의도를 가진 행위의 업과는 사뭇 다릅니다. 더욱이 남을 도우려는 의도로 의도하지 않은 살생을 하게 된 경우, 그 마음은 미래에 남의 공격을 받는 조건이 되지 않습니다. 그러므로 자신의 의도와 동기를 아주 세심하게 살펴보아야 합니다.

또한 의도는 중립적 행위를 선행으로 바꾸기도 합니다. 가령, 수면은 선하지도 악하지도 않은 행위입니다. 대부분의 사람들이 자면서 편하게 쉬기를 바랄 뿐, 특별한 발원을 하지는 않습니다. 그러나 여러분은 자면서도 발원할 수 있습니다. 우리는 앞에서 보리심, 즉 깨달음을 얻겠다는 마음에 대해 잠깐 살펴보았습니다. 여러분이 밤에 보리심의 마음으로 잠자리에 든다면, 잠이 원인이 되어 일체중생의 깨달음에 도움이 되는 능력이 늘어나기를 발원하는 것입니다. 원인과 결과에 보리심을 적용하면 매 순간이 윤회에서 벗어나 깨달음으로 향하는 기회가 됩니다. 일체중생을 윤회계의 미혹에서 벗어나게 하겠다고 다짐한다면 자신의 행동이 가져오는 선악의 결과를 깨달아야 합니다. 우리의 일상은 선악을 선택해야 하는 일로 채워져 있으며, 우리는 자신이 선택한 것에 대해 책임을 져야 합니다.

●업의 조건

우리는 씨를 심는 것에 대해 알아보았고, 원인과 조건이 결과에 영향을 끼친다는 것을 배웠습니다. 그런데 농작물을 해치는 눈보라는 어떻게 설명해야 할까요? 어부의 그물을 빠져나가는 바다가재가 있는가 하면 그물에 걸리는 녀석들이 있는 이유는 무엇일까요? 중국을 탈출한 티베트 사람들 중에는 히말라야를 넘은 사람들도 있고 넘지 못한 이들도 있습니다. 그 이유가 무엇일까요? 1959년 노슐 켄 린포체는 70여 명의 동족과 함께 티베트를 탈출했습니다. 하루는 칠흑같이 깜깜한 밤에 히말라야를 넘고 있는 그들을 발견한 중국군들이 사방에서 총을 쏘아대며 공격했습니다. 다음날 아침에 확인하니 일행 중 살아남은 이는 겨우 다섯 명이었습니다. 린포체 일행은 하염없이 걷고 또

걸어서 그 높은 히말라야 고개를 넘어 인도에 겨우 도착할 수 있었습니다.

인간사에는 이처럼 놀라운 일들이 수없이 많습니다. 설명이 불가능하기 때문이지요. 로스앤젤레스에 있는 내 친구의 아버지는 유태인으로 베를린 출신입니다. 나치 정권이 유태인들을 몰살하려는 작전을 개시했을 때 그 분은 가족들에게 독일을 떠나자고 주장했습니다. 그렇지만 가족들은 하나같이 걱정할 것 없다고 말했습니다. 그 분은 밤마다 당장 베를린을 떠나자고 애걸하며 부모님과 형제들을 설득하려고 애썼습니다. 마침내 그 분은 혼자서 떠날 수밖에 없었지요.

전쟁이 끝난 후, 그 분은 부모님을 위시한 가족 모두가 죽음의 수용소에서 집단 처형되었다는 사실을 알았습니다. 사는 내내 그 분은 당신에게 일어난 일을 이해해 보려고 애썼습니다. 가족과 친구들과 더불어 잘 사시기는 했지만, 아버지에 대해 제 친구는 이렇게 말했습니다.

"아버지에 대해 제일 많이 생각나는 건 갈피를 잡지 못하셨다는 거예요. 화를 내지는 않으셨지만, 자신은 살아남고 형제들은 그렇지 못한 이유를 알아내지 못해 늘 답답해 하셨지요."

까르마를 이해하지 못하면 현재 상황을 평가할 때 단지 자신이 이번 생에 행한 행동, 그 중에서도 기억나는 것만을 생각합니다. 그러나 앞에서 씨가 자라는 데 필요한 온갖 원인과 조건을 열거해 보았듯이 모든 결과, 그러니까 지금 우리가 맞이하는 순간순간은 수없이 많은 원인과 조건의 결과입니다. 이 점을 고려하지 않는다면 자신의 삶을 매우 좁은 안목에서 이해하는 것입니다. 모든 가능성을 본다는 것이 과거의 삶을 기억하거나 현재 상황을 설명해주는 구체적인 일들을 기억하는 것을 의미하지 않습니다. 업의 이치는 그것과 다릅니다. 그러나 업과 인과법을 탐구하면 무어라고 꼭 집어 말하기는 어려워도 현재를 설명하는 수많은 원인과 조건을 인정하게 됩니다.

대부분의 사람들이 과거의 여러 생을 기억하지 못하므로 현재 상황을 까르마로 설명하기가 쉽지 않습니다. 지금으로서는 다만 원인과 결과가 어떻게 작용하는지 살펴보고 이 인과법을 미래에 적용해보는 것이 좋습니다. 지금부터 몇 시간 후 또는 내일도 미래니까요. 이번 생에서 인과법이 어떻게 작용하는지를 잘 이해하고 나면 다음 생에는 어떻게 될지 생각해 보아도 좋겠지요.

자신의 생명에 대해 연료가 있어야 작동하는 엔진과 같다고 생각하는 사람들이 많습니다. 연료가 떨어지면 죽는다는 것이지요. 그러나 그 어느 것도 비껴갈 수 없는 인과의 법칙을 깨달으면, 죽음은 궁극적이며 완전한 소멸이 아니라는 것을 이해하게 됩니다. 우리가 가진 이 몸은 끝이 나지만, 마음의 흐름은 또 다른 존재로 옮겨갑니다. 마음은 절대로 변하지 않는 정적인 독립체가 아닙니다. 마음은 실제로 늘 변합니다. 매 찰나의 식識은 다음 찰나의 식의 가장 중요한 조건이 됩니다. 마음의 연속성은 몸에 의지하기는 하지만 전적으로 의지하는 것은 아니며 몸이 죽을 때 완전히 사라지지도 않습니다. 물리학에서 고립된 하나의 계 안에서는 형태가 달라져도 에너지의 총량은 변하지 않는다는 법칙처럼 마음의 연속성은 다른 몸에 옮겨간다 해도 찰나찰나 끊임없이 흐르며 절대 끝나지 않습니다.

밍규르 린포체, 셰랍링에서 2004년

모든 행동에는 예외 없이 원인과 결과가 있습니다. 죽음 또한 하나의 행위로서 원인과 조건 그리고 결과가 있습니다. 이렇게 보면 죽음은 씨를 심는 것 같이 우리가 관찰할 수 있는 여느 행동과 다를 바가 없습니다. 우리의 마음이 다음에 갖게 될 몸을 결정하는 것은 무엇일까요? 지금 이 순간의 몸과 말과 마음의 행위가 우리가 미래에 가지게 될 몸을 결정합니다. 원인과 조건이 없으면 결과는 절대로 나타나지 않습니다.

업에서 중요한 것은 단지 외적 상황이 아니라 마음의 측면에서 원인과 조건을 이해하는 것입니다. 우리가 추구하는 것이 진정한 마음의 본성을 찾는 것이라면 그것을 찾을 수 있게 도와주는 원인과 조건이 무엇인지 알아내야 합니다. 어떤 행위가 우리의 마음을 깨달음으로 돌려놓을까요? 어떤 행위가 우리가 추구하는 길에 장애가 될까요? 우리가 이해하든 못하든 인과법은 존재합니다. 그렇지만 인과법을 이해하면 해탈을 바라는 마음에 가장 도움이 되는 조건을 의도적으로 만들 수 있습니다.

의심

환생이라는 개념이 많은 사람들에게 장애가 됩니다. 환생을 받아들여야만 기초수행을 시작할 수 있는 것은 아닙니다. 시간이 흐르면 관점이 달라지겠지만, 의심 때문에 수행을 멈추는 일은 없어야 합니다.

부처님은 제자들에게 당신의 가르침을 의심하고 적극적으로 조사하라고 권장하셨습니다. 한 번은 고대 인도의 칼라마Kalama*(코살라국의 작은 도시인 께사뿟따Kesaputta에 거주하는 사람들) 사람들이 부처님을 찾아와 수많은 스승들이 마을에 와서 서로 다른 견해를 피력하니 무엇을 믿을지 또 누구의 말을 믿어야 할지 모르겠다고 푸념했습니다. 거짓과 진실을 구별하기도 어렵다고 말했습니다. 그러자 부처님께서는 서로 다른 견해들이 워낙 많으니 갈피를 잡지 못하는 것이 당연하다고 말씀하셨습니다. "내가 제일이니 나를 따라야 한다"고 하시지 않았습니다. 부처님께서는 그들이 의심하는 것이 온당하다고 하시고는 전통이나 전설, 소문 또는 추측에 의지하지 말고 스스로 탐구하고 공부하여 어떤 행동이 유익하고 현명하며 어떤 행동이 해롭고 어리석은가를 알아내야 한다고 말씀하셨습니다. 알아차림이 있어야만 안목이 생깁니다.

부처님은 현명한 사람이 금의 순도를 시험하는 것과 똑같은 방법으로 당신의 가르침을 시험하라고 제자들에게 당부하셨습니다. 우리는 금의 가치를 겉으로만 보고 평가하지 않습니다. 부처님께서는 "금을 태우고 잘라보고 시금석에 문질러서 시험하듯, 단순히 나를 존경해서가 아니라 잘 검토한 후에 내가 한 말들을 받아들여야 한다"고 하셨습니다.

업과 책임

자신의 행동을 꾸준히 알아차린다 해도 어떤 상황은 업이 오랜 기간에 걸쳐 어떻게 형성되어왔는지 설명하기 어려운 경우가 있습니다. 우리가 설명할 수 없는 상황들이 일어납니다. 그렇다 해도 상황을 조사하고 탐구해보면 일상의 많은 부분이 인과법으로 설명되는 것을 확인하게 될 것입니다. 그렇다면 우리가 볼 수 없고 조사할 수 없고 설명할 수 없는 영역까지 그 이치를 확장해도 무리가 없을 겁니다. 모든 것이 인과법의 결과로 존재합니다. 여러분도, 또 저도 예외가 아닙니다.

그렇다 해도 인과법을 너무 문자 그대로 받아들이면 안 됩니다. 여러분이 매일같이 복권에 당첨되기를 기도하면서 복권은 한 번도 사지 않는다면, 원인은 있으나 결과는 당연히 있을 수가 없겠지요. 우스갯소리는 관두고, 가령 우리가 복권에 당첨되었다고 가정해 보겠습니다. 일반적으로 당첨은 아주 드문 일로 좋은 결과로 여겨집니다.

우리는 이 결과의 원인, 그러니까 복권 구입 너머에 있는 원인을 알지 못합니다. 수없이 많은 사람들이 복권을 사곤 하지만 당첨되는 이들은 손가락으로 꼽을 정도입니다. 그래도 우리는 다른 사람이 아니라 자신의 복권이 뽑힌 원인을 이해할 필요를 느끼지 못한 채 그 결과, 즉 당첨을 받아들입니다. 이 지점에서 까르마의 개념이 어려워집니다. 우리가 설명할 수 없는 결과에 대해 책임을 질 것을 요구하기 때문이지요. 원인을 알지 못하지만 그 결과에 대해 책임을 져야 합니다. 물론 그 결과가 긍정적이라면 수월하게 받아들일 수 있습니다.

가령, 여러분이 몰던 자동차가 충돌했다면 당장 누구의 잘못인지를 가리려고 들 것입니다. 상대방이 제대로 신호를 보내지 않았거나 여러분이 자동차를 잘못 작동했을 수도 있습니다. 어쩌면 자동차 제조사의 잘못일 수도 있겠지요. 그렇다면 과연 누구의 책임인가 하는 의문이 일어납니다. 이 의문이 실제로 의미하는 것은 누구의 탓인지 또는 누구의 잘못인지를 따져야겠다는 뜻입니다.

이 사고에 대해 고속도로 순찰대원이 우리 잘못이 아니라는 판정을 내렸다 해도, 불교적 업의 관점에서 보자면, 우리는 이 불편한 경험을 악업의 결과로 받아들여야 합니다. 우리가 사고에 원인을 제공하지 않았다는 것을 경찰관이 확인해주었다고 해서 우리가 중립적인 당사자라는 의미는 아닙니다. 어떤 일이 왜 일어났는지, 원인을 절대로 알 수 없는 경우도 있습니다. 그러나 그렇다고 해서 지금 일어나고 있는 인과 관계가 묵살되거나 무효가 되는 것은 아닙니다. 자신이 알지 못한다는 이유로 그것이 존재하지 않는다고 생각하는 것은 허무주의에 빠지는 것입니다. '내가 왜 이 자동차 사고에 연루되었는지 도통 모르 겠다. 그러니 이 사고는 내 과거나 미래와 아무 상관이 없다. 이것으 로 끝이다' 하고 생각하는 것이 그런 예입니다. 이런 생각은 매우 편 협하고 주관적인 관점에서 나옵니다.

업은 운명이 아니다

업은 운명도, 또 숙명도 아닙니다. 흔히들 "내 업 때문이야" 하고 결 론을 짓곤 하는데, 이 말은 어떤 의미에서는 "이 상황에 대해 내가 할 수 있는 일이 아무것도 없다"라는 뜻을 담고 있습니다. 이것은 100퍼 센트 오해입니다. 우리는 어떤 성향과 충동, 취향 그리고 성격을 타고 납니다. 그건 명백합니다. 그렇지만 공격적 충동이 꼭 살인으로 이어 지란 법은 없습니다. 친절한 본능이 반드시 한량없는 자비로 이어지 는 것도 아닙니다. 어떤 본능이 성숙되려면, 씨앗의 예에서 보았듯, 상 황과 조건에 의지해야 합니다. 그러나 스스로 행동을 통제하고 감독 함으로써 우리가 가진 능력과 타고난 자질을 최대한 활용하는 것은 우리의 책임입니다.

까르마는 우리가 매일 처하는 상황에 원인을 제공합니다. 가족 관 계와 직업의 종류, 재정 상태에 영향을 줍니다. 업은 우리의 취향과 행동을 형성하고 가능성을 줄이거나 늘리기도 합니다. 업은 일생 동 안 갇혀 살아야 하는 종신형이 아닙니다. 오히려 업은 우리 편으로서 우리가 다스릴 수 있고 바꿀 수도 있습니다. 업은 변하기도 합니다.

사마타 수행에서는 충동을 초기 단계에서 감지하는 법을 배웁니다.

충동이 분노로 바뀌는 것을 지켜보게 되므로 분노가 화산처럼 폭발하기 전에 알 수 있습니다. 이런 충동을 인식하지 못하면 분노의 폭발이 반복되어 화를 내는 성향이 강해져서 그 자체의 업력을 만들어 반복적으로 분노하게 됩니다. 충동을 인식하면 충동과 자신을 동일시하는 습관을 멈춤으로써 충동에서 분리됩니다. 또한 충동적인 분노를 자애로 가꾸는 법을 배우고 익혀 몸과 마음이 자비심으로 충만해져 자신과 타인을 돕게 됩니다. 인간으로 태어났기 때문에 우리는 선업과 악업 중 하나를 선택할 수 있습니다. 선행이나 악행을 선택함으로써 우리의 업이 달라집니다. 그러나 선택은 우리의 책임으로서, 우리가 선택한 것들이 우리의 미래를 좌우합니다.

우리의 삶에서 우리는 모든 것을 지휘하지도, 통제하지도 못합니다. 선행을 했다고 해서 장애가 없는 것은 아닙니다. 이것을 여러 생에 걸쳐 나타나는 인과법의 관점에서 설명하자면, 어떤 경우에는 과거에 저지른 행동의 악업이 너무나 강해서 한 번의 삶에서 소멸되지 않는 것입니다. 또한 한 생을 놓고 볼 때, 악한 행위를 일삼는 이들에게 좋은 일이 일어나기도 합니다. 이런 경우, 한 생만으로 평가한다면 '불공평'하게 보이기도 합니다. 그렇지만 이번 생의 행위만으로 당사자의 업을 완벽하게 설명하려는 것은 마치 구두 한 짝에 집 한 채를 끼워 넣으려는 것과 같아서 당연히 불가능합니다.

우리가 알 수 있는 범위에서 인과법을 조사하면 보이든 보이지 않든 업을 받아들이기가 쉬워집니다. 우리가 볼 수 없고 들을 수 없고 만질 수 없다고 해서 인과법이 정지되어 작동하지 않았다는 것은 아닙니다. 인과법은 전기가 나가면 작동을 멈추는 승강기와 다릅니다. 전기가 있든 없든 지속적으로 흐르는 대기권의 전기장에 더 가깝다고 할 수 있지요.

살아가면서 누구나 장애를 만나게 되어 있습니다. 그렇다고 해서 그것이 경솔한 행동의 변명이 되어서는 안 됩니다. 가령, 누구나 어느 정도의 괴로움을 겪는 것을 보고는 "내가 어떻게 행동하든 무슨 차이가 있단 말인가? 어떻게 해도 문제가 생길 텐데" 하고 생각하는 경우입니다. 설령 금생에 나타나는 양상들이 자신이 알 수 없는 과거의 영향이라는 것을 이해하지 못한다 해도, 오늘 우리의 행위가 내일의 삶에 영향을 끼친다는 사실을 잊지 말아야 합니다. 과거를 되돌아보기가 너무 힘들면 앞을 내다보십시오. 미래를 바라보십시오. 미래는 우리의 목적지도 아니고 우연히 아무렇게나 들어서는 길도 아닙니다. 미래는 바로 지금 우리가 만들어가는 것입니다. 지금 나타나는 결과에서 과거의 원인을 찾아내려고 안간힘을 쓰는 대신, 미래에 나타날 결과에 책임을 지십시오. 그렇게 하면 우리는 스스로를 보호할 수 있습니다. 우리의 행동, 다시 말하면 아무리 힘든 상황에서도 주변 세계와 선한 관계를 맺고 풀어가는 방식이 우리를 걱정과 불안으로부터 보호해주는 가장 믿을 만한 수단입니다. 지금은 이 원칙을 지키십시오. 수행이 깊어지면서 전체를 보려는 마음이 일어날 것입니다.

단기적 인과법

　인과법은 이해하기 쉬운 상황에서 살펴보는 것이 좋습니다. 이를테면, 여러분이 하루를 어떻게 맞이하는지 한 번 돌이켜 보십시오. 아침마다 30분 동안 명상하기로 했지만 늦잠을 자는 날이 많습니다. 때로 직장 상사가 조찬 미팅에 꼭 참석하라는 문자를 보내기도 하고 배관 수리공이 현관문을 두드리는 날도 있겠지요. 명상으로 마음을 가다듬지 못한 채 서둘러 집을 나섭니다. 날마다 명상하겠다는 자신과의 약속을 지키지 못했으니 마음이 불편합니다. 그러다 보니 짜증이 나고 화가 나서 스스로를 비난합니다. '나는 도대체 왜 이러지? 정말 바보 같아. 좀 더 일찍 일어날 수 있었잖아!' 이제 여러분은 스스로에게 사로잡혀 먹구름같이 몰려오는 분노에 빠지고 맙니다. 이런 마음으로는 길이 얼어붙은 것을 보지 못하거나 뒤에서 오는 트럭 소리를 듣지 못할 확률이 아주 높습니다.

　그러니 이런 종류의 인과를 잘 살펴보도록 하십시오. 텔레비전 리모컨을 아무데나 놓고 찾지 못해 짜증이 나면 마음이 평정을 잃고 산만해져서 자신은 물론 주위 사람들에게 심각한 불행을 몰고 올 가능성이 높아집니다. 아침 식탁에서 가족 간에 다툼이 일어났다고 상상해 봅시다. 부모 간에 또는 부모와 자식 간에 험한 말과 비난이 난무하는 가운데 아무것도 해결된 것 없이 모두들 자리를 뜨고 말았습니다. 이런 불화가 남은 하루에 어떤 영향을 미치는지 한 번 생각해 보세요. 불쾌하기 짝이 없는 이 사건이 야기할 수 있는 결과에 대해 모든 가능성을 상상해보십시오. 직장에 가는 길에 어떤 일이 일어날 수 있을까요? 학교에 가는 아이들에게는 무슨 일이 일어날까요? 지금으로서는 이런 종류의 단기적 인과를 다루는 것이 좋습니다. 아주 미세한 동요도 놓치지 말고 알아차려서 그것들이 다음 행동에 어떻게 영향을 미치는지 알아보세요.

이런 식으로 단기간에 일상에서 일어나는 일들을 사례로 살펴보면 업의 결과를 구체적이고 수량화되는 물질로 생각하려는 마음에서 벗어나는 데 도움을 줍니다. 가령, '나는 좋은 업을 가졌어. 이렇게 좋은 집이 있고 값비싼 자동차에다가 돈도 많으니까' 하고 생각할 수 있습니다. 그 반대일 수도 있습니다. 이런 식으로 결과를 저울에 올려놓고 좋은지 나쁜지 재려고 하는 경향이 우리에게 있기 때문입니다.

그러나 업에서 가장 중요한 요소는 마음과 관련되어 있습니다. 명상을 하든 안 하든 상관없이 특정 행동들이 마음을 어지럽히는 것을 알게 되는 순간이 있습니다. 인과에 알아차림을 두면 마음의 미세한 변화를 인식하는 능력이 길러져 어지러운 마음이 다른 행동에 끼치는 영향에 더욱 신경을 쓰게 됩니다. 청구된 대금을 내지 않은 경우, 수금원이 전화하거나 문을 두드릴까봐 두려워하는 나머지 불안해져서 급기야는 심각한 심리적 문제를 초래하기도 합니다. 이와 마찬가지로 아기 엄마가 버스에 유모차를 싣는 것을 도와주거나 지하철에서 좌석을 양보한다거나 평소보다 미소를 많이 짓는 등 사소한 도움이 마음에 영향을 주어 보다 선한 의도를 일으키면 미세한 자애가 마음을 물들입니다.

한 번은 뉴욕에서 택시를 타고 가던 중에 동승한 지인에게 택시 요금과 만만치 않은 팁에 대해 이야기를 나눈 적이 있습니다. 그이는 자신의 평소 생각을 이렇게 설명했습니다.

"택시 기사가 팁이 만족스럽지 않거나 일당을 채우지 못하면, 낙담한 채 집에 돌아가 부인에게 화를 내고 소리를 지를지도 모릅니다. 그러면 부인도 화가 나서 아이를 한 대 쥐어박고, 아이 또한 몹시 화가 나서 강아지를 발로 차고 말겠지요. 팁을 많이 주면 이런 연쇄 반응을 막을 수 있지 않을까요?"

이제 명상 수행을 통해 원인과 결과가 어떻게 작용하는지 알아봅시다. 부정적인 것에서부터 시작하겠습니다.

까르마 유도 명상

▶ 척추를 바르게 하고 편안한 자세로 앉는다.
▶ 눈은 떠도 되고 감아도 된다.
▶ 대상 없는 알아차림에 머문다.
▶ 분노에 사로잡혔던 때를 불러온다. 사건과 당시의 느낌을 1,2분 정도 떠올린다.
▶ 분노가 자신의 생각과 느낌, 행동에 어떤 영향을 미쳤는지 사유한다. 분노에 사로잡혀 무슨 말을 하고 무슨 생각을 하고 어떤 행동을 했는가? 그 다음에 어떤 일이 일어났는가? 분노와 분노로 촉발된 행동이 그 다음에 일어난 일에 어떤 영향을 미쳤는가? 즉각적인 결과가 무엇이었나? 자신 또는 관계나 주변 환경에 장기적으로 영향을 끼쳤는가?
▶ 몇 분 동안 이 상황에 대해 사유하고 1,2분 쉬다가 열린 알아차림에 머물러 마음을 쉰다.
▶ 다시 까르마에 대한 사유로 돌아간다. 이번에는 자비심처럼 긍정적인 측면에서 업에 대해 사유한다.
▶ 사랑이나 연민이 충만하다고 느꼈던 때를 기억해낸다. 그 느낌을 1,2분

정도 떠올린다.

▶ 사랑이나 연민의 감정이 자신의 생각과 느낌, 행동에 어떻게 영향을 미쳤는지 사유한다. 그 느낌의 결과로 어떻게 말하고 생각하고 행동했는가? 그 다음에 어떤 일이 일어났는가? 사랑이나 자비의 감정 그리고 그 감정으로 촉발된 행동이 그 다음의 경험에 어떤 영향을 미쳤는가? 즉각적인 결과가 무엇이었나? 자신이나 관계, 주변 환경에 장기적인 영향을 미쳤는가?

▶ 5분에서 10분 동안 명상을 계속한다.

▶ 열린 알아차림에 머무는 것으로 마무리한다.

과정으로서의 마음

우리는 나쁜 사람과 나쁜 행동을 혼동하는 경향이 있는데, 이 부분이 악업과 관련하여 가장 어려운 요소 중 하나입니다. 화가 나거나 화를 낸다고 해서 자신을 화가 많은 사람이라고 생각하는 것은 옳지 않습니다. 구름이 하늘을 가린다 해도 구름은 하늘이 될 수 없습니다. 단 한 번 저지른 나쁜 행동으로 계속 나쁜 사람으로 취급된다면, 누구도 '나쁜' 행동에 책임을 지기 어렵습니다. 그렇지만 이런 경우가 대부분입니다.

이 문제를 자세히 알아보기 위해 먼저 '마음'이란 말을 한 번 살펴봅시다. 영어에서 마음은 무언가 견고하고 고정된 것을 상정합니다. 티베트어에는 마음을 의미하는 단어가 여럿 있는데, 가장 흔하게 쓰는 말이 '쎔sem'입니다. '쎔'은 사물이 아니라 마음의 행위와 인식 과정을 가리킵니다. 단어 자체의 의미는 유입, 변화, 유동성입니다. 마음의 인식 과정을 고정되고 유연하지 못한 관점으로 보면 어떤 현상에 대해 '영속하는' 조건을 예증하는 것으로 잘못 생각할 수 있습니다. 이를테면, 머리가 좋은 아이가 학교 시험에서 좋은 성적을 내지 못한 경우 그 아이는 죽을 때까지 자신이 멍청하다고 생각하게 됩니다. 10대 청소년들 대부분이 짝사랑은 실패한 사랑이라고 여깁니다. 이 두 가지 사례는 대형 조각 그림에서 떨어진 한 조각을 손에 들고는 그것이 전체 그림이라고 여기는 것과 같습니다.

마음을 일련의 과정으로 이해하면 자신이 과거에 저지른 잘못된 행동을 위축되지 않은 상태에서 담담하게 살펴볼 수 있습니다. 또한 같은 방식으로 현재를 이해하면 자신의 행동을 늘 알아차리게 되어 건전하지 못하거나 자신과 타인에게 해를 끼치는 습관을 바꾸는 데 큰 도움이 됩니다. 한순간의 마음은 인과의 측면에서 장기적으로 영향력을 갖지만, 그렇다고 해서 그것이 우리를 규정하는 것은 아닙니다. 인간으로서 우리가 가진 잠재력을 완전히 실현하려면 우리의 불성, 우리에게 내재된 선한 마음을 느끼고 그것이 우리 존재에 완전히 스며들어야 합니다. 그러나 우리 존재를 악행의 결과로 보는 습관을 들인다면 우리가 가는 길이 더욱 험난해집니다.

보상과 벌

일상에서 자주 일어나는 일을 예로 들어보지요. 여러분은 지금 울퉁불퉁한 길을 걷고 있습니다. '내가 어떻게 하다가 이 길로 오게 되었지?' 하는 마음이 들 수 있습니다. 이 말은 예전에는 울퉁불퉁한 길들을 어떻게 판단했는지 생각해본다는 뜻이 아닙니다. 알아차림이 없으면 발을 잘못 디디게 되니 정신을 차려야 합니다. 그런데 똑같은 길을 놓고 '담당 부서가 어디야? 당장 고소해야지' 하고 생각하는 사람도 있습니다. 명확한 답은 없지만 한 사람은 일어난 일에 대해 책임을 수용하는 반면, 한 사람은 누군가를 비난하고 다른 사람의 잘못 때문에 자신이 피해를 보았다고 생각하며 앙갚음할 것을 다짐합니다.

둘 중에서 어떤 태도가 괴로움을 더 많이 일으킬까요? 첫 번째는 책임을 수용하는 태도입니다. 이것은 '난 참 어리석고 멍청해' 하며 자신을 질책하는 것과 다릅니다. 자신을 탓하든 남을 탓하든 양쪽 모두 에고를 중요하게 생각하는 것입니다. 반면에 '내가 이런 길을 지나가게 만든 사람을 찾아낼 거야'라고 생각한다면 누군가가 자신을 해치려는 의도로 일부러 그런 일을 했다는 뜻입니다. 자신에게 집착하는 마음에서 비롯된 태도입니다. 까르마를 받아들이면 책임을 지는 태도가 보상과 벌을 재는 저울이 아니라 학습 수단이 됩니다.

불교에서 말하는 까르마는 옳고 그른 행위를 규정하는 데 교양이나 지식을 따지지 않습니다. 깨져야 할 규칙도 없고 유지되어야 할 규칙도 없습니다. 인과법은 모든 현상이 자연적으로 서로 의존한다는 진리를 확인하는 것으로서 모든 행위는 긍정적·부정적 또는 중립적 결과를 가집니다. 웨이터가 스스로에게 사로잡혀 원숭이 마음의 수다에 정신이 팔리면 고객에게 완전히 집중하지 못합니다. 만약 수행자가 과거의 기억이나 잘못된 생각으로 마음이 산란해지면 동요하게 되어 알아차림에 몰두하지 못합니다. 알아차림으로 진리를 체험하고자 한다면, 매우 명료한 마음을 유지해야 합니다.

악행의 결과는 매우 직접적이며 부정적입니다. 게다가 문제를 일으킨 행동이 계속 마음을 헝클어뜨리므로 지각과 인식의 렌즈가 흐려집니다. 불교에서는 전통적으로 바람직하지 않은 결과를 가져오는 행위를 악행으로 규정합니다. 이때 그 결과를 두 가지 면으로 설명할 수 있는데, 하나는 악행의 대상에게 끼친 영향이고 다른 하나는 악행을 저지른 당사자의 어지러운 마음입니다. 그런데 이 마음은 다시 미래에 저지를 악행의 조건이 되므로 선행의 가능성을 다시 방해합니다.

그러므로 까르마를 이해할 때 밖으로 나타나는 결과뿐만 아니라 마음 자체에 끼친 영향을 함께 인식하는 것이 중요합니다. 마음은 해탈의 근원입니다. 그러므로 우리가 저지른 잘못된 행동 또는 남을 해치는 행동이나 말을 후회하는 것으로 끝나서는 안 됩니다. 매 순간 우리가 하는 행동이 지혜로운 마음을 기르는지, 아니면 무지와 번뇌를 야기하는지 잘 알아야 합니다.

책임과 관리

업을 제대로 이해하지 못하면 책임과 통제를 혼동하게 됩니다. 가령, 암 진단을 받은 경우 자신이 이 병을 야기했으므로 암에 걸린 것에 스스로 책임져야 한다고 생각하는 사람들이 있습니다. 그이들은 암에 걸린 연유를 설명하기 위해 과거에 무슨 일이 일어났는지 돌이켜보기도 합니다. 그러다 보면 특정한 사건에 대해 죗값을 치르면 병이 치유될지도 모른다는 생각을 할 수도 있습니다. 그러나 생명을 위협하는 질병과 같은 결과를 가져오는 데 작용한 수많은 원인을 모두 알아내기는 불가능한 일입니다.

책임을 진다는 것이 상황을 통제하거나 결과를 결정한다는 의미는 아닙니다. 그렇게 하려 들 경우, 결과를 받아들인다는 의미로 책임을 지기보다는 원인을 모르거나 알 수 없는 경우에도 전지전능한 신이라도 된 것처럼 행동합니다. '내가 이렇게 만들었으니, 내가 다시 되돌려 놓으면 돼. 내가 책임을 쳐야지. 암에 걸린 것도, 등이 아픈 것도, 이 사고가 난 것도 모두 내 책임이야. 내가, 이번 생에 이 몸을 가진 내가 뭐든 다 해야지'라고 생각하는 것이지요. 이런 태도는 책임을 통제와 소유로 혼동하는 것입니다. 자신의 몸과 현상에 대해 자기가 모든 것을 조작하고 통제할 수 있다는 관점에서 접근하면 마음은 더욱 더 편협해지고 좁아집니다. 온갖 종류의 원인과 조건이 모여 하나의 행동이나 사건이라는 결과를 만든다는 사실을 인식하지 못하면, 자아는 스스로에 대해 아주 정교한 망상을 일으켜 '내가 하는 모든 것은 내가 결정한 것이고 나의 통찰과 계산에 의한 것이다'라고 생각합니다. 이것은 잘못된 견해로서 모든 현상이 서로 의존하는 것을 부정하며 독립적인 자아가 있다고 생각하는 것입니다.

모든 행동을 인과법으로 들여다보면 어떤 결과든 수많은 원인과 조건에 의지해 일어나므로 그 어떤 것도 독자적으로 일어나지 않는다는 것을 곧바로 알 수 있습니다. 수없이 많은 원인과 조건에 의지하여 우리가 존재한다는 것을 이해하면 고유하고 독립된 별개의 자아가 분명히 있다는 믿음이 사라집니다.

책임을 소유로 잘못 이해하여 결과를 통제하려고 들면 자아를 신성시하게 되어 더 많은 괴로움을 일으킵니다. 무엇인가 잘못되면 부끄럽게 느끼고 후회하면서 이제 와서 되돌아보니 자기가 잘못된 추정으로 잘못된 결정을 내린 탓이라며 모든 것이 자기 잘못이라고 생각하기 때문입니다. 그런데 살다 보면 으레 무언가가 잘못될 수밖에 없는 것이, 삶이 원래 그런 것이기 때문입니다. 그러니 우리는 자기가 나쁜 사람이라고 생각할 수밖에 없습니다.

까르마를 이해하지 못하면 삶을 자신이 확인할 수 있는 결정과 행동의 측면에서 보기 때문에 자기중심적 성향이 대단히 강해집니다. 까르마의 가르침에 따라 매순간 최선을 다하고 우리 눈에 보이거나 알지는 못하더라도 선행을 하면 좋은 결과가 나온다는 것을 믿어야 합니다. 결과만 중요하게 여겨서는 안 되며, 선행에 대해 외적 보상을 구하지 않아야 합니다. 오히려 우리가 인간으로 존재하는 이번 생에 모든 기회를 이용하여 자신을 포함한 일체중생의 행복과 해탈을 위해 더욱 더 정진하는 마음을 길러야 합니다. 매 시간 그리고 매일 이렇게 정진하다 보면 보다 긴 시간에 걸쳐 이것이 가져다주는 이로움을 믿게 됩니다.

우리에게는 매일매일의 삶에서 선행과 악행을 결정할 수 있는 멋진 기회가 수없이 주어집니다. 처음에는 씨 뿌리기와 같이 자신이 알거나 짐작할 수 있는 범위에서 까르마를 탐구하십시오. 그런 다음에 자신이 답할 수 없는 영역으로 범위를 확장하여 까르마를 조사하고 탐구하면 됩니다. 인과법의 범위를 점점 더 넓혀가면서 스스로를 편안하게 돌아볼 수 있게 되면 이런 질문이 떠오르는 시점이 옵니다.

"내가 어떻게 여기까지 왔을까? 나는 왜 여기 있을까? 지금 이 몸을 가지고 우리 가족 그리고 이 사회에 내가 태어난 원인과 조건은 무엇일까?"

선업인가 악업인가?

아무리 따져 보아도 어떤 행위가 선업을 가져오는지 아니면 악업을 가져오는지 구분할 수 없는 경우가 있습니다. 티베트 사람들이 즐겨 이야기하는 설화를 하나 소개하지요. 서부 티베트의 평원에 한 부부가 아들과 함께 작은 농장을 가꾸며 살았습니다. 그들은 먹고 살기에 충분한 곡식을 얻기 위해 열심히 농사를 지었습니다. 그 가족이 몹시 소중히 여기는 재산이 하나 있었으니, 아주 잘 생긴 흑색 종마였지요. 귀한 소금과 짐승 가죽을 내다 팔 수 있을 정도로 모으면 그 말에 실어 날랐습니다. 녀석에게 쟁기를 달아 굳어진 땅을 갈기도 했지요. 그 가족은 말을 어찌나 애지중지했는지, 자신들보다 녀석을 더 잘 먹었습니다.

그러던 어느 날, 말이 어디론가 도망을 가고 말았습니다. 세 사람은 각자 다른 방향으로 흩어져 말을 찾아다녔지만 사랑하는 말은 어디에도 없었습니다. 그들은 몹시 애석해하며 그 지역 사람들이 믿는 토속신에게 기도하며 이런 불행을 불러온 자신들의 잘못을 용서해달라고 간절히 빌었습니다. 겨울이 되자 눈이 내려 평원으로 가는 고개가 막혔습니다. 매섭게 추운 날씨가 여러 달 계속되더니 짧고 어두웠던 날이 조금씩 길어지기 시작했습니다. 눈이 녹자 그들은 말도 없는데 땅을 어떻게 갈아야 할지 걱정이 태산이었습니다.

어느 봄날 아침, 아름답기 그지없는 그들의 말이 돌아왔습니다. 그 뒤를 젊은 암말 한 마리가 따라왔습니다. 세 사람은 뛸 듯이 기뻐하며 말을 껴안고 입을 맞추었지요. 훌륭한 말을 두 마리나 가지게 되었으니, 그 가족은 자신들의 행운이 놀랍기만 했지요. 수줍음을 타는 암말은 조금 거칠었는데, 아들이 암말을 길들이겠다고 나섰습니다. 아들은 고삐와 긴 밧줄을 이용하여 암말을 훈련시켰습니다. 원을 그리며 계속 도는 훈련을 마치자 암말은 곧 빠른 속도로 걷게 되었고, 아들이 옆구리를 만지고 발을 들어 올려도 얌전히 있었지요. 얼마 후 아들은 암말의 등에 올라탈 수 있었습니다. 순풍에 돛을 단 듯, 모든 것이 순조로웠습니다. 그러던 어느 날, 아들은 암말 위에 올라 풀을 먹는 야크떼에 바짝 붙어서 말을 달렸습니다. 암말이 겁을 먹고 날뛰는 바람에 아들은 땅에 떨어지고 말았습니다. 아들은 발이 부러진 채 집으로 돌아왔습니다. 외아들에게 농장 일을 많이 의지했던 두 부부는 실의에 빠졌지요. 가을이 지났지만 아들은 여전히 심하게 다리를 절었습니다. 아들은 쉽게 지쳐서 종일 하는 일은 엄두도 내지 못했지요. 이번에는 과연 무슨 일이 그들을 기다리고 있을까요?

어느 날, 천둥을 치듯 요란한 발굽 소리를 내며 일단의 말이 농장을 향해 달려왔습니다. 모병대가 아들을 징집하기 위해 온 것입니다. 그러나 그들은 심하게 다리를 저는 아들을 보고는 그대로 남겨놓은 채 길을 떠났습니다. 크게 안심이 된 부부는 축하주로 보리 맥주를 내왔습니다.

누구에게나 일어날 수 있는 이야기입니다. 누구든 좋은 업도 있고 나쁜 업도 있습니다. 삶에는 행복한 일과 불행한 일이 함께 있습니다. 지금 고통을 주는 일들은 기쁨을 주는 일로 시작되었고, 그 반대의 경우도 똑같습니다. 삶이 그런 것입니다.

많은 제자들이 불법 안에서 살아가는 것에 대해 아무리 감사해도 부족하다고 말합니다. 그런데 그이들은 어떻게 법과 연을 맺게 되었을까요? 개인적인 비극을 겪으면서 불법을 만난 이들이 아주 많습니다. 제 제자들 중에는 어린 자식을 자동차 사고로 잃은 이가 여럿 있습니다. 부처님의 가르침은 극단적인 감정을 다스리는 방법을 가르쳐주고, 좋든 나쁘든 아니면 중간이든 자신의 상황을 최대한 활용하는 방법을 일러줍니다.

선업을 쌓았는데 환경이 좋지 않은 경우는 인간으로 태어나지만 가정이 빈곤하거나 질병을 앓거나 교육의 선택권이 부족해서 행복의 기회에 장애가 됩니다. 환경은 좋은데 악업을 쌓았다면, 이를테면 개로 태어나지만 부유한 주인의 보호를 받고 귀여움을 독차지합니다. 어떤 존재든 선업도 있고 악업도 있습니다. 누구나 똑같습니다.

까르마에 대해 사유하면 친구들과 가족과의 관계, 집과 직장에서 날마다 하는 행동을 이해하는 방식이 달라집니다. 우리가 이제까지 해오던 것, 우리가 할 수 있는 것의 가능성이 무한대로 늘어납니다. 모든 존재들이 괴로움을 겪습니다. 그러나 괴로움의 정도, 미래의 부정적인 조건과 환경이 어느 정도일지는 현재에서 비롯됩니다. 이 때문에 법으로 마음을 돌리는 네 가지 사유에서는 까르마에 대한 사유를 먼저 하고 괴로움의 진리를 그 다음에 사유합니다. 현재의 삶을 어떻게 이끄느냐에 따라 미래의 삶이 결정되기 때문입니다. 우리는 수많은 원인과 조건들에 의존하지만, 인간 존재로서 우리가 누리는 무량한 이로움은 그것들이 우리를 규정하지 못한다는 것입니다. 무엇이든 가능합니다. 까르마가 변할 수도 있음을 인식한다면 부처가 될 수 있는 가능성이 커집니다. 즉, 우리가 이미 부처라는 것을 인식하게 된다는 뜻입니다.

07
법으로 마음을 돌리는 네 번째 사유

괴로움

이제까지 우리는 괴로움에서 벗어날 수 있다는 자신감을 북돋는 환경, 즉 인간으로서 타고난 능력, 무상 그리고 해탈의 조건을 만드는 일상의 행동에 대해 살펴보았습니다. 이 세 가지 사유를 통해 우리를 끊임없이 윤회하게 만드는 습관에서 벗어나야겠다는 마음이 일어납니다. 법으로 마음을 돌리는 네 번째 사유에서는 괴로움 자체가 알아차림의 대상이 됩니다. 부처님께서는 윤회 자체에 괴로움을 일으키는 조건들이 포함되어 있으며 그것에서 벗어나려면 괴로움을 직접 부딪쳐야 한다고 통찰하셨습니다. 이것이 사성제四聖諦의 첫 번째인 괴로움의 진리입니다. 사성제는 석가모니 부처님이 첫 번째로 설하신 가르침으로, 괴로움에 관한 성스런 진리인 고성제苦聖諦, 괴로움의 원인에 관한 성스런 진리인 집성제集聖諦, 괴로움의 소멸에 관한 성스런 진리인 멸성제滅聖蹄 그리고 괴로움의 소멸에 이르는 길에 관한 성스런 진리인 도성제道聖蹄입니다.

부처님의 첫 번째 가르침이 괴로움에 대한 것이라는 말을 들으면 '내가 불법을 찾아 여기까지 온 건 인생의 고통에 대해 들으려는 게 아니야. 고통이라면 지긋지긋하게 알고 있으니까' 하고 생각하는 사람들이 많을 겁니다. 살아가면서 괴로움과 불만족, 번뇌를 겪지 않는 사람은 없습니다. 그러나 괴로움의 근본적인 원인이나 괴로움이 끝없이 이어지는 이유를 실제로 조사하는 사람들은 거의 없습니다. 더 큰 문제는 어떻게 하면 이런 괴로움에서 벗어날 수 있는지 탐구하지 않는다는 것입니다. 우리는 불행에 맞서 상황을 바꾸려고 하는 대신 불행을 피하기 위해 갖은 애를 씁니다. 마약, 술, 컴퓨터 게임, 충동구매나 폭식이 그것을 잘 보여주는 실례입니다. 고통을 피하는 방법은 실로 수천 가지가 넘습니다.

우리는 불만족에 대해 잘 알고 있지만, 행복을 구하는 방법이 무언가 잘못 되었다는 사실을 선뜻 인정하지 못합니다. 술이나 마약 같은 피하기 전략은 병의 원인을 알지 못한 채 약을 먹는 것과 같습니다. 행복을 위해 돈과 섹스, 권력을 쫓아다닌다면 일회용 반창고로 암을 치료하려는 것과 똑같습니다. 병을 스스로 치료하려면 무엇보다도 먼저 병의 원인이 무엇인지 알아야 합니다.

●괴로움은 깨달음에 이르는 길

우리는 괴로움을 축으로 하여 윤회로부터 돌아섭니다. 비행기를 타려면 우선 공항의 커다란 회전문 안으로 걸어 들어가야 하는 것과 같습니다. 반대편으로 나가려면 우선 괴로움이라는 회전문으로 들어가야 합니다. 불법의 핵심은 괴로움에서 벗어나려면 괴로움을 받아들여야한다는 것입니다. 괴로움을 받아들이지 않으면 갈애와 탐욕, 집착이 남을 뿐입니다. 피하기 전략이 통하지 않는다는 사실을 알게 될 즈음이면 이미 우리는 술이나 마약 같은 나쁜 습관에 완전히 중독되어 끊기 어려운 상태가 됩니다. 그렇지만 부처님께서 우리에게 전해주신 희소식은 습관과 행동양식은 틀림없이 끊을 수 있다는 것입니다.

그렇지만 어린 제게 괴로움을 해탈에 이르는 길로 삼으라는 가르침은 무척 어려운 소리였습니다. 저는 해탈보다 괴로움 쪽에 더 관심이 갔습니다. 그러다가 재미있는 사건이 일어나는 바람에 부처님 가르침대로 할 수 있겠다는 생각이 얼핏 들었습니다. 그때가 12살 무렵으로, 세랍링과 네팔에 계신 아버지 사이를 오가며 공부할 때였지요. 그 사건은 세랍링의 연중행사로 연말에 며칠 동안 아침마다 열리는 의식 도중에 일어났습니다. 백 명이 넘는 스님들이 가운데 통로를 사이에 두고 마주 보며 여러 줄로 길게 앉았는데, 저는 뚤꾸라는 자격으로 첫 번째 줄에 다른 스님들보다 높은 좌복에 앉았습니다.

그 날 아침은 정말 지독하게 추웠습니다. 세랍링은 히말라야 남쪽 기슭에 자리하고 있어 소나무 숲 위로 우뚝 솟은 설산이 웅장하고 아름답게 보이는 곳이었습니다. 겨울이 되면 여러 달 동안 낮에는 따뜻하고 해가 났지만 밤이면 기온이 뚝 떨어지곤 했습니다. 그때가 새벽 4시쯤으로 모두들 추위를 이길 요량으로 다른 때보다 더 열심히 불경을 읽고 있었지요. 저는 한 손에는 요령을 다른 한 손에는 다마루 damaru라 불리는 작은 북을 들고 있었습니다. 그런데 무슨 일이 있는지 스님들이 갑자기 술렁대기 시작했습니다. 다들 부스럭대며 고개를 돌리기에 저도 따라 돌아다보았습니다. 전등불이 희미해 무슨 일인지 확인하는 데 시간이 조금 걸렸는데, 서양 남자 하나가 제가 앉은 맞은편 벽에 몸을 바싹 붙인 채 법당 앞쪽으로 발끝을 들고 살금살금 걸어오고 있었습니다. 스님들 머리 위로 높이 걸린 탕카thangka*(티베트 불교에서 주로 사원의 벽이나 본당 정면에 걸어놓는 족자 형태의 탱화)를 지날 때마다 그는 목 앞에서 두 손을 모으고는 탕카를 향해 손을 높이 치켜들고 허리를 깊이 숙여 절을 했습니다. 웃옷은 스키복을 입었는데 모자를 쓰지 않아 대머리가 그대로 드러났지요.

법당 앞쪽에 다다르자 그는 통로로 들어서더니 제 앞에서 발을 멈추었습니다. 그러더니 무릎을 꿇고 머리를 숙이며 제게 절을 하는 거였습니다. 스님들의 눈이 일제히 저를 향했고 저는 당황해서 어찌할 바를 몰랐습니다. 잠시 후 저는 티베트 라마들이 가피를 내릴 때 하듯 한 손을 펴서 그이의 머리에 얹었습니다. 그러자 깜짝 놀란 그가 마치 감전이라도 된 듯 풀쩍 튀어 올랐습니다. 그 모습에 저는 덜컥 겁이 나서 반사적으로 뒤로 물러났습니다. 그러자 스님들이 웃음을 터뜨리기 시작했지요. 서양인은 제가 자기 몸에 손을 대리라는 것을 전혀 예상하지 못했을 것이고, 그것이 가피를 내리는 동작이라는 것 또한 알지 못했을 거라는 생각이 뒤늦게야 들었습니다. 빡빡머리에 놓인 제 손이 그에게는 아마 얼음덩어리 같았을 겁니다.

그날 오후에 다시 사원을 찾아온 서양인이 밝혔듯, 아주 작은 오해로 인해 일어난 이 사건은 추정과 기대가 현재를 어떻게 형성하는지 보여줍니다. 만약 문제의 동작이 긍정적인 의미를 가진 행동이라는 것을 사전에 알았다면 그이는 틀림없이 긍정적인 반응을 보였을 겁니다. 그 동작 자체는 고유한 의미가 없습니다. 그 동작이 좋다거나 나쁘다거나, 아니면 좋지도 않고 나쁘지도 않다고 생각하는 가치는 우리 마음이 부여한 것입니다. 그 가치가 개인적 경험이나 문화적 배경에서 나온다는 것은 중요하지 않습니다. 가치는 어쨌든 주관적인 지각과 인식에 따라 달라집니다. 우리는 괴로움을 가피로 바꿀 수 있습니다. 괴로움 또한 고유한 의미가 없는 감각에 불과하기 때문입니다. 가피 또한 고유한 의미가 없습니다.

자연적 괴로움과 자신이 만든 괴로움

괴로움에는 자연적인 괴로움과 우리 자신이 만든 괴로움이 있습니다. 자연적인 괴로움의 대표적인 예는 죽음입니다. 그렇지만 세상 사람들은 하나같이 죽음 자체보다 죽음에 대한 공포가 더 괴롭다고 말합니다. 명상 중에 일어나는 뇌의 변화를 연구하는 과학자들의 말에 따르면, 피험자에게 어느 시점에 고통스런 자극을 가한다는 정보를 미리 알려주면 그 자극을 가하기도 전에 피험자의 뇌의 특정 부분이 활성화되기 시작한다고 합니다. 고통이 예상되면 고통을 실제로 느끼지 못해도 고통스러운 법입니다. 이것이 자신이 만든 괴로움의 예입니다. 저 자신의 경험을 통해 공황장애에 대한 두려움, 그러니까 두려움 그 자체가 공황 발작을 촉발한다는 것을 알았습니다.

부처님께서는 태어나고, 병들고, 늙고, 죽는 것을 자연적으로 발생하는 네 가지 고통, 4고四苦라 하셨는데, 이것들은 예측이 가능하며 필연적인 고통입니다. 그러나 죽음이나 고통에 대한 두려움은 우리 자신이 만든 고통입니다. 실제로 우리가 고통을 스스로 만드는 것이지요. 우리가 이렇게 쓸데없는 고통을 마음대로 만든다는 사실을 잘 살펴보고 고통에 실체가 없음을 인식하면 고통으로부터 조금씩 놓여나기 시작합니다.

자연적인 고통에는 생로병사生老病死라는 삶의 네 가지 고통 외에 지진·쓰나미·화재·허리케인 등 지수화풍地水火風의 네 가지 원소와 관련하여 일어나는 재앙이 포함됩니다. 관습적인 견해에서 보면, 극단적인 재앙을 당하면 극단적인 고통이 일어나는 것이 정상적인 반응입니다. 그러나 부처님의 견해는 자연 재앙이 일어나더라도 고통을 피할 수 있다는 것입니다. 모든 현상은 공성의 현현으로서 즐겁거나 괴롭게, 아니면 즐겁지도 괴롭지도 않은 것으로 지각됩니다. 모든 현상에 가피로 느껴질 수 있는 잠재력이 이미 내재되어 있습니다. 셰랍링 사건에서 그 서양인이 가피에 대해 이미 알고 있었다면 제가 자신의 머리에 손을 얹었을 때 긍정적인 기대를 했을 테니 전혀 놀라지 않았을 겁니다.

우리는 사실을 제대로 알지 못한 채 주관적인 추정과 투사에 의지하여 반응합니다. 늙어가는 것과 죽음, 지진이나 홍수에 대한 반응은 자신이 바꾸거나 통제하지 못하는 현상들을 받아들이는 태도에 따라 달라집니다. 무지와 번뇌 속에서 육도를 윤회하는 중생들은 장애에 부딪히기 마련입니다. 그러나 괴로움은 장애 그 자체가 아니라 장애에 대한 선입견과 저항 그리고 태도에서 비롯됩니다.

가뭄에 시달리는 농부들을 예로 들어보지요. 모두들 비가 오기를 간절히 기도합니다. 이윽고 비가 내리고, 모두가 행복해졌습니다. 땅이 흠뻑 젖었지만 비는 그칠 기색이 없습니다. 이번에는 모든 사람들이 비가 그치기를 기도합니다. 그러나 비는 줄기차게 내립니다. 사람들은 이제 비를 저주하기 시작합니다. 집과 논밭을 홍수로 잃게 되었으니까요. 농부들은 비에 저항하는 태도로 돌아섭니다. 비와 싸우고 투쟁합니다. 마음의 전쟁이 시작됩니다. 집이 물에 떠내려가고 농작물이 쓰러지자 농부들은 자신들이 졌다고 생각합니다. 비가 이기고 농부들이 진 것입니다.

위의 예는 자연환경이 몰고 온 재앙의 와중에서 우리가 괴로움을 어떻게 만드는지 보여줍니다. 집을 다시 짓고 작물도 다시 심어야 하니, 결코 작은 일은 아닙니다. 이렇듯 실질적인 어려움을 무시하지는 못합니다. 그러나 공항에서 비행기가 늦게 뜨면 화가 나듯, 우리 안에 내재된 분노가 잠복해 있다가 재앙이 일어나면 기다렸다는 듯이 나타나는 것은 아닙니다. 일어나는 감정에 끌려가지 않고 알아차림으로 지켜보면서 자신이 고통을 어떻게 만드는지 조사하고 알아내는 것이 중요합니다.

윤회의 고통에서 벗어나고자 하는 간절한 바람, 즉 출리심을 일으키면 외적 요인에 따라 마음이 오락가락하지 않으며, 부처님의 가르침에 의지하여 행복을 스스로 만들어갑니다. 고통을 일으키는 원인과 조건에서 멀어지는 방향으로 마음을 바꾸는 것입니다. 전쟁, 가난, 편견, 도살 또는 환경파괴 등 인간이 만드는 고통을 외면하라는 말이 아닙니다. 도망치라는 뜻도 아니고 수동적으로 대처하거나 중립적 방관자가 되라는 뜻도 아닙니다. 그렇지만 이 같은 외부 상황에 대처하고 개입하는 방법을 꼼꼼하게 따져봐야 합니다. 좋은 뜻을 가진 많은 사람들이 불의를 보면 불같은 열정, 특히 분노로 대응해야 하며, 이는 정당하고 이롭기까지 하다고 생각합니다. 공항에서 뜻하지 않게 기다려야 하는 일이 생기면 본능적으로 화가 나는 것처럼, 불의를 보면 자동적, 본능적으로 분노가 일어난다고 생각하는 것이지요. 그러나 그렇지 않습니다. 분노가 일어나면 사태를 명확하게 볼 수 없습니다. 부정적인 마음이 다른 사람들을 도우려는 선한 의도를 가로막기 때문에 진정한 자비심으로 행동하기 어렵습니다. 분노하는 마음에 갇혀버리는 것입니다. 출리는 파괴적인 감정으로 인해 손상되고 닫힌 마음으로 살아가는 것이 아니라 냉철하고 열린 마음으로 살아가는 방식을 강구하려는 것입니다.

제가 아는 캐나다 친구가 환경단체의 협조로 어린 물개의 도살을 반대하는 캠페인을 벌인 적이 있습니다. 홍보물 중에는 뱃사람들이 가련한 물개 새끼들을 방망이로 마구 패는 끔찍한 장면도 있었습니다. 캠페인은 성공했고, 그 관행은 불법으로 금지되었습니다. 그 친구는 물론 결과에 대만족하였지요. 그로부터 몇 년 후, 그이는 물개 도살이 금지된 마을을 방문하게 되었습니다. 나쁜 관행이 사라졌으니 마을 사람들이 모두 행복하고 편안해졌으리라 생각하며 자신의 노력이 이룬 결과를 볼 수 있으리라는 기대감에 부풀었습니다. 그러나 그이를 기다리고 있는 것은 절망에 빠진 마을이었습니다. 알코올 중독이 만연했고 판자로 봉쇄된 상점들이 즐비했습니다. 사람들이 떠난 마을은 적막했습니다. 일거리를 잃어버린 사람들은 먹고 살 방법과 아이들을 키울 방법을 찾지 못해 막막할 뿐이었지요.

그제야 그이는 캠페인이 물개 구조에만 초점을 맞추느라 사람들을 배려하지 못했다는 사실을 깨달았습니다. 그 결과 물개를 잡는 사람들은 비인간적인 도살꾼으로 전락하여 악마로 취급되었습니다. 캠페인으로 인해 새끼 물개를 살려야 한다는 환경보호 의식은 크게 높아졌지만, 그 단체는 결국 전체 그림을 보는 데는 실패한 것입니다. 의도는 좋았지만 지혜가 부족한 캠페인이었지요. 냉철하고 자애롭고 평등한 마음으로 대응하려면 무엇보다도 분노 등의 부정적인 열기를 먼저 가라앉혀야 합니다.

●괴로움의 원인과 본성

나기 곰빠 시절, 아버지는 괴로움이 행복의 조건을 만든다는 말씀을 여러 번 하셨습니다. 당시 저는 시도 때도 없이 찾아오는 두려움과 불안으로 고생하고 있었지만, 그 말씀의 요점을 이해하지 못했습니다. 그러던 어느 날 아버지께서 이런 말씀을 하셨습니다.

"지금이 해질 무렵이라고 하자. 칠흑 같은 어둠은 아니지만 제법 어둑어둑해졌는데 누군가 열린 창문으로 알록달록한 밧줄을 네 방에 던져 넣었어. 너는 비명을 지르며 탁자 밑으로 숨었지. 왜 숨었을까? 밧줄을 뱀이라고 생각했기 때문이지. 겁에 질려 온몸을 부들부들 떨면서 뱀이 스르르 미끄러지듯 네게 가까이 다가오는 것을 보고 있어야 했어. 얼굴에서는 땀이 비 오듯 흐르고 가슴은 마구 방망이질 쳤지. 그때 너와 제일 친한 친구가 네 비명소리에 놀라 방으로 뛰어 들어왔어. 너는 '쉿! 뱀이 네 발밑에 있어' 하고 속삭였어. 그러자 네 친구가 아래를 내려다보며 고개를 저었어. '무슨 소리야? 이건 밧줄이잖아!' 친구의 말은 사실이었지. 그 순간, 너는 말할 수 없이 행복했어. 네가 만든 두려움이 사라졌으니까. 네가 만든 것이니 없앨 수도 있는 게야."

마음의 평정이 깨지는 일은 하루도 거르지 않고 예사로 일어나므로 알아차리지 못하는 때가 대부분입니다. 누군가에게 미소를 보냈는데 상대방이 화답하지 않으면 우리는 당장에 기분이 나빠집니다. 상대방이 어떤 상황인지는 전혀 고려하지 않습니다. 방금 사랑하는 이를 떠나보냈을 수도 있고, 입학시험에 떨어지거나 직장에서 퇴출당했을지도 모르는데, 우리는 자기만 생각하느라 그런 가능성을 아예 차단하고 맙니다. 음식점에서 약속한 사람을 기다리다가 20분 정도 지나면 우리는 대개 자리를 박차고 나와 버립니다. '이렇게 기다리게 만들다니, 나를 우습게 아는군' 하는 생각에 화가 치밀기 때문이지요. 화를 내는 대신, 상대방이 혹시 교통사고를 당하거나 겨울철 빙판길에 미끄러지지 않았는지 염려하며 그렇게 되지 않기를 바랄 수도 있지만, 상대방이 무례하다고 판단하고는 자신의 생각을 철석같이 믿어버립니다. 과거의 경험으로 보아 상대방이 우리와 아무 상관없는 이유로 늦는다는 것을 머리로는 잘 알지만, 기다려야 하는 상황을 기분 나쁘게 받아들이는 습관은 잘 깨어지지 않습니다.

불법의 이로움을 얻으려면 우리가 스스로 문제를 만들어내는 경우가 자주 있다는 사실을 제대로 인식하는 것이 중요합니다.

●괴로움의 세 가지 범주

괴로움은 세 가지 범주로 이해할 수 있습니다. 첫 번째는 변화의 괴로움壞苦, 두 번째는 괴로움의 괴로움苦苦, 세 번째는 현상계에 만연한 괴로움行苦입니다.

괴고壞苦

괴고는 즐거운 느낌으로 시작됩니다. 부처님은 이것을 빨갛게 불에 달군 석탄을 깔아놓은 풀밭에서 낮잠을 자는 것에 비유하셨습니다. 풀에 누우면 따스하고 아주 부드럽게 느껴지겠지요. 그러나 그렇게 즐거운 느낌에 집착하면 자신이 천천히 불에 타고 있다는 사실을 알아차리지 못합니다.

즐거운 느낌에 집착하는 것은 괴로움의 원인으로, 독이 든 사탕을 먹거나 담배를 피우는 것과 같습니다. 사람들은 잔치, 결혼, 해수욕, 등산 등의 행복했던 순간을 기억하지만 이런 순간들은 독이 든 사탕을 먹는 것과 비슷합니다. 무엇을 하든 변화하고 소멸하므로 괴로움을 겪게 됩니다. 이런 조건들이 뿌리 뽑히지 않는 한 괴로움이 반복됩니다.

이것이야말로 윤회의 본질입니다. 사람들은 자신이 절실하게 원하는 것들, 이를테면 스포츠 카, 값비싼 드레스 또는 새로 나온 컴퓨터를 사들입니다. 처음에는 그것들로 인해 몹시 행복합니다. 그러나 불안정한 마음은 곧바로 다른 대상으로 옮겨갑니다. 똑같은 행위를 반복하는 것에 싫증을 내는 끈질긴 습관 때문입니다. 어린애가 새로 산 장난감에 흥미를 잃듯, 우리는 모든 것에 금방 싫증을 냅니다. 파트너를 바꿀 때 변화의 괴로움은 더욱 극심하게 드러나서, 새 파트너 또한 마지막 파트너와 다를 것이 없다고 느끼며 끝장을 내고 맙니다. 새 직장, 새 집 그리고 새로운 스승을 찾아다니는 것도 그것과 똑같습니다.

고고苦苦

고고에는 지수화풍地水火風 4대의 자연적인 소멸과 함께 직업을 잃고 집이 화재로 소실되고 생명을 위협하는 질병에 걸리는 등 마음의 평정을 극심하게 흔들어놓는 상황이 포함됩니다. 그러나 아무리 가혹한 고통을 받는 상황에서도 인신공격을 당한 것처럼 반사적으로 반응하지 않고 평정을 유지할 수 있습니다. 갖가지 삶의 시련 앞에서 흔들리지 않는 평정심을 기르려면 세간의 관습 너머 실상의 단계에 다가가야 합니다.

행고行苦

행고의 느낌은 중립에 가깝지만, 꼭 그렇지만은 않습니다. 즐겁지도 않고 괴롭지도 않지만, 약간 불만족스런 느낌이 마치 윙윙거리는 냉장고의 배경음처럼 공기에 감돕니다. 벼룩이 달라붙어 늘 긁적대는 강아지처럼 마음이 편안하지 않고 평화롭지 못합니다. 그러니 마음이 늘 불안정할 수밖에 없습니다.

괴로운 마음

법으로 마음을 돌리는 네 번째 사유에서는 마음을 직접 들여다봅니다. 내면에 주의를 기울여 지각과 인식이 어떻게 일어나는지, 그것들이 우리의 실상을 어떻게 왜곡하여 문제를 일으키는지 계속 알아차립니다. 이번에도 사마타 명상을 이용하며, 명상의 대상은 우리의 마음입니다. 명상이 진전되면 우리 자신이 괴로움을 어떻게 만드는지 살펴볼 것입니다. 지금으로서는 자연적인 괴로움과 자신이 만든 괴로움을 구분하는 정도면 됩니다. 그러면 쉽게 공감할 수 있는 어려움을 대상으로 네 번째 사유를 시작해 보겠습니다.

앞에서 설명한 세 가지 사유와 마찬가지로 괴로움에 대한 사유 역시 한없는 자비심을 일으킵니다. 자비심을 밀어내지 않아도 되지만, 불안하고 불만족스런 느낌에 알아차림을 다시 가져가고 마음에서 괴로움이 어떻게 일어나는지 보도록 노력하십시오. 명상 수련으로서 고통을 사유하려면 여러분이 아는 사람들 중에서 공감이 가는 어려움을 겪는 이를 대상으로 시작하는 것이 좋습니다. 여러분이 그 입장이 되어 그이의 마음을 괴롭히는 주관적인 인식을 그대로 느껴봅니다. 그이의 모습과 그이가 하는 말로, 그이의 감정과 몸의 느낌을 고스란히 느낍니다.

마음이 만든 괴로움

여러분은 아마 밧줄을 뱀으로 착각하거나 점잖은 이를 깡패로 오인한 것과 비슷한 경험을 한 적이 있을 겁니다. 저도 그런 경험이 있습니다. 콜로라도 주의 덴버 공항에서 바구니에 구두와 휴대폰, 노트북 컴퓨터를 따로 따로 담는 등 까다로운 보안 검색대를 통과하고 나서 탑승 구역에 앉아 비행기를 기다리고 있었지요. 내가 앉아있는 구역 맞은편에 또 다른 검색대가 있었는데, 그곳의 보안 검색원 하나가 저를 계속 뚫어지게 보는 거였습니다. 웃음기가 없는 표정이었지요. 검은 콧수염에 머리숱이 적고 몸집이 큰 남자였습니다. 그이가 여전히 저를 바라보는지 살피기 위해 저는 그쪽으로 간간히 눈을 돌리곤 했습니다. 제가 혹시라도 그이의 주목을 받을 만한 일을 했나 싶어 이리저리 생각해 보기도 했습니다. 제 쪽을 자꾸 바라보는 그이가 점점 야비하게 느껴지더군요. 꼭 영화에 나오는 마피아 같이 생겼다고 생각한 순간, 그이가 휴대폰을 꺼내들었습니다. 저는 '그러면 그렇지. 이제 누군가 나를 잡으러 오겠군' 하고 생각했습니다.

제 예상은 적중해서 다른 보안검색원이 그이에게 다가왔고, 그이는 제 쪽을 다시 가리켰습니다. 방금 온 검색원이 그곳을 지키고, 콧수염의 사나이는 저를 향해 걸어왔습니다. 제게 다가온 그이가 "룸푸체이십니까?" 하고 물었습니다. 무슨 말인지 알아듣지 못했기에 저는 아무 말도 하지 않았지요. 그러자 그이가 다시 물었습니다.

"욘계이 씨 아니신가요?"

저는 체념의 한숨을 쉬며 시인했습니다.

"네, 맞습니다."

"말씀드릴 것이 있어서요. 제가 선생님의 책을 정말로 좋아합니다. 그 책이 제게 얼마나 큰 도움이 되었는지 모릅니다. 정말 고맙습니다."

그 말이 끝나기가 무섭게 우리 둘의 얼굴에는 약속이라도 한 듯 미소가 피어올랐습니다. 우리는 허리를 굽히고 인사를 나누며 마치 오랜 친구들처럼 다정하게 악수를 나눴습니다. 이 일화에서 제일 재미있는 부분은 따로 있습니다. 다시 검색대로 돌아간 그이를 보며 저는 저도 모르게 이렇게 중얼거렸거든요.

"보면 볼수록 잘 생겼군. 친절하고 유쾌하고, 정말로 멋진 친구란 말이야!"

마음을 주의 깊게 살펴보지 못한 저의 불찰로 일어난 사건이었지요. 부주의한 탓에 공항이라는 분위기가 일반적으로 만들어내는 피해의식에 휩쓸려 잘못된 지각을 일으킴으로써 제 스스로가 괴로움을 만들어낸 것입니다.

마음이 만든 괴로움에 대해 사유할 때는 여러분이 잘 알고 있거나 익숙하게 느끼는 상황을 선택하는 것이 좋습니다. 직접 겪은 상황이 잘 기억나지 않는다면 여러분이 아는 사람, 아니면 책이나 영화에서 따온 이야기를 대상으로 사유해 보십시오. 괴로움을 일으키는 상황을 택해 어떤 관점 때문에 그 일이 일어났는지 알아보고, 괴로움을 해결할 수 있는 견해를 찾아내는 것이 중요합니다.

자신이 만든 괴로움에 대한 명상

▶ 척추를 바르게 하고 편안한 자세로 앉는다.
▶ 눈은 떠도 되고 감아도 된다.
▶ 1,2분 정도 열린 알아차림에 머문다.
▶ 자신의 잘못된 감정과 인식, 믿음 또는 태도로 인해 번뇌나 괴로움이 일어났던 사건을 한 가지 떠올린다.
▶ 화든 질투든, 그 일로 인해 그 당시에 일어났던 감정을 느낀다.
▶ 그 사건이 잘못된 인식 때문에 일어났음을 알고 나자 마음이 편안해졌던 것을 기억하고 그때의 느낌을 떠올린다.
▶ 스스로에게 다음과 같이 질문한다. "잘못된 인식이 어디로부터 일어났는가? 어디로 갔나? 어떻게 바뀌었나?"
▶ 5~10분 동안 명상을 계속한다.
▶ 열린 알아차림에 머무는 것으로 마무리한다.

육도의 괴로움

법으로 마음을 돌리는 네 번째 사유는 고통을 대하는 방식에 새로운 방향을 제시합니다. 이제 우리는 적에게서 달아나듯 괴로움에서 도망치거나, 괴로움을 거부하거나 억누르지 않습니다. 오히려 고통에서 비롯된 불편하고 불안한 느낌에 머물며 그것을 지켜봅니다. 괴로움이 우리를 파괴하거나 제약하지 못한다는 사실을 알기 때문이지요. 자아와 행복의 의미가 관습적인 한계 너머로 확장되어 괴로움까지 포용하므로 괴로움을 대하는 태도가 달라지는 것입니다. 괴로움은 여전히 존재하지만 우리의 정체성에서 더 이상 중요한 요소가 되지 못합니다. 이로써 괴로움을 피하려드는 헛된 습관이 조금씩 허물어지기 시작합니다. 괴로움이 일어나면 곧바로 외부 상황을 탓하는 습관에 빠지는 대신 자신이 일으킨 문제라는 것을 인식하려고 애씁니다.

우리 자신이 만든 괴로움을 피할 수 없음을 인정하고 납득하기 위해 윤회계로 다시 돌아가 봅시다. 첫 번째 사유를 설명하면서 저는 육도가 분노, 탐욕, 무지, 욕망, 질투와 자만심이라는 괴로움을 나타낸다고 했습니다. 소에 대해 명상하면서 축생계에 만연한 고통과 무지를 느껴보고 동물에게는 없지만 우리들 인간에게 내재된 특성의 가치를 확인하고 감사하는 마음을 일으켰습니다. 이어진 알아차림 명상에서는 육도를 하나씩 돌아가며 알아차림하면서 각각을 특징짓는 고통을 느껴보았습니다.

소로 다시 돌아가 보겠습니다. 소는 자기에게 여물이나 물을 가져다줄 사람이 있는지 도무지 알 방법이 없습니다. 사이렌이 울려도 그 소리가 위험을 알리는 신호임을 모릅니다. 주인이 어디론가 끌고 가도, 목욕을 시키려는 건지 아니면 도살하려는 건지 분간하지 못합니다. 이렇게 무지에서 비롯된 불안과 괴로움에 머물러보십시오. 이제는 지옥의 분노를 느껴보십시오. 활활 타오르는 분노의 불길에서 오는 괴로움을 느낍니다. 분노에 눈이 먼 자신이 무지한 짐승처럼 탈출구를 찾지 못하고 이리저리 헤매는 모습을 그려보십시오.

탐욕으로 가득 찬 마음에 가진 것이 충분하지 못하다고 늘 걱정하고 끝없이 물자를 비축하면서 지금 가진 것에 결코 만족하지 못하고 언제나 더 많은 것을 원하는 자신을 한 번 상상해 보세요. 또는, 질투심에 눈이 멀어 늘 다른 사람들이 가진 것을 시기하는 마음은 어떨까요? 아니면, 자만심에서 오는 괴로움을 생각해 보십시오. 다른 사람들보다 잘났다는 생각에 늘 혼자 동떨어져 있으면서 자만심 때문에 자신의 단점을 도저히 인정하지 못합니다. 욕망으로 가득 찬 인간계는 또 어떻습니까? 부와 명성, 음식, 섹스 그리고 기대하는 모든 것을 다 이루려는 욕망 또는 과거의 영광을 회복하거나 재연하려는 욕망 등, 그걸 성취할 수만 있다면 죽어도 좋다고 생각할 만큼 강렬한 욕망을 자기 몸을 괴롭히는 지독한 통증처럼 느껴보십시오.

이제 명상을 통해 괴로움을 사유합시다. 지금은 제가 육도의 괴로움을 하나씩 말해주겠습니다. 나중에는 여러분 스스로 자신만의 괴로움을 떠올리면서 더욱 생생하게 체험하십시오.

육도의 괴로움에 대한 유도 명상

지옥의 분노, 아귀의 탐욕, 축생의 무지, 인간의 욕망, 아수라의 질투와 천상계의 자만에 대해 명상하겠습니다.

▶등을 바르게 하고 편안한 자세로 앉는다. 눈은 떠도 되고 감아도 된다.

▶1,2분 정도 열린 알아차림에 머문다.

▶자신이 지옥에 있다고 상상한다. 이 명상에서는 육도 각각을 상징적으로 나타내는 괴로움을 떠올려야 한다. 지옥에서는 불같이 활활 타오르는 격렬한 분노를 떠올린다. 이곳에 만연한 '지옥 같은' 특성은 모든 존재를 고문하고 태워버리는 불같은 분노에서 비롯된 것이다.

▶복수나 피해의식에서 비롯된 개인적인 사건을 떠올려 이 느낌을 일으킨다.

▶느낌이 일어나면 이야기를 놓아버리고 다만 그 느낌에 머문다. 느낌 자체에 알아차림을 가져간다. 아무런 판단도 해석도 하지 말고 다만 느끼기만 한다. 몇 분간 그 느낌에 머문다.

▶이번에는 아귀가 된 자신을 상상한다. 무슨 일이 있어도 더 가져야겠다고 생각했던 적이 있는가? 자신의 삶이 충분히 멋지다는 것을 스스로에게 납득시키기 위해 자신이 누리고 있는 혜택과 장점을 일일이 다 적어보아도 여전히 불만족스럽고 자기가 원하는 것을 절대로 가지지 못하리라는 느낌에 사로잡힌 적이 있는가? 이런 느낌을 일으키는 이야기를 떠올려도 좋지만 이야기에 빠져들지 않도록 주의한다. 몇 분간 이 느낌에 머문다.

▶축생계는 앞서 했던 소 명상으로 돌아가서 다음과 같이 생각한다. '나는 무지해서 내 처지를 알지 못한다. 누가 친구이고 누가 적인지도 알지 못한다. 다음번 먹을거리를 가져다줄 사람이 있는지도 모른다. 이 상황을 개선할 방법을 알 수 없고 내 힘으로 어떻게 해볼 수도 없다.' 이 생각에 몇 분 동안 머문다.

▶인간계의 괴로움을 느끼기 위해 자신이 진심으로 원하고 자기를 행복하게 해주리라고 믿는 것을 떠올린다. '지금은 돈, 명성, 사랑, 존경, 섹스,

안전한 울타리 같은 것들을 좀 더 확보하는 것이 우선이야. 영적인 추구는 그 다음에 하면 돼'라고 생각한 적이 있는가? 현재 상황이 실제로 꽤 바람직한데도 불구하고 무언가 불편하거나 불만족스러운 마음을 느껴본다.

▶ 이렇게 불편한 감정, 결핍감, 바라는 마음, 지금 가진 것이 충분하다고 느끼지 못하는 마음을 계속 떠올린다. 이런 느낌에 알아차림을 둔다. 몇 분 동안 계속한다.

▶ 자신이 아수라계에 있다고 상상한다. 누군가 망하기를 바라는가? 경쟁자의 명성이나 재정에 나쁜 영향을 주는 소식이 들리면 기뻐하는 마음이 일어나는가? 그렇다면 자기는 더 높은 사회적, 경제적 지위를 향해 사다리를 타고 올라가면서 뒤에 오는 사람을 밀어서 떨어뜨리는 것과 같다. 그 세상에서 누리는 특권을 함께 나누는 대신 혼자서 다 차지하려는 것이다. 다른 사람이 성공하는 것을 보면 쓰디 쓴 약과 같아서 삼키기 어렵다. 그 느낌이 과연 어떤가?

▶ 이런 감정 때문에 다른 사람들과 단절되어 고립되고 못 미더운 느낌이 든다. 그 느낌에 알아차림을 두고 몇 분간 머무른다.

▶ 자신이 천상계에 있다고 상상한다. '나는 전생에 착하게 살았구나. 훌륭한 업을 지은 것이 틀림없어. 삶이 이렇게 만족스러운데 따로 명상을 할 이유가 없지'라고 생각한다. 의미있는 일을 해야 한다는 절박함을 느끼지 못한다. 자기만족으로 인해 모든 것이 거의 마비된다. 기름진 음식으로 배가 부르다 못해 무기력 상태에 빠진 것처럼 마음이 멍하다.

▶ 일어나는 느낌을 계속 놓치지 않으면서 알아차림을 자신의 교만과 자만에 둔다. 몇 분간 지속한다.

▶ 열린 알아차림에 머무는 것으로 마무리한다.

이 명상에서 육도의 순서는 중요하지 않습니다. 우리의 망상과 잘못된 인식이 자신과 타인에게 어떻게 괴로움을 만드는지를 깨닫고, 지옥의 숨 막히는 분노에서부터 현실에 안주하는 천상계의 탐닉에 이르기까지 윤회계 어디든 괴로움이 만연해 있음을 받아들이는 것이 중요합니다. 윤회라는 감옥은 우리 스스로가 지은 것이며 그것을 여는 열쇠 또한 우리 손 안에 있음을 아는 것만으로도 두려움이 훨씬 가벼워져서 우리 스스로가 깨달음으로 가는 길목을 가로막고 서있었다는 것을 알게 됩니다. 할 수 없다는 부정이 용기로 바뀝니다.

육도에 대해 사유하면 다른 존재들을 이해하는 방식이 바뀝니다. 일체중생이 우리와 똑같이 윤회하는 존재이며 또한 윤회에서 벗어나기를 원한다는 사실을 알게 되기 때문입니다. 번뇌에서 오는 극심한 괴로움을 이해하면 자연적으로 우리 자신뿐만 아니라 일체중생이 괴로움에서 벗어나기를 간절히 발원하게 됩니다. 그러나 처음부터 너무 많은 것을 기대하지 마십시오. 습관의 힘이 워낙 강력하므로 거듭 반복해서 살펴보고 조사해야 합니다. 전보다 행복하다는 느낌이 든다면 참 멋진 일입니다. 그러나 조작된 괴로움과 자기 연민으로 다시 끌려 들어가는 상황이 일어나기도 하겠지요. 그렇다 해도 지극히 정상적인 일이니 실망할 것 없습니다. 고통은 우리 스스로가 만든다는 사실을 얼핏 깨닫기만 해도 고통에서 벗어나겠다는 마음을 일으키는 데 큰 도움이 됩니다.

● 괴로움은 출리심의 씨앗

윤회계의 괴로움을 사유하는 것으로 법으로 마음을 돌리는 네 가지 사유를 모두 마치게 됩니다. 첫 번째 사유를 통해 우리는 인간으로 태어난 것의 소중함을 알았습니다. 두 번째 사유에서는 무상에 집중하여 인간 존재의 소중함을 더욱 절실하게 느꼈습니다. 세 번째 사유는 까르마에 대한 이해로 우리가 일상에서 하는 행위의 선악이 우리의 미래, 심지어는 사후에까지 영향을 미친다는 것을 살펴보았습니다. 죽음은 연료가 떨어지면 꺼지는 램프와 다릅니다. 까르마는 금생에서조차 윤회하는 조건들을 만듭니다. 그렇다면 윤회란 무엇일까요? 윤회는 괴로움입니다. 바로 이 괴로움이 법으로 마음을 돌리는 네 번째 사유입니다.

윤회의 괴로움을 철저하게 깨달으면 출리심의 씨앗이 심어집니다. 윤회에서 벗어나기를 발원하는 것이지요. '이 모든 괴로움에서 해방되어 윤회에서 벗어나기를 발원합니다. 제 스스로가 만든 감옥과 괴로움에서 벗어나기 위해 출리심을 일으키기를 발원합니다. 파괴적인 마음의 습관을 버리고 저를 포함한 일체중생의 이로움을 위해 깨달음을 얻기를 간절히 발원합니다.'

이제 우리는 일체중생을 위해 고통에서 벗어나 깨달음을 얻겠다는 다짐과 약속을 할 준비가 되었습니다. 우리가 원하는 것이 이루어지기를 간절히 기도하고 발원합니다. 그렇지만 그런 일이 실제로 이루어질 수 있을까요?

● 부처님의 세 번째 진리—괴로움의 소멸

부처님께서 가르치신 세 번째 진리, 멸성제는 괴로움의 소멸을 천명합니다. 멸성제는 네 번째 진리인 도성제와 함께 부처님께서 전해주신 최고의 소식입니다. 도성제는 수행과 법의 길 그리고 괴로움을 소멸할 수 있는 방법을 일러줍니다. 제가 속한 전승에서는 이 길이 기초수행으로 시작됩니다. 마음을 윤회에서 법으로 돌리는 네 가지 사유를 마치면 우리는 4불공가행의 첫 번째 단계인 귀의의 문 앞에 서게 됩니다.

그러나 그러기에 앞서 생각해야 할 것이 있습니다. 부처님께서 법의 길을 일러주시기에 앞서 괴로움의 소멸을 먼저 말씀하신 이유가 무엇일까요? 부처님께서 그렇게 하신 까닭은 괴로움의 소멸이라는 진리를 조금이라도 맛보지 못하면 그 길에서 한 발자국도 앞으로 나갈 수 없기 때문입니다. 그러려면 공성에 대해 어느 정도 이해해야 합니다. 괴로움은 틀림없이 소멸될 수 있습니다. 그러나 공성의 깨달음이 없으면 불법의 길을 걷는다 해도 괴로움의 소멸에 이르지 못합니다.

● 공성과 괴로움의 소멸

아버지께 들었던, 밧줄을 뱀으로 착각한 이야기에서 저는 주관적인 지각과 인식이 어떻게 실상을 왜곡하고 악화시키는지를 이해하게 되었습니다. 공황장애를 비롯하여 나 자신이 만든 두려움으로 전전긍긍하던 아이에게 그 이야기는 참 좋은 공부거리였지요. 그러나 늘 무서운 일이 일어날 거라고 상상하는 버릇이 있던 저는 그 이야기에서 행복한 결론에 도달하지 못했습니다. 그래서 어느 날 아버지께 여쭈었지요.

"밧줄은 밧줄이며 뱀이 아니란 건 확실히 알겠어요. 그런데 한밤중에 나쁜 사람이 밧줄을 들고 와서 내 목을 묶는다면, 그게 뱀인지 뱀이 아닌지 생각하는 게 무슨 소용이 있나요?"

아버지는 크게 소리 내어 웃으시며 똑똑한 아이라며 칭찬해주셨습니다. 그 말씀에 기분이 좋아지기는 했지만 '누가 내 목을 밧줄로 묶으면 어쩌나?' 하는 생각은 여전히 사라지지 않았습니다. 그래서 다시 여쭈었지요.

"만약에 밧줄이 밧줄인 줄 알면, 그러면 도움이 되나요?"

"아니, 그렇지 않아. 이 경우, 밧줄이 밧줄임을 안다고 해도 도움이 되지 않는다. 밧줄을 뱀으로 상상했다면 네 스스로 문제를 만든 것이고, 밧줄을 밧줄로 알았다면 네 스스로가 만든 뱀에서 벗어난 게야. 그렇지만 원래 문제는 여전히 남아있지. 누군가가 네 목을 밧줄로 조이는데 아무 조처도 취할 수 없다면 너는 무상과 죽음을 받아들이는 수밖에 없다. 그렇더라도 괴로움을 겪지 않으려면 궁극적 실재를 알아야 하고, 그러려면 밧줄을 관습적인 방식으로 보아서는 안 되지. 절대적 견해에서 보면 밧줄은 공성이 드러난 것이야. 너 또한 공성의 현현이고 죽음도 공성의 현현이야."

"그러면, 깨달음을 얻어 공성을 이해하는 사람들은 목이 조여도 괜찮나요?"

"누군가 밧줄로 목이 조인다면 보통 사람들의 눈에는 틀림없이 그이가 죽는 것으로 보일 게다. 설령 밀라레빠라도 밧줄로 목이 조이면 죽어가는 것으로 보이겠지. 그러나 그 분에게 그런 일이 일어난다면, 그 분의 견해와 깨달음으로 볼 때, 그 분은 죽는 것이 아니야. 내말은 관습적인 의미의 죽음이 아니란 뜻이야. 그 분의 몸과 마음에는 변화와 변형이 일어나겠지만, 그 분은 그런 현상을 공성이 드러나는 것으로 지각하므로 마지막 종말에 이르지 않는다는 게다."

"밀라레빠께서는 목이 졸려도 당신의 종말로 지각하지 않을 거라 하셨는데, 그렇다면 저처럼 평범한 사람이 그 분을 보는 방식을 아버지께서 바꾸어주실 수 있나요?"

"내가 바꿀 수 있는 건 나의 지각뿐이야. 너의 지각을 내가 바꿔줄 수는 없어. 우리가 죽으면, 우리의 지금 이 몸이 일으킨 지각은 더 이상 존재하지 않으므로 주위의 사람들은 다만 시체 하나를 보게 되는 게야."

이 대화를 나눈 후부터 저는 아버지께서 공성에 대해 법문하실 때면 늘 비구니 스님들 틈에 끼어 함께 들었습니다. 그렇지만 공과 무無를 여전히 혼동하여 제대로 이해하지 못했습니다. 아버지는 공을 깨달으면 불성, 깨달음, 무량한 자비심 등 좋은 일들이 전부 일어난다고 강조하시곤 했습니다. 깨달음을 얻는다니, 생각만 해도 정말 멋진 일이었습니다. 그러니 공이 아무것도 없는 무無일 리는 없었습니다. 어느 날 아침, 나는 일부러 늑장을 부린 끝에 아버지의 작은 방에 아버지와 단 둘이 남게 되었습니다. 저는 어렵사리 말을 꺼냈습니다.

"아버지께서 공에 대해 많은 말씀을 하셨는데, 저는 아무래도 잘 모르겠습니다."

"공에 대해 알아야 할 것은 두 개의 단어뿐이다. 공空 그리고 성性으로, 성은 가능성을 뜻하지. 공과 성은 모든 현상이 본질적으로 공한 성품이 있으므로 모든 것이 가능하다는 뜻이다. 아무것이나 좋으니 생각나는 것 하나를 고르렴. 탁자, 자동차, 신발, 바위 아니면 네 몸도 좋아. 무엇을 택하든 우리는 그걸 여러 조각으로 해체할 수 있어. 그렇게 해체된 조각이나 파편을 계속 해체하면 분자, 원자, 소립자가 남겠지. 무엇이 남든 이런 식으로 계속 파고 들어가면 우리가 아는 어떤 것에도 실재하거나 내재된 실체가 없다는 것을 알 수 있지.

"그렇지만 이렇듯 실재하는 존재가 없으므로 무엇이든 가능한 게야. 모든 물질과 현상도 마찬가지야. 공은 텅 비어 아무것도 없다는 뜻이 아니다. 공에는 무한한 가능성이 있지. 공하므로 모든 것이 존재하는 게다. 공은 만물에 실체가 없음을 말해주는 한편, 만물을 가능하게 하지. 그러므로 공은 또한 충만함이야. 무엇이든 될 수 있는 가능성으로 채워져 있으니."

그런 다음 아버지는 손으로 탁자를 어루만지며 말씀을 이으셨습니다.

"이 탁자는 실재하는 것으로 보이지만 고유한 실체가 없다. 가령, 네가 꿈속에서 탁자를 만진다고 하자. 네 마음에는 그것이 실제로 존재하는 것으로 보이겠지. 만질 수도 있고 볼 수도 있으니까. 그러나 그건 실재하는 것으로 보이지만, 실재하는 것이 아니야. 깨어있든 꿈속이든 탁자는 똑같아 보이지."

모든 현상이 공하므로 무엇이든 가능합니다. 그러므로 공과 성, 즉 공과 가능성이라는 두 단어를 함께 묶는 것이 매우 중요합니다. 영어에서는 '공하다' 대신 '공성'이라 말하는 것이 어색할 수 있습니다. 어렸을 때 제가 공과 무를 혼동했던 것처럼 이 둘을 혼동하는 서양인들이 많습니다. '가능성'의 차원을 더하지 않으면 공을 무로 혼동하기 쉽습니다.

아버지는 당신 방에 늘 켜두시는 버터 램프를 가리키며 말씀을 마무리하셨습니다.

"공과 성의 관계는 이 램프의 불빛과 열기와 같다. 둘은 본질적으로 하나이므로 떨어질 수 없다는 뜻이지. 반야심경에 보면 '공空은 색色이요 색은 공이며, 색은 공과 다르지 않고 공은 색과 다르지 않다'고 나와 있지 않든. 그것과 같아서 하나가 있어야 다른 하나도 존재하는 게야. 무에는 색이 없지만 공에는 색이 가득 차있어. 그러므로 '공은 충만함'이라고 말하는 게야."

물질은 그것이 보이는 바대로 존재하기도 하고 그렇지 않기도 합니다. 바위, 문, 비행기 등 밀도가 높고 무게가 많이 나가는 물체는 공간으로 채워진 아주 작은 입자나 조각들이 모여 있는 것입니다. 우리는 자신이 지각하는 모든 것에 가치와 정체성을 부여합니다. 우리의 편협한 지각이 이 세상을 정확하게 설명한다고 생각하지만 우리의 지각은 마음의 분별일 뿐, 내재된 가치가 없습니다.

지각의 습관

사람들의 지각이 저마다 다르므로 같은 사물이 다르게 보입니다. 같은 전등갓을 어떤 이는 전등갓으로 보는가 하면 또 어떤 이는 모자로 봅니다. 나무로 만든 물체를 보여주면 탁자로 지각하는 사람들도 있고 관이나 법좌 또는 책상으로 지각하는 이들도 있습니다. 이렇게 서로 다르게 표현해도 누가 틀렸는지 알 수 없습니다. 그 물체에 본질적인 '탁자-성性'이 없으므로 어떤 방법으로도 검증이 되지 않기 때문입니다. 게다가 우리는 나무의 형태가 영원히 유지되지 못한다는 사실을 알고 있습니다. 우리가 탁자를 아무리 뚫어지게 보고 있다 해도, 그것은 어떤 식으로든 형태를 바꾸고 용해되고 해체되고 변형되어 결국은 사라집니다. 탁자는 또한 수백만 개의 원자로 이루어져 있는데, 우리가 알다시피 원자는 99퍼센트가 빈 공간이며 나머지 1퍼센트도 99퍼센트가 비어있습니다.

공에 대한 아버지의 가르침을 들으면서 저는 다시 고집스럽게 생각 명상부터 했습니다. '물질에 대해 생각하든 아니면 생각을 대상으로 명상하든 결국은 어리석은 생각에 빠지고 마니, 결국 똑같은 것 아닌가? 탁자가 공하든 공하지 않든 탁자는 여전히 똑같아 보이고 내 손은 여전히 탁자를 뚫고 나가지 못하는데, 무엇이 다르단 말인가?' 제가 찾고 있었던 것은 지각과 인식의 변화가 아니라 대상에서 일어나는 변화였습니다. 저는 아버지께 여쭈었지요.

"만약 이 탁자와 꿈에 나온 탁자가 같다면, 이 탁자를 내려칠 때 손이 아픈 이유가 무엇인가요?"

"습관 때문이지. 네 마음의 습관이 가로막고 있어서 탁자의 공성을 보지 못하는 게야. 네 마음에 있는, 탁자는 딱딱하다는 생각이 네 손을 막고 있다는 뜻이야. 그것이 없어져야 공성을 볼 수 있다."

물론 우리 몸보다는 탁자를 보기로 하여 공성을 이해하는 편이 덜 아프겠지요. 그러나 우리는 매 순간 몸과 마음에서 일어나는 변화에 끊임없이 사로잡혀 있습니다. 아이에서 어른이 되고, 배가 고프다가 불러지고, 머리가 자라다가 빠지고, 아프다가 건강해지고, 화가 났다가 진정되고, 자부심이 부끄러움으로 변하는 것에 주의를 기울입니다. 자신만의 고유한 '자아-성'이 있다고 한사코 주장하면서도 감정과 신체의 변화에 늘 집착합니다. 참으로 엄청난 모순입니다.

불교와 과학은 모든 현상이 영속하지 않고 변하는 특성이 있다는 것에 동의합니다. 그러나 불법은 괴로움의 소멸을 위해 실상을 모두 밝히려면 우리의 습관을 깨야 한다고 가르칩니다. 과학의 목표는 진리를 알아내는 것입니다. 불교 또한 마찬가지이지만, 우리가 추구하는 실상의 진리는 그것 자체로 끝나지 않습니다. 우리는 일체만물의 실상을 알려고 노력합니다. 세상과 그 안에 있는, 우리 자신을 포함한 만물이 겉으로 보이는 것과 똑같지 않음을 이해하는 것이야말로 해탈로 가는 문을 여는 것입니다. 모든 불교 전통은 이 목표를 성취할 수 있는 수행 체계를 마련하기 위해 많은 노력을 기울여왔습니다. 수행의 체험을 통해 궁극적 실재를 이해해야만 괴로움을 뿌리째 뽑을 수 있습니다.

제 손이 탁자를 뚫지 못하는 이유를 설명하심으로써 아버지는 공

어머니와 형 촉니 린포체와 함께, 1980년 무렵

에 대한 가르침을 마치셨습니다. 그 후 몇 주간은 '이런 거구나' 하는 생각이 들기도 했지만 그런 느낌은 금방 사라졌고 제 마음은 전보다 더 어지러웠습니다. 더욱 혼란스러웠던 것은 이제는 꿈에서도 똑같이 무라는 생각이 드는 거였습니다. 저는 아버지께 꿈에 대해 다시 한 번 설명해달라고 부탁드렸습니다. 그러자 아버지는 저의 아픈 기억을 대상으로 선택하셨습니다.

이태 전, 어머니를 따라 카투만두 시장에 내려간 적이 있었지요. 해마다 외조부님 댁에 가시는 어머니가 다음날 누브리로 떠나시면서 새 부엌용품을 가져가기로 하셨거든요. 저는 아버지 밑에서 공부를 시작했으므로 어머니를 따라갈 수 없었습니다. 당시는 시장이 지금처럼 크지 않았고 상점들이 다닥다닥 붙어있었지요. 어머니 뒤를 졸졸 쫓아가던 제 눈에 판매용으로 나온 어린이용 자전거가 들어왔습니다. 저는 반짝거리는 새 자전거에서 눈을 떼지 못했습니다. 정말이지 꼭 갖고 싶었습니다. 저는 어머니께 자전거를 사달라고 했습니다. 어머니가 머뭇거리시자 울음을 터뜨리며 자전거를 사달라고 조르기 시작했습니다. 마침내 어머니는 지갑을 여셨지만 돈이 모자랐습니다. 저는 더욱 서럽게 울어댔지요. 어머니는 다음에 다시 와서 사자고 하시며 이렇게 덧붙이셨습니다.

"너는 여기 남아서 아버지의 가르침을 받아야 하니 공부할 게 많아서 어차피 그런 장난감은 필요 없을 거야."

다음날 어머니는 누브리로 떠나셨지만 자전거는 제 마음을 떠나지 않았습니다. 그때 마치 영감처럼 한 생각이 떠올랐습니다. 저는 아버지께 달려가서 자전거를 사주실 수 있는지 여쭈었습니다. 아버지는 "물론이지! 그리고 말고!" 하시고는 카투만두로 사람을 보내셨습니다. 그러나 자전거는 이미 팔려나가고 없었습니다. 저는 며칠 동안을 슬픔에 빠져 지내야 했지요.

아버지는 자전거를 예로 드시며 꿈의 실상에 대해 설명하셨습니다.

"꿈에 누군가 네게 자전거를 주었다고 하자꾸나. 너는 정말 행복했지. 자전거를 이리저리 타고 다니면서 친구들에게 자랑도 하고 먼지를 부지런히 털고 닦아 반짝반짝하게 윤을 냈어. 그러다가 앞바퀴가 빠졌어. 자전거를 수리점에 끌고 가려고 끙끙대다 보니 균형이 깨지는 바람에 이번에는 뒷바퀴가 틀어졌어. 손잡이를 돌려 이리저리 맞추다 보니 그것마저 부서지고 말았어. 자전거가 산산조각이 나고 말았으니 너는 몹시 속상하겠지?"

"네, 꿈이라도 울어버릴 것 같아요."

"장난감은 처음에는 너를 무척 행복하게 만들지만 시간이 가면 없어지게 되어 있어. 더 이상 존재하지 않는단 뜻이지. 그러나 네 꿈에 나왔던 자전거는 처음부터 실제로 존재하지 않은 거야. 꿈에서 자전거 때문에 너는 무척 행복했고, 꿈은 실재였지. 그러나 동시에 그건 실재가 아니야. 공은 자전거가 실재가 아니라는 뜻이고, 성은 네 꿈속에서 자전거가 실재했다는 뜻이야."

"네. 저도 그렇게 생각해요."

어느 정도는 정말 그랬습니다. 마음으로는 다소 이해가 된 것 같았지만, 아니기도 했습니다. 여전히 그것을 볼 수도 느낄 수도 없었습니다.

그 다음 해, 세랍링에 도착했을 때도 저는 여전히 갈피를 잡지 못한 상태였습니다. 아버지와 쌀제 린포체는 서로 잘 아시는 사이였으며, 아버지는 위대한 스승이신 린포체께 가르침을 청하라고 제게 여러 번 당부하셨습니다. 아버지는 시자에게도 저를 도와주라고 이르시며 린포체께 전반적인 가르침을 요청하되 특히 3대 까르마빠의 마하무드라 기도문에 대한 가르침을 청하라고 하셨습니다. 마하무드라Mahamudra는 대수인大手印을 뜻하며 까규파에서 전승되는 전통적인 명상수행으로 이 기도문의 핵심은 공성과 마음의 본성의 깨달음을 위한 발원입니다.

쌀제 린포체께서는 저의 요청을 받아주셨습니다. 매일 오후 우리들 어린 승려 다섯은 린포체의 방으로 가서 가르침을 받았습니다. 먼저 우리는 몇 가지 발원문을 읽어야 했는데, 그것만으로도 몇 시간이 걸렸습니다. 그런 다음에야 이 특별한 기도문에 대한 린포체의 가르침이 시작되었습니다. 린포체는 아주 천천히 가르쳐 주셨습니다. 첫째 날, 린포체는 공성에 대해 많은 말씀을 하셨습니다. 둘째 날도, 셋째 날도, 또 그 다음날도 린포체는 공성에 대해서 말씀하셨습니다. 그래서 저는 다시 공성에 대해 생각하게 되었습니다. '공성에 대해 이토록 말씀하시니, 공성의 이로움이 대체 무엇일까? 공성을 깨달으면 윤회에서 벗어나고 한량없는 지혜와 자비를 갖게 된다 하시는데.' 그렇지만 공성은 아무래도 확실히 이해가 되지 않았습니다. 어느 날 저는 쌀제 린포체께 가서 여쭈었습니다.

"린포체께서는 모든 현상이 마음에서 온다고 말씀하셨습니다. 탁자는 공하고, 물잔 또한 공하다 하셨습니다. 공성의 이로움이 대체 무엇인가요? 물잔의 공성과 탁자의 공성이 저와 무슨 상관이 있습니까? 부처님의 훌륭한 성품과 특성이 모두 공성 때문이라 하셨는데, 저는 도저히 이해가 안 됩니다. 다시 한 번 가르쳐 주십시오."

그러자 린포체께서는 제게 꿈을 꾸느냐고 물으셨습니다. 저는 그렇다고 대답했지만 속으로는 '또 시작이네' 하는 생각이 들었지요. 린포체께서 말씀하셨습니다.

"네가 지금 아주 무서운 꿈을 꾸고 있다고 하자. 호랑이가 너를 잡으려고 쫓아오는 꿈이야. 네가 자꾸 넘어지는 바람에 녀석이 어느새 네 뒤로 바짝 따라붙고 말았어. 꿈에서 깨지 않고 이 문제에서 벗어나는 가장 좋은 방법이 무엇일까?"

저는 정답을 맞추려고 끙끙대며 열심히 생각했습니다. 마침내 정답을 알아냈다는 확신에 차서 말씀드렸지요.

"불법승 삼보에 기도합니다."

"지금 같은 경우에 기도는 별로 도움이 되지 않아. 호랑이는 여전히 쫓아올 거야."

"그럼, 더 빨리 도망치지요."

"호랑이는 너보다 훨씬 더 빨리 달리는데?"

대답하는 족족 린포체께서는 답이 아니라고 하셨습니다.

별로 자신은 없었지만, 저는 마지막으로 생각난 것을 말씀드렸습니다. "어쩌면, 그게 꿈이라는 걸 알면 되지 않을까요?"

"맞아, 바로 그거야! 만약 꿈이 꿈이라는 걸 알면, 넌 계속해서 꿈을 꾸면서 꿈을 즐기고 잠도 계속 잘 수 있을 게다. 호랑이 입 속으로 뛰어 들기도 하고 등에 올라타기도 하면서 녀석과 사이좋게 놀 수도 있고. 무엇이든 할 수 있어. 꿈을 꾸면서 꿈이라 깨닫지 못하는 것, 그것이 무지야. 실재하지 않는 현상을 실재한다고 지각하는 것이지. 공성을 거듭 닦으면 모든 것을 실재로 지각하는 습관이 서서히 조금씩 바뀌면서 상대적 실재와 절대적 실재를 지각하는 수준에 이르게 된다. 부처가 된다는 것은 궁극의 실재를 완전히 지각한다는 뜻이야."

"여기 있는 이 탁자는 공하지만, 손으로 탁자를 내려치면 손이 아픕니다. 꿈에서는 건물에서 뛰어내려도 죽지 않는데, 지금 여기서는 손이 아픕니다. 그 이유가 무엇입니까?"

린포체께서 어떤 답변을 주셨는지 이제 여러분은 모두 아실 겁니다.

"습관 때문이지. 네 마음의 습관이 가로막고 있어서 네 손과 탁자의 공성을 보지 못하는 게다. 네 손이 견고하고 실재하는 것처럼 보이므로 그것이 단지 마음의 투사임을 알지 못하는 게야. 탁자의 경우도 똑같아. 네가 생각하는 사물의 실체가 사실은 아무 근거가 없다는 걸 깨달으면, 무엇이든 일어날 수 있는 가능성이 한없이 커지는 법이야. 그러나 그런 일은 하루아침에 되는 게 아니라 수행을 통해 아주 서서히 이루어지는 게다."

"그러면 만약 린포체의 손이 탁자를 뚫고 나간다면 제가 그걸 볼 수 있습니까?"

"아니. 넌 그걸 볼 수 없을 게다. 습관 때문이지. 본질적으로 내 손은 공하며, 이 탁자 또한 공하다. 그러나 공한 내 손이 공한 이 탁자를 뚫고 나갈 때, 네 마음은 견고한 물체인 내 손이 다른 물체, 즉 탁자와 부딪치는 모습을 보게 될 뿐이지."

이것을 믿는지 믿지 않는지는 중요하지 않습니다. 그러나 신통력을 얻으려는 생각으로 불법을 수행하면 안 됩니다. 중요한 점은 이런 이야기에서 영감을 얻어 실상을 탐구하려는 열의를 갖는 것입니다. 여러분이 가는 길의 목적지가 괴로움의 소멸이라는 것 또한 잊지 마십시오.

지금쯤 여러분은 다음과 같은 의문이 들 것입니다. '이런 이야기가 괴로움의 소멸에 무슨 도움이 된단 말인가? 심오한 지혜를 가진 스승이 어린 스님을 데리고 손이 탁자를 뚫고 나가는 이야기를 하는 이유가 대체 무엇일까? 그 분이 말씀하시려는 의미가 무엇일까?'

쌀제 린포체께서 제게 알려주시려고 했던 것은 부처님의 가르침은 우리로 하여금 현상계의 실상을 온전히 체험하여 깨달을 수 있게 도와주며, 더 나아가 이런 깨달음을 통해 괴로움의 소멸에 이르게 됨을 이해할 수 있게 도와준다는 거였습니다. 그러나 그 같은 깨달음에 이르려면 공성을 반드시 알아야 하며, 그러기 위해서는 명상이 최고의 방편입니다.

공성의 세 단계

공성에 대한 명상은 세 단계로 진행됩니다. 그렇다고 해서 반드시 이 순서에 따라 명상해야 한다는 뜻은 아닙니다. 명상에 유익한 지침 정도로 이해하면 됩니다.

•1단계 공성 명상

첫 번째 단계는 지적 추론에 의지합니다. 이 단계에서는 지식과 현대 과학의 데이터를 결합하기도 하고, 마음의 작용을 분석한 여러 불교 문헌과 지식을 결합하기도 합니다. 공성의 실상을 아는 데 도움이 되는 모든 것을 이용합니다. 지적인 확신으로 견해를 바꾸기는 어렵지만, 목표를 명확하게 설정하는 데는 큰 도움이 됩니다.

공성이 드러나는 사례가 주변에 늘 넘쳐나지만, 대부분의 경우 우리는 그것을 공성으로 인식하지 못합니다. 자줏빛이 선명한 가지는 생명을 해칠 수 있을 정도로 단단해 보이지만, 오븐에 들어가면 반 대접의 죽이 되어버립니다. 우리 몸은 단단하고 견고해 보이지만 신체 질량의 70퍼센트가 물로 채워져 있습니다. 숲에 떨어진 가지를 주워 단면을 살펴보면 수만 개의 이쑤시개를 세워놓은 것처럼 섬유질이 들어차 있습니다. 해변을 거닐다 잠시 발을 멈추고 자신의 발밑에 밝히는 그 작은 모래알이 돌과 바위는 물론 거대한 암벽을 이룬다는 사실을 한 번 생각해 보십시오. 우리의 일상 세계는 이렇게 혼합되고 일시적이고 조건 지워진 물질들로 온통 둘러싸여 있습니다. 뉴욕의 그 거대한 세계 무역센터가 눈 깜빡할 순간에 사라진 사실을 한 번 돌이켜 보십시오.

아무리 크든 또는 작든 모든 물질은 부수어집니다. 부서지면서 새로 생긴 조각들 또한 부수어집니다. 아무리 부수고 또 부수어도 그 물체의 현재 또는 이전의 형태를 결정하는 본질적인 요소는 어디에서도 찾을 수 없습니다. 관습적으로 물질로 인식되거나 여러 조각으로 해체되는 물질은 무엇이든 근본적인 독자성이 없음을 알아야 합니다. 모든 물질에는 자체적으로 내재된 의미가 없습니다. 물질의 가치와 의미는 우리의 지각과 인식에서 나온 것으로서 물질 그 자체에는 존재하지 않습니다. 그것이 '색즉시공'입니다. 그리고 공성으로 인해 무엇이든 가능한 것이 '공즉시색'입니다.

불법의 수행에서는 물질에 대해 습관적으로 접근하는 대신 그것이 공성임을 인식해야 합니다. 그런 다음 자신을 포함하여 일체중생을 이롭게 하려는 마음으로 이 인식이 흔들리지 않도록 노력해야 합니다. 그러려면 명상을 해야 합니다.

● 2단계 공성 명상

공성 명상의 두 번째 단계는 사마타 명상에 통찰을 결합합니다. 여기서는 공성이 알아차림의 대상이 됩니다. 우리 앞에 탁자가 있다고 가정해 봅시다. 알아차림의 대상으로 탁자라는 물체를 이용하는 대신, 알아차림과 무상을 결합하여 탁자에 실체적 요소가 없음을 조사하고 받아들이는 것입니다. 우리 눈으로 볼 수 없는 원자를 상상하거나 나무가 썩으면서 탁자가 부서지거나 통나무가 불에 타는 것을 상상하십시오. 무엇이 보입니까? 물질이 용해되고 변화하고 사라지면 무엇이 나타납니까? 탁자 위에 꽃 한 송이를 놓고 저속촬영 비디오카메라를 통해 본다고 상상해 봅시다. 3주에 걸쳐 지속되는 튤립의 일생이 3분 만에 펼쳐집니다. 이렇게 하는 목적은 관습과 상대적 실재가 우리의 인식에 지대한 영향을 끼친다는 사실을 이해하려는 것입니다. 평상시 우리의 지각과 인식이 매우 편협하다는 것을 스스로 납득하고 확신해야 합니다. 변화와 무상함을 탐구하면 관습적 인식을 의심하게 됩니다.

그렇지만 변화와 무상은 부분일 뿐입니다. 제가 이렇게 말하는 이유는 미세하게 형태가 변하는 대상을 관찰하다 보면 순간순간 무엇인가 실제로 존재한다는 생각을 가질 수 있기 때문입니다. 그러나 지금

이 순간 그토록 선명하게 일어나는 변화 자체가 공성이 드러나는 것입니다.

공성 명상의 두 번째 단계에서 우리는 모든 현상에 변하는 특성이 있음을 조금씩 이해하기 시작합니다. 바람이 없는 날 무심코 나무에 눈길이 가면, 나무는 가만히 서있는 것처럼 보입니다. 나무를 계속 응시하다 보면 아주 작은 움직임이 포착됩니다. 참새의 날개 짓에 나뭇잎이 살짝 흔들리는 것이 보입니다. 그러면 우리는 문득 나무가 살아서 움직인다고 느낍니다. 집을 대상으로 사마타 명상을 할 때는 쓰러진 마구간처럼 집이 허물어지는 모습을 상상합니다. 멀쩡했던 집이 변해가는 모습을 관상하면서 견고한 형태가 스러지는 것을 느껴보십시오.

평상시 알아차림으로 집이나 탁자를 보면 시야가 좁아집니다. 터널 안에서 보는 것처럼 전체 그림을 보지 못한 채 일부만 보게 되니까요. 공성을 명상한다는 것은 공에 빠져 허무를 체험하는 것이 아닙니다. 갈애와 집착 그리고 자신과 주변 세상에 대해 우리가 가지고 있는 완강한 믿음을 놓아버리는 것입니다. 즉, 우리가 생각하는 대로 현상을 보는 대신 있는 그대로의 현상을 보기 시작하는 것이지요. 선입견과 관념, 고정관념에 물든 가치관을 모두 버리고 현상을 있는 그대로 봅니다. 티베트 사람들은 이것을 "모자를 벗는 것과 같다"고 표현합니다. 겹겹이 싸여있는 선입견과 고정관념을 거두어버리고 이들 제약에서 벗어나 실상을 체험하는 것입니다.

탁자의 예처럼 물질이 변한다는 사실에 익숙해지면 물질이 덜 중요하게 생각되어 갈애와 집착의 끈을 끊는 데 도움이 됩니다. 대부분의 사람들은 탁자를 보면서 가치를 판단하는 반응을 일으킵니다. 품질이 좋다 나쁘다, 보기 좋다 보기 싫다, 또는 비싸다 싸다 등등으로 반응합니다. 우리의 관심은 몸과 마음을 떠나 대상으로 급격하게 옮겨 갑니다. 관심이 대상에 머물면 주관적 인식이 주인이 되어 마음을 쥐고 흔듭니다. 쌀제 린포체께서는 주관적 인식을 영사기라고 표현하셨습니다. 영사기가 주인이 되고 마음은 노예처럼 영사기가 비추는 것들에 끌려 다닌다는 의미입니다. 좋다고 인식하는 것은 쫓아가고 싫다고 인식하는 것은 밀어냅니다. 그러나 공성을 알아차림의 대상으로 명상하면 마음이 주인이 되어 지각하고 인식합니다. 우리를 둘러싼 현상에 대해 습관적이고 주관적인 인식에 따라 반응하지 않습니다.

탁자나 집, 반려동물 또는 빨간 스포츠카가 공함을 깨달으면, 평소 우리 마음을 마치 접착제처럼 대상에 붙여놓는 집착이 떨어져 나가면서 대상은 우리가 부여한 조작된 가치를 잃게 됩니다. 우리는 이제 더 이상 주관적 인식에 끌려 다니지 않고 편안한 마음으로 대상의 속성을 마음껏 즐길 수 있습니다. 욕망과 분별, 시기심에 이끌려 평정심을 잃지 않고 대상의 색깔과 형태, 냄새를 즐깁니다. 공성 명상은 거울을 들여다보는 것과 같습니다. 우리가 보는 대상은 대단히 명료하지만 실재하는 것이 아닙니다. 그것은 무상하며, 실체가 없으며, 홀로 존재하지 못합니다.

윤회계의 여섯 세계에 대해 배우던 때, 저는 한동안 인간계는 실제로 존재하지만 지옥계와 부처님이 계신 정토는 마음이 만들어낸 개념이라는 생각에 빠졌습니다. 하루는 쌀제 린포체께 여쭈었습니다.

"만약 부처님이 계신 정토가 다만 하나의 마음 상태라면, 정토는 하나의 개념일 뿐입니다. 정토가 개념에 불과하다면, 갖가지 형상을 만들고 색을 입히고 특별한 기도를 올리면서 정토를 무언가 실재하는 것으로 만드는 이유가 무엇입니까? 왜 그렇게 견고하게 만드는지 궁금합니다. 또 어떤 때는 실재라고 했다가 또 어떤 때는 마음이 만든다고 하는 이유를 정말로 모르겠습니다."

그러자 린포체께서는 당신의 손에 있는 기도륜을 가리키셨습니다.

"이 기도륜은 어떤 것 같으냐? 이것은 실재인가 아닌가?"

"물론 그것은 실재입니다."

"부처님 정토도 이 기도륜과 같다."

"그러니까 정토가 저기 바깥 어디엔가 실제로 있단 말씀이십니까?"

"아니!"

"정반대인 두 가지 답이 모두 맞는단 말씀이세요?"

"맞거나 틀리다는 것은 세간의 이야기로 상대적이다. 검다거나 하얗다는 것도 상대적이야. 이 기도륜은 마음이 만든 것이기도 하고 실제로 존재하기도 하지."

"그렇지만 이 기도륜은 제가 만질 수 있습니다. 스승님도 이걸 만지실 수 있고요. 또 이걸 돌리면 소리가 납니다. 이것이 어떻게 하나의 마음 상태란 말씀이십니까?"

"이 기도륜은 꿈에 나온 기도륜과 같은 것이야. 꿈속에서 네가 가진 기도륜은 실제로 존재하는 것이 아니지만 너는 그걸 돌릴 수 있지 않든? 이 세상조차 마음이 만든 게야. 쌀제 린포체도 마음이 만든 게야."

기도륜은 몸, 이를테면 린포체의 몸처럼 많은 부품으로 만들어집니다. 우리가 기도륜의 많은 부분을 이미 보았다 해도, 볼 수 있는 부분은 여전히 무궁무진합니다. 팔·다리·기관 등 몇 가지가 다가 아닙니다. 이렇게 계속하다 보면 모든 현상이 공함을 이해하게 됩니다. 절대적 공성으로 인해 쌀제 린포체의 몸의 실재가 드러납니다. 기도륜과 다른 모든 현상들도 마찬가지입니다. 그러나 우리는 이제 이들 실재하는 현상의 특성이 공성과 상호의존이라는 사실을 이해합니다. 우리의 견해가 바뀌면서 관습적·개념적인 이해를 넘어서서 현상계의 실재를 똑바로 이해하는 것입니다.

•3단계 공성 명상

공성 명상의 세 번째 단계는 직접 깨닫는 것입니다. 이제 모든 감각에 청정지견의 지혜가 완전히 스며들어 있습니다. 모든 선입견을 넘어서서 조작하지 않고 있는 그대로 지각하고 인식합니다. 이 같은 직접적인 체험은 통찰 명상에서 일어납니다.

일반적으로 통찰 명상에는 두 가지가 있습니다. 첫 번째는 자아가 실제로 존재한다는 믿음 등 주어진 명제를 논리적으로 분석하는 것입니다. 그 개념이 타당한지를 분석합니다. 우리의 생각을 철저하게 조사하고 검토하다 보면 실제로 틀린 생각이 있다는 것을 종종 발견하게 됩니다. 논리적으로 따져보아도 맞지 않는 경우가 종종 있습니다. 우리 마음을 채우고 있는 조작된 관점을 모두 놓아버리면 믿음과 추정이라는 왜곡된 렌즈로 거르지 않은 실상을 직접 체험하게 됩니다.

통찰 명상의 두 번째 형태는 티베트 불교의 마하무드라와 족첸 전승에서 널리 행해지는 명상입니다. 이른바 티베트 금강승의 명상법으로서 자신의 경험을 직접 관찰하는 것입니다. 이런 종류의 명상에서는 "내가 경험하는 것에 무엇인가 안정되고 변하지 않는 것이 있는가?" 같은 간단한 물음이 내적 탐구로 이어집니다. 논리적 사고 대신 지금 이 순간 우리가 경험하는 것을 직접 관함으로써 답을 구하는 것입니다.

이와 같은 통찰을 통해 자신에 대해 이전에는 볼 수 없었던 것들을 보게 되면서 종국에는 모든 현상의 공성을 보게 됩니다. 이 시점에서 눈으로는 현상과 공성이 하나임을 지속적으로 보고, 귀로는 소리와 공성이 하나임을 지속적으로 듣고, 감촉으로는 물질과 공성이 하나임을 지속적으로 느낍니다. 우리가 지각하는 모든 것에서 공성을 직접 경험함으로써 상대적 실재와 절대적 실재라는 이원성이 사라집니다. 윤회와 열반이 분리되지 않는 하나의 실재가 되는 것입니다.

● 멸성제滅聖諦

우리가 지금 괴롭다고 해서 앞으로도 영원히 괴로우리라는 법은 없습니다. 이런 가능성의 원천이 공성입니다. 모든 현상이 본질적으로 공하다는 것이 변화의 가능성을 설명합니다. 만약 건물에 본질적이며 영속하는 성품이 있다면 그것은 절대로 무너지지 않겠지만, 건물은 결국 무너지고 맙니다. 이 사실을 우리는 잘 압니다. 우리 자신도 마찬가지입니다. 자라고, 늙고, 죽습니다. 이렇게 변하므로 우리의 인식이 무지에서 지혜로 변하고 경험 또한 고통에서 행복으로 변합니다.

이 길에 들어서기에 앞서 우리가 괴로움에서 벗어날 수 있다는 사실을 확실히 알아야 합니다. 그렇지 않으면 우리가 무엇 때문에 수행하는지 알 수 없습니다. 공성은 자동차의 연료와 같습니다. 연료를 넣지 않은 채 도로에 나가면 자동차는 우리를 어디에도 데려다주지 못합니다. 자아집착과 분별로 끊임없이 이어지는 번뇌 그리고 물질이 영속하리라는 망상을 움켜쥐고 있다면 이 길에 들어서지 못합니다. 모든 현상이 공하므로 우리는 변할 수도 있고 놓아버릴 수도 있습니다. 그리하여 보다 차원 높은 진리와 깨달음을 향해 나아갑니다. 우리가 정말로 누구인지 그리고 이 세상의 이치가 무엇인지 그 실상을 찾아나서는 과정이 이제부터 시작되는 것입니다.

관습적 견해에서는 고통을 소멸하려면 외부 환경을 조작해야 한다고 생각합니다. 가족이나 직장 상사, 이웃 때문에 화가 나면 상대방을 피해 이혼을 하거나 새 직장을 구하거나 이사를 갑니다. 자신이 고용한 직원이 자기 자리를 위협하면 그이를 해고하고, 지금 살고 있는 집이 마음에 안 들면 새 집을 구합니다. 그러나 문제는 저 밖에 있지 않습니다. 비행기 추락, 산불, 지진같이 우리가 마음대로 제어할 수 없는 가혹한 상황도 많습니다.

그러나 이런 상황이 꼭 불행으로 이어지는 것은 아닙니다. 부처님께서는 불만족과 우리 자신이 만든 괴로움 그리고 자연적인 괴로움까지도 마음에서 일어난다는 것을 깨달으시고 구도를 결심하셨습니다. 부처님은 우리의 편협한 견해가 감정과 생각, 기억을 넘어서서 우리가 경험하는 모든 현상의 기저가 되는 청정한 알아차림으로 확장될 수 있음을 발견하셨습니다. 이렇게 되면 번뇌와 괴로움이 지혜와 자비로 바뀝니다. 부처님께서 발견하신 이 진리는 종래의 견해를 뒤집는 혁명적인 대안으로서, 이것을 제대로 이해하려면 시간이 필요합니다.

불교 설화에 맨발로 길을 나선 여행자가 얻은 교훈이 전해집니다. 살갗이 찢어져서 피가 나는 발을 보호하기 위해 그는 짐승 가죽을 찾아서 한 조각씩 길에 깔았습니다. 그러던 어느 날, 자기 발에 가죽을 씌웠더니 온 세상의 땅이 단번에 매끄러워졌습니다. 공성의 진리를 깨달으면 어지러운 번뇌가 단박에 모두 끊어지고 괴로움의 원인이 소멸되어 윤회가 열반이 됩니다. 공성을 이해하지 못하면 행복을 구한다면서 온 세상을 한 조각 한 조각 가죽으로 덮으려는, 가망 없는 일에 매달리게 됩니다.

기초수행은 매 순간 경험하는 모든 것에서 공성을 깨닫도록 도와줍니다. 그러나 기초수행을 닦으며 자비심과 헌신을 키워나가는 중에도 우리는 대부분의 경우 여전히 '나'라는 상대적이고 이원적인 한계를 극복하지 못합니다. 예를 들면, '내'가 '다른 존재들'을 이롭게 하려고 귀의한다고 생각합니다. 그러나 한 걸음 한 걸음 우리는 절대적 견해에 다가가게 됩니다.

이어지는 장에서는 4불공가행에 대해 알아보겠습니다. 먼저, 우리를 깨달음으로 이끄는 귀의 그리고 욕구와 욕망에 대한 집착을 놓아버리도록 도와주는 보리심에 대해 알아보겠습니다. 금강살타 수행은 우리가 청정한 공성을 깨달을 때까지 우리의 악업을 정화해줍니다. 만달라 공양에서는 우리의 본성이 한없이 풍성함을 알게 되어 우리에게 있는 모든 것을 내어주고 더 많은 것을 얻습니다. 구루 요가에서는 마침내 청정한 견해로 자신과 세상을 보기에 이릅니다. 기초수행과 함께 우리는 자기 자신으로 되돌아가는 여정에 들어섭니다. 그리하여 새로운 '나'가 되어 집으로 돌아오는 것입니다. 그 과정에서 공성의 인식이 심오해지며 또한 우리 자신의 불성을 인식하게 됩니다.

제3부 4불공가행

귀의경歸依境 또는 귀의수歸依樹,
여기서는 주요 본존과 따이 시뚜 린포체의 주석사원인 동 티베트 빨뻥사원의 스승들을 모심.

08

첫 번째 4불공가행
귀의

| 1. 불법승 삼보에 귀의함 |

어렸을 적에 저는 형 촉니 린포체와 둘이서 큰 스님이라도 된 것처럼 아버지를 비롯한 라마들의 흉내를 내곤 했습니다. 일종의 놀이였지요. 우리는 상상 속의 법좌에 앉아 요령과 북을 흔들며 의식을 집전하는 흉내를 내며 뜻도 없는 말을 읊조렸습니다. 제게 불교는 매일 반복되는 사회생활처럼 생각되었습니다. 그러다가 첫 번째 장기 무문관 수행을 시작하여 쌀제 린포체께 귀의하면서 마치 고향에 돌아온 것처럼 불법佛法이라는 제자리로 돌아왔다는 느낌이 절절하게 들었습니다.

당시 저는 제가 사랑했던 사람들 그리고 저를 사랑했던 모든 이들에게서 멀리 떨어져 있었기에 집이 몹시 그리웠습니다. 쌀제 린포체께서 말씀하셨지요.

"누구나 고향을 그리워하는 것은 진정한 고향이 우리 안에 있기 때문이야. 그걸 깨닫게 되기까지 사람들은 밖에서 행복을 찾으려고 하지. 고향을 찾아가는 그 길이 옳은지 아니면 옳지 않은지가 문제인데, 귀의는 우리를 옳은 길로 이끌어준단다."

귀의는 '내적' 기초수행으로도 불리는 4불공가행의 첫 번째 수행입니다. 이제까지 공부한 마음을 법으로 돌리는 네 가지 사유는 '외적' 기초수행으로 우리를 번뇌와 괴로움 속에서 윤회하게 만드는 습관을 조사하고 탐구하는 것입니다. 지옥 같은 분노에서부터 별 다섯 개짜리 최고급 리조트에 이르기까지 어떤 상황이든 괴로움에서 완전히 벗어나려면 외부 현상에 의지하는 것으로 해결되지 않습니다. 눈에 보이는 세계에 의지하는 미혹된 습관을 끊어야 합니다. 우리는 괴로움을 소멸하겠다는 의지와 동기 그리고 의도를 일으켰지만 아직 방법이 없습니다. 우리가 타고난 마음의 본성이 영원한 행복의 원천임을 인식했다 해도 우리 마음의 근본적인 좋은 특성들을 확실하게 체험하기까지 그것은 지적인 개념일 뿐으로 별로 도움이 되지 않습니다.

내적 기초수행, 즉 4불공가행은 우리의 불성을 인식할 수 있는, 아니면 적어도 이해할 수 있는 방법과 수단을 제공합니다. 이제 우리는 다이아몬드를 덮고 있는 진흙을 닦아내는 것입니다.

●귀의의 의미

우리는 너나없이 무엇엔가 의지합니다. 그러므로 귀의는 인간이 가진 일반적인 태도를 깨달음을 위한 방편으로 바꾸는 것입니다. 누구에게나 몸이나 마음이 안전하고 보호된다는 느낌을 갖게 되는 관계나 장소 또는 행동이 있습니다. 초콜릿을 마구 먹거나 피식피식 웃음이 나오는 것을 주체하지 못하는 등 신경성이거나 건강하지 못한 습관조차 불안이나 상처받는 느낌을 피하기 위한 보호막의 역할을 합니다.

때로 귀의는 그런 마음이 아예 없거나 위협받을 때에 비로소 확실하게 느껴지기도 합니다. 뉴욕의 제 친구가 그런 예입니다. 9.11 사태가 일어난 날 아침, 그이는 첫 번째 비행기가 세계무역센터를 명중하는 광경을 텔레비전으로 지켜보았습니다. 그리고는 바로 두 번째 비행기를 보았지요. 뉴스 진행자가 테러범의 소행이라고 말했을 때도 그이는 여전히 침착한 마음으로 텔레비전을 지켜보았습니다. 그러다가 국방부가 공격을 받았다는 보도가 나오면서부터 두려움이 몰려오기 시작하더니 급기야 울음이 터지고 말았답니다. 제 친구는 이렇게 말하더군요.

"지난 몇 년 동안 저는 매일 아침 '부처님께 귀의합니다. 법에 귀의합니다. 승가에 귀의합니다' 하며 기도했지요. 그런데 알고 보니 제 귀의처는 국방부와 군사력 그리고 나를 보호해주는 병력이었더군요. 9.11 사태가 터지고 나서야 제 의지처가 국방부라는 걸 알았다니까요."

대부분의 사람들이 자신만의 안전지대라고 믿는 장소나 관계를 마

음속에 지니고 있습니다. 이들 외적인 귀의처는 조만간 우리를 실망
시킬 확률이 높지만, 무엇엔가 귀의한다는 것은 우리에게 습관적으로
안전을 바라는 마음이 있다는 사실을 말해줍니다. 귀의수행은 바로
이 마음에서부터 시작됩니다. 우리에게 익숙한 마음에 다가가지만, 이
번에는 그 초점이 바뀝니다. 불법의 수행에서 귀의처는 우리 자신입니
다. 우리에게 내재된 행복과 깨달음의 능력 그리고 다른 존재를 본능
적으로 염려하고 배려하는 능력에 귀의하는 것입니다. 평안하고 신뢰
할 수 있는, 알아차리는 마음에 귀의합니다.

불법승 삼보에 귀의할 때는 외적인 형상과 개념, 상징물을 이용하여
우리 안에 있는 깨달음의 여러 특성에 다가갑니다. 선한 마음, 더 이
상 자아에 집착하지 않고 기꺼이 다른 존재들에게 더 많은 도움이 되
겠다는 자발적인 마음에 귀의합니다. 영속하는 행복을 가꾸기 위해
우리 안에 있는 든든한 자원을 믿고 그 믿음을 굳건히 할수록 신뢰할
수 없는 외적 현상에 덜 의존하게 됩니다. 그리하여 마침내 안과 밖,
상대와 절대, 밖에 계신 부처와 내 안의 부처를 분별하는 이원성이 스
러집니다. 그러나 이 모든 것은 관습적인 귀의를 이해하는 데서 출발
합니다.

260

261

●관습적 귀의

먼저 스스로에게 질문합니다. "나는 행복을 어디에서 구하는가? 무엇
에서 안전과 위안을 찾는가? 사랑? 사회적 지위? 아니면 주식 시장?"

자동차는 고장이 나기도 하고, 회사는 파산할지 모르며, 파트너는 떠날 수 있습니다. 완벽하다고 자부했던 건강은 나빠지고 사랑하는 이는 죽습니다. 주식시장은 등락을 반복하고 명성도 부침을 거듭합니다. 건강, 재산, 관계 등 윤회계의 귀의처는 모두 오르락내리락합니다. 그것들에 의지하면 바람에 펄럭이는 깃발처럼 마음이 이리저리 흔들립니다.

한 번은 프랑스 친구의 이야기를 듣고 깜짝 놀란 적이 있습니다. 그 친구의 스승은 티베트인 라마인데 제자들에게 출가하지 말라고 권하신답니다. "출가해서 승복을 입은 서양인들 대부분이 삼보에 귀의하는 것이 아니라 자기들이 입고 있는 승복에 귀의한다"라고 말씀했답니다. 장담하건대 이 말씀은 꼭 서양인들에게만 해당하지 않습니다.

우리는 늘 무언가 부족함을 느끼며 그것을 채우려는 마음으로 살아갑니다. 원숭이 마음은 우리에게 배어있는 결핍감을 없애려 들기 때문에 습관적으로 무엇엔가, 특히 다른 사람에게 완전히 의지하려고 합니다. 그러나 윤회계의 귀의처는 본질적으로 무상하며, 만약 영원한 것에 의지하려 든다면 배반과 분노를 느껴 상실감이 더욱 커질 것입니다. 영원한 것은 애초에 없기 때문입니다.

믿지 못할 귀의처가 어떤 것인지 명상을 통해 접근해 봅시다.

신뢰할 수 없는 귀의처에 대한 명상

▶등을 바르게 하고 편안한 자세로 앉는다.

▶눈은 감아도 되고 떠도 된다.

▶대상 없는 알아차림에 몇 분 동안 머문다.

▶일과의 하나로서 자신이 일상적으로 의지하는 대상, 이를테면 냉장고나 자동차에 마음을 가져간다. 그것을 사마타 명상의 대상으로 삼는다.

▶아침에 유기농 오렌지 주스를 꺼내기 위해, 또는 하루를 마치고 시원한 맥주를 꺼내려고 냉장고에 다가가는 모습을 상상한다. 혹은 직장에 출근하거나 아이를 학교에 데려다 주기 위해 자동차에 오르는 것을 알아차린다. 계속 알아차린다. 이야기에 끌려들어가지 않도록 주의한다. 만약 이야기에 끌려가면 알아차림으로 다시 돌아온다.

▶대상이 고장 나거나 도둑맞지 않은 채 그 자리에 있을 거라는 생각이 드는지 살펴본다. 대상을 어떻게 의지하게 되었는지, 또 어떻게 해서 그것을 당연하게 여기게 되었는지 알아본다. 대상이 친숙한 데서 오는 편안함을 떠올린다.

▶대상에 다가갔는데 그것이 그 자리에 없는 것을 발견하는 장면을 상상한다. 어떤 느낌인지 살펴본다. 이야기에 끌려 들어가면, 가령 10분이 지난 후에도 여전히 도둑맞은 물품을 경찰에 신고하는 상상을 하고 있다면, 다시 느낌으로 돌아와 강한 분노, 짜증, 혼란, 절망 또는 불안 등의 감정 반응을 알아차린다.

▶대상 없는 알아차림으로 마무리한다.

어떤 느낌이 들었습니까? 기대가 어긋났을 때 처음으로 일어난 반응을 알아차릴 수 있었습니까? 감정 또한 습관적인 귀의처가 됩니다. 분노, 독선, 또는 책임을 돌릴 무언가를 찾아 습관적으로 숨어드는 것이지요. 분노함으로써 여러분의 자아가 다시 자신감을 찾는다면, 피할 곳을 찾아 그 상태로 돌아가게 됩니다. 사람들이 집으로 돌아가는 것과 마찬가지이지요. 그런 습관을 압도할 정도로 큰 혼란에 빠지면 다른 사람들에게 도움을 청하기도 합니다. 세상을 피하고 자신이 져야 할 책임을 회피하기 위해 상습적으로 무기력에 빠지는 사람들도 있습니다. 귀의수행을 시작하기에 앞서 여러분이 습관적으로 의지하는 것이 무엇인지 파악하면 큰 도움이 됩니다. 이렇게 조사하다 보면 방향을 바꾸어야겠다는 마음이 틀림없이 일어날 테니까요.

귀의한다고 해서 우리가 이 세상의 모든 문제로부터 보호받는 것은 아닙니다. 귀의는 전쟁, 기근, 질병, 사고와 그 밖의 다른 어려움을 막아주지 못합니다. 그 대신 귀의는 장애를 기회로 전환하는 방법을 우리에게 일러줍니다. 어려움에 대처하는 새로운 방법을 배움으로써 혼란과 절망으로부터 자신을 지킬 수 있게 되는 것이지요. 교통 체증은 여전히 계속되지만 우리는 이제 함부로 경적을 울리거나 욕을 하지 않습니다. 질병의 고통이 이어져도 오늘도 살아있음에 기쁘고 감사하는 마음으로 하루를 맞이합니다. 우리에게 있는 훌륭한 특성에 의지하면 괴로움을 일으키는 신경질적 성향과 습관에 끌려가지 않게 되어 삶이 더욱 편안해집니다. 보호받는다는 느낌을 얻기 위해 미덥지 못한 의지처를 찾아 헤매지 않습니다.

●과정이 결과다

4불공가행과 후속 수행을 닦아가면서 우리는 이 길이 깨달음에 이르는 길임을 확신하게 됩니다. 이 길은 과果를 도道로 삼습니다. 수행하는 과정이 결과가 되는 것입니다. 이 길의 열매는 깨달음입니다. 우리의 목표는 우리가 이미 부처임을 깨닫는 것입니다. 깨달음은 불성, 자각, 깨침, 해탈의 다른 말입니다. 우리가 이루려는 궁극적 목표를 표현하는 말들이지요. 우리는 일체중생이 불성을 깨달을 수 있도록 도와주기 위해 깨달음을 얻고자 발원합니다.

지금부터 이어지는 4불공가행에서 수행자는 깨달은 존재, 살아계신 스승 그리고 신뢰할 수 있는 가피의 원천이라는 맥락으로 들어갑니다. 이때 가장 중요한 점은 근본적으로 우리도 부처님과 똑같은 특성들을 구현한다는 것을 인식한 상태에서 그 속으로 들어가는 것입니다. 이제부터는 알아차림의 대상으로 세간의 평범한 현상을 택하지 않습니다. 예를 들어, 이제까지는 소 등 다른 존재들과 우리를 비교함으로써 인간의 특성을 평가했습니다. 소에게도 불성이 있지만 소는 그 사실을 알지 못하고 깨닫지도 못하고 깨달음의 경지를 넘볼 수도 없습니다. 그러므로 소는 깨달은 존재들이 우리에게 주는 이로움과 가피를 주지 못합니다. 소를 관상하는 것과 부처님을 관상하는 것은 수행 환경에서 오는 이로움이 다릅니다. 인간이라면 누구나 본능적으로 특별한 존재에게 더욱 강하게 집중하기 때문에 귀의수행에서는 비상한 지혜를 드러내는 존재들로 가득한 귀의수를 관상합니다.

깨달음이란 말에는 시각적 또는 언어적 표현이 내재되어 있지 않지만 말과 형상은 우리의 이해를 도와줍니다. 귀의수행에서 우리는 지금강불指金剛佛을 만납니다. 산스크리트어로 바즈라다라Vajradhara라 불리는 지금강불은 본초불本初佛로서 공성, 즉 깨달음을 상징합니다.

지금강불의 몸은 하늘과 같이 푸른색입니다. 하늘은 그 자체로 거대하고 광활하고 끝이 없으며 아무런 제약이 없습니다. 이는 절대성을 나타내는 것으로 공성과도 같고 깨달음과도 같습니다. 지금강불의 형상에서 나타나는 구체적 표현은 장식, 의식도구, 다리와 팔의 위치에 이르기까지 모두 상징으로서 지혜, 자비, 깨달음 등 말이나 이미지로 구현할 수 없는 것들을 나타냅니다. 이렇게 우리는 상징과 의식, 색 등을 이용하여 우리 스스로 한계를 정해놓은 우주를 확장합니다. 금강승에서는 이들 이미지를 이용하여 개념과 말 그리고 습관과 인습 뒤에 숨겨져 있는, 우리에게 내재된 특성에 접근합니다. 깨달음의 경지를 이 길의 방편으로 삼는 것입니다. 우리가 수행하는 이유는 깨달음을 얻기 위해서가 아니라 우리가 이미 깨달은 존재라는 것을 깨닫기 위해서입니다. 수행하는 자체가 깨달은 자아를 나타냅니다. 티베트 불교에서 나타나는 환상적이고 범상치 않은 이미지들은 우리에게 감추어져 있어서 아직 인식되지 못했거나 실현되지 못한 요소들을 나타냅니다. 저기 밖에 있는 것들이 모두 이 안에 있습니다. 이 길을 가는 내내 우리의 지각과 인식이 이렇게 바뀔 것입니다.

● 외적 귀의와 내적 귀의

귀의수행에는 내적 귀의와 외적 귀의, 두 가지가 있습니다. 상대적 귀의로도 불리는 외적 귀의는 부처님과 법, 승가를 외부에 있는 존재로 봅니다. 이런 식의 이원론적 귀의는 관습적인 귀의보다 훨씬 더 신뢰할 수 있지만 그 이로움에는 한계가 있습니다. 부처님이 우리의 마음과 가슴이 아닌 다른 곳에 계시는 한, 우리는 진정한 부처님, 즉 우리에게 내재된 청정한 알아차림의 공성의 지혜를 체험할 수 없습니다. 내적 귀의를 통해 우리 밖에 계신 부처님이 우리 안에 있는 부처로 도약하는 것입니다.

내적 귀의, 즉 절대적 귀의에서는 안과 밖의 이원성이 사라집니다. 궁극적으로 우리는 자기 자신, 자신의 불성과 깨달음의 특성에 의지합니다. 이들 특성에 쉽게 다가갈 수 있게 만드는 과정이 정화로서 우리의 일상에서 이들 특성을 실현하려는 것입니다. 수행을 통해 우리의 귀의처인 부처님을 우리 안에서 깨닫는 것입니다. 이것이 수행의 핵심입니다.

귀의를 원한다는 것 자체가 불성을 드러냅니다. 귀의의 목적은 더욱 행복해지고, 괴로움에서 벗어나 보다 안전하고 안정되려는 것입니다. 이것을 바라는 것 자체가 불성을 반영한다고 말하는 이유가 무엇일까요? 우리는 괴로움을 인간의 자연적이며 정상적인 조건으로서 받아들이지 않기 때문입니다. 우리가 느끼는 괴로움의 강도와 상관없이 괴로움에서 벗어나기를 원하는 마음이 일어납니다. 이런 바람이 어디에서 올까요? 우리가 고통에서 벗어날 수 있다고 본능적으로 아는 것을 어떻게 설명할 수 있을까요? 우리에게 본래 갖추어진 지혜가 있기 때문입니다. 지혜가 있으므로 괴로움은 균형이 깨진 상태로서 진정한 자아가 아니며 또한 소멸될 수 있다는 것을 본능적으로 아는 것입니다. 우리의 불성 말고는 그 어떤 것으로도 그 이유를 설명하지 못합니다. 아무리 많은 번뇌와 괴로움 속에서도 늘 행복을 가리키는 나침반 하나가 이렇게 우리 안에 있습니다.

어떤 존재든 본능적인 지능이 있습니다. 벌레는 조금만 건드려도 몸을 돌돌 맙니다. 벌레만의 지혜입니다. 살아있는 모든 존재는 살아남기 위한 지혜가 있습니다. 자기 자신을 보호하려는 마음은 일종의 연민입니다. 일체중생이 행복을 바라며 괴로움과 죽음을 원하지 않습니다. 이것이 자애와 연민, 즉 자비심의 종자입니다. 우리는 자신을 포함한 일체중생을 위해 자비심을 일으키고 그들이 위험으로부터 보호되기를 바랍니다. 만약 불성이 없다면, 우리가 아는 괴로움 또한 존재하지 않을 것입니다. 괴로움이 있다는 것은 우리가 불성과 떨어져 있다는 뜻으로 우리가 이 간격을 없앨 때까지 분리되고 불완전한 '나'의 괴로움은 남아 있을 것입니다.

불성을 일종의 물체로 이해하는 사람들이 있습니다. 불성에 대해 물질적인 성질을 가진 것으로 오해하는 이들도 있는데, 거기에는 비유적인 설명도 한몫을 한 것 같습니다. 불성을 금강석이나 마음의 나침반에 비유하는 경우가 많기 때문에 불성이 심장이나 허파 같은 신체 기관처럼 느껴질 수도 있겠지요. 그러나 그렇지 않습니다. 불성은, 예를 들자면, 참기름에 더 가깝습니다. 참기름은 참깨를 이루는 모든 입자에 완전히 스며들어 있지만, 참깨를 압착하여 거친 부분을 제거해야만 우리 눈에 보입니다. 그렇지만 참기름은 참깨에서 결코 분리된 적이 없었으며, 참깨 안의 어떤 장소를 따로 점하지도 않았습니다. 참기름은 참깨를 완전히 정제함으로써 얻어지지만, 참기름은 이미 참깨 안에 있습니다. 불성도 이와 같아서 철저한 정화 과정을 통해 드러나지만, 불성은 이미 우리 안에 있습니다.

● 삼보에 귀의함

삼보에 귀의하는 것은 우리를 불교에 이어주는 가장 기초적이며 근본적인 끈입니다. 법으로 마음을 돌리는 네 가지 사유로 윤회계의 허물과 한계를 인식함으로써 우리는 변화의 준비를 갖추었습니다. 윤회계의 온갖 유혹을 지금 당장 포기하기는 어렵지만, 귀의는 우리의 의도를 지키고 굳건하게 해줍니다. 귀의는 이 세상과 우리 자신에 대해 무엇이 진리이고 무엇이 실상인지를 일깨워줍니다.

부처님께 귀의함歸依佛

부처님께 귀의하는 것의 외적 의미는 2,600년 무렵 전 인도에서 사셨던 역사적인 부처님이신 석가모니 부처님께 귀의한다는 뜻입니다. 우리는 그 분을 깨달으신 분, 모든 이원성과 분별 너머로 가신 분, 모든 미혹과 번뇌 저 편으로 가신 분이라 부릅니다. 석가모니 부처님의 깨달음과 가르침은 모든 불교 전통과 수행에 면면히 이어져 내려오고 있습니다. 그런데 부처님 당신께서는 누구에게 귀의하셨을까요? 그 분의 부친이신 숫도다나 왕은 위험으로부터 보호 받기 위해 정치권력과 사회적 지위에 의지했습니다. 우리가 알다시피 숫도다나 왕은 하나밖에 없는 아들인 싯다르타 왕자를 왕궁에 묶어두기 위해 감각적 유혹이라는 수단을 동원했지만 결국 성공하지 못했습니다. 왕궁의 보호에서 벗어난 싯다르타는 구도자의 삶을 감행하여 숲과 동굴에 은신하며 금욕주의 수행에 통달한 스승 밑에서 지냈습니다. 그로부터 6년후, 싯다르타는 아버지의 길과 지배계급인 브라만의 사제직을 버렸듯금욕적인 삶 또한 거부했습니다. 보리수 아래 앉은 싯다르타는 자기자신에게 귀의했습니다. 싯다르타는 정통적 관행을 모두 거부하고 수년에 걸친 수행과 체험, 직관에 의지하여 괴로움을 뿌리째 뽑아버리겠노라고 결심했습니다.

이렇게 자기 자신에게 의지하는 전형을 따르는 것이 중요합니다. 이것을 오용하지 않는 것 또한 중요합니다. 자신만의 방법으로 자립하겠다는 명목으로 부처님의 가르침을 무시해서도 안 되고, 어미 뒤를졸졸 따라다니는 새끼 오리처럼 덮어놓고 부처님을 따라서도 안 됩니다. 진정한 믿음을 버려서도 안 되고 맹목적인 믿음에 빠져서도 안 됩니다. 특별히 뛰어난 이들에게 믿음을 갖게 되는 인간의 일반적 습성에 의지하여 우리는 부처님의 행적과 그 분의 가르침에서 영감을 얻습니다.

위대한 학자, 유명한 소설가 또는 영화배우 같이 우리가 존경하는이가 던진 충고 한 마디는 극적인 효과를 내지만, 부모님이나 친구들이 그것과 똑같은 충고를 수백 번 반복한다 해도 아무 효과가 없습니다. 조언과 암시는 이런 식으로 영향력을 발휘합니다. 우리가 특별하다고 인정하는 사람들이 한 말은 더욱 집중해서 듣고 또한 신뢰하게됩니다. 초반에는 우리가 가진 자연스런 성향에 의거하여 귀의수행이 이루어집니다. 깨달으신 존재들의 형상과 가르침, 행적에 의지하면 헌신과 받아들이는 마음이 커집니다. 우리 앞에 깨달으신 존재가 계신다고 상상하면 평범한 존재들이 있는 것보다 훨씬 더 열심히 절하고 기도문을 염송할 것입니다. 모든 깨달은 존재들을 구현하는 부처님의 가르침과 말씀에 우리는 귀의합니다. 우리 안의 부처님께 귀의하기 위해 외적 부처님을 이용하는 것입니다. 그런데 깨달음의 특성은 무엇으로 확인할 수 있을까요?

깨달음의 세 가지 특성—지혜, 자비, 불사佛事

부처님이 드러내 보이시는 깨달음의 특성은 한량없는 지혜, 한량없는 자비 그리고 한량없는 불사입니다. 부처님을 공경한다는 것은 그 분의 깨달음이 드러내는 특성을 알아차리고 또한 소중하게 여긴다는 뜻입니다. 이 성품들의 종자는 우리 안에도 있습니다. 우리는 부처님께 헌신하고 공경함으로써 이 종자를 길러야 합니다.

●한량없는 지혜

한량없는 지혜에는 상대적 지혜와 절대적 지혜의 두 가지 측면이 있습니다. 절대적 지혜는 모든 현상이 공하고 환상임을 직접 깨닫는 것입니다. 상대적 지혜에서 염두에 둘 것은 깨달으신 부처님이 '모든 것이 원만하고 고통 받는 존재도 없으니 내가 할 일이 없다.'라고 생각하며 우두커니 앉아계시지 않는다는 것입니다. 상대적 지혜의 의미는 부처님이 우리의 상대적 실상을 아시며, 우리의 고통과 피해의식, 망상, 번뇌, 분별, 청정하지 못한 인식을 모두 아신다는 뜻입니다. 지혜가 "한량이 없다"는 의미는 부처님이 인식하지 못할 것이 없다는 뜻입니다.

•한량없는 자비

한량없는 자비는 어머니가 하나밖에 없는 자식에게 갖는 한량없는 사랑과 같습니다. 어머니는 자기 자신보다 자식을 더 사랑합니다. 끝이 없는 사랑이지요. 우리는 부처님의 자식과 같습니다. 사랑과 연민은 분별하므로 한계가 있지만 끝없는 자비는 분별을 넘어섭니다.

•한량없는 불사

한량없는 불사는 부처님께서 우리를 도우시는 방법이 무한함을 나타냅니다. 그러나 자연재해, 재정적 위기, 연애 문제 또는 원숭이 마음이 일으키는 문제로 날마다 고통을 겪고 있는 수많은 사람들을 떠올리면, 부처님이 우리를 도와주시지 않는 것 같다는 생각이 들 수도 있습니다. 부처는 불법을 밝혀 중생들의 고통을 소멸시키는 완벽한 조건을 마련해준다고 석가모니 부처님께서는 말씀하셨습니다. 그러나 그런 원인을 짓는 것은 우리의 몫입니다. 그것이 우리가 수행하는 이유입니다. 부처님은 언제든 우리를 위해 준비하고 계시지만, 우리는 부처님이 주시는 것을 받을 준비가 되어 있지 않습니다. 부처님이 문을 열고 또한 빛을 밝혀주시지만, 우리 스스로 그 문 안으로 걸어 들어가지 않는 한 우리는 어둠 속에 남는 것입니다.

법에 귀의함

어렸을 적에 저는 아버지께서 부처님의 놀라운 특성에 대해 말씀하시는 것을 종종 들었습니다. 하루는 아버지께 여쭈었지요.

"부처님이 그토록 위대하고 훌륭하고 완벽하시다면 왜 아픈 사람들의 병을 고치지 못하나요? 카투만두 거리에서 구걸하는 거지들을 모두 정토로 옮겨놓으면 좋을 텐데요."

"업 때문이야. 누구나 자신만의 업이 있어 그것을 따라야 하는 게야. 그 누구도, 설사 부처님이라도 우리의 업을 바꿀 수 없어."

저는 질문을 퍼부어 아버지를 성가시게 했습니다.

"부처님께서 고통을 겪는 이들을 돕지 못하는데도 그렇게 많은 사람들이 절을 하고 진언을 외우고 공양을 올리는 이유는 무엇인가요?"

"그이들은 그렇게 함으로써 자신의 업을 바꾸고 있는 게야. 오직 너 자신만이 네 업을 바꾸고 또 지을 수 있다. 부처님도 너를 대신하여 네 업을 바꾸실 수 없어. 그러나 불법을 수행하면 그렇게 할 수 있지. 부처님이 우리의 업을 바꾸시지는 못하지만, 우리가 부처님께 기도하면 기도하는 자체가 우리의 업을 바꾸는 게야. 부처님의 깨달은 성품을 볼 수 있으면 우리 안에 있는 그 성품들을 볼 수 있는 가능성이 커지지. 불법의 수행은 이렇게 우리 자신의 업을 바꾸는 데 적극적인 역할을 한단다. 자신을 보는 눈이 달라지기 시작하는 거야."

괴로움을 소멸하려면 최상의 보호자가 필요한데, 그것이 다르마, 불법입니다. 윤회로부터 우리를 실제로 구할 수 있는 것이 법입니다. 오로지 법의 길을 따르는 수행을 통해 우리는 깨달음에 다가갈 수 있습니다.

승가에 귀의함

승가에는 성스런 승가聖衆와 일반승가世俗衆의 두 종류가 있습니다. 성스런 승가는 보살, 아라한 그리고 성문과 연각 같이 직접 깨달음을 얻어 지혜의 전승을 잇는 성자들을 가리킵니다. 일반승가는 수행 공동체의 일원을 의미합니다. 양쪽 모두 우리가 앞으로 나아가는 데 중요한 역할을 하지만, 우리의 귀의처는 성스런 승가뿐입니다.

우리는 아직 윤회계에 존재하고 있으므로 윤회계 너머의 승가에 귀의하는 것이 중요합니다. 기초수행은 완전히 새로운 방법으로 이 세상에서 살아가는 방법을 구상하고 계획하는 과정입니다. 그러므로 우리는 전력을 기울여 우리가 도달하려는 지향점을 향해 계속 나아가야 합니다.

대체로 우리는 일반승가의 중요성을 과소평가하는 경향이 있습니다. 부처님과 법은 아주 중요하게 여기지만 승가에 대해서는 그저 받아들이는 정도입니다. 그러나 승려든 평신도든 하늘을 찌르는 자만심과 거만함을 조금이라도 꺾을 수 있는 곳이 일반승가입니다. 자동차에 열광하는 미국인들이 쓰는 재미있는 표현으로 "타이어는 도로에 나서봐야 안다"라는 말이 있습니다. 예를 들어, 반짝반짝 빛나는 새 자동차가 전시장에 있다고 합시다. 흠 잡을 데 없이 완벽하게 보인다 해도 시운전을 해봐야 자동차의 성능을 알 수 있습니다. 자신의 의도와 발원을 현장에서 한 번도 시험해 보지 않은 채 자비와 무아에 대해 온갖 멋진 말들을 쏟아내는 수행자는 전시장을 한 번도 벗어나지 못한 자동차와 똑같습니다. 다른 사람들과 실제로 부딪칠 때 보살의 이상을 제대로 받들고 실현하려면 어떻게 해야 할까요? 승가 내부에서 일어나는 문제들은 피할 수 없습니다. 승가는 아직 깨닫지 못한 이들이 화합하기 위해 애쓰는 집단이기 때문에 시기와 경쟁, 분노 등이 불가피하게 일어납니다. 수행자 개개인이 아직 깨닫지 못한 마음으로 깨닫지 못한 행위를 하고 무지에 빠져있다 해도 승가는 그래도 불법에 전념할 수 있는 최상의 기회를 제공합니다. 수행자는 공동의 이상과 목표를 가지며 법맥의 스승들과 경론에 의지합니다. 수행자는 서로에게 귀감이 됩니다. 승가가 아닌 세간에서는 생각하기 어려운 일이지요.

윤회계의 우정은 집착에 근거합니다. 자신에게 이익이 되는 사람들과 친해지기 위해 갖은 애를 쓰다가도 쓸모가 없어지면 거리를 둡니다. 상대방의 진실한 성품을 보려는 노력은 하지 않고 오로지 그들을 이용할 방법만 찾으며 이해관계에 의거하여 상대방을 대합니다. 그러나 승가를 이끄는 것은 불법의 가치관입니다. 승가를 믿는 것은 불법을 믿는 것과 똑같습니다.

●3근본에 귀의함─스승, 본존, 호법신

금강승 수행에서는 불법승 3보에 더해 3근본에 귀의합니다. 3근본은 구루, 명상본존인 이담yidam, 그리고 법을 수호하는 호법신입니다. 구루는 가피의 근본이고, 이담은 성취의 근본이며, 호법신은 불사의 근본입니다.

구루에 귀의함

스승과 제자는 서로 의존하는 관계이므로 수행자에게 스승, 즉 구루는 대단히 중요합니다. 수천 년 전에 살아계셨던 부처님과 그 분의 가르침이 우리를 불성으로 이끌어주지만, 구루는 보다 효과적이고 적절한 방편으로 우리를 가르쳐 줍니다. 살아계신 스승은 수행 전승의 지혜를 체현하며, 환하게 밝혀진 등불처럼 제자의 마음에 불을 붙이는 강력한 힘이 있습니다. 여러분이 스승의 제자가 되면 여러분의 마음에도 불이 켜지는 것입니다. 이것이 이른바 구전口傳입니다.

구전이나 가피는 단순히 격식을 갖춘 의례와 의식이나 말로써 전해지는 것이 아닙니다. 구전은 구루의 마음이 깨달음에 머물러 깨달음의 자리에서 가르치는 것으로서, 깨달은 마음의 성품이 드러나고 표출되어 그것을 받아들일 준비가 된 제자에게 전해지는 것입니다. 구루의 손동작과 얼굴 표정, 어조, 그 밖의 것들을 통해 제자는 구루가 전하는 견해를 받아들이고 구현하기 시작합니다. 살아있는 전승은 역사적인 부처님이 아니라 구루에게서 비롯됩니다. 제자에게 부처님보다 구루가 더 자애로운 이유는 제자가 영적으로 성숙할 수 있는 뿌리가 구루이기 때문입니다. 가피는 구루에게서 올 뿐만 아니라 구루를 통해서 오는 것이기도 합니다. 우리는 구루를 살아있는 부처님, 불법의 핵심 가르침 그리고 성스런 승가로 인식해야 합니다.

구루가 주시는 가피의 이로움을 깨닫고 제대로 이용하려면 구루에게 헌신해야 합니다. 그러나 마치 비를 맞는 풀처럼 수동적으로 받아들여서는 안 됩니다. 구루에게 헌신함으로써 제자는 구루가 주시는 모든 것을 받아들입니다. 헌신이 없다면 마치 거꾸로 엎어놓은 물잔처럼 어떤 것도 받아들이지 못합니다.

귀의수행에서 구루는 수행자의 개인적 스승 또는 지도자를 의미합니다. 또한 귀의수행을 할 수 있도록 구전을 주신 스승을 지칭하기도 합니다. 제자는 여기 앉아 있고 스승은 저 앞에서 가르치는 것으로 제자가 스승을 '남'으로 이해하는 관습적 의미의 '외적' 스승은 매우 중요합니다. 외적 스승이 없다면 불법의 가르침을 결코 들을 수 없기 때문입니다. 보다 심오한 의미에서 볼 때 외적 구루는 우리를 내적 구루, 즉 우리 마음에 본래 내재된 지혜와 이어줍니다. 이 마음이 궁극적 귀위처입니다. 이 마음은 평화, 평정, 통찰과 지혜, 자비, 공감 등 평소 우리에게 없다고 생각되는 모든 훌륭한 특성들의 원천입니다. 우리가 바라는 모든 것이 이미 우리에게 있습니다. 외적 구루는 마치 열쇠와 같습니다. 그러나 우리 스스로 그 문을 열어야만 우리 자신, 즉 우리의 진정한 구루를 발견할 수 있습니다.

본존에 귀의함

이담, 즉 명상 본존은 성취의 근본입니다. 우리가 본존과 인연을 맺으면 그 분들의 깨달은 성품이 우리 자신의 성품을 비추어 깨달음을 성취할 수 있도록 도와줍니다.

각 본존은 깨달은 마음의 특성을 상징합니다. 예를 들어, 두 번째 4 불공가행의 명상 본존인 금강살타는 악업을 정화합니다. 자비심에 집중하려면 관세음보살을 관상합니다. 깨달은 성품의 전형을 투사하여 그 거울에 자신을 비추어보는 것입니다. 방편으로 이원적 구조를 만들어 투사를 통해 자신이 깨달았다고 믿는 것입니다.

기초수행의 마지막 단계인 구루요가와 기초수행 후에 이어지는 본 수행에서는 이원성을 배제하고 우리 자신이 명상 본존이 됨으로써 내적 성품이 더욱 심화되고 명료해지며 지금의 자신을 깨달은 존재로 느끼게 됩니다. 구루요가는 먼저 이원적 본존들을 관상하는 것으로 시작됩니다. 깨달은 존재들의 일부로서 본존이 '내 머리 위'에 계시다고 상상하는 것이지요. 마칠 때는 본존과 제자의 마음이 한 번도 분리된 적이 없음을 인식하게 됩니다.

본존은 불성을 상징하는 형상으로 나타나는데, 이때 형상은 견해를 상징합니다. 가령, 어떤 본존이 여섯 개의 팔을 가졌다면 윤회에서 열반으로 건너가는 데 필요한 여섯 가지 덕목, 즉 보시·지계·인욕·정진·선정·지혜의 육바라밀을 의미합니다. 네 개의 다리는 사성제를 뜻합니다. 사성제는 고집멸도苦集滅道의 네 가지 진리로 괴로움, 괴로움의 원인, 괴로움의 소멸 그리고 괴로움의 소멸에 이르는 수행의 길입니다. 얼굴이 하나인 것은 법신dharmakaya를 나타냅니다. 모든 현상은 하나로서 주관도, 객관도, 이원성도, 윤회도, 열반도 없다는 의미입니다. 두 팔은 지혜와 자비를 상징하며 두 다리는 세속제와 승의제를 의미합니다. 가부좌는 세속제와 승의제가 하나임을 뜻합니다.

여러 개의 머리에 수많은 팔과 다리를 가진 형상들은, 특히 티베트 이미지에 익숙하지 않은 사람들에게는 몹시 기괴하게 보일 것입니다. 그렇지만 이 괴이한 형상들이 위에서 든 예와 같이 모두 특정한 의미를 가진다는 것이 중요합니다. 더욱이 그 의미는 우리에게 이미 있는 특성들을 직접적으로 반영합니다. 우리 자신의 깨달은 마음을 거울로 비추듯 상징적으로 보여주는 것이지요. 우리는 지금 세간의 귀의처에서 우리를 근본적으로 보호해주는 진정한 귀의처로 돌아서고 있다는 것을 잊지 마십시오. 우리 자신의 불성보다 더욱 믿을만한 것이 또 어디 있겠습니까?

본존이 여러 가지 형상을 취하는 것은 수행자가 목표를 성취할 수 있도록 도와주려는 것입니다. 대표적으로 평화로운 형상의 적정존寂靜尊과 무서운 모습의 분노존忿怒尊이 있습니다. 이 같은 다양성은 각기 다른 수행자의 욕구를 반영합니다. 갖가지 방법으로 자식을 보살피고 다스리는 어머니를 떠올려 보십시오. 다정하고 온화한 방법이 통하지 않을 때는 화를 내야 할 때도 있습니다. 아이가 도로로 달려가면 어머니는 목청을 높이고 아이에게 벌을 세우기도 합니다. 모두가 자식에 대한 사랑과 염려에서 나온 행동이지요. 이런 이유로 평화로운 본존과 분노에 찬 본존이 있는 것입니다.

본존은 또한 수행자의 능력을 강화합니다. 학업 성적이 우수한 아이에게 상을 주는 자체가 아이의 자신감과 능력을 키워줍니다. 집안일을 잘 돕는 아이는 칭찬이나 선물로 아이의 행동에 힘을 실어줍니다. 다음으로는 영향력, 이른바 자력磁力으로, 영감을 받아 행동하는 것이지요. 티베트에서는 부모들이 어린 아이들을 사원에 데려가서 라마를 뵙게 하곤 했습니다. 라마에게서 영감을 받아 아이의 마음에 불이 붙기를 기대하는 것이지요. 아이들에게 역사적인 영웅이나 위대한 종교적 인물의 이야기를 들려주거나 책을 읽어주는 부모들도 많습니다. 그 분들의 영웅적인 행동이나 종교적 성취가 아이들의 마음을 움직이기를 바라는 것이지요. 본존은 한량없는 자비심으로 수행자 개개인의 요구에 맞추어 어떤 형상으로든 나타나 가장 적절한 방법으로 수행자를 이끌어줍니다.

호법신에 귀의함

호법신은 불사의 근본입니다. 호법신은 완전히 깨달은 부처는 아니지만 중생들이 깨달음을 얻기까지 도와주겠노라고 서원한 존재로서 성스런 승가의 보살에 보다 가깝습니다. 호법신은 조력자나 보좌관 또는 도우미와 비슷합니다. 산스크리트어로 다르마팔라dharmapala라고 불리는 호법신에는 공행모空行母 다까daka, 공행부空行夫 다끼니dakini, 대흑천大黑天 마하칼라mahakala 등 깨달은 존재들이 다양하게 포함되는데, 이들은 불법의 수호자 또는 부처님 가르침의 수호자로 발전했습니다. 사람들이 농사가 잘되게 도와달라거나 홍수나 폭풍 같은 당면한 위험에서 보호해달라고 기도를 올리는 세간의 수호신은 마을신이나 민속신입니다. 이런 신들은 깨달은 존재가 아니므로 보살로서 지혜의 법을 수호하는 호법신과 혼동하지 않아야 합니다.

티베트에서는 오래 전부터 호법신을 '권속존'이라 불렀는데, 요즘에는 수행원이나 권속이라 하면 왕가의 예의범절이 연상되어 시대에 뒤떨어지고 심지어는 유치하게 생각되기도 하겠지요. 지금 우리가 이야기하고 있는 것들 모두가 마음의 소산이지만 장애를 일으키는 형상이나 말을 굳이 사용할 필요는 없습니다. 방해가 되는 대신 도움이 되는 말을 선택하는 것이 좋겠지요.

만약 의료 개선이나 농지세 등의 문제가 있다면 왕이나 대통령을 면담하고픈 생각이 들겠지만 자동차가 고장 나거나 컴퓨터가 망가졌을 때 국가 원수를 찾아가지는 않을 겁니다. 이런 종류의 문제가 일어나면 우리는 해당 직원 또는 형제나 사촌, 이웃 등 평소 가까이 지내는 이들에게 도움을 청합니다. 이와 마찬가지로 건강과 재산을 지키고 지혜와 자비를 쌓아가는 데 장애가 없기를 기도하기 위해 호법신을 찾는 것입니다.

●귀의수행의 네 가지 요점

귀의수행에서는 네 가지 사항을 명심해야 합니다. 첫 번째는 보리심으로서 우리의 동기를 확립하는 것입니다. 수행을 시작할 때마다 의도와 동기를 재확인하고 우리가 수행하는 이유를 되새겨야 합니다. 두 번째는 귀의처를 알아야 합니다. 귀의처가 없는 귀의수행은 절하는 동작을 하며 같은 말을 반복하며 소리를 내는 것뿐이어서 아무런 이득이 없습니다. 세 번째로는 수행법을 알아야 합니다. 많은 부분이 생략되거나 축약되었다 해도 수행법을 알아야 전체적인 수행이 어떻게 전개될지 감을 잡을 수 있습니다. 네 번째 중요 사항은 수행할 때는 아무런 기대나 두려움도 갖지 않아야 한다는 것입니다. 첫째, 둘째, 셋째 사항은 제대로 할 수 있기까지 시간이 조금 걸리겠지만, 일단 그렇게 된다면 기대도 두려움도 없이 수행한다는 의미가 무엇인지 명확하게 알 수 있을 것입니다.

첫 번째, 보리심의 동기

귀의수행에서 우리는 "제가 행한 보시를 비롯한 여러 바라밀행의 공덕으로 일체중생의 행복을 위해 깨달음에 이르기를!" 하고 기도합니다. 우리가 귀의하는 이유는 우리 자신만이 아니라 일체중생을 위한 것입니다. 일체중생이 깨달음을 얻기까지 돕겠다는 의도가 보리심, 즉 깨달음의 마음을 나타냅니다. 귀의가 올바르지 않으면 괴로움이 일어나게 되어 있다는 것을 인식하면 자신을 포함한 일체중생을 위해 귀의하겠다는 동기를 일으키게 됩니다. 일체중생에게 진정한 귀의가 무엇인지 일러주어 그들의 괴로움이 소멸되기를 발원하는 것입니다. 이 점이 매우 중요하기 때문에 보리심 수행에는 특별히 귀의수의 상징과 의미를 새기면서 일체중생을 위해 깨달음을 성취하겠다고 발원하는 부분이 포함됩니다. 먼저 귀의수행에서 보리심의 발원이 왜 중요한지를 간단하게 설명하겠습니다. 수행이 시작될 때마다 먼저 자신의 동기를 살펴봐야 합니다. 우리가 수행하는 이유는 우리 자신의 괴로움을 없애거나 깨달음을 얻으려는 것이 아닙니다. 귀의수행이 단지 자신만을 이롭게 하는 것이 아니라 일체중생에게 이익이 된다고 생각해야 합니다. 이것으로 자신의 동기를 확인하는 것입니다. 보리심은 일반적인 연민과 다릅니다. 보리심은 일체중생이 깨달음을 얻을 때까지 돕겠노라는 약속과 의도를 가리킵니다. 우리는 소극적으로 모든 중생이 깨닫기를 바라는 것만이 아니라 적극적이고 의도적으로 또한 열정적으로 이 궁극적 목표를 위해 노력해야 합니다. 궁극적 자비심 또는 청정한 자비심으로 깨달음과 다름없는 궁극적 해탈을 발원합니다. "일체중생을 이롭게 하겠다"는 서원을 염송하면서 수행자는 이 말을 행동으로 옮기겠다고 자신과 약속하는 것입니다.

이를테면, 여러분의 직업이 죄수들에게 기술을 가르쳐서 출소한 뒤에 그 기술의 도움으로 교도소에 다시 돌아오지 않도록 만드는 일이라고 합시다. 여러분은 자신의 일이 자비로운 행위라고 생각하며 죄수들이 출소 후에 잘 살기를 바랍니다. 그러나 그렇다고 해서 무슨 이로움이 있을까요? 번뇌와 무명에서 비롯되는 일상의 괴로움으로 죄수들을 다시 돌려보내는 것은 아닐까요? 물론 그렇지 않습니다. 같은 일을 하더라도 여러분의 의도를 바꾸면 됩니다. 여러분의 도움으로 죄수들이 영적으로 충만한 환경을 만나 궁극적 깨달음에 이르기를 발원하는 것이지요.

불법 수행이 으레 그렇듯 귀의수행 또한 모두에게 이로운 상황을 만듭니다. 일체중생이 깨달음을 얻기까지 돕겠다는 발원이 커질수록 보리심이 더 많이 일어나므로 그것 자체로 우리를 계속 윤회하게 만드는 조건이 사라집니다. 보리심은 아무리 퍼내도 끝이 없는 서원의 샘과 같습니다. 남을 돕겠다고 발원하면 할수록 우리의 발원이 더욱 커져서 남을 도울 수 있는 에너지가 더 커집니다. 자아집착이라는 감옥에서 벗어나 남들을 더 많이 진정으로 도와주게 됩니다. 자아집착에서 벗어날 수 있게 도와주는 것은 무엇이든 위대한 선물입니다. 자아는 괴로움의 뿌리이기 때문입니다.

우리는 아직 깨닫지 못한 중생이므로 100퍼센트의 보리심을 갖지 못합니다. 그러나 50퍼센트면 충분합니다. 아니, 10퍼센트도 좋습니다. 사실 0퍼센트도 괜찮습니다. 일체중생을 청정한 보리심으로 대하겠다는 의도를 갖는 것만으로도 아주 훌륭합니다. 0퍼센트는 의도입니다. 0퍼센트는 1퍼센트나 2퍼센트같이 아주 조금 있는 것보다 오히려 더 낫습니다. 0은 기대와 두려움이 없는 상태이기 때문입니다.

어렸을 적에 저는 이런 생각을 했습니다. '그래, 공성은 배우면 될 것 같아. 무상도 그렇고. 그렇지만 보리심은 아무래도 안 되겠어. 보리심은 감히 생각도 하지 마! 너무나 엄청난 책임이거든. 너무 거창하고 어마어마해! 내가 어떻게 감히 일체중생을 이롭게 하려는 마음으로 부처님이 되겠다고 발원할 수 있겠어?'

보리심은 생각만으로도 너무나 거창했습니다. 너무 벅찬 서원이었습니다. 공과 무상 또한 절대로 쉽지는 않지만 보리심에서 연상되는 막대한 책임감을 요구하지는 않는 것 같았습니다. 그토록 거창한 책임을 지기에 저는 아직 어리다는 생각이 들었지요.

그때는 일체중생이 괴로움을 소멸하도록 돕는 것이 사실상 우리가 무명에서 깨달음으로 건너가려고 애쓰는 가장 큰 동기라는 점을 이해하지 못했습니다. 이것 또한 한 단계씩 닦아가는 과정이라는 것을 받아들이고 나서야 납득이 되었습니다. 그제야 비로소 할 만하다는 생각이 들면서 압도되는 느낌이 덜해졌지요. 비록 제 능력에는 한계가 있다 해도 의도에는 한계가 없다는 사실을 이해하기 시작한 것입니다.

두 번째, 귀의처의 특성

귀의처의 특성에 대해서는 부처님, 법, 승가, 구루, 이담, 호법신에 대해 설명하면서 이미 다루었습니다. 우리가 염두에 두어야 할 중요한 특성은 한량없는 지혜, 한량없는 자비, 한량없는 불사입니다.

세 번째, 수행법

먼저 등을 곧게 하고 좌선 자세를 취합니다. 눈은 감아도 되고 떠도 되며, 몇 분 동안 열린 알아차림에 머뭅니다. 마음과 몸이 조금 안정되면 귀의수를 관상합니다. 곧이어 귀의수에 대해 설명하겠지만, 불단에 귀의수 사진이나 그림을 놓아도 좋습니다. 요즘에는 컴퓨터에 귀의수 이미지를 저장하는 수행자들이 많습니다.

•귀의수 관상

풍광이 아름다운 정토를 상상합니다. 이 세상에서 제일 높은 곳이나 푸른 계곡 사이, 아니면 타이티 같이 낭만적인 섬에 있다고 상상해도 좋습니다. 완벽한 천국의 분위기를 가진 귀의수를 관상합니다. 천국 같은 그곳에 깨끗하고 맑고 푸른 호수가 있습니다. 수면이 유리처럼 매끄럽고 투명합니다. 호수 한가운데서 다섯 개의 가지가 있는 여의수가 자라납니다.

갖가지 색깔의 예쁜 새들이 눈을 즐겁게 합니다. 상상의 귀로 새들이 노래하는 소리를 듣습니다. 코로 만발한 꽃들의 향기를 즐깁니다. 산들바람이 살갗을 부드럽게 어루만집니다. 상상력을 발휘하여 오감으로 느끼는 즐거움을 최대한 늘려가며 즐거운 느낌을 계속 알아차립니다. 느낌을 대상으로 하는 사마타 명상입니다.

이제 알아차림을 호수와 귀의수로 가져갑니다. 다섯 개의 가지 중에서 튼튼한 가운데 줄기는 꼭대기까지 이어지고 가운데 줄기로부터 가지 네 개가 각각 동서남북 네 방향으로 뻗어있습니다. 잎이 무성한 가지마다 열매와 귀한 보석들이 달려있어 공간을 가득 채웁니다. 아래쪽은 잎이 우거져 마치 천막 같습니다. 가지마다 우리의 귀의처인 깨달은 존재들이 계십니다.

•귀의처 관상─3보와 3근본

귀의처의 관상은 근본스승으로부터 시작합니다. 근본스승을 지금강불의 모습으로 관상하되 모든 깨달은 존재를 구현한다고 생각합니다. 지금강불은 가장 중요한 귀의처로서 귀의수 한가운데 앉아계십니다. 지금강불 아래 스승님들보다 조금 작은 규모로 두 번째 귀의처인 본존들이 계십니다. 지금강불 오른쪽으로 세 번째 귀의처인 석가모니 부처님을 관상합니다. 지금강불 뒤쪽 가지에 쌓인 불경은 네 번째 귀의처인 법을 상징합니다. 다섯 번째 귀의처인 거룩한 승가는 역사에 나타난 아라한과 보살들을 관상합니다. 마지막으로 여섯 번째 귀의처로 나뭇잎이 무성한 아래쪽 가지 아래 계신 호법신들을 관상합니다.

첫 번째 귀의처—구루 지금강불

귀의수의 가운데 가지 안에 지금강불께서 여덟 마리의 설사자가 받치고 있는 보좌 위에 앉아 계십니다. 보좌 위에는 지혜를 상징하는 일륜좌와 자비를 상징하는 월륜좌가 놓여있습니다. 꽃잎 끝이 위로 향한 만개한 연꽃들이 두 개의 방석을 둘러싸고 있습니다. 티베트 불상에 자주 등장하는 연꽃은 부처님의 깨달은 행위, 불사佛事를 상징합니다. 연꽃의 뿌리는 진흙 속에 있지만 물 위로 올라온 꽃은 청정하고 무구합니다. 일체중생을 이롭게 하기 위해 윤회하시는 부처님들이 윤회로 인해 더럽혀지지 않는 것과 같습니다.

지금강불은 법맥의 스승들과 근본스승 또는 주요 스승을 상징합니다. 티베트 불교의 종파나 전승에 따라 중앙에 계신 분이 달라지기도 하며 같은 지금강불이라도 모습이 조금씩 다를 수 있지만, 귀의수행은 전체적으로 크게 다르지 않습니다. 수행자는 근본스승을 한 분 또는 여러 분 모실 수 있습니다. 스승님들은 근본적으로 모두 동일하므로 지금강불 한 분의 모습으로 나타납니다.

지금강불의 몸은 짙은 파랑색입니다. 이 색깔은 하늘같은 마음의 공성을 나타내며 법신法身 또는 궁극적 실재, 즉 공성을 의미하기도 합니다. 하늘은 모든 현상의 절대적 성품을 의미하는 것으로, 분별하지 않으며 주관과 객관에서 벗어나고 공간과 같이 무한하고 나누어지지 않고 조작이 없습니다. 지금강불의 두 팔은 가슴 앞에서 엇갈려 오른팔을 왼팔에 얹은 모습으로 이는 지혜와 자비의 합일을 상징합니

지금강불, 까규파의 본초불

다. 오른손에 든 금으로 만든 금강저는 방편 또는 자비행을 의미하며 왼손에 쥔 은으로 된 요령은 지혜 또는 공성을 상징합니다. 지혜는 공성을 깨달으며, 자비는 명료한 마음에서 일어납니다.

처음에는 공성과 지혜가 아무런 연관이 없는, 서로 다른 두 가지 성품으로 생각될 것입니다. 그러나 일단 공성을 깨달으면 그 깨달음 자체가 지혜이므로 이원성이 사라집니다. 지혜와 자비가 하나임은 교차된 두 팔로 나타납니다. 하나의 얼굴은 윤회와 열반이 둘이 아니며 나와 남이 다르지 않음을 의미합니다. 지금강불의 고개는 약간 왼쪽으로 기울어져 있습니다. 고요한 눈초리에 보일락말락한 미소를 띤 지금강불은 결가부좌로 앉아계십니다. 양 다리는 절대적 실재와 상대적 실재를 의미합니다. 양 다리를 교차한 것은 절대와 상대, 윤회와 열반이 둘이 아님을 상징합니다. 지금강불은 귀걸이 한 쌍과 두 개의 팔찌와 두 개의 목걸이, 모두 여섯 가지 장식물로 장엄되어 계십니다. 이 여섯 가지 장식물은 윤회에서 열반으로 건너기 위한 보살의 육바라밀 수행을 나타냅니다.

귀의수에 나타나는 모든 요소는 각기 상징하는 의미가 있습니다. 이 의미를 배우고 익히면 수행의 질이 틀림없이 높아집니다. 그렇지만 처음부터 세세한 것 하나하나까지 관상하기란 거의 불가능합니다. 완벽한 형상을 만들려고 애쓰다 보면 마음이 몹시 긴장되어 지치고 낙담하게 됩니다. 전체적인 의미를 이해하고, 깨달은 존재들이 우리 자신의 청정한 현현임을 알면 됩니다. 중요한 부분을 중점적으로 관상하면서 다른 부분을 함께 떠올리되 세세한 것에 너무 얽매이지 마십시오. 아버지와 쌀제 린포체께서는 세세한 부분에 연연하는 대신 수행 중에 깨달으신 존재들의 현존을 느끼는 것이 중요하다는 점을 거듭 강조하셨습니다.

법맥의 스승들은 세 가지 형태로 나타납니다. 가장 축약된 형태는 한 분의 지금강불이 계신 것으로서 예로부터 지금에 이르기까지 법맥의 모든 스승들을 포함하여 만물이 하나임을 상징합니다. 지금강불의 형상은 공성을 구체적으로 표현한 것이므로 하늘처럼 모든 현상을 구현합니다. 특히 지금강불은 여러분의 모든 구루들과 하나임을 나타냅니다. 지금강불과 구루는 하나이며, 서로 다르지 않습니다.

중간 형태에서는 법맥의 모든 조사들이 지금강불의 머리 위로 한 분씩 위로 올라앉은 모습으로, 일종의 기둥 형태를 이룹니다. 또는, 동일한 스승들이 기둥 대신 나무의 형태로 모여 앉아 계신 모습도 있습니다. 기둥이나 나무 형태로 모셔진 스승들 맨 위에 두 번째 지금강불이 앉아계시는데, 이는 마하무드라 법맥의 본초불이신 지금강불을 나타냅니다. 두 분의 지금강불 사이에 최대 마흔 분의 스승들이 계십니다. 스승님들을 인간의 형상으로 관상하되 거울에 비친 영상이나 호수에 비친 달처럼 견고한 형체가 없는 청정한 현신으로 떠올립니다.

가장 정교한 귀의수에서는 우리가 따르는 법맥의 스승들이 일렬로 앉아계시고 그 주위를 다른 법맥의 성취자와 스승들이 둘러싸고 있습니다.

여러분이 근본스승을 여러 분 모신 경우, 지금강불께서 그 분들 모두를 한 몸에 구현하십니다. 금강승 수행에서 반드시 한 분의 스승을 모셔야 하는 것은 아닙니다. 수행에 따라 여러 분의 스승으로부터 다양한 구전을 받게 되는데, 그렇다 해도 전혀 틀리지 않습니다.

또 다른 방식은 한 분의 구루를 선택하여 지속적으로 그 분의 가르침과 구전을 받는 것입니다. 근본스승을 한 분 이상 모셔도 됩니다. 제 경우만 해도, 근본스승이 모두 네 분이십니다.

구루와 연을 맺는 세 번째 방식은 자동적으로 스승이 되는 경우입니다. 여러분의 다이아몬드가 진흙으로 덮여있으니, 누군가가 그것이 진짜 다이아몬드라는 사실을 일러주어야만 합니다. 여러분에게 마음의 본성을 일러주시거나 그것에 관한 직접 가르침을 주신 분, 즉 마음의 본성을 깨닫게 해주신 분이 자동적으로 여러분의 구루가 됩니다. 여러분이 가장 존경하는 스승이 되시겠지요.

어떤 방식으로 스승을 만나든 또는 어떤 과정에 있든, 지금강불은 법맥의 조사들과 현존하는 스승들의 불성을 체현하므로 늘 중앙에 모셔야 합니다.

스승께 아직 완전히 헌신하지 못하거나 완벽한 믿음이나 청정한 인식을 갖지 못한다면, 스승을 평범한 형상으로 관상하지 않는 것이 좋습니다. 우리는 스승의 통상적인 형상에 귀의하는 것이 아닙니다. 그분의 가르침과 지혜의 마음이 우리의 스승입니다. 이것들은 일상적인 요소가 아니므로 스승을 평범한 형상으로 관상할 경우 혼란이 일어날 수 있습니다. 스승의 깨달은 특성을 봄으로써 우리에게 있는 깨달음의 특성을 더욱 잘 볼 수 있게 됩니다. 그렇기 때문에 지금강불이 스승의 정수를 구체적으로 나타낸다고 상상하는 것입니다. 귀의처의 진정한 의미를 보다 강화하려는 목적이지요. 부처님께서 스승은 꽃과 같고, 제자는 벌과 같고, 법은 감로라고 말씀하셨습니다. 수행자는 감로를 취할 뿐 꽃에 집착하지 않아야 합니다. 일단 가르침을 받으면, 그 가르침이 여러분의 스승이 되는 것입니다.

두 번째 귀의처―본존

귀의수에서는 지금강불 바로 아래 본존들이 계십니다. 본존이 취하는 다양한 형상에 대해서는 앞에서 살펴보았습니다. 제가 속한 까규파의 귀의수에는 얍윰yab-yum이라 불리는 합체불의 형태로 나타나는 본존들이 많습니다. 합체불은 색과 공이 본질적으로 분리될 수 없음을 상징합니다. 세간에서와 반대로, 합체불의 의미는 두 분의 본존이 하나가 되는 것이 아니라 한 분의 본존이 둘로 드러난다는 뜻입니다. 한 분의 본존은 절대적 실재를 의미하며 두 분으로 분리됨은 상대적 실재를 의미합니다.

법신dharmakaya 　　본존은 법신法身의 깨달음을 나타냅니다. 법신은 조작되지 않고 경계가 없어 하늘 같이 광활하며, 지금강불이 그 전형입니다. 형태도 없고 자리도 없고 색깔도 없고 시작도 없습니다. 태어나지 않았기에 종말이 없으며, 끝도 없고 한계도 없습니다. 법신은 광대하고 불가사의한 공성의 지혜를 드러냅니다.

카야kaya는 '몸身'을 의미하지만, 허공이나 법신은 구체적으로 표현하기 어렵습니다. 그러므로 여기에서 '몸'은 가방이나 그릇 등 용기의 의미가 아니라 생각의 몸 또는 관련된 특성을 분류하여 모아놓은 것을 의미합니다. 지금강불은 인간과 같은 본존의 형상을 가지지만, 형상이 없음을 나타냅니다. 법신 지금강불로부터 다른 깨달은 본존들의 형상이 일어나는데, 이를 보신報身이라 합니다. 보신은 '지복至福의 몸'이란 뜻입니다.

보신Sambhogakaya 　　티베트 사람들은 보신 불성의 무량광과 지혜를 무지개 형상으로 표현합니다. 보신은 인간의 몸이 아니어서 홀로그래피처럼 투명한 빛과 색으로 보입니다. 보신이 법신과 다른 점은 일체 중생을 돕기 위해 미세한 몸으로 나타나는 것입니다. 보신은 악업을 정화하고 높은 단계의 성취를 이룬 보살들에게 나타나 그들의 우주를 이룹니다. 여러분과 제가 서로의 우주를 이루는 것과 같습니다.

화신Nirmanakaya　　　그 다음 귀의처는 화신化身입니다. 산스크리트어로 니르마나nirmana는 형색形色을 가리키며 석가모니 부처님이 그 전형적인 예입니다. 화신의 특성은 우리 같은 일반 존재들이 그 분들의 형색을 쉽게 알아볼 수 있다는 점입니다. 화신은 불성을 상대적 또는 관습적 형태로 드러냅니다.

법신, 보신, 화신의 삼신은 서로 분리된 것이 아니라 중생을 이롭게 하기 위해 다른 형태로 나타나는 것입니다. 법신은 공성, 보신은 지혜, 화신은 공성과 지혜의 합일을 상징합니다. 지금으로서는 삼신을 구별해서 말하는 편이 편리하지만 수행이 진전되면 상황이 달라집니다.

삼신을 도의 단계로 이해하는 방식도 있습니다. 제일 먼저, 우리는 화신과 연을 맺습니다. 깨달음을 어느 정도 성취하면 보신을 볼 수 있고, 결국에는 법신, 즉 우리 자신의 지혜의 마음을 성취합니다. 궁극적으로는 삼신이 절대로 분리되지 않는다는 것을 인식하게 됩니다.

세 번째 귀의처─석가모니 부처님

지금강불 오른편에 있는 가지에는 석가모니 부처님이 시방삼세十方三世의 무수한 부처님을 대표하는 천불千佛에 둘러싸여 앉아계십니다. 석가모니 부처님이 아홉 분의 부처님 가운데 앉아계시기도 하는데, 이들 부처님은 석존을 포함하여 시방十方을 상징합니다. 이 부처님들은 인간의 모습으로 드러난 불성의 감화력을 나타내거나 일체중생을 돕기 위해 깨달은 존재로 이 세상에 오신 화신을 나타냅니다.

네 번째 귀의처-법

귀의수의 관상에서 부처님들 뒤편으로 여러분에게서 가장 멀리 있는 가지 위에 쌓여있는 경전들은 다르마, 즉 법을 상징합니다. 성스런 경전들은 최고급 황금색 잉크로 쓰여져 아름다운 수가 놓인 고운 천으로 싸여 있습니다. 마주 보이는 경전의 네모난 모서리마다 헝겊 조각이 달려있고, 헝겊에 한 글자씩 쓰여 있는 산스크리트어가 글자마다 다른 소리를 냅니다. 글자와 소리는 불법의 신성한 감화력을 나타냅니다. 여러분은 관상을 수행의 방편으로 택했으니 경전들이 내는 소리를 법문이라 상상하며 바람에 날리는 기도 깃발이 가피를 보내듯 부처님의 가르침이 사방으로 퍼져나가는 것을 관상합니다.

다섯 번째 귀의처-성스런 승가

지금강불 왼쪽으로는 석가모니 부처님의 상수제자들로 이루어진 성스런 승가가 있습니다. 사리불과 목련존자, 부처님의 사촌이자 시자인 아난다가 포함됩니다. 또한 자비심을 상징하는 관세음보살 등 대승의 위대한 보살들이 함께 합니다. 여러분은 지금 깨달은 존재들로 이루어진 성스런 승가에 귀의하는 것임을 기억하십시오.

여섯 번째 귀의처-호법신

호법신들은 깨어있는 자각을 나타내는 것으로 관상합니다. 보좌 아래쪽 잎이 무성한 가지들 밑으로 남녀 적정존과 분노존으로 이루어진 호법신들이 구름과 바람, 불을 타고 허공을 떠다닙니다. 이들은 연꽃으로 감싸인 일륜좌 위에 오른다리를 구부려 올리고 왼발로는 시체를 밟고 있는 경우가 종종 있는데, 이는 자비와 지혜로 아집과 무명을 끊는 것을 상징합니다.

•일체중생의 관상

귀의수행을 시작할 때는 비로자나 7지좌법을 취하거나 가능한 한 그것과 가까운 자세로 앉습니다. 그런 다음 귀의경을 관상합니다. 호수, 귀의수, 다섯 개의 가지, 여섯 가지 귀의처를 관상합니다. 관상에서는 깨달으신 존재들이 지금 이곳에 계시다는 믿음을 일으키는 것이 중요합니다. 귀의수행에 제불보살이 함께 하시기를 간절히 기도하십시오.

이제 수행 법본을 읽기 시작합니다. 길이가 다르고 내용도 간단한 것에서 복잡한 것까지 여러 종류의 법본이 있으므로 스승이나 지도자의 도움으로 적합한 법본을 선택하십시오.

귀의경의 관상이 안정되면 그 방향을 향해 오체투지를 올릴 준비를 합니다. 양발을 붙이고 반듯하게 서서 가슴 앞에서 두 손을 합장합니다.

여러분 맞은편으로 귀의수를 관상하면서 아울러 일체중생의 거대한 무리가 여러분과 함께 절을 한다고 관상하십시오. 그 중에서 가장 중요한 분은 여러분 오른쪽에 서있는 아버지와 왼쪽에 서있는 어머니입니다. 이미 돌아가신 분도 관상하십시오. 고아의 경우에는 누구든 가장 부모 같은 분을 관상합니다.

여러분 바로 앞에는 여러분의 적들이 귀의수를 마주보고 서있습니다. 여러분을 배신했거나 다툼이 있는 사람들, 여러분 자신이나 가족의 신체나 마음에 상처를 입힌 사람들을 관상합니다. 여러분의 뒤에는 가까운 친구들과 형제자매, 도반, 친척, 직장 동료들이 서있습니다.

그이들 뒤쪽으로 일체유정이 있습니다.

관상할 것이 아주 많습니다. 복전을 대규모 오케스트라 같이 생각하면 좋습니다. 전체를 명료하게 떠올리되 개개인은 또렷하지 않아도 괜찮습니다. 여러분은 지금 지휘자로서 일체중생이 모두 함께 몸과 말과 마음으로 귀의처에 절을 올리도록 이끄는 것입니다. 여러분이 절을 할 때 부모, 친구와 적 그리고 일체중생이 함께 절을 합니다.

윤회세계의 모든 존재들이 함께 하는 이 거대한 복전은 여러분의 동기를 다지는 강력한 촉매가 될 것입니다. 여러분이 귀의처를 공경하지 않으면 어느 존재도 귀의처를 공경하지 않습니다. 아무리 게으름을 피우고 싶거나 하기 싫은 마음이 일어나도 여러분은 일체중생을 위해 이 수행을 해야만 합니다. 이 현장은 또한 윤회계의 귀의처는 신뢰할 수 없다는 것을 상기시켜주는 역할을 합니다. 여러분이 오랫동안 가장 의지하는 귀의처였던 부모님조차 여기서는 여러분과 함께 진정한 귀의처를 예경합니다. 여러분의 친구와 친척들, 여러분의 몸과 마음을 보호해주리라 믿었던 사람들도 마찬가지입니다. 아울러 윤회계의 불확실한 귀의처는 여러분을 적들로부터 보호해주지 못합니다. 여러분을 진정으로 보호해줄 수 있는 유일한 귀의처는 여러분의 지각과 인식의 내적 변화에서 비롯되며, 그것은 수행에서 나옵니다.

귀의수와 그것을 둘러싸고 있는 귀의처들이 안정적으로 관상되면 귀의 대배를 올리기 시작합니다.

이때는 청아한 호수와 귀의수, 여섯 귀의처, 부모, 적, 친구 그리고 일체중생이 함께 하는 복전을 관상하도록 노력하십시오. 이제부터 관상수행에 대해 조금 설명하겠습니다. 관상은 도저히 안 되겠다는 판단은 그 후에 내려도 늦지 않습니다. 기초수행에서 다들 어려워하는 부분이 바로 관상입니다.

●관상수행

인간은 위험으로부터 보호받기 위해 외부에 있는 무엇인가를 붙잡으려 합니다. 귀의가 이 같은 욕구에 의지하듯, 금강승은 우리처럼 평범한 사람들이 일으키는 상상에 의존합니다. 흔히 쓰이는 '관상'이라는 말은 비전祕傳 수행과 관련된 것으로 비치기 쉽습니다. 그러나 여기서 말하는 관상은 우리가 가진 습관으로서의 상상입니다. 우리는 어떤 행동을 하기에 앞서 이런저런 상상을 하며 그것에서 도움을 받곤 합니다. 상상을 세속적으로 이용하는 것과 종교적으로 이용하는 것의 차이는 과정이 아니라 적용에 있습니다. 금강승에서는 수행자의 영적 개발에 상상을 적용합니다.

휴가 계획을 세울 때 우리는 황금색 돔이 있는 유럽의 성당이나 태국의 모래 해변을 상상합니다. 텔레비전 채널을 돌리듯 마음으로 멋진 풍경들을 펼쳐가며 목적지를 고릅니다. 거기 무엇인가 실재, 즉 우리가 가고 싶어 하는 곳이 있다고 생각하지만, 우리 마음에 떠오른 그림들은 실재가 아니라는 것을 우리는 압니다. 귀의수 가지들, 열매, 장신구, 법맥의 스승들, 호수 등 귀의경의 세세한 요소들은 실재가 아닙니다. 그것들은 밀도나 물질의 특성이 없이 투명하고 유동적입니다. 상상하는 마음은 경직되거나 긴장하지 않고 아주 편안합니다.

그렇다면 관상이 알아차림의 계발에 어떻게 도움이 될까요? 소파에 앉아 공상하는 대신 관상을 하면 불성에 대해 무엇인가 알아지는 것이 있을까요? 관상에서는 구체적인 이미지를 의도적으로 떠올려야 합니다. 이미지의 세세한 부분에 집중하다 보면 마음이 알아차림에 확고하게 머물게 됩니다. 우리가 이미지를 만들어내고 있음을 마음이 아는 것입니다. 예전에 했거나 앞으로 할 쇼핑이나 수다가 떠오르면 마음이 이리저리 왔다 갔다 하지만, 이미지를 떠올리면 그렇지 않습니다. 이미지를 만들어내고 그것이 흔들리지 않게 고정시키려면 정신적인 노력이 필요합니다. 그런데 때로 이 노력은 관상 수행에 접근하려는 수행자에게 큰 장애가 됩니다. 너무 많은 노력을 기울이기 때문이지요. 이어지는 연습을 해보면 그 의미를 이해할 수 있을 것입니다.

세 가지 관상 연습

① 편안한 자세로 앉아 어린 시절에 가장 많은 시간을 보냈던 방을 떠올린다. 특별히 좋아했던 곳을 선택한다. 이제 그 방을 구체적으로 떠올린다. 가구, 벽, 색깔, 카페트, 창문 등을 기억해본다. 가구 사이의 공간을 떠올린다. 1,2분 동안 최대한 구체적으로 그 방을 떠올린다. 방에 대한 생각을 멈춘다.

② 명상 자세를 취한다.
   ▶등을 바르게 하고 편안한 자세로 앉는다.
   ▶눈은 감아도 되고 떠도 된다.
   ▶2,3분 동안 대상 없는 알아차림에 머문다.
   ▶어렸을 적의 그 방을 다시 떠올린다. 그 방의 구체적인 내용을 대상으로 사마타 명상을 한다. 그 방의 특성에 대해 명상한다. 침대, 침대보 색깔, 벽 색깔, 벽에 걸린 그림이나 사진, 창의 종류, 커튼이나 블라인드 등을 확인하면서 그 기억들을 대상으로 1,2분 동안 계속 알아차림

한다.

▶알아차림을 대상으로부터 알아차림 자체로 가져온다.

▶1분 정도 대상 없는 알아차림에 머무는 것으로 마무리한다.

③ 세 번째는 아주 특별하고 중요한 명상이다.

▶등을 바로 하고 편안한 자세로 앉는다.

▶어렸을 적의 그 방을 떠올린다. 그 밖의 다른 것은 생각하지 않아야
한다. 다른 생각은 절대로 하지 않는다. 피자나 애인을 떠올리면 안 된
다. 마음이 그 방에서 부엌 또는 거실로 돌아다니면 안 된다. 그 방 안
에서도 침대에서 옷장으로 또는 바닥에서 천장으로 마음이 움직이면
안 된다.

▶대상 없는 알아차림에 머무는 것으로 마무리한다.

위의 세 가지 중에서 어떤 것이 가장 쉬웠습니까? ① 어렸을 적에
지냈던 방을 떠올리는 것, ② 떠올린 기억을 이용하여 알아차림 명상
을 하는 것 ③ 특별한 명상.

제자들에게 질문하면 거의 대부분이 첫 번째가 가장 쉽고 두 번째
는 조금 어렵고 세 번째가 제일 어렵다고들 합니다. 왜 그럴까요? 이
유는 뒤로 갈수록 마음이 더 긴장되기 때문입니다. 첫 번째 연습에서
는 "내 방을 기억하는 것쯤이야 아무 문제없어!"라고 생각합니다. 뒤
로 가면서 이 명상이 아주 특별하고 중요하다는 설명을 들으면 여러
분의 마음은 돌아다닐 수 없게 되고 그렇게 애쓰다 보면 스스로를 의
식하게 되어 몹시 힘이 들 수밖에 없습니다.

귀의수를 관상할 때는 어렸을 적의 방을 떠올리는 첫 번째 방법을
이용합니다. 긴장을 완전히 풉니다. 관상이 아주 명료하면 좋지만 명

료하지 않아도 괜찮습니다. 중요한 것은 그것이 아닙니다. 존귀한 존재들이 지금 이곳에 계시다는 느낌만 있으면 됩니다. 기억나는 대로 귀의수를 마음에 떠올리고 존귀한 존재들을 제자리에 배치하십시오. 그런 다음 세부적인 내용에 대해서는 걱정하지 마세요. 수행을 계속 닦아나가면 세세한 내용들이 서서히 명확해지므로 걱정할 것 없습니다.

전체적인 이미지를 놓치지 않으면 마음이 이리저리 방황하지 않으므로 복전을 만드는 데 집중할 수 있습니다. 귀의수행을 마칠 즈음 자신이 만든 복전을 빛으로 용해시킵니다. 불러 들여온 것을 놓아버리는 것입니다. 마음의 스크린에 형상과 공이 하나임을 비추어 보고는 형상이 다시 공으로 녹아지게 하는 것이지요. 어린 시절의 방으로 연습한 것과 똑같습니다. 이것을 색과 공의 합일로 이해한다면 명상에 지혜의 요소가 들어간 위빠사나 명상이 됩니다.

●위빠사나Vipashyana

실체가 없는 이미지를 편안한 마음으로 관상하면서 우리가 만들어낸 형상이 공함을 인식하면 위빠사나 명상이 됩니다. 우리는 이 과정의 알아차림을 계발하기 위해 좌선과 관상 등의 정식 명상 체계를 이용했습니다. 그러나 이것은 실상의 이치를 설명하는 것으로 실상에 가깝게 경험할수록 깨달음의 자리에 가까이 다가가는 것입니다.

●상징

많은 사람들이 귀의경의 복잡하고 세세한 내용과 상징이 과연 우리의 영적 발전에 필요한 것인지 아니면 티베트에만 있는 일종의 문화적 기벽인지 궁금하게 생각합니다.

법의 진의는 불성으로 귀착됩니다. 모든 것이 불성으로 귀착됩니다. 불성은 형상과 개념 너머, 세세한 내용들과 문화적 상징 너머에 있습니다. 그러나 우리는 불성에 다가갈 수 있는 길이 필요하며, 설명할 수 없는 것을 설명하는 방법이 필요합니다. 현실적으로 말하자면, 우리는 가야 할 길과 관점 그리고 안내가 필요합니다. 기초수행을 해 나가면서 "불성은 언어와 분별 너머에 있다 하니 무엇이든 내 마음대로 해도 된다"고 생각하는 것은 아무 도움이 되지 않습니다. 불성이 이들 세세한 내용을 모두 초월하더라도 그것들이 아무렇게나 정해진 것은 아닙니다. 금강승에서는 상징적 이미지를 수행의 길로 이용하기 때문입니다.

상징은 이미 우리들 일상의 현실을 형성하고 있습니다. 앞에서 이 길은 보호 받기를 원하는 우리들의 평범한 욕구나 참회 등의 관습적인 성향을 해탈로 들어가는 문으로 바꾸는 것임을 살펴보았습니다. 상징물도 마찬가지입니다. 미국, 프랑스, 브라질 아니면 어떤 나라가 됐든 국기를 예로 들어봅시다. 이름은 국기라지만, 실제로 우리가 손에 들고 있는 것은 막대기나 고리에 걸린 헝겊 조각입니다. 우리는 국기를 정부 청사에 비치하거나 산기슭에 꽂기도 하고 책에 인쇄하기도 합니다. 승리를 축하하거나 이제는 고인이 된 영웅에게 바치거나 국가적인 위기가 닥쳤을 때 이 상징물은 국민의 심금을 울리는 강력한 자극제가 됩니다. 나이가 든 어른들도 국기를 보는 것만으로 기쁨과 슬픔에 복받쳐서 눈물을 흘릴 만큼, 국기는 엄청난 힘을 가집니다. 불법의 상징물도 이 같은 방식으로 작용합니다. 티베트 불교를 처음 대하는 사람들에게는 아주 이색적으로 보이는 상징물들이 있을 겁니다. 심지어는 매우 괴이하게 느껴지는 것들도 있겠지요. 그러나 상징물 자체는 낯설게 느껴질 수도 있지만, 우리들 인간이 상징물에 의지하는 것은 지극히 정상적인 일입니다.

● 오체투지

앞에서 언급했듯 다른 금강승 수행과 마찬가지로 귀의수행 또한 우리의 몸과 말과 마음을 이용합니다. 오체투지에서는 몸이 강조됩니다. 지금 여러분은 일체중생과 함께 귀의수 앞에 서있습니다. 가슴 앞에서 두 손을 합장하되 양 손바닥을 너무 붙이지 말고 막 피어나려는 연꽃 봉오리의 형태를 만듭니다. 엄지손가락은 손바닥 밖으로 나와도 되고 안으로 넣어도 됩니다.

귀의기도문을 티베트어 또는 여러분의 국어로 염송하면서 합장한 두 손을 이마 끝까지 올립니다. 이마는 몸을 상징합니다. 마음을 의미할 때 흔히 머리를 가리키는 서양 사람들은 약간 혼란스러울 것입니다. 그러나 티베트인들은 머리가 몸과 같다고 생각합니다. 머리에 감각기관이 있기 때문이지요.

절을 뜻하는 티베트어는 착찰cahksal로 착은 '정화', 찰은 '받음'을 의미합니다. 절을 할 때마다 이마, 목, 심장의 삼문三門에서 장애가 가피로 바뀝니다. 합장한 손을 이마 끝에 대면서 수행의 길을 방해하거나 장애가 되는 몸의 질병이나 육체적인 면에서 행복을 저해하는 요인들이 정화된다고 상상하십시오. 이런 문제들을 일으키는 업의 원인과 조건이 녹아지면서 부처님의 깨달은 형상이나 몸에서 비롯된 가피로 바뀝니다.

이번에는 합장한 손을 목으로 가져와 쓸데없는 말, 중상모략, 거친 말, 비난 등 장애가 되거나 영적 발전을 저해하고 괴로움을 야기하는 부정적인 말을 정화합니다. 깨달은 존재의 깨달은 말에서 비롯되는 가피를 받는 순간 모든 부정적인 말이 그대로 씻겨나갑니다.

이제 두 손을 가슴 차크라에 대면서 수행의 길에 장애가 되는 마음의 악업이 정화되며 모든 부처님들의 깨달은 마음의 가피를 받고 그 성품을 이어받는다고 생각하십시오. 티베트 사람들은 가슴과 마음을 둘이 아닌 하나로 이해합니다. 사고와 감정이 하나가 됩니다. 정신과 정을 통해 물질과 현상을 이해하는 한편 느낌과 앎 그리고 지혜로운 마음에서 비롯된 감정을 느낍니다.

이번에는 무릎을 꿇고 합장한 손을 내려 옆구리 옆의 바닥을 짚은 다음 앞으로 미끄러뜨려 팔을 최대한으로 뻗은 상태에서 이마를 바닥에 댑니다. 이때 탐욕, 분노, 무지, 자만심 그리고 질투를 의미하는 머리와 두 손, 두 무릎의 다섯 부분이 바닥에 닿아야 합니다. 오독五毒이 녹아 없어지는 것을 관상합니다. 이제 그 대치법인 부처님의 대지혜, 즉 알아차림의 다섯 가지 선근이 자라나기 시작합니다.

엎드린 자세에서 두 손을 다시 합장하여 머리 위로 들어 올립니다. 양 손을 옆구리 옆에 놓은 다음 허벅지를 들어 올려 서있는 자세로 돌아갑니다. 마지막으로 합장한 두 손을 가슴으로 가져옵니다. 이것

뚤꾸 우겐 린포체, 네팔 나기 곰빠에서 1990년 무렵

으로써 한 번의 귀의대배가 끝납니다. 대배를 하는 동안 귀의기도문을 한 번 염송해야 합니다.

저는 나기 곰빠 시절에 귀의대배를 시작했습니다. 처음에는 한 시간에 300배 정도 했습니다. 시작할 때는 전통적인 11만 배를 모두 마치겠다고 다짐했지만 근육이 땅기고 아프기 시작하자 의욕을 잃고 말았습니다. 그래서 아버지께 금강살타 수행을 하고 싶다고 말씀드렸지요. 아버지는 문제 없다시며 바로 허락하셨습니다. 그렇지만 오체투지 대배를 그만두어도 좋다는 아버지의 허락을 받자 저는 곧바로 다시 대배를 올리기 시작했습니다.

몸 고생을 조금 덜려면 무릎이 닿는 바닥에 담요나 깔개를 놓습니다. 손에 헝겊이나 양말을 두르거나 장갑을 끼면 물집이 생기는 것을 막을 수 있습니다. 요즘 들어서는 횟수를 세는 데 염주를 쓰는 대신 절 동작에 방해가 되지 않으면서 손에 쥘 수 있는 소형 계수기를 사용하는 사람들이 많습니다. 전체 대배의 횟수와 매 수행에서 대배의 횟수를 결정하려면 여러 요소를 감안해야 하므로 기초수행 지도자와 상의하는 것이 좋습니다.

나이가 많거나 통증 때문에 절을 하지 못하는 경우가 있습니다. 처음으로 기초수행을 하는데 절을 할 수 없는 상태라면 의자나 좌복에 앉아 기도문을 염송합니다.

제가 속한 법맥에서는 전통적인 기초수행 지침에 따라 오체투지와 귀의서약을 111,000번씩 해야 합니다. 스승이나 법맥에 따라 횟수가 달라질 수 있습니다. 축약본에 의거하여 네 가지 기초수행을 1만 번씩 먼저 마친 후에 장본으로 기초수행을 다시 하거나 후속 수행을 하도록 지시하는 스승들도 있습니다. 또한 횟수를 세는 전통적 방식을 따르는 대신 일정 시간을 완수토록 하는 실험적인 방법을 쓰기도 합니다.

수행자가 숫자를 세는 것에 너무 연연하면 아무리 절을 많이 한다 해도 그 이로움을 체험하기 어렵습니다. 게다가 첫 번째로 올리는 절은 두 번째 절과 다르며, 5만 번째 절과 또 다릅니다. 절을 올릴 때 매번 순수한 동기로 임하면 마음이 길들여져서 그 다음에 드리는 절에서 더 큰 이로움을 얻게 됩니다. 몸과 말과 마음은 서로 의존합니다. 절을 통해 마음을 정화하는 데 이 세 가지 요소를 적용합니다. 몸과 말과 마음을 완전히 통합하여 절하는 과정 자체에서 큰 이로움을 얻기까지는 시간이 조금 걸립니다. 그러나 순수한 동기와 보리심이 없다면 설령 절을 백만 번 했다 해도 큰 이득이 없습니다.

오체투지보다 굴복과 순종을 완벽하게 체현하는 몸동작은 없습니다. 가장 약하게 보이는 몸짓을 반복함으로써 가장 안전하고 확실한 보호를 받을 수 있는 진정한 의지처를 구하는 것이니 어쩌면 모순처럼 보입니다. 그런데 우리는 누구에게 절을 올리는 걸까요? 부처님이나 본존이 저기 바깥에 있다고 생각한다면 절하는 것이 군대에서 장교에게 경례하듯 계급에 경의를 표하는 것처럼 느껴질 것입니다. 궁극적 견해에서 귀의는 우리 자신을 다른 존재들에게 의탁하는 것이 아니라 우리가 가진 훌륭한 성품에 의탁하는 것입니다.

●수행을 마칠 때

귀의수행에서는 절을 10번을 하든 100번을 하든 아니면 1,000번을 하든 매 수행을 마칠 때마다 귀의의 대상들이 자신에게 섭수되는 것으로 마무리합니다. 대부분의 법본이 "귀의처와 그 분들의 가피가 빛으로 용해되어 내 안으로 섭수된다"라고 설명합니다. 이것을 관상하려면 1,2분 정도가 걸릴 겁니다. 세세한 내용에 너무 얽매이지 말고 느껴지는 감각에 머무십시오.

4불공가행의 모든 수행은 수행자와 제불보살, 본존이 빛으로 용해되어 하나가 되는 것으로 마칩니다. 이 부분은 단순하게 추가된 것이 아니라 금강승에서 대단히 중요한 견해입니다. 섭수 과정이 없다면 귀의수행은 단순히 외부에 있는 깨달은 존재들에게 귀의하고 기도하고 절을 올린 것에 그치고 맙니다. 수행자는 최대한 몸을 낮추어 바닥에 엎드려 있고, 그 분들은 히말라야 위의 구름 속에 앉아 계시는 것이지요. 금강승은 이 간격을 굳히는 것이 아니라 없애는 것에 주력합니다. 귀의처가 자신에게 섭수됨을 관상함으로써 우리가 본질적으로 부처님과 하나라는 인식을 확고히 하게 됩니다. 결과적으로 부처님께 바치는 공경과 헌신, 순종이 불보살을 위한 것이라기보다는 우리 자신에게 이로운 태도를 갖게 합니다.

이 같은 마무리에서 우리는 마음의 작동방식에 대해 중요한 가르침을 배울 수 있습니다. 먼저 우리는 존귀한 존재들과 구름, 보석, 호수 등을 비롯한 정교한 귀의경을 불러일으킵니다. 그리고는 우리가 일으킨 모든 것을 용해시킵니다. 불러일으키고 놓아버립니다. 우리들이 일상생활에서 날마다 하고 있는 것이 바로 불러일으키고 놓아버리는 것입니다. 귀의수행에서 우리는 알아차림을 통해 그 사실을 인식하기 시작합니다.

매 수행을 바르게 마무리하는 것을 잊지 마십시오. 아주 중요한 일입니다. 수행에서 올바른 마무리를 자주 놓친다면 불성을 깨닫는 데 가장 효과적인 방법 중 하나를 잃는 것입니다.

네 번째, 기대와 두려움 없이 수행하기

이제까지 귀의수행에서 가장 중요한 세 가지, 즉 동기, 귀의 대상 그리고 실제 수행법에 대해 살펴보았습니다. 마지막으로 네 번째 요점은 수행에 임하는 태도입니다.

귀의수행에서는 상당히 정교한 관상을 처음으로 하게 되는데다가 육체적으로 매우 강도가 높은 절을 하므로 수행에서 많은 것을 기대하기 쉽습니다. 수행의 결과에 대해 높은 기대를 하게 되고 기대가 충족되지 못할까봐 두려워합니다. 더욱이 기대감에 부풀어 자꾸 앞날을 생각하게 되어 현재 순간에 집중하지 못하고 산만해지기도 합니다.

윤회계의 귀의처는 늘 집착과 애착이 따릅니다. 무상한 것들이 영원히 지속되리라는 희망을 품기 때문입니다. 우리는 변화를 두려워하지만, 변화는 우리의 삶에서 끊임없이 일어나므로 피할 수 없습니다. 우리는 모래성같이 헛된 것들에 우리의 마음과 몸과 돈을 쏟아붓고 있습니다.

수행을 시작하면서 여러분은 불법이 도움이 될 거라는 희망을 얼마간 품게 됩니다. 병이 나을 수도 있고, 결혼도 위기에서 벗어나고, 열심히 기도하면 복권도 당첨되고 그러다 보면 곧 깨달을지도 모른다는 희망을 갖습니다. 이런 경우 마음을 편안하게 가지는 것이 가장 중요합니다. 불법의 이득을 얻는다면 좋은 일입니다. 이득을 얻지 못해도 그 역시 좋은 일입니다. 자신이 잘하고 있는지 아니면 잘못하고 있는지 조바심을 내지 마십시오. 완벽한 방법은 어디에도 없으니 걱정하지 마세요. 단지 마음을 편안히 하면 됩니다. 귀의수행을 처음 시작하면서 귀의수의 세세한 내용을 하나도 빠뜨리지 않고 마음의 눈으로 보기란 거의 불가능합니다. 그러므로 할 수 있는 한 최선을 다하되, 동기보다 중요한 것은 없다는 사실을 명심하십시오.

명상기법을 교대로 함

기초수행 중에 수행자 대부분이 들뜸이나 지루함을 경험하는데, 이 것은 아주 정상적인 일입니다. 제가 어떤 수행에 저항감을 일으키거 나 지루함을 느끼거나 동요할 때면 아버지와 쌀제 린포체께서는 명상 기법을 바꿔보라고 말씀하셨습니다. 제게만 그러신 것이 아니라 다른 제자들에게도 그렇게 이르신 것을 보면 바쁜 현대인들을 위해 수행을 쉽고 편하게 만드시려는 의도가 아니었던 것은 확실합니다.

그러면 몇 가지 방법을 살펴보도록 하지요. 수행이 두어 시간 지속 되어 기운이 달리는 경우 명상기법을 번갈아 하면 좋습니다. 아니면 수행 중 일정한 부분에서는 한 가지 기법을 정해 그것을 고수해도 됩 니다. 또는 시간을 정해놓는 방법도 있습니다. 중요한 것은 수행을 계 속하는 것이지만, 원숭이 마음처럼 명상기법을 이것저것 마구 바꾸는 것은 바람직하지 않습니다.

수행을 사유함

불단 앞에 앉아있을 때나 절을 올리고 기도문을 염송할 때 지금 자 신이 무엇을 하는지 또 왜 하는지를 사유하십시오. 논리정연하게 따 진다기보다는 가볍게 분석하듯 마음으로 생각하십시오. 귀의수 이미 지를 마음에서 놓지 않아야 하지만 기도문을 외울 때도 자신이 무엇 을 하고 있는지 자신만의 말로 성찰합니다. 이를테면, "나는 이제부터 부처님께 귀의하며 부처님을 나의 스승으로 받아들입니다. 법에 귀의 하며 나의 길로 받아들입니다. 승가에 귀의하며 수행의 동반자로 받아들입니다. 제가 깨달음을 얻어 일체중생의 깨달음에 도움이 될 수 있기를 기도합니다" 하는 식으로 자신만의 기도를 올립니다. 또는 지금강불의 모습으로 나투신 근본스승께 기도해도 좋습니다.

수행자는 또한 보리심의 서원을 일으키는 것을 동기로 삼습니다. 우리가 귀의하는 목적은 우리 자신만을 위한 것이 아닙니다. 우리를 둘러싸고 있는 모든 존재들이 이곳에 있음을 느끼며 우리가 절을 할 때 일체중생이 함께 절을 올리는 것을 확연하게 느낍니다. 그러나 수행자가 가장 집중해야 하는 것은 자기 앞에 있는 귀의수, 그 중에서도 불법승 삼보 또는 모든 깨달은 존재들과 귀의처를 구현하는 지금강불입니다.

이상으로 귀의수행의 기본적인 가르침을 마칩니다. 수행할 때마다 이런 식으로 시작해야 합니다. 그러다가 마음이 지루해하거나 들뜨면 앞에서 설명한 기법 중의 하나, 즉 대상 있는 사마타, 대상 없는 사마타, 자비관, 보리심 명상 또는 위빠사나를 하면 됩니다. 이제부터는 이들 명상법을 귀의와 보리심의 측면에서 살펴보겠습니다.

대상 있는 사마타

귀의수행에서 대상이 있는 사마타는 귀의수 또는 귀의수에 있는 한 분이나 한 집단을 대상으로 삼아 알아차림을 인식합니다. 기도문을 염송하는 소리나 몸의 동작에서 느껴지는 감각 또한 알아차림의 대상입니다. 이마·목·가슴의 삼문에서 손의 움직임을 알아차려도 좋습니다. 몸에 통증이 느껴지면 통증을 명상의 대상으로 삼으십시오.

이것들은 대상이 있는 사마타로서 하나의 대상을 이용하여 여러분의 마음을 알아차림에 머물게 하는 것입니다. 어떤 대상이든 그 대상에 알아차림을 둠으로써 알아차림 수행의 방편으로 삼습니다.

대상 없는 사마타

귀의수를 관상할 때 이미지를 단단히 붙잡고 있지 않아도 피곤하거나 지루해지기 쉽습니다. 관상에 너무 빠져들거나 반드시 관상을 해야 한다는 생각에 집착하지 마십시오. 그렇지 않으면 지루하고 불안하거나 성가신 마음이 들어 절을 하면서도 귀의수를 매일같이 관상해야 된다는 걱정에 빠지게 됩니다.

이런 문제가 일어났을 때 쌀제 린포체와 아버지께서 제자들에게 권하신 방법은 관상을 멈추고 절을 하면서 기도문을 계속 염송하는 거였습니다. 수행자 대부분이 귀의수행 중에는 귀의수 이미지를 계속 관상해야 한다고 생각합니다. 그러나 절을 하고 기도문을 염송하는 동안 대상 없는 사마타 수행을 하면서 열린 알아차림에 머물어도 좋습니다.

열린 알아차림에서는 특별히 어떤 대상에 집중하지 않고 마음을 자연스럽게 쉬되 산만해지지 않아야 합니다. 한없이 넓고 열려있는 상태에 그대로 머무십시오. 명상할 필요조차 없습니다. 생각이나 기억에 매몰되지 않은 채 다만 마음을 쉬는 것입니다.

마음의 본성에 대한 포인팅 아웃 가르침을 받은 수행자는 열린 알아차림에 머물다 보면 자연적으로 마하무드라나 족첸 수행으로 이어지면서 마음의 본성이 직접 드러납니다. 방법은 같은데 한 가지 다른 점은 귀의수행 중 자연스럽게 쉬는 동안 청정한 알아차림을 맛볼 수 있다는 것입니다.

열린 알아차림으로 절을 하면 날마다 생활 속에서 명상 수행을 할 수 있게 됩니다. 좌선 상태에서 하는 대상 있는 사마타는 일상에 적용하기 어렵습니다. 길을 걸을 때면 우리는 원숭이 마음이 마치 반려견이나 된 듯 우리를 따라다니게 놔두기 때문입니다. 절 수행을 통해 우리는 몸으로 동작을 하면서 마음의 안정을 유지하는 기술을 어느 정도 얻게 됩니다.

자애, 연민, 보리심

귀의수 이미지를 놓아버리고 귀의문을 계속 염송하며 절을 반복하면서 자애와 연민, 보리심이 일어나기를 발원하는 방법도 있습니다. 자애의 마음으로 일체중생이 행복하기를 발원하고, 연민심으로 일체중생이 고통에서 벗어나기를 발원하며, 보리심으로 일체중생이 불성을 깨닫는 데 우리가 도와줄 수 있기를 발원합니다. 자애와 연민 그리고 보리심을 일으키는 데 주의를 계속 집중합니다. 특정 이미지를 떠올리지 않은 상태에서 부처님께서 일체중생이 깨달음을 얻도록 도와주시기를 발원하며 기도합니다. 입으로 계속 귀의문을 암송하는 동시에 마음으로 간절히 발원하는 것입니다. 자신을 위해서든 타인을 위해서든 해탈보다 더 큰 발원은 없습니다.

존귀한 존재들의 이미지를 떠올리지는 않지만, 여러분은 여전히 자신의 주위를 감싸고 있는 복전을 느낍니다. 여러분의 앞에는 적들이, 양 옆에는 부모님이, 뒤에는 친구들과 가족들이 있으며 일체중생이 여러분을 둘러싸고 있습니다. 모든 존재들이 함께 있으므로 누구에게나 똑같은 연민을 느끼게 됩니다. 일상에서 늘 하는 방식대로 특정한 대상을 뽑거나 가리거나 골라서 친절을 베풀지 않습니다. 절을 올릴 때마다 좋아하거나 싫어하는 대상에 따라 차별하지 않는, 끝없는 연민이 가슴에서 솟아올라 일체중생을 적십니다. 하늘에 떠있는 태양이 어느 곳이든 차별 없이 비추는 것과 같습니다. 친구와 가족, 적들이 모두 골고루 여러분의 사랑을 향유합니다. 모두가 똑같이 여러분의 사랑을 받을 만한 가치가 있습니다.

이런 방법으로 관상을 놓아버리고 절과 기도문 염송을 계속하면서 귀의에 대해 자문하며 다음과 같이 사유합니다. '누가 누구에게 귀의하는가? 부처님은 공하고 나도 공하고 귀의수도 공하다. 귀의하는 사람도 없고, 귀의도 없고, 귀의의 대상도 없다.' 그런 다음에 마음을 편안하게 하고 실체가 없는 귀의의 체험에 머뭅니다. 이것이 궁극적인 형태의 귀의로서 우리 자신의 궁극적 형상, 우리 자신의 본성, 바로 공성에 귀의하는 것입니다.

자신의 불성에 귀의하는 최선의 방법은 누가 어떤 것에 귀의한다는 개념 자체가 궁극적 진리가 아님을 인식하는 것입니다. 즉, 지금 일어나는 현상을 궁극적으로 설명하지 못한다는 것이지요. 어떤 현상도 그것 자체의 본성이 없습니다. 귀의하는 사람, 귀의의 대상, 귀의하는 행위는 본질적으로 제 스스로 존재하지 않습니다. 절대적 관점에서 이것을 관하면 최고의 귀의를 경험합니다. 이 경험은 꿈과 같습니다. 모든 것이 실재하는 것처럼 보이지만 실제로는 공합니다. 궁극적 실재, 즉 공성에서 볼 때 귀의가 공하다는 뜻입니다. 누가 다른 어떤 것에 의지한다는 통상적인 개념을 넘어서는 것입니다. 그러므로 최고의 의지처는 어떤 것도 의지할 수 없음을 믿는 것이라고 할 수 있습니다.

정교한 이미지를 떠올리고 숭배와 공경을 표하다 보면 수행자는 이런 현상들을 사실로 믿고 싶은 유혹을 느낄 수 있습니다. 즉, 그것들이 정말로 실체가 있으며 마음의 현현이 아니라고 믿는 것이지요. 수행자는 귀의 의식과 수행이 자신을 돕기 위한 방편으로 고안되었다는 사실을 잊어버리기 쉽습니다. 그러므로 공성으로 다시 돌아가는 것이 대단히 중요합니다. 그러나 우리는 현상계를 무시할 수 없습니다. 지금 우리가 있는 곳 그리고 우리가 아는 것에서부터 시작해야 합니다. 형상과 이미지, 소리, 동작 등 일상에서 나타나는 상대적 실재를 대상으로 수행한 연후에 공성을 수행합니다.

며칠 또는 몇 주가 지나, 심지어는 수행 중에도 마음이 들뜨거나 수행이 매우 지루하거나 메마르게 느껴지고 활기가 없으면 수행법을 바꿉니다. 바꾸는 데 일정한 순서가 있는 것은 아닙니다. 대상 없는 사마타에서 자애관으로, 다시 위빠사나로 바꾸어도 됩니다. 방법을 바꿀 때마다 신선한 느낌이 들 겁니다. 앞서 한 명상법보다 나중 방법이 더 좋다는 생각이 들다가도 얼마 지나지 않아 다시 지루해지거나 동요를 느끼게 될 텐데, 그래도 괜찮습니다. 어떤 명상법이 제일 잘 되는지 알아내려고 애쓰지 마십시오. 매번 처음에는 신선한 느낌이 들었다가 곧 지루해지는 일이 반복되니까요. 그렇지만 명상법들은 서로 상승작용을 일으킵니다. 이것이 중요한 까닭은 수행자들 대부분이 기초수행에서 결정적인 요소는 명상이 아니라 관상이라고 생각하기 때문입니다. 마음이 산만하지 않도록 안정되게 유지하는 것이 중요합니다. 집중하는 대상 자체가 바뀌는 것은 괜찮습니다.

일반적으로 명상이 지루해지면 방법을 바꾸는 것이 좋습니다. 그러나 초심자라 하더라도 같은 명상법을 최소한 5분은 지속해야 합니다. 수행을 이어가면서 어떤 방법을 선택하든 명상 시간을 늘려나가도록 노력하십시오.

●장애

불법의 수행에는 예외 없이 어려움이 따르기 마련입니다. 우리의 마음을 미혹에서 지혜로 바꾸는 것은 결코 쉬운 일이 아닙니다. 우리가 불법의 이로움을 잘 알고 칭송한다 해도 수행에 대해 저항감이나 비현실적인 기대를 갖거나 실망하기도 합니다. 사원에서는 모든 승려들이 너나없이 이런 시련을 겪는다는 것이 분명하게 드러나지만, 집에서 수행하거나 수행 공동체에서 지내지 않는 이들은 자신들만 수행에 장애가 있다는 결론을 내릴 수 있습니다. 그러므로 수행자들 대부분이 공통적으로 겪는 어려움에 대해 이해하면 수행에 도움이 됩니다.

너무 강한 집중

다양한 수행법의 장점을 보다 확실하게 익히면 너무 강하게 집중하려는 경향을 보완할 수 있습니다. 집중하면 마음이 편협해지는 것을 티베트 사람들은 "머리를 생각할 때는 발을 잊어버리고, 발을 볼 때면 머리를 잊어버린다"라고 표현합니다. 전체적인 이미지를 견지하되 조금씩 달라지고 흔들리는 것은 용납하는 것이 좋습니다. 전체 장면이 불분명하거나 흔들리기도 합니다. 그럴 때 "이크, 틀렸네. 더 집중해야지"라고 생각하지 마세요. 틀려도 괜찮습니다. 사실 왜곡은 좋은 조짐입니다. 알아차림이 활발하다는 것을 의미하니까요.

처음으로 귀의수를 관상하려고 애쓰다 보면 마음이 휑해지는 경우가 종종 있습니다. 마음이 완전히 텅 비어버립니다. 아무것도 없습니다. 처음으로 귀의수행을 시작했을 때, 제게도 그런 일이 일어났습니다. 어느 것 하나도 떠올리지 못했습니다. 애를 쓰면 쓸수록 운전석에 앉아 가속 페달과 브레이크 페달을 동시에 밟는 느낌이었습니다. 끼이익! 이런 현상에 대해 설명 드렸더니 아버지는 이렇게 말씀하셨습니다.

"문제없어! 그게 정상이야. 제일 중요한 것은 부처님들이 이곳에 계시다고 느끼는 거야. 어떤 형상인지, 무슨 색인지, 도저히 떠올릴 수 없다 해도 괜찮아."

못생긴 부처님

귀의수행을 시작하면서 오체투지가 벅차 금강살타 수행으로 바꾸려다가 귀의수행을 다시 하는 것으로 마음을 정하자, 귀의수 그림을 마련하여 그 앞에서 절을 올리면 도움이 될 것 같다는 생각이 들었습니다. 귀의수 탕카가 있긴 했지만, 법당에 걸려있는 것을 가져올 수는 없었지요. 하루는 곰빠 근처의 토굴에서 지내면서 그림과 조각상을 수집하는 노스님을 찾아갔습니다. 노스님은 불상과 본존상을 찍은 사진을 많이 보여주셨습니다. 마침내 귀의경이 하나 나타났습니다. 구겨지고 접힌 자국이 있는 사진이었습니다. 저는 그 사진을 내 방에 가져다 놓고 그 앞에서 귀의수행을 했습니다. 그런데 온통 뒤틀린 형상의 부처님과 본존들만 떠오르는 거였습니다. 저는 아버지께 사진을 보여드리고 말씀드렸지요.

"처음에는 관상이 전혀 안 되고 마음이 휑해지더니 이 이상한 사진을 가져다 놓은 다음부터는 못생긴 부처님들이 나타납니다. 어떡하면 좋을까요?"

"문제없어! 그냥 못생긴 부처님들을 관상하면 돼."

아버지의 그 말씀이 저는 정말로 놀라웠습니다. 못생긴 부처님을 아름다운 부처님으로, 그것도 가능한 한 빨리 바꾸어야 한다고 생각했거든요. 아버지의 말씀에 따라 저는 못생긴 부처님을 관상했습니다. 없애거나 바꾸려고 애쓰지 않았습니다. 얼마 지나지 않아 아주 아름다운 부처님이 나타나기 시작했습니다. 이 현상이 몇 주 동안 지속되기에 저는 아버지께 다시 말씀드렸지요.

"이제 귀의수를 제대로 관상할 수 있어요."

"자랑할 것 없다. 관상이 잘 안 되는 날이 다시 올 테니 집착하지 말거라."

아버지가 무슨 말씀을 하시는지 알겠다는 뜻으로 고개를 끄덕이긴 했지만, 사실 저는 이제 관상의 비결을 알았으니 다시는 어려움을 겪지 않을 거라고 믿었습니다.

그런데 아니나 다를까, 얼마 지나지 않아 형상이 모두 흐릿해지고 뒤틀리기 시작했습니다. 몇 주가 더 지나자 형상들은 다시 바뀌었습니다. 이번에 나타난 형상은 추할뿐만 아니라 무시무시했습니다. 뒤틀리고 괴이한 얼굴에 코는 휘어지고 괴상망측한 입을 가진 괴이한 부처님들이 떠올랐습니다. 정말로 흉물스러웠지요. 저는 또 다시 아버지께 어떻게 해야 하는지 여쭈었습니다.

아버지는 흉측한, 정말로 흉측한 불상을 하나 상상하라고 제게 이르셨습니다. 거미와 곤충이 떼로 기어올라 부처님 코로 들어가서 귀와 눈으로 나오고 머리에 앉은 비둘기들이 싼 똥이 부처님 얼굴로 흘러내리는 모습을 상상하라고 하셨습니다. 저는 아버지의 말씀에 큰 충격을 받았습니다. 저는 놀라서 동그래진 눈으로 아버지가 우스갯소리를 하시는지 알아내기 위해 눈이 빠져라 아버지를 바라보았습니다. 그러나 아버지의 얼굴에는 웃음기가 전혀 없었고, 말씀도 더 이상 하지 않으셨습니다. 저는 아무래도 아버지의 충고를 따라야겠다고 생각하며 자리를 떴습니다. 며칠 뒤, 내 마음에 나타난 부처님은 다시 매우 아름다워지셨습니다.

집착하지 말라는 아버지의 말씀에서 제가 완벽하고 분명하고 아름다운 형상에 매달렸다는 사실을 깨달았습니다. 아버지는 저의 집착과 완벽주의에 대한 애착을 끊어놓으려 하셨던 것입니다. 저는 간절하게 원하는 마음을 놓아버려야만 원하는 것을 얻을 수 있다는 것과 집착을 놓아버리면 어떤 이로움이 있는지를 배웠습니다. 제가 배운 또 한 가지는 마음에 이미지를 떠올릴 수 없을 때 대상 없는 사마타로 명상법을 바꾸면 이미지가 저절로 나타나기도 한다는 거였습니다.

끝마치지 못하는 것에 대한 두려움

귀의수행에 대해 고충을 호소하는 제자들이 상당히 많습니다. 오체투지는 시간이 많이 걸리므로 끝까지 마치기 힘들 거라는 선입견에서 나온 불평이 거의 대부분입니다. 매우 헌신적인 재가자라 해도 오체투지 수행을 마치려면 몇 년이 걸릴 수도 있습니다. 제가 드리는 충고는 여러분이 만약 절하는 것을 아주 싫어한다면, 싫어하는 그 마음을 알아차림의 방편으로 삼으라는 것입니다. 끝내지 못할까봐 걱정된다면 그 걱정을 알아차림의 대상으로 삼으십시오. 어떤 수행이든, 종국에는 어떤 행위든 알아차림이 관건이라는 것을 잊지 마십시오. 또한 우리 마음이 얼마나 무지한 상태이든 상관없이 마음을 닦는 것, 즉 혐오와 불안, 고통과 좌절, 희망과 두려움을 다스리는 것보다 이로운 것은 없습니다. 귀의수행을 하겠다고 서약했는데 자신이 수행하기 싫어한다는 사실을 알았다면, 그런 마음을 살펴보십시오. 아무 문제 없습니다.

하나를 사면 다섯 개가 공짜

귀의수행으로 수행자는 삼보와 삼근본이라는 신뢰할 수 있는 귀의처에 의탁하여 보호를 받습니다. 이것이 우리가 얻고자 하는 것입니다. 그렇지만 귀의수행에는 다른 이로움도 많습니다. 사마타, 자애, 연민, 보리심, 위빠사나, 정화 그리고 공덕입니다.

우리가 지금 명상 수행을 하고 있다는 사실을 잊지 마십시오. 어떤 수행이든 요점은 알아차림을 인식하고 계발하는 것입니다. 관상은 아주 훌륭한 방편입니다. 귀의수행 과정에서 우리는 알아차림을 귀의수에 두거나 앞에서 설명한 것처럼 알아차림의 대상으로 신체 감각, 기도문을 염송하는 소리, 심지어는 알아차림 자체를 이용합니다.

보리심을 동기로 수행한다면, 수행자는 일체중생이 깨달음을 얻도록 돕겠노라고 발원함으로써 공덕과 자량을 쌓게 됩니다. 이보다 더 위대한 발원은 없습니다. 그러나 수행자는 단지 바라는 것으로 그쳐서는 안 됩니다. 의도는 망상의 제약을 받기 때문에, 일체중생을 돕겠다는 서약에 진정성이 있으려면 우리의 역량과 능력 그리고 선근이 최고로 이로운 효과를 낼 수 있도록 수행해야 합니다.

귀의수는 우리 마음이 만든 것으로 실체가 없이 형상과 공성의 합일로 허공에 있습니다. 아무리 정교하고 화려하고 상징적 의미가 가득한 귀의수라 해도 그 형상은 견고하지 않고 실체가 없습니다. 귀의수행에서 위빠사나 명상을 이용하면 우리가 경험하는 것들이 환상과 같음을, 또한 마음에 나타나는 모든 현상에 본질적이며 견고한 실체가 없음을 계속 알아차리게 됩니다. 이것으로써 지혜가 자라납니다.

이때 지혜는 공성의 궁극적 성품을 통찰하는 것으로서 우리의 본성이기도 합니다.

우리는 악업과 장애를 정화하기 위해 몸과 말과 마음을 하나로 모읍니다. 온몸으로 절을 올리는 육체적 행위는 이 노력을 강조하는 것으로서 몸과 말과 마음의 행위로 지은 악업을 녹이는 작용을 합니다.

수행자는 일체중생이 괴로움을 완전히 소멸할 때까지 돕겠노라는 의도를 냄으로써 공덕을 쌓습니다. 또한 깨달은 존재들을 공경하는 것으로도 공덕을 쌓는데, 이로써 우리 자신을 포함한 일체중생의 악업과 장애를 녹이게 됩니다.

귀의 결어

4공가행, 즉 법으로 마음을 돌리는 네 가지 사유를 마치면서 우리는 괴로움에서 벗어나기를 발원했지만 아직 목적지를 명확하게 인식하지 못한 상태였습니다. 우리를 틀림없이 보호해줄 귀의처를 믿고 의지하면 목적지가 보이기 시작합니다. 이제 우리는 행복해지는 데 없어서는 안 될 조각을 찾아 나선 것입니다. 이 조각은 윤회계의 일시적인 귀의처에서는 결코 얻을 수 없습니다.

양쪽 강변을 연결하는 콘크리트 다리는 견고하기 그지없어 천 년을 버틸 수 있습니다. 불법승의 삼보에 우리를 이어주는 다리는 견고한 콘크리트 다리와 전혀 다릅니다. 그것은 마치 마법의 밧줄처럼 양쪽 강변을 서서히 끌어당겨 마침내 합쳐지게 만듭니다. 그리하여 우리는 윤회가 열반이며 우리 밖에 계신 부처님과 우리 안에 있는 부처님이 같음을 깨닫게 되는 것입니다.

2. 일체중생을 이롭게 하는 귀의

● 보리심

우리가 깨달음을 얻기까지 삼보에 귀의한다는 서원은 일체중생이 깨
달음을 얻기까지 돕겠다는 서원으로 이어집니다. 수행자는 "제가 행
한 보시와 다른 선업의 공덕으로 일체중생이 성불하기를" 발원합니다.
자신을 위한 발원과 일체중생을 위한 발원을 합치면 보리심菩提心이
됩니다. 보리심은 산스크리트어로 보디찌따Bodhichitta라 하는데, 찌따
는 '마음'을 뜻하며 보디는 '깨달음'을 뜻합니다. 보리심은 일반적으로
'깨달은 마음' 또는 '깨어있는 마음'을 의미합니다.

일체중생을 이롭게 한다 하면, 남을 돕기 위한 기부나 자선, 기아나
노숙인 문제의 해결 또는 에이즈나 사상충증의 퇴치 등을 생각하는
사람들이 많습니다. 이와 같은 고귀한 노력은 다른 사람들에 대한 순
수한 관심과 염려에서 나온 것이지만 고통의 궁극적 소멸과는 거리가
있습니다. 상황과 조건에 따라 이로움이 달라지기 때문입니다. 상황과
조건은 근본적으로 변하게 되어 있으므로 영원한 해탈을 가져다주지
못합니다. 괴로움의 진정한 소멸은 오로지 어떤 조건이나 상황과 상관
없이 존재하는 불성에서 옵니다.

보리심은 모든 형태의 자애와 연민을 자동적으로 포함하지만, 모든
형태의 자애와 연민이 보리심을 포함하지는 않습니다. 보리심과 자비
를 같은 의미로 쓰는 제자들이 꽤 많더군요. 그러나 보리심과 자비심
은 서로 다르며, 그 차이를 명확하게 알아야 합니다. 우선 사무량심四

無量心에 대해 알아보도록 합시다. 사무량심은 보리심의 기초로서 자비심과 확연히 다릅니다.

● 사무량심

일체중생이 행복과 행복의 인을 갖기를!
일체중생이 괴로움과 괴로움의 인에서 벗어나기를!
일체중생이 괴로움이 없는 행복을 여의지 않기를!
일체중생이 가깝든 멀든 대상에 대한 애착과 미움에서 벗어나 평등에 머물기를!

사무량심은 자慈·비悲·희憙·사捨의 네 가지 무량한 마음입니다. 일체중생이 행복과 행복의 인을 갖기를 바라는 자무량심은 자애를 나타냅니다. 일체중생이 괴로움과 괴로움의 인에서 벗어나기를 바라는 비무량심은 연민을 나타냅니다. 일체중생이 다른 모든 존재의 행복과 성공을 함께 기뻐하는 마음을 가꾸기를 바라는 희무량심은 숭고한 기쁨을 나타냅니다. 사무량심은 일체중생이 미움과 애착에 끌려 다니지 않기를 바라는 마음으로 평등심을 나타냅니다. 한량없는 자애와 연민, 함께 기뻐하는 마음에 평등심이 더해지면 누구에게나 공평하고 모든 것을 포용하는 발원으로 성숙됩니다.

사무량심은 매우 직설적인데, '무량'이라는 개념이 혼란스러울 수 있습니다. 무량은 모든 존재를 가리키는 것으로 인간, 곤충, 새, 물고기, 동물 등을 모두 포함합니다. 이들의 수가 무한하므로 동기 또한 무한해야 합니다. 그런데 무한한 동기를 일으키는 것이 과연 가능할까요?

달라이 라마 존자님을 한 번 떠올려 보십시오. 중국과의 문제는 끝이 없어 해결될 기미가 보이지 않습니다. 인도와 세계 도처에 있는 티베트 자치구에 대한 책임 또한 무한합니다. 세계의 지도자로서, 또한 평화의 수호자, 정신적 지도자 그리고 법맥의 수장으로서 존자님이 지셔야 하는 책임 역시 무한합니다. 이런 상황에서도 존자님이 행복할 수 있는 것은 과연 무엇 때문일까요? 존자님은 이렇게 말씀하셨습니다.

"제가 행복한 것은 자비심이 있기 때문입니다. 자비심은 제게 에너지를 주며, 아무것도 두려워하지 않고 끊임없이 활동할 수 있게 해줍니다. 저의 역량을 키워 더 많은 일을 할 수 있도록 이끄는 것이 자비심입니다."

일을 하면 할수록 역량이 커집니다. 만약 우리가 가만히 앉아서 사무량심에 대해 생각만 한다면 아무 일도 일어나지 않습니다. 그러나 일단 다른 존재들의 행복을 위해 진심을 다해 노력한다면 분별이 떨어져 나가고 자비의 에너지가 우리를 지탱해줍니다.

이렇게 광대하고 끝이 없고 한량없는 사랑을 어떻게 하면 가꿀 수 있을까요? 사무량심은 수행과 사유를 통해 계발되며 우리 자신으로부터 시작됩니다. 우리는 진정한 사무량심으로 곧장 뛰어들지 못합니다. 그건 불가능합니다. 우선은 관습적인 이해와 개인적인 경험에서부터 시작해야 합니다. 먼저 사무량심을 하나씩 자신에게 적용해보고 그 다음에 자신이 아는 사람들에게로 확장합니다. 그런 다음에 일체 중생을 위해 무량한 발원을 일으키며 이로써 보리심에 이릅니다.

첫 번째 단계는 자애와 연민, 즉 자비의 씨앗이 늘 우리에게 있다는 사실을 깨닫는 것입니다. 우리를 포함하여 모든 존재들은 끊임없이 행복을 원하고 괴로움을 피하려고 애씁니다. 행복해지려는 욕구는 자애의 뿌리에서 나오며, 괴로움에서 벗어나려는 소망은 연민의 기초가 됩니다. 아무리 절망적인 순간에서도 자애와 연민의 유익한 감정이 우리 행동의 기저를 이룹니다.

조금 별나기는 하지만, 자기혐오를 예로 들어봅시다. 자기혐오는 매우 고통스러운 마음 상태입니다. 그러나 스스로를 혐오하게 되는 상황을 살펴보면, 자기보다 더 잘나고 똑똑하고 매력적으로 생각되는 사람들과 자신을 비교함으로써 괴로움을 일으킨다는 것을 알 수 있습니다. 그렇지만 이렇게 파괴적인 비교의 저변에는 행복에 대한 욕구와 비참한 느낌에서 벗어나려는 바람이 감추어져 있습니다. 사랑과 연민은 우리 안에 늘 존재합니다. 우리에게 자비심이 있다는 사실을 깨달은 다음에는 그것을 스스로 키워나가야 합니다. 그것이 우리의 책임입니다.

그러나 이 세상에는 자신의 행복을 찾는다는 명목으로 자신과 타인들에게 괴로움을 야기하는 사람들의 이야기가 넘쳐납니다. 부인이 없으면 더 행복할 거라는 확신 때문에 아내를 죽이는 남자가 있는가 하면, 더 잘 살아보겠다는 욕망에 이끌려 회사 공금을 횡령하는 여자도 있습니다. 인과법을 알지 못해 끔찍한 일들을 저지르는 것이지요.

이 때문에 우리는 일체중생이 행복할 뿐만 아니라 행복의 인을 갖추기를 발원합니다. 즉, 자신이 행복해지기 위해 남에게 해를 입히는 어리석은 짓을 하지 않기를 바라는 것입니다.

사무량심 연습

사무량심을 특징짓는 무한無限함의 요소를 갖추기 위해 자기 자신과 자신이 아는 존재들을 위해 똑같이 발원합니다.

1. 내가 행복과 행복의 인을 갖추기를.
2. 내가 사랑하는 아무개가 행복과 행복의 인을 갖추기를.
3. 내가 좋아하지도 싫어하지도 않는 아무개가 행복과 행복의 인을 갖추기를.
4. 내가 몹시 싫어하는 아무개가 행복과 행복의 인을 갖추기를.

다음에는 위와 같이 네 가지 범주, 즉 자기 자신, 자신이 사랑하는 이, 좋아하지도 싫어하지도 않는 이, 싫어하는 이에 대해 괴로움에서 벗어나기를 발원합니다. 이 같은 발원은 연민을 나타내는 동시에 연민을 길러줍니다. 내가 괴로움과 괴로움의 인에서 벗어나기를!

이어지는 네 가지 연습에서는 상대방의 행복에 공감하는 기쁨을 이어갑니다. 괴로움이 없는 지극한 기쁨을 여의지 않기를!

마지막 네 가지 연습에서는 평등심을 기릅니다. 가깝든 멀든 상대에 대한 집착과 미움에서 벗어나 평등심에 머물기를!

각각의 경우 제일 먼저 우리 자신에 대해 발원하는 이유는 우리가 직접 경험함으로써 그 느낌의 진실성을 확증하기 위해서입니다. 그런 다음 사랑하는 이에게, 다시 좋아하지도 싫어하지도 않는 이에게 그리고 마지막으로 싫어하는 사람에게로 발원을 확장합니다.

그러면 첫 번째로 우리가 얼마나 행복하기를 원하는지 알아봅시다. 우리는 명상 자체가 우리를 행복하게 만들어줄 거라고 생각할 수 있습니다. "나는 지금 왜 명상을 하고 있는가? 내가 명상이나 불법에 관심을 가지는 이유는 무엇인가?" 하고 스스로에게 질문해 보십시오.

여러분은 아마 명상을 하면 좋은 방향으로 변하므로 화도 덜 내고 인내심도 많아질 거라고 생각할 겁니다. 마음이 편안해지는 방법을 배워서 직장에서 덜 긴장하고 친구도 많아질 것이라고 기대합니다.

사람마다 행복에 대한 생각이 각기 다릅니다. 어떤 이는 오로지 즐기기 위한 목적으로 배낭을 꾸려 산에 오릅니다. 일 때문에 하루 종일 무거운 짐을 나르는 사람들의 입장에서는 무거운 배낭을 메고 재미로 걷는다는 자체가 미친 짓으로 보이겠지요. 우리가 날마다 일상적으로 하는 거의 모든 행위는 몸과 마음이 편하리라고 예상되는 방향으로, 또한 싫거나 불편하고 불만족스러운 상황을 피하려는 방향으로 추진된다는 것을 알아야 합니다. 딱딱한 나무 의자를 푹신푹신한 소파로 바꾸면서 여러분은 과연 무엇을 기대합니까? 주말에 할 일을 계획하거나 돈을 투자하거나 정치적 후보를 지지하면서 여러분이 바라는 것은 무엇입니까?

이제 우리가 하는 행동 대부분이 미세하든 공공연하든 행복을 찾으려는 마음에서 비롯된다는 사실을 인식한다면, 자애의 마음을 떠올려 자신에게 적용합니다. "내가 행복과 행복의 인을 가지기를!" 자애와 연민을 한꺼번에 일으키려고 애쓰지 마세요. 지금 당장 그렇게 하기는 매우 어렵습니다. 자애는 행복해지려는 욕구이며, 연민은 괴로움으로 고통 받는 자신과 타인들에게 느끼는 감정입니다. 자애와 연민을 따로 분리해야 합니다. 자애와 연민은 동전의 양면과 같지만, 지금은 한 번에 한 가지씩 수행하는 것이 좋습니다. 이것은 마치 타오르는 불꽃을 두 가지 관점에서 보는 것과 같습니다. 즉, 초점을 뜨거운 열기에 맞출 수도 있고, 밝음에 집중할 수도 있습니다. 이제 막 시작하는 우리로서는 각각의 관점을 따로 보는 편이 더 많은 것을 배울 수 있습니다.

행복을 지향하게 만드는 자애의 종자가 이미 우리 안에 있으므로 밖에서 자애의 감정을 불러올 필요가 없습니다. 그렇지만 우리가 하는 모든 행동이 행복해지려는 충동에 따른 것이라는 사실을 우리는 아직 제대로 인식하지 못한 상태입니다. 이 사실을 새롭게 인식하면 행복을 바라는 마음은 보다 값진 도구가 됩니다. 이제 우리는 행복에 대한 갈망의 특성을 이해하게 되면서 미세한 갈망, 감추어진 갈망, 또는 왜곡된 형태의 갈망이 어떤 느낌인지를 알아갑니다. 예를 들면, 마약과 술로써 자신의 상처를 스스로 치료하려고 들 수도 있지만 대부분의 경우 해가 됩니다. 그러나 약으로 치료하거나 통증을 없애려는 충동은 건강한 본능에서 비롯됩니다. 아무리 파괴적인 습관이라 하더라도 그 안에서 긍정적인 의도를 찾아내면 보다 효과적인 전략을 세우는 데 도움이 됩니다.

밍규르 린포체의 어머니 소남 최된과 외할아버지 따시 도제, 인도 보드가야에서 2011년 1월

사무량심 연습으로 우리는 순수한 자애와 연민의 종자를 느끼게 됩니다. 아무리 파괴적인 감정과 행동 속에서도 이 순수한 종자는 언제나 존재합니다. 대부분의 경우 우리는 이 부분을 놓칩니다. 그렇지만 우리가 아주 극단적인 행동 속에서도 본질적으로 선한 특성을 인식할 수 있다면, 우리는 날마다 이어지는 평범한 일상의 행위에서 행복을 찾아낼 수 있습니다. 우리가 늘 행복을 갈구한다는 것을 인식하면 그 사실을 다른 존재로 확장하여 그들이 행복해지기를 발원하게 됩니다.

우선 부모님이나 자녀 등 자애의 마음이 쉽게 일어나는 한 사람을 선택해서 자애를 넓혀나갑니다. "내가 사랑하는 이가 행복과 행복의

인을 갖기를!" 반려동물이나 파트너 또는 스승을 선택해도 좋지만, 시작하기 제일 좋은 대상은 무조건적인 사랑을 불러일으키는 존재입니다.

이제 명상의 대상이 여러분과 똑같이 행복을 바란다고 상상합니다. 여러분이 잘 아는 사람을 대상으로 선택하십시오. 그 사람이 처한 상황, 갈망, 욕구와 장애를 떠올리세요. 구체적인 내용을 떠올리세요. 그런 다음 "아무개가 행복과 행복의 인을 갖기를!" 하고 반복해서 발원합니다.

다음 차례는 중립적인 대상입니다. "내가 좋아하지도 싫어하지도 않는 아무개가 행복과 행복의 인을 갖기를!" 하고 기도합니다. 중립적인 대상은 특별한 느낌이 없는 대상으로 매력도 혐오감도 느껴지지 않습니다. 집 근처의 구멍가게 주인이나 자녀의 놀이친구의 어머니 등 누가 됐든 대상을 명료하게 떠올립니다. 그리고는 우리 자신의 행복을 위해 기도했던 것과 똑같이 대상을 위해 발원합니다.

마지막으로 여러분이 좋아하지 않는 대상을 위해 기도합니다. "내가 몹시 싫어하는 아무개가 행복과 행복의 인을 갖기를!" 한 번 이렇게 생각해 보십시오. '이 사람도 나와 똑같이 부모님이 계시다. 나처럼 피해의식으로 고생하고 욕구도 있다. 나와 마찬가지로 재산과 건강에 어려움이 있고 권력과 사랑, 상실의 문제가 있다. 이 사람 또한 행복을 원하고 괴로움을 원치 않는다.' 대상과 여러분에게 공통점이 있음을 확인하는 것이 중요합니다. 둘 사이의 공통점을 마음에 선명하게 떠올리세요.

여러분이 몹시 싫어하는 누군가를 떠올릴 때 대상이 적대감을 강하게 자극하거나 분노가 치밀어 올라 명상의 분위기가 깨진다면 명상을 멈추고 좀 더 편한 대상을 선택해야 합니다. 여러분의 분노를 자극하지 않고 단순히 귀찮은 느낌을 주는 대상을 떠올리거나 시간이 흐르면서 거부감이 스러진 사람을 기억 속에서 고르세요. 다루기 어려운 대상은 나중에 다시 하면 됩니다.

네 가지 자애명상을 연습하는 목적은 자신을 비롯한 모든 존재들에게 있는 본질적인 특성을 보다 잘 이해하고 이렇게 공통된 특성이 서로 간의 다른 점들보다 훨씬 더 중요하다는 사실을 확인하는 것입니다.

마지막 자애명상 연습에서 대상으로 선택한 사람에게 싫은 마음이 계속 일어나더라도 실망하지 마십시오. 명상 중에 대상에 대한 진정한 자애의 마음이 조금 일어나는 날이 있는가 하면, 그 다음 날이나 다음 주에는 한밤중에 잠이 깰 정도로 분노가 폭발하기도 합니다. 정상적인 일입니다. 그러나 시간이 흐르면 다른 사람들을 대하는 태도가 바뀌고 또한 안정됩니다. 이제 여러분은 생전 처음으로 만나게 되는 모든 이들에 대해 중요한 사실을 알고 있다는 것을 인정할 겁니다. 그들 또한 여러분과 똑같이 행복을 원한다는 사실 말입니다.

연민 일으키기

"내가 괴로움과 괴로움의 인에서 벗어나기를!"

스스로에 대해 연민과 고통에서 벗어나고자 바라는 마음을 일으키려면 우선 우리의 모든 행위가 불만족과 걱정, 고통, 그 밖의 크고 작은 괴로움을 밀어내려는 것임을 살펴봅니다.

앞에서 언급한 바와 같이 자애와 연민은 동전의 양면과 같지만, 강조하는 바가 서로 조금 다릅니다. '오늘밤은 집에 혼자 있는 것이 너무 외로우니 외출해야지' 하는 생각이 드는 날이 있을 겁니다. 이런 때는 밖에 나가서 행복을 찾겠다는 생각보다는 외롭고 사랑받지 못하거나 인기가 없어 괴롭다는 느낌이 더 강하게 들면서 스스로에 대한 연민이 일어납니다.

다음은 "내가 사랑하는 아무개가 괴로움과 괴로움의 인에서 벗어나기를" 바라는 것입니다. "괴로움의 인"이라는 두 번째 부분을 잊지 마십시오. 우리는 다들 자신이 무엇을 원하는지 제대로 알지 못합니다. 바닷가의 작은 별장을 늘 꿈꾸던 제자가 하나 있었지요. 그이는 자신의 꿈을 이루기 위해 한 푼도 쓰지 않고 돈을 모았습니다. 마침내 마련한 바닷가의 별장은 환상적이었습니다. 그러나 기쁨은 여섯 달밖에 가지 않았습니다. 그이는 행복의 원천이 무엇인지 제대로 알지 못했던 것입니다. 그이는 별장이라는 외적 현상이 자신의 보호막이 되어줄 거라고 생각했지만, 마음의 습관에서 비롯된 피해의식과 신경과민은 여전히 그대로였습니다.

누구나 똑같습니다. 그것이 윤회의 본질입니다. 번뇌망상이 행복을 가로막고 있음을 통찰하기까지는 윤회계 안에서 완벽한 삶을 만들려고 안간힘을 쓸 것입니다. 말 자체가 모순인 것이 윤회계에는 완벽한 상황이 존재하지 않습니다. 괴로움에서 벗어나기를 원한다면 괴로움의 원인을 밝혀내야 합니다. 괴로움의 원인은 무명과 무지입니다. 우리는 자신의 진정한 본성을 인식하지 못하고 윤회 너머로 가는 방법을 모르며, 또한 업의 이치를 알지 못합니다. 연민을 일으키기 위해 굳이 사랑하는 이를 암이나 파국으로 몰아가는 등 최악의 고통을 상정할 필요는 없습니다. 두통이나 알레르기, 손가락에 박힌 가시 정도의 고통이면 됩니다. 암으로 고생하는 친구를 생각해도 상관없습니다. 만약 여러분 자신이 몹쓸 병에 걸려 고생한다면 "내가 이 병과 이 병의 원인에서 벗어나기를, 일체중생이 이 병과 이 병의 원인에서 벗어나기를!" 하고 기도하십시오. 언제든 자신이 처한 상황을 그대로 이용해도 전혀 문제가 없을 뿐만 아니라 이로움도 따릅니다. 그러나 극단적인 예로 연습하다 보면 사소한 불만족은 대충 넘어가게 됩니다. 그런데 문제는 대수롭지 않은 모욕, 하찮은 질투, 또는 가구 한 점에 대한 떨쳐낼 수 없는 욕망이 종종 큰 사건으로 발전한다는 것입니다. 내용은 중요하지 않다고 치부할 경우 마음이 크게 흔들려도 그대로 넘어가게 됩니다.

자신과 자신이 사랑하는 이를 대상으로 연민을 일으키는 연습의 기초가 다져지면 자신이 좋아하지도 싫어하지도 않는 사람들을 대상으로 괴로움이 소멸되기를 발원합니다. 마지막으로 자신이 싫어하는 사람들을 대상으로 같은 연습을 반복합니다.

숭고한 기쁨 일으키기

"내가 괴로움에서 벗어난 숭고한 기쁨을 여의지 않기를!"

세 번째 희무량심도 앞의 자무량심 그리고 비무량심과 같은 순서로 반복합니다. 우리 자신으로부터 시작해서 자신의 장점을 인식하고 자신이 가진 것에 감사하고 자신이 가진 긍정적인 면에 대해 감사하는 마음을 기릅니다. 가족과 친구 등 살면서 좋다고 느꼈던 환경과 관계를 모두 알아차리고 다른 사람들에게서 받은 가르침과 도움에 감사하고 불법을 만나 영속하는 행복을 찾게 된 것을 감사하고 기뻐합니다.

희무량심을 일으키기 위해 "나는 유명한 건축가에다가 에베레스트에도 올랐고 멋진 자동차도 있으니 참 대단해!" 등과 같이 거창한 것을 대상으로 떠올리지 마십시오. 우리는 지금 업적이나 금메달에 대해 논하는 것이 아니니까요. 간소한 것이 좋습니다. 따뜻한 햇볕이 내리쬐는 정원에서 차 한 잔을 마셨거나 의자에 앉아 책을 읽은 것을 기뻐하십시오. 정말로 착한 사람이 되고 싶고, 남을 돕고 싶고, 더욱 친절하고 믿을만한 사람이 되는 방법을 배우고 싶어 하는 마음을 떠올려 보세요. 잃어버린 개를 구출했던 일을 생각해도 좋습니다. 거창한 선행이 아니어도 괜찮습니다. 선행을 인식하고 고마워하는 마음을 일으키는 것이 더욱 중요합니다. 그런데 놀랍게도 이 연습을 어렵게 생각하는 사람들이 아주 많더군요. 혹시 이번 연습이 여러분에게 어렵게 느끼더라도 여러분만 그런 것이 아닙니다. 자신의 훌륭한 특성을 기뻐하는 마음이 일어나지 않아도 괜찮습니다. 그 점을 알아차리고 다음에 다시 하면 됩니다.

중립적인 대상이나 싫어하는 인물에 대해 호의적인 기쁨을 일으키다 보면 질투가 나서 마음이 불편해지기 마련입니다. 질투는 자꾸 숨으려 들기 때문에 다루기가 까다롭습니다. 프로젝트를 성공적으로 이끈 직장 동료가 상을 받을 경우, 더불어 기뻐하려고 해도 질투 때문에 진심으로 기뻐하기 어려울 겁니다. 자신이 그 상을 받았으면 하는 마음과 함께 자신이 받는 것이 더 마땅하다는 생각이 일어납니다. 이런 느낌이 일어나면 다만 그 느낌에 머무십시오. 몇 분이 지나가면 여러분은 강력한 질투심에 고마움을 느끼게 될지도 모릅니다. 자신에게 그런 면이 있다는 것을 알게 해주었으니까요. 이제 여러분은 질투가 타인과의 관계 형성에 어떻게 영향을 미치는지 파악한 것입니다.

평등심 일으키기

"가깝든 멀든 상대를 집착하고 싫어하는 마음 없이 내가 평등심에 머물기를!"

집착하고 싫어하는 마음은 우리의 삶에서 막강한 영향력을 발휘합니다. 여러분이 좋아하거나 싫어하는 것 중에서 아주 단순하고 일상적인 예를 한 번 떠올려 보십시오. 사람, 음식, 냄새, 옷, 텔레비전 프로그램 등 무엇이든 좋습니다. 어떤 것이 여러분의 행동을 촉발했는지 생각해보세요. 여러분을 끌어당기는 것을 향해 쇳가루가 지남철에 끌려가듯 막무가내로 다가가는 느낌을 떠올려 보십시오. 같은 방법으로 냄새, 색깔, 폭력적인 영상이나 공포로 인해 역겨움이나 위축감을 느꼈던 때를 떠올려보세요.

거리에서 폭력배로 보이는 청년들을 만나면 대부분 슬그머니 발길을 돌릴 겁니다. 그렇지만 영화배우가 나타나면 그쪽으로 뛰어가겠지요. 어떤 음식점 앞에서는 걸음을 멈추는가 하면 다른 음식점은 그냥 지나치고 맙니다. 자신보다 돈이 많아 보이는 사람들한테는 다가가고 사회적으로 격이 낮아 보이는 사람들은 피하기도 합니다. 명성과 이름에 혹해 접근하거나 왕따나 낙오자 또는 약자로 여겨지는 이들은 배척합니다.

좋아하고 싫어하는 마음이 우리의 행동을 어느 정도로 지배하는지 알아보기 위해 우리의 습관을 한 번 실험해 봅시다. 예를 들어, 지하철에 올라 첫 번째로 나오는 좌석에 무조건 앉는 것입니다. 옆에 앉은 사람의 머리가 엉망이든 옷을 잘 차려입었든 상관하지 않아야 합니다. 제 서양인 제자가 인도의 공중 화장실을 대상으로 이 실험을 했습니다. 조금이라도 더 깨끗한 화장실을 찾아다니는 대신 그 날만큼은 어떤 화장실이든 가리지 않았답니다. 완벽한 성공을 거두지는 못했지만 그이는 적어도 시도는 한 셈입니다. 발우를 들고 탁발을 다니는 스님들은 먹을 것을 고르거나 가리지 않습니다. 어떤 음식이 주어지든 똑같이 감사하는 마음을 갖습니다.

애착과 미움이 부질없음을 이해하려면 한때는 친구였지만 지금은 적이 된 이를 생각하십시오. 예전 파트너, 절친한 친구의 마음을 훔쳐 간 옛 룸메이트 또는 회사 돈을 횡령한 옛 파트너를 떠올려 보세요. 여러분의 가장 친한 친구가 여러분에 대해 나쁜 말을 하고 다닌다는 소문을 들을 때도 있겠지요. 반면에 지금은 친구가 된 원수도 있습니다. 마음의 평정을 유지하지 못할 정도로 좋아하고 싫어하는 감정을 중요하게 여긴다 해도, 이렇듯 강력한 감정의 대상이 끊임없이 바뀐다는 사실에 주목해야 합니다.

벤쿠버의 제자들과 함께 사무량심 수행을 하던 때 한 제자로부터 들은 이야기입니다. 이웃이 새로 집을 짓는 바람에 제자의 집에서는 바다를 제대로 볼 수 없게 되었답니다. 제자 부부는 새 이웃에게 자신들의 조망권을 침해하지 말아 줄 것을 차분히 요청했지만, 이웃 또한 완벽한 조망권을 원했기에 설계를 바꾸지 않았습니다. 결국 그 이웃은 제자 부부에게 나쁜 짓을 한 셈이 되었습니다. 알고 보니 이웃은 심장 전문의였습니다. 제자 부부는 이웃이 심장발작을 일으키는 장면을 상상하며 끔찍한 농담을 했노라고 내게 털어놓았습니다. 농담을 나누고는 깔깔대고 웃었다는 말도 덧붙이더군요.

그러나 어느 날 한밤중에 가슴을 찌르는 통증 때문에 잠을 깬 사람은 이웃이 아니라 제자였습니다. 제자의 부인은 황급히 전화기를 들고 구급차를 부르고는 이웃집 전화번호를 돌렸습니다. 이웃 남자는 파자마 바람으로 진료 가방을 들고 뛰어와서 곧바로 약을 투여했습니다. 제자는 혈관 우회 수술을 받아야 했습니다. 병원 의사들은 이웃 남자가 아니었다면 제자는 산 채로 병원에 들어올 수 없었을 거라고 말했습니다. 이야기의 결말은 뻔합니다. 두 가족은 아주 좋은 이웃으로 행복하게 살았답니다.

평등심에서 가장 심각한 장애는 애착입니다. 무엇인가를 선호하는 것은 괜찮습니다. 커피와 홍차 또는 맑은 날과 비 오는 날 중에서 어떤 것을 더 좋아해도 상관없습니다. 문제는 우리가 가질 수 없는 것에 집착하는 데서 일어납니다. 가령, 마음은 이미 입에서 살살 녹는 초콜릿 아이스크림에 꽂혔는데 가게에 바닐라 아이스크림밖에 없다면 어떻게 될까요? 날씨가 오락가락하는 바람에 고대하던 야외 행사가 취소된다면 심란해지겠지요. 또는 독방을 기대하며 명상센터에 도착하고 보니 더블 룸만 남아 있다면 어떤 마음이 들까요? 지금으로서는 특정한 사람이나 상황, 음식, 색깔, 날씨 등에 끌리거나 밀어내려는 충동이 자신이 좋아하는 것에서 행복을 찾고 싫어하는 것으로부터 도망치고자 하는 끊임없는 강박증에서 비롯된다는 것을 살펴볼 수 있다면 충분합니다.

이것으로 자애, 연민, 기쁨, 평등심을 네 가지 범주에 적용하는 연습을 마칩니다. 이제 사무량심 수행으로 들어가겠습니다.

●**자무량심**慈無量心
"일체중생이 행복과 행복의 인을 갖기를!"

자무량심 수행에서는 네 가지의 서로 다른 대상을 놓아버리고 모든 존재를 포함시킵니다. 여기에서 '모든'이라는 말을 말 그대로 이해해야 합니다. 한량없는 자애를 일으키는 대상에는 예외가 없습니다. 여러분의 고양이를 물어 죽인 개, 여러분의 아들을 치어죽인 음주운전자, 대량살생을 명령한 독재자까지도 포함시켜야 합니다. 잔인무도한 고문을 즐기는 범죄자, 아동을 대상으로 하는 성범죄자나 강간범도 예외가 없습니다. 예외는 절대로 없으므로 대상을 가리지도 않고 고르지도 않습니다. 어쩌면 비현실적이라거나 바람직하지 않다는 생각이 들 수도 있습니다. 그러나 한 존재도 빠뜨리지 않고 모두 포함시켜야만 이 수행을 할 수 있습니다. 예외를 인정하거나 정당화하려는 노력을 멈추면 마음이 자애와 연민에 머물게 됩니다.

지금 여러분의 마음은 모든 존재에게 자애를 일으키는 것에 지향감을 느껴 이 개념이 불공평하다고 생각할 수 있습니다. 또는 이런 일은 말 그대로 불가능하다고 스스로를 설득하고 있을지도 모릅니다. 대부분이 그렇습니다. 그렇지만 달라이 라마 존자님, 아웅산 수키 여사, 마르틴 루터 킹 목사 그리고 마하트마 간디 수상을 생각해 보십시오. 그 분들의 삶은 증오를 조장하지 않는 개혁을 구현했습니다. 증오는 외려 손쉬운 방식입니다. 위대한 지도자들은 우리를 향해 분노하고 복수하라고 외치지 않습니다. 수동적인 자세를 견지하라고 요구하지도 않습니다. 그 분들의 말씀은 자비로운 행동의 핵심으로서 가해자와 희생자 양쪽의 고통을 모두 인식하라는 것입니다. 적에게 복수하기 위해 그의 적이 되는 것은 우리 모두를 희생자로 만듭니다. 마하트마 간디는 "우리가 '눈에는 눈'을 고집한다면 세상 사람들 모두가 장님이 된다"고 하셨습니다.

세상 사람들을 좋은 사람과 나쁜 사람으로 편가르기하여 누구는 우리의 자비를 받을 만하고 누구는 그렇지 않다고 생각한다면 핵심을 놓친 것입니다. 까르마를 이해하면, 괴로움의 인을 만들면 괴로움이 오게 되어 있다는 것을 명확하게 압니다. 괴로움이 어떤 형태를 취하든, 즉 우리가 죽이든 아니면 죽임을 당하든, 또는 강도짓을 하든 아니면 강도를 당하든 간에, 우리는 괴로움에 반응하는 것입니다. 공평하다는 것은 공격한 이들의 악행을 간과하거나 부정하거나 용납하지 않는 것입니다. 이 때문에 연민과 용인을 혼동할 수 있습니다. 연민은 용인하는 것이 아닙니다. 그러나 우리는 악행을 저지른 이들이 파괴적인 태도에서 벗어나기를 바라며 또한 그들이 남을 해치는 데서 행복을 찾지 않고 남을 돕는 데서 행복을 찾기를 바랍니다.

자무량심을 수련할 때는 어떤 상황을 세세하게 상상하는 대신 전체적인 줄거리에 집중하는 것이 좋습니다. 우리는 지금 일체중생이 행복해지고 고통에서 벗어나기를 바라는 간절한 감정을 진정으로 일으키기 위해 우리의 마음을 닦고 확장하려고 애쓰는 것입니다.

일체중생을 대상으로 하는 자애명상

▶ 등을 바르게 하고 편안한 자세로 앉는다.
▶ 눈은 감아도 되고 떠도 된다.
▶ 1, 2분 정도 열린 알아차림에 머문다.
▶ 무량한 우주에 존재하는 한량없는 유정물 하나하나가 행복을 원한다는 사실을 사유한다.
▶ "일체중생이 행복과 행복의 인을 갖추기를!" 하고 반복하여 발원한다.
▶ 마음이 열리며 활짝 펴지면서 자신과 다른 존재들 사이의 경계가 녹아 확장됨을 느낀다.
▶ 어머니가 갓난아기에게 갖는 한량없는 사랑을 느낀다.
▶ 열린 알아차림에 머무는 것으로 마무리한다.

이 수련 중에는 명상적 알아차림을 일체중생에게 둡니다. 그렇지만 신체적 감각이 강해지면 그 감각을 교대로 알아차려도 좋습니다. 처음에는 자애로운 느낌에 매달리게 되더라도 걱정하지 마십시오. 우리의 사랑이 얼마나 크고 공평하고 무한한지 맛을 볼 수 있다면 아주 좋은 일입니다.

●비무량심悲無量心

"일체중생이 괴로움과 괴로움의 인에서 벗어나기를!"

비무량심 수련에서는 이 세상의 무수한 존재들이 겪는 거친 형태의 일반적인 괴로움에 대해 생각합니다. 여기에는 기근, 홍수, 지진 그리고 지수화풍의 4대원소로 인해 생기는 모든 괴로움이 포함됩니다. 또는 부처님께서 네 가지 괴로움의 강이라 말씀하신 생로병사生老病死로부터 모든 사람들이 벗어나기를 발원해도 좋습니다.

이 단계에서는 자연이나 재앙적 원인에서 비롯되는 괴로움을 설정해도 되지만 집착, 욕망, 자아집착, 무지 또는 자신의 불성을 인식하지 못하는 무능력 등 자신이 만든 보다 미세한 괴로움에 마음을 가져가십시오. 마음을 법으로 돌리는 네 가지 사유를 통해 여러분은 이미 자연재해나 육체적 고통 앞에서도 괴로움의 원인이 어디에 있는가를 어느 정도 지각하게 되었을 것입니다.

●희무량심喜無量心

"일체중생이 괴로움이 없는 숭고한 기쁨을 여의지 않기를!"

희무량심 수련이 꽤 어렵게 느껴질 수 있습니다. 여러분이 자신에 대해 정말로 정직하다면, 다른 사람들의 행복을 진정으로 기뻐하기가 매우 어렵다는 사실을 알게 될 것입니다. 여러분이 사랑하지 않는 대상일 경우에는 특히 어렵습니다. 귀의수행에서 관상한 것처럼 일체중생을 위해 이 마음을 계발하려면 많은 노력이 필요합니다.

희무량심의 기쁨은 자애나 연민보다 훨씬 강렬하고 적극적입니다. 이 감정을 일으킬 수 없노라고 고충을 토로하는 수행자들이 많습니다. 잘 안 되는 경우에는 여러분 자신 또는 여러분이 사랑하는 사람들을 대상으로 돌아가 열렬한 기쁨이 느껴지면 다시 일체중생으로 대상을 확장하십시오.

●**사무량심**捨無量心

"일체중생이 가깝거나 먼 대상에 대한 애착과 미움에서 벗어나 평등심에 머물기를!"

자신과 다른 사람들을 위해 사무량심을 일으킬 때는 그 중요성을 먼저 이해해야 합니다. 우리가 미처 살피지 못한 미움과 애착으로 인해 대상을 제한하게 되는 경우가 많습니다. 그러므로 모든 존재가 바람에 이리저리 흩날리는 낙엽처럼 정해놓은 방향 없이 평등심을 잃고 불안정하게 살아가는 삶에서 벗어나기를 기도합니다.

●사무량심과 보리심

사무량심은 끝이 없고 일체중생을 아우르고 차별이 없으므로 열린 마음을 기르고 선업을 짓게 하고 악업과 장애를 정화합니다. 사무량심에 이처럼 엄청난 이로움이 있지만, 보리심은 거기에서 한 걸음 더 나아갑니다. 사무량심을 이해하지 못하면 보리심이 우리를 얼마나 더 앞으로 나아가게 만드는지 그 진가를 알기 어렵습니다. 보리심에는 절대적 보리심과 상대적 보리심, 두 가지가 있습니다. 먼저 상대적 보리심에 대해 알아보겠습니다.

상대적 보리심

상대적 보리심에는 원보리심願菩提心과 행보리심行菩提心, 두 가지가 있습니다. 먼저 원보리심을 살펴보겠습니다. 사무량심에서 우리는 동기를 확장하여 일체중생을 모두 아울렀습니다. 사무량심이 자연스럽게 연장된 것이 원보리심입니다. 그러나 사무량심 수행에서는 괴로움의 궁극적 소멸, 즉 깨달음을 목표로 삼지 않았습니다. 사무량심의 개념적 틀은 본디 한정되어 있습니다. 완전한 깨달음에 이르지 못하면, 정도의 차이는 있지만 아집과 미혹, 번뇌 망상에 뒤엉켜 괴로움을 경험할 수밖에 없습니다.

원보리심은 일체중생이 깨달음을 얻기를 바라는 발원과 궁극적 해탈을 결합한 것입니다. 즉, 우리는 일체중생이 완전한 깨달음을 얻어 행복과 행복의 인을 갖기를 발원합니다. 또한 일체중생이 완전히 깨달음으로써 괴로움과 괴로움의 인에서 벗어나기를 발원합니다. 보리심은 궁극적인 발원을 닦는 것입니다.

상대적 원보리심과 상대적 행보리심을 하나로 결합하는 것이 매우 중요합니다. 가령, 제가 북인도에서 중인도로 여행을 계획한다고 합시다. 저는 히마찰 프라데시 주에 있는 셰랍링에서 출발하여 비하르 주의 보드가야로 가려고 합니다. 여행의 동기는 석가모니 부처님께서 깨달음을 얻으신 성지인 마하보디Mahabodhi 대탑을 방문하고 그 근방에 있는 제 사원인 뗄가Tergar에서 사미승을 교육하는 것입니다. 저의 소망이자 목표입니다. 이제 여행 계획을 세울 차례인데, 인도에서는 결코 쉬운 일이 아니지요. 버스와 기차 시간표를 확인하고 안개와 다른 지연 요소를 감안하여 예약을 하는 등 몇 가지 준비를 해야 합니다. 그런 다음에야 출발할 수 있습니다.

우리는 자신이 바라는 바를 실현시켜줄 행위에 많은 노력을 기울입니다. 행보리심은 일체중생이 깨달음을 얻도록 돕기 위해 우리가 깨달음을 얻겠다는 발원이 단지 소망에 그치지 않는다는 점을 강조합니다. 무엇을 바라기만 한다면 그것은 아주 소극적인 태도입니다. 그와 대조적으로 행보리심은 강력하고 활기가 넘치며 적극적입니다. 우리는 바라는 것에 그치지 않고 우리의 의도를 활발하게 행동으로 옮깁니다.

원보리심은 결과에 집중합니다. 예를 들면, "나는 보드가야에 가기를 바란다" 또는 "나는 살아있는 존재를 이롭게 하기 위해 깨달음을 얻기를 바란다" 등입니다. 원보리심의 출발점은 모든 존재 하나하나가 본디 행복을 원하고 괴로움에서 벗어나기를 바란다는 사실을 인식하는 것입니다. 이 인식이 확고해지면 발원이 점점 더 확장됩니다. 세세한 내용에 대해 미리 염려하지 마십시오. 한량없는 중생을 위해 한량없는 발원을 일으킬 수 있도록 마음을 열기만 하면 됩니다. 물론 우리 자신도 포함시켜야 하는데, 이 부분을 잊지 말아야 합니다.

행보리심과 육바라밀

원보리심이 이 길의 목적지, 즉 일체중생의 완전한 깨달음을 지향한다면 행보리심은 완전한 깨달음이라는 결과를 가져오는 원인과 조건을 닦는 것입니다. 일체중생이 자신의 본성을 발견하도록 도와주는 실천수행법이 육바라밀六波羅密입니다. 바라밀은 산스크리트어로 파라미타paramita로서 '완성'을 의미하며, 여기에는 윤회를 초월하여 윤회계 저편으로 가는 여섯 가지 행위가 포함됩니다. 육바라밀은 우리 같은 원을 세운 보살이 자신에게 내재된 깨달음의 성품을 완성하고 미혹에서 지혜로 건너가기 위해 일상에서 닦는 행으로 보시·지계·인욕·정진·선정 그리고 지혜입니다. 육바라밀을 만남으로써 기초수행은 상대적 보리심을 닦는 수행이 됩니다. 이 점에 대해 이제부터 살펴보겠습니다.

첫 번째 바라밀은 보시입니다. 보시라 하면 흔히 자선을 베풀거나 자원봉사를 하거나 호스피스 프로그램 등을 떠올리게 됩니다. 이런 종류의 보시를 가볍게 여기면 안 되지만 미세한 형태의 보시도 있습니다. 염소·거북·가재 등 산 채로 시장에서 팔리는 동물을 보호하는 것 또한 다른 형태의 보시입니다. 동물을 돈을 주고 구입하여 원래 서식지로 풀어주거나 죽을 때까지 돌보는 방법도 있습니다. 집안에 들어온 곤충을 잡아서 밖으로 풀어주는 것도 보시입니다.

보시의 마음으로 노력을 기울여 다른 사람들이 자신의 본성과 이어지도록 도움을 주는 것을 법보시라고 합니다.

여러분의 존재 자체를 선물로 보시하는 방법도 있습니다. 최대한으로 마음의 평정을 유지한 상태를 보여주면 됩니다. 그러려면 물론 수행을 해야 합니다. 기초수행을 보시행으로 이해해도 좋습니다. 자기중심적인 습관을 내려놓으면 쓸데없는 기대나 두려움을 품지 않고, 걱정도 분별도 하지 않게 됩니다. 그런 모습을 자신과 다른 사람들에게 보여주는 것입니다. 보리심을 일으키면 일체중생을 돕겠다는 발원이 보시행이 되며 명상수행 또한 보시행이 됩니다.

두 번째 바라밀인 지계는 몇 가지 형태가 있습니다. 지계를 가장 단순하게 이해하려면 세 가지 범주로 나눕니다. 괴로움을 일으키는 행위를 피하고, 행복과 행복한 삶을 일구는 행위를 영위하고, 다른 존재들을 돕는 것입니다. 기초수행의 매 단계에는 지계의 세 가지 요소가 모두 포함되어 있습니다.

지계를 잘못 이해하면 일종의 틀에 박힌 독실한 믿음으로 혼동하기 쉬운데, 여기에서 의미하는 지계는 팍팍한 도덕적 구속이 아닙니다. 지계는 가볍게 그리고 재미있게 접근해야 합니다. 지계는 우리 자신의 행동을 보다 잘 알아차리기 위해 비추어보는 또 하나의 렌즈와 같은 역할을 하는 것입니다.

세 번째 바라밀인 인욕은 법 수행과 직접 관련된 측면에서 살펴볼수 있습니다. 예를 들어, 우리는 명상 중에 무릎 통증에 대해 불평하거나, 성취한 것이 없어 낙담하거나, 수행을 지겨워하거나, 끔찍하게 불안해질 때가 있습니다. 이런 어려움에 대해 머리로는 수행의 길에 자연스럽게 나타나는 요소라고 인식할 수 있지만 일상적으로 나타나는 부정적인 반응에서 벗어나려면 인욕이 필요합니다. 물결에 휩쓸려 떠내려가지 않기 위해 습관적으로 반응하지 않으려면 인내해야 합니다. 인욕 수행으로 우리의 선택권이 배가됩니다. 10만 번을 반복해야 하는 수행을 지속하기 위해서는 인욕이 절대적입니다.

네 번째 바라밀, 정진은 깨달음의 길을 계속 걸어갈 수 있는 에너지를 줍니다. 전통적인 문헌에 따르면 정진은 선법의 실천을 기뻐하는 것으로 해태解怠와 방일放逸의 반대로 정의합니다. 해태와 방일은 미루는 태도를 취하지만, 낙담하거나 의기소침해지는 것을 가리키기도 합니다. 정진은 이런 상태의 마음으로부터 우리를 강력하게 보호합니다. 방수막이 있으면 비를 맞지 않듯, 정진은 스스로를 포기하려는 유혹을 느끼게 되는 모든 상황과 조건으로부터 우리를 보호하여 이겨내게 합니다. 기초수행을 마치려면 정진해야 합니다. 정진은 육체적 불편함을 이기는 것뿐만 아니라 자아집착을 놓아버릴 때 일어나는 두려움과 저항을 다스리는 데도 필요합니다.

다섯 번째 바라밀은 선정입니다. 선정이 완전한 경지에 이르면 무엇을 하든 어디에 있든 마음이 알아차림으로부터 떠나지 않습니다. 대상 있는 알아차림이나 대상 없는 알아차림, 보리심, 위빠사나 등 어떤 방법을 사용하든 기초수행은 명상적 알아차림을 기르는 데 충분한 기회를 제공합니다.

여섯 번째 바라밀은 지혜로서 가장 중요한 바라밀입니다. 지혜가 없으면 나머지 다섯 가지 바라밀이 완성되지 않습니다. 지혜로 인해 보시·지계·인욕·정진과 선정은 상대적 의미의 선행이나 윤리적 행동을 초월하게 됩니다.

지혜는 다양한 형태를 취하여 불법을 듣고 공부함으로써 얻는 지혜, 우리가 배운 것을 깊이 생각하고 사유하는 데서 비롯되는 지혜, 명상을 통해 직접 경험하여 얻는 지혜 그리고 모든 현상의 공성을 깨닫는 지혜가 있습니다. 바라밀에서 지혜는 신념이나 기대에 갇히지 않은 채 다른 사람들의 행복을 위해 노력하는 요소입니다. 예를 들어, 보시를 행하면서 우리의 근본 성품, 즉 청정한 알아차림의 공성의 지혜를 놓치지 않는 것입니다. 이로써 보상과 결과에 이기적으로 집착하지 않고 보시를 행하는 것이지요.

기초수행에서는 육바라밀을 일괄적으로 수행할 수 있습니다. 기초수행은 상대적 행보리심 수행의 특성을 나타냅니다. 우리가 절을 하고 기도문을 외우고 귀의수와 귀의처를 관상하는 이유가 무엇입니까? 바로 이런 행위들이 일체중생을 위해 깨달음을 얻겠다는 발원의 인, 즉 행이기 때문입니다. 그보다 더 큰 동기는 없습니다.

절대적 보리심

이토록 끝이 없이 무궁무진한 발원과 그 행을 '상대적'이라고 말하는 이유가 궁금하지 않습니까? 가장 이타적이고 이로운 동기라 하더라도 여전히 개념의 영역에서 작동하기 때문입니다. 아집을 아무리 많이 놓아버렸다 해도 아직 남아있는 '내'가 절하고 기도하는 것으로, '내'가 깨달음을 얻어 '다른 존재들'의 깨달음을 돕겠다는 것이니까요. 이렇게 '나'와 '다른 존재들'로 나누는 것 자체가 상대적이고 이원적이며 실상을 깨치지 못한 것입니다.

절대적 보리심은 모든 분별과 이원성, 윤회와 열반을 넘어선, 완전히 깨달은 마음을 의미합니다. 절대적 의미에서 보리심은 불성, 깨달음, 열반, 공성의 깨달음, 끝이 없고 분리할 수 없는 허공 같은 실상의 깨달음을 가리킵니다.

기초수행을 배울 때 저는 절대적 보리심이 어떻게 일체중생을 도와줄 수 있는지 매우 혼란스러웠습니다. 첫 번째 3년 무문관 수행에서는 제 고향 누브리에 있는 가난한 사람들을 생각하며 자비심을 닦았습니다. 제가 아는 얼굴들 하나하나를 떠올리면서 초라한 집안 살림을 들여다보았고 겨울이면 추위에 덜덜 떠는 그이들의 몸을 느꼈습니다. 그이들이 끼니를 채우지 못한 채 추위에 떨며 잠든 날들이 많다는 사실도 저는 알고 있었지요. 셰랍링의 안락한 방에 앉아 수행하면서 저는 몹시 슬펐습니다. 자비심 수행은 정말로 우울했습니다. 금방이라도 울음이 터질 것 같았고, 이런 슬픔이 누군가에게 어떻게 도움이 된다는 것인지 도무지 이해할 수 없었습니다. 그토록 미안한 마음으로는 누구에게도 도움이 되지 못할 것 같았습니다. 수행을 처음 시작할 때만 해도 그렇게까지 무기력하지는 않았습니다.

얼마 후 저는 혼자서 고민할 일이 아니라는 생각에 쌀제 린포체를 뵈러 갔습니다. 자비 명상을 하면서 큰 문제를 만났다고 말씀드렸습니다. 괴로움에서 벗어나기를 바라는 다른 사람들만큼이나 저 또한 괴로웠으니까요.

"그러다 보니 모두가 괴로움에 빠지고 말았습니다. 자비심의 좋은 점이 무엇입니까? 한량없는 자비심을 가지신 부처님은 틀림없이 이 세상 누구보다 괴로우실 겁니다. 그렇다면 정말로 슬픈 일입니다."

린포체께서는 평소와 달리 조금 딱딱한 어조로 그렇지 않다고 말씀하셨습니다.

"부처님은 공성을 깨달으셨으므로 부처님의 자비에는 슬픔이 들어 있지 않다. 공성의 지혜로 괴로움을 넘어선 한량없는 자비심이 일어나는 게야."

제가 이해할 수 없다는 표정을 짓자 린포체께서 말씀을 이으셨습니다.

"자비심이 무량한 것은 공성 때문이다. 우리의 자비심에 한계가 있는 것은 분별하기 때문이야. 자애와 사랑, 연민에 대해 마음속으로 갖고 있는 생각에 고무되어 행동에 나서기도 하지만, 우리의 행동에 제약이 되는 것도 생각이란다. 개념은 어떤 것이든 한계가 있고 매어있기 마련이야. 자비라는 개념에 매어있는 정도에 따라 자신의 행동을 계산하게 되므로 행동에 한계가 있을 수밖에 없지. 개념에 매어있지 않고 공성의 지혜가 함께 있어야만 무량한 자비심이 일어날 수 있는 게다."

설명을 마친 린포체께서 다시 말씀하셨습니다.

"이제는 자비명상을 내려놓고 공성에 대해 명상하거라. 공성과 자비가 하나임을 조금씩 알게 될 게다."

궁극적 견해, 즉 공성의 견해에서 보면 괴로움과 번뇌, 윤회계의 모든 현상은 상대적 개념입니다. 그렇지만 이 세상에 살고 있는 수많은 사람들이 괴로움과 번뇌, 윤회를 지각합니다. 우리는 이런 현상들을 피할 수 없으며 이것들이 실제로 존재한다고 믿습니다. 우리 스스로가 괴로움을 만든다는 사실을 알지 못하는 것이지요.

공성과 자비가 하나임을 깨달으면 괴로움의 상대적 실재라는 함정에 빠지지도 않고 그것을 분석하지도 않습니다. 한계가 분명한 개념적 사고를 통해 알아내려고 하지도 않습니다. 이지적인 마음은 자비심을 일으키며 동시에 지혜는 현상의 진정한 공성을 인식합니다. 우리는 이제 사람들이 자신의 괴로움을 설명하기 위해 끌어들이는 이야기에 얽혀 들어가지 않습니다. 사람들이 스스로 어떻게 괴로움을 만드는지 분석할 수 있으며 망상으로 인해 번뇌가 사라지지 않는 것처럼 보인다는 사실을 지각할 수 있습니다. 우리는 현상에 실체가 없다는 것을 인식하지만, 파괴적인 습관에 갇혀있는 사람들을 보면서 그들이 미혹에서 벗어나지 못하는 것을 안타까워합니다.

공성의 깨달음으로 자신과 다른 사람들 간의 구별이 사라지면서 공성과 자비가 하나로 드러납니다. 이 때문에 깨달은 존재들의 불사가 무한정으로 이어지는 것입니다. 반면에 평범한 사회 행동가들의 에너지는 곧 소진되어버립니다. 자기 위주의 관념적이며 결과를 수치로 잴 수 있는 방안을 선행에 옮기면 금방 힘이 빠집니다. "내가 해야 할 일이 너무 많다"는 생각이 드는 것이지요. 자신의 한계를 넘어서는 노력을 요구하는 선행이 도저히 오를 수 없는 산처럼 느껴지기 시작합니다. 그들 대부분이 일의 규모에 걸맞는 참여와 헌신을 증명해보이려고 애쓰다가 절망에 빠지거나 고집을 부리거나 안간힘을 쓰게 됩니다.

그렇지만 우리가 하는 일의 중요도와 필요성, 성취 여부는 관념적 사고의 한계로 인해 제약을 받습니다. 우리의 발원을 가로막고 있는 벽은 우리 자신과 일, 우리의 능력과 당위에 대한 분별과 망상, 선입견 등입니다. 이 벽으로 인해 우리는 그만 지쳐버립니다. 일이나 일하는 사람이나 모두 객관화되고 숫자로 나타나므로 무량함과는 거리가 멀어지고 심신만 더욱 지쳐갈 뿐입니다.

무량함은 공성으로 가능해집니다. 공성으로 대하면 전체 상황이 느슨해집니다. 실체가 있는 것처럼 보였던 체험이 꿈같이 느껴집니다. 꿈속에서 괴로워하는 이들을 보면 우리는 그이들을 도와 괴로움을 없애려고 자진해서 무엇이든 할 겁니다. 사건 속으로 너무 빠져 들어가지도 않고 자신의 행동과 스스로에 대해 너무 심각하게 생각하지도 않습니다. 타인의 행복을 위해 진심으로 행동함과 동시에 상황 전체가 마음에서 생긴 것임을 인식합니다.

높은 성취를 이룬 스승께 제자가 질문을 드렸습니다.

"스승님, 깨닫고 난 후에도 여전히 괴로움이 존재합니까?"

"그렇다. 아내가 죽었을 때 나는 울고 또 울었다. 그러나 내 눈물은 뿌리가 없다."

뿌리 없는 눈물. 공성을 인식하면 괴로움은 설 자리를 잃어 힘이 빠집니다. 습관이나 신경과민에서 비롯된 괴로움이 더 이상 일어나지 않으며 괴로움에 집착하거나 자기 연민에 빠지는 일이 계속되지 않습니다.

공성에서 멀어지면 보살 서원은 생각할 수도, 감당할 수도 없습니다. 보살 서원이 실제로 이루어지려면 공성을 조금이라도 맛봐야 합니다. 그러려면 믿음의 도약이 필요합니다. 체험이 없다면 공성은 또 하나의 개념일 뿐이며 우리는 윤회를 계속할 수밖에 없습니다.

일단 보리심을 이해하게 되면 모든 수행이 무한해지고 바라밀을 드러내며 윤회를 넘어서게 됩니다. 보리심이 없다면 보시를 행한다 하더라도 한계가 있으며 일체중생이 궁극적 해탈, 즉 깨달음을 얻기까지 돕겠다는 궁극적 동기가 힘을 내지 못합니다.

●공덕의 회향

다음 수행으로 넘어가기 전에 보리심과 관련하여 아주 중요한 요소를 알려드리고자 합니다. 수행을 마칠 때마다 반드시 공덕을 회향하십시오. 법본에 따라 실제로 염송하는 기도문이 달라지기는 하지만, 대체로 "제가 쌓은 공덕과 자량을 모두 일체유정의 행복을 위해, 그들이 윤회의 괴로움에서 벗어날 수 있도록 회향합니다"라는 내용입니다.

이제부터는 법으로 마음을 돌리는 네 가지 사유를 마치거나 열린 알아차림 명상을 마치면 반드시 공덕을 회향하십시오. 공덕의 회향을 여기서 설명하는 이유는 보리심과 관계가 있기 때문입니다. 무슨 수행을 하든 또는 얼마나 오래 하든 상관없이 모든 수행은 공덕을 회향하는 것으로 마무리해야 합니다. 하루에 여러 차례 수행할 때도 매 번 공덕의 회향으로 마무리하십시오. 회향은 아집을 내려놓고 일체중생의 이로움을 위해 수행하겠다는 우리의 의도를 재확인할 수 있는 가장 간단하고도 명료한 방법입니다. 만약에 공덕을 일체중생에게 돌리지 않으면 그것이 마치 배에 붙은 따개비같이 우리의 마음속에서 자라나 자만심에 짓눌려 우리는 그만 무너지고 말 것입니다. 공덕을 남에게 돌리는 것으로 불법 수행이 제대로 쓰이게 되니 한 번에 두 가지 목적을 달성하는 셈입니다.

공덕의 회향은 또한 수행의 이로움을 보증하는 방법이기도 합니다. 공덕을 회향하지 않으면 우리의 선행과 자량의 효력이 짧은 기간에만 지속되어 아주 쉽게 없어집니다. 회향은 우리의 발원을 일체중생에게 돌림으로써 수행의 이로움을 몇 배로 늘려 자신과 다른 사람들에게 도움을 줍니다.

회향은 수행에서 가장 심오한 요소 중 하나이지만 꼭 정식 수행에만 국한되지 않습니다. 노숙자들을 위해 봉사하거나 병원에서 자원봉사를 하거나 선의로 돈을 기부하는 등 선한 일을 한 후에는 언제나 회향하십시오. 사람들을 위해 음악이나 연극을 공연하고 나서, 시를 쓰거나 산에 있는 호수에서 수영을 하고 나서도 회향하십시오. 회향의 핵심은 긍정적인 경험의 공덕이나 효과를 자신을 위해 독점하지 않는 것입니다. 회향은 또한 자기만족이나 자만심으로 인해 장애가 늘어나지 않도록 합니다. 공덕에 집착하는 것은 한 걸음 앞으로 나갔다가 다시 한 걸음 뒤로 가는 것과 같습니다. 정식 수행에서든 일상에서든 우리는 공덕의 회향으로 앞으로 나아갈 수 있습니다.

수행할 때마다 공덕의 회향으로 마무리하는 것을 반드시 기억하십시오. 자신을 포함한 일체중생의 이로움을 위해 회향하는 것임을 잊지 마시기 바랍니다.

09
두 번째 4불공가행
정화

그 이제까지 우리는 4공가행으로서 법으로 마음을 돌리는 네 가지 사유

—
355

이제까지 우리는 4공가행으로서 법으로 마음을 돌리는 네 가지 사유를 살펴보았습니다. 첫 번째 4불공가행인 귀의수행에서는 부처님과 불법과 승가의 외적 형상을 관상함으로써 진정한 귀의처, 즉 우리 자신의 불성에 이어집니다. 이제 괴로움의 원인과 특성이 무엇인지 알았으므로 깨달음의 발원을 확장하여 일체중생이 모두 깨달음을 얻기를 발원합니다. 동기가 확장되면서 우리는 여전히 우리 안에서 다이아몬드를 가리고 있는 흙을 깨끗이 닦아내고 본래의 청정함을 인식하는 것을 가로막는 모든 장애가 없어지기를 간절히 바라게 됩니다.

궁극적 견해에서 볼 때 우리가 이미 청정하고 깨끗하고 완벽하다면, 무엇을 정화하는 것일까요? 우리가 본래 청정하다는 사실을 알지 못하는 무지를 정화하는 것입니다. 지금 이 순간 우리는 청정하며 앞

으로도 늘 그러하겠지만 우리는 이 사실을 알지도 못하고 받아들이지도 못합니다. 그러므로 우리가 본래 청정함을 깨달을 때까지 미혹한 마음을 정화해야 합니다. 이것이 우리가 수행하는 이유이며, 이 길을 성취하기 위해 무지와 장애를 없애는 데 특별한 힘을 가진 금강살타 부처님께 기도하는 것입니다.

제가 속한 법맥에서는 모든 부처님이 금강살타로 합쳐집니다. 금강살타는 티베트 사람들이 특별히 사랑하는 부처님으로 산스크리트어로 바즈라사트바Vajrasattva라고 합니다. 깨달음을 얻어 부처가 되기 전에는 그 분도 우리와 똑같이 미혹한 마음 때문에 윤회를 거듭하셨습니다. 그러나 그 분은 보리심을 일으키고 일체중생을 위해 성불하겠노라고 서원하며 다음과 같은 특별한 발원을 더하셨습니다.

"제가 부처가 되면 일체중생이 눈으로 제 형상을 보거나, 귀로 제 이름을 듣거나, 금강살타 만트라를 외우기만 해도 그들의 장애와 무지, 악업 그리고 계를 어긴 행위가 모두 정화되게 하소서. 만약 일체중생이 이 수행으로 해탈하지 못한다면 저는 결코 부처가 되지 않겠나이다."

아버지께서는 "성냥개비 하나가 마른 풀로 뒤덮인 산을 몽땅 태워버리듯 금강살타 수행에는 그와 같이 강력한 힘과 효력이 있다"고 늘 말씀하셨습니다.

금강살타 수행은 이렇게 악업의 산을 태우고 영겁에 걸친 장애와 무지를 끊어버립니다. 이 수행을 진정으로 받아들이면 과거든 현재든 우리의 삶에서 일어난 모든 것이 정화됩니다. 아무리 끔찍한 일이라도 예외가 없습니다. 석가모니 부처님 시절의 연쇄살인마 앙굴리말라 Angulimala도 마찬가지였습니다. 999명의 목숨을 빼앗은 앙굴리말라는 그토록 엄청나고 잔혹한 비극을 극복하고 석가모니 부처님의 제자가 되었습니다. 살인의 광란을 부처의 깨달은 마음으로 바꾼 것입니다.

금강살타 수행이 가진 힘은 이토록 놀랍습니다. 그렇지 않습니까? 어렸을 적에 저는 귀의대배를 올릴 때는 무척 게으름을 피웠지만 금강살타 수행은 매우 좋아했습니다. 이 수행을 금강살타 수행 또는 정화수행이라고 부릅니다. 기초수행 과정에서는 진언, 즉 만트라를 염송하므로 진언 수행 또는 만트라 수행이라고도 합니다.

●기초수행의 정화수행

기초수행에서 귀의는 관상 등의 금강승 수행법을 활용합니다. 그렇지만 마음을 법으로 돌리는 네 가지 사유와 귀의는 삼승三乘에서 공통적으로 수행합니다. 보리심을 일으킴으로써 수행자는 마하야나 Mahayana, 곧 대승大乘의 세계로 들어갑니다. 대승은 기원 전후에 인도에서 시작된 불교 운동으로서 자비를 강조하며 보살의 길이라 불립니다. 일체중생을 위해 깨달음을 얻겠다는 발원이 더욱 깊어지고 굳건해지며, 이제부터는 무엇을 하든, 가령 정식으로 수행하든 길을 걷든 공항에서 기다리든 잠을 자든 밥을 먹든 모두 보리심의 발원으로 하는 것입니다.

대승에서 중요한 수행은 두 가지입니다. 정화수행 그리고 공덕과 지혜를 쌓는 것입니다. 정화는 금강살타 수행의 핵심이며, 공덕과 지혜의 축적은 기초수행의 다음 단계인 만달라 수행의 핵심입니다. 이 순서는 티베트 불교의 전통적 수행법을 의미하는 '티베트 대승'을 따른 것입니다. 금강살타 수행에서는 정화 과정을 촉진하기 위해 금강승 고유의 수행법인 관상과 진언을 활용하여 금강살타를 관상하고 백자진언을 염송합니다.

비록 습관의 힘에 떠밀려 잘못된 행동을 하지만, 우리의 의도와 동기가 점차 확고해지면서 우리는 불법에 의지하여 조금씩 진정한 삶의 변화를 일으킵니다. 그러나 이 길을 가노라면 때로 한쪽 발이 땅에 못이라도 박힌 것처럼 정지된 느낌을 갖게 될 것입니다. 지금쯤은 우리가 가진 아집과 피해의식을 조금 더 인식하고 어쩌면 받아들였을 수도 있습니다. 그러나 아무리 마음을 굳게 다져도 악업에서 비롯된 동요와 불안을 피하지 못합니다.

여기에서 중요한 점은 앙굴리말라 같은 살인마와 비교하면 우리의 악업쯤이야 아무것도 아니니 정화하지 않아도 된다는 생각에 속아 넘어가면 안 된다는 것입니다. 우리는 지금 마음을 다루고 있습니다. 파트너나 아이들에게 소리 지르고, 부적절한 성행위, 의도하지 않았지만 운전 중에 곤충이나 벌레를 죽인 일을 포함하여 동물을 죽인 것, 심지어는 악의에 찬 생각까지도 마음을 흔들어 놓습니다. 마음을 괴롭히는 정신적, 육체적 행위는 마치 고요한 수면을 휘저어놓는 성난 물결과 같습니다. 이런 행위는 명료한 인식을 흐려놓고 마음을 어지럽혀 해탈에 이르는 길에 장애가 됩니다. 이런 악업을 정화하지 않으면 날개에 무거운 짐을 올려놓은 채 날아보려고 애쓰는 새처럼 되고 맙니다. 아무리 애를 써도 우리가 지고 다니는 괴로움이라는 짐을 내려놓지 못합니다. 과거의 일들이 두려움과 트라우마, 죄책감과 후회로 뭉쳐 돌처럼 딱딱해져서 우리 안에 응어리로 남아 있습니다. "그렇지만 이것들은 궁극적으로 본래 공할 뿐이야"라고 아무리 말해 보아도 도움이 되지 않습니다. 공성은 개념이 아니라 몸소 체험하는 것입니다. 우리의 몸과 마음에 남아있는 긴장의 매듭이 깨달음에 장애가 됩니다.

●관습적 요소와 궁극적 요소

귀의와 마찬가지로 금강살타 수행은 관습적, 상대적 측면과 궁극적, 절대적 측면을 아우릅니다. 상대적 측면은 무지에서 일어나 무지를 영속시키는 악행을 다스리는 것입니다. 앙굴리말라가 그 극단적인 예입니다. 그는 또한 악행을 버렸다기보다는 악행을 이용한 경우입니다. 냄새나는 쓰레기를 모아서 폐기장에 버리는 대신 퇴비를 만들 듯 악행 또한 우리 마음에 거름이 될 수 있는 긍정적인 속성이 있다는 사실을 깨닫는 것입니다. 금강승 수행은 우리가 가진 모든 것, 심지어는 악업까지도 우리의 변화에 소중한 원천으로 이용합니다. 우리의 삶에서 버리거나 감추거나 또는 일종의 영적 수술처럼 도려내야 할 것이 하나도 없다는 사실을 진정으로 이해하게 되면 이 길은 매우 즐거운 여정이 됩니다.

절대적 견해에서 보면 수행자는 고유하고 독자적으로 존재하는 실체가 없습니다. 기도의 대상과 기도하는 행위 또한 마찬가지입니다. 궁극적으로 우리는 모두 공성이며 우리의 모든 행위 또한 공성입니다. 금강살타도 공성이며 우리의 기도와 서원 또한 공성입니다. 궁극적으로 과거도 없고 미래도 없습니다. 모든 현상의 본질적인 공성을 이해하는 것으로 최선의 정화가 이루어집니다. 그러나 우리가 상대적 세계에 살고 있고 상대적 견해에서 삶을 영위하는 한 우리는 상대적 수행으로 이익을 얻습니다. 그렇지만 절대적 견해에 대해 희미하게나마 어느 정도라도 반드시 이해해야 합니다. 우리가 본래 공하지도 않고 청정하지도 않다는 견해를 정화해야만 깨달음에 접근할 수 있기 때문입니다.

실제 수행에서는 금강살타께서 우리 정수리 위에 앉아있는 것을 관상합니다. 금강살타 수행은 "내가 금강살타께 기도한다"라는 이원론적 인식으로 시작되지만, 수행 과정에서 수행자와 금강살타가 합쳐져 궁극적으로 둘이 아닌 하나가 됩니다. 수행자는 자신을 기도의 대상인 본존으로 관상합니다. 이것은 수행 중에 일어나는 일시적인 합일이 아니라 상대적 실재인 '나'의 청정하지 못한 형상과 절대적 실재인 청정심이 언제나 분리될 수 없음을 나타냅니다.

● 공성에 대한 믿음

제자들과 이야기를 나누다 보면 악업을 상쇄할 수 있다는 가능성 자체에 거부감을 갖는 이들을 많이 발견하게 됩니다. 그러니 악업을 선업으로 바꾸는 것이야 말할 필요도 없겠지요. 우리는 잘못된 행동을 하고 마땅한 벌을 받지 않으면 죄책감을 느낍니다. 악행에 대해 죄스럽고 수치스러워하는 것을 당연하게 생각한다면, 만약 자신이 악행을 저지르고도 죄책감과 수치심을 느끼지 않는다면 스스로가 괴물처럼 보이겠지요. 그러나 이런 생각은 마음을 어지럽힐 뿐 아무런 이득이 없습니다. 자신이 저지른 잘못을 혼자서 계속 곱씹거나 다른 사람들에게 반복해서 고백하는 것으로는 아무것도 달라지지 않습니다.

대부분의 경우 이렇게 남아있는 죄책감이 조작된 자아와 완전히 합쳐지므로 둘을 분리하기가 대단히 어렵습니다. 그러나 우리는 과정을 사유함으로써 이 둘이 어떻게 합쳐졌는지 또한 어떻게 분리되는지 알 수 있습니다. 이것을 이해하면 정화수행이 가능해집니다. 고정되고 견고하고 불변하는 자아가 있다는 관점에서 정화수행에 접근하면 수행에 진전이 없습니다. 그러나 무상에 대해 사유하고 탐구하면 어떤 행위도 정화될 수 있음을 깨닫게 됩니다. 장애는 일시적인 현상이 남긴 찌꺼기일 뿐입니다. 우리의 불성은 순수한 물과 같습니다. 물에 찌꺼기가 섞여도 정화할 수 있는 것은 물의 본성이 여전히 순수하게 남아 있기 때문입니다. 아무리 흙이 잔뜩 묻은 다이아몬드라 해도 그 본성은 여전히 그대로 남아 있는 것입니다.

●만트라 수행

금강살타 수행은 금강살타 진언을 염송하며 본존에게 기도하는 것으로 기초수행에서 처음으로 접하게 되는 진언, 즉 만트라Mantra 수행입니다. 만Man은 산스크리트어로 '마음'을 뜻하며, 트라tra는 '보호'라는 뜻입니다. 만트라 염송은 자아를 중심에 놓아야 한다고 늘 떠들어대는 원숭이 마음으로부터 우리를 보호해줍니다. 만트라는 사마타 명상, 즉 지止 수행의 방편으로서 스스로에게 수다를 늘어놓으려는 마음을 거두어들이고 흐트러진 마음의 에너지를 모읍니다. "옴 바즈라 사트바 사마야……" 하며 진언을 염송함으로써 원숭이 마음의 수다를 막는 것입니다. 영화관에 가면 영화가 돌아가는 한두 시간 동안은 자신에 대한 생각을 멈추는 것처럼 에고에 잠깐의 휴식을 제공하는 것이지요. 그러나 자아를 차단하거나 억누르는 것으로는 어떤 변화도 일어나지 않습니다. 그렇다 해도 만트라는 우리에게 도움이 됩니다. 만트라의 음절들이 비범하기 때문입니다.

만트라 음절은 깨달음의 성품과 가피, 지혜 그리고 부처님의 자비를 구현합니다. 깨달음을 얻으신 수많은 스승들이 수천 년에 걸쳐 만트라를 염송하셨으므로 수행자는 만트라가 스승들의 가피를 입었으며 스승들을 통해 자신에게 온 것이라고 믿습니다. 이 가피는 선연善緣의 힘을 나타냅니다. 부처님, 깨달은 존재들 그리고 법맥의 스승들께서 우리가 듣기 훨씬 전부터 이 만트라를 수백만 번, 수천만 번, 아니 수를 셀 수 없이 반복하셨습니다. 만트라를 염송하고, 듣고, 또 반복하는 것 자체가 서로 의존하는 업으로서 깨달은 존재와 법맥의 조사와 구루 그리고 제자를 이어줍니다. 음절의 의미뿐만 아니라 소리 자체도 성스럽습니다. 이 때문에 "뜻을 모르는 채 소리만 들어도 도움이 된다"라는 말이 있는 것입니다. 말의 업이나 소리의 업이 드러나는 것이지요.

절대적 견해에서 보면 일상적인 말도 공하며, 성스런 말도 공하며, 소리와 가피 또한 공합니다. 그렇다고 해서 상대적인 가치가 아무런 이로움이 없다는 뜻은 아닙니다. 물은 공하지만 우리의 갈증을 채워줍니다.

우리는 몸과 말과 마음으로 악업을 짓습니다. 금강살타 수행은 만트라를 염송하는 것으로 말을 집중적으로 정화하지만, 몸과 마음 또한 정화합니다. 바른 명상 자세로 몸을 다스리며, 알아차림과 관상으로 마음을 제어합니다. 그러나 가장 주가 되는 행위가 백자 진언을 염송하는 것이므로 금강살타 수행은 부정적인 말, 즉 거짓말, 쓸데없는 말, 중상모략 등을 정화한다고 알려져 있습니다.

금강살타 수행은 말뿐만 아니라 무엇이든 정화합니다. 트라우마, 나쁜 기억 또는 반복되는 악몽의 원인을 정화합니다. 분노, 질투, 탐욕 그 밖의 다른 파괴적인 충동 등 악행의 원인을 정화합니다. 이 '수행'으로 좋은 일들이 이루어진다는 말에서 '수행'은 우리 자신의 노력과 의도 그리고 발원을 의미합니다. 변화의 힘은 우리 안에 있으며, 우리 자신의 능력을 믿어야만 변화가 일어납니다.

만트라는 속삭이듯 작은 소리로 염송할 때도 정상적으로 발음해야 합니다. 졸음이 올 때는 목소리를 높여 스스로를 북돋습니다. 자동차나 비행기에 탑승하는 등 다른 사람들과 함께 있을 때는 소리를 내지 않고 묵독으로 진언을 반복합니다. 오늘날의 세계는 라디오, 텔레비전, 인터넷, 이메일, 문자 전송 등을 통해 말로써 연결됩니다. 모든 현상의 상호의존성과 말의 업이라는 측면에서 고려하면 우리는 지금 대단히 강력한 힘을 끌어들이는 것입니다.

●네 가지 힘

금강살타 수행에서 우리는 자신과 다른 존재들을 괴롭혔던 과거의 행위를 인정합니다. 우리들 대부분이 스스로에 대해 부정적인 느낌을 떨치기 못합니다. 이럴 때 도움이 필요합니다. 금강살타 수행은 네 가지 힘에 의지합니다. 믿고 의지하는 힘, 후회의 힘, 대치법의 힘 그리고 결의의 힘입니다. 논리적 순서에 따라 차례대로 살펴보겠습니다.

믿고 의지하는 힘

믿고 의지하는 힘에는 두 가지 요소가 있습니다. 첫 번째는 상대적인 원보리심입니다. "나는 지금 왜 이 수행을 하는가? 누구를 위해 수행하는가? 깨달음을 얻어 일체중생의 깨달음을 돕기 위해 수행하기 원한다." 이렇게 발원하면 한없는 동기를 세우고 수행에 더욱 전념하게 됩니다. 이런 힘은 우리 안에서 옵니다.

두 번째 힘은 금강살타에게서 비롯됩니다. 수행자는 금강살타께서 자신의 정수리 위에 앉아있다고 관상하며 금강살타께 고백하고 참회

금강살타, 본래의 청정한 마음을 상징하는 부처님

합니다. 금강살타는 분별하지 않고 자비롭고 확실한 증인으로서 금생
과 전생에서 의도적으로 또는 모르고 지은 몸과 마음의 죄를 바로잡
으려고 노력하는 수행자를 도와줍니다. 우리가 금강살타께 의지하면
그 분은 우리가 지은 악업을 연민과 지혜, 평등심으로 돌아볼 수 있
는 용기를 주시며 우리가 가진 지혜에 다가갈 수 있게 도와주십니다.

•금강살타 관상

공성과 명료함의 합일을 상징하는 금강살타께서 우리 머리 위에 우리와 같은 방향을 보며 앉아계십니다. 투명한 흰색의 금강살타를 관상하십시오. 무지개나 홀로그램 같아서 실체가 없지만 눈부신 빛을 내뿜으시며, 형상은 선명하지만 공합니다. 머리는 왼쪽으로 약간 기울어져 있고 살짝 미소를 띤 얼굴은 평화롭습니다. 지나치게 꼼꼼하게 관상하지 않도록 주의하십시오. 세부사항에 일일이 매달리는 대신 금강살타가 이곳에 계심을 생생하게 느끼는 것이 중요합니다. 이 수행에서 가장 중요한 요소는 금강살타께서 지금 이곳에 계신다는 확신입니다. 확신이 없으면 변화를 일으키는 효과적인 수행을 기대할 수 없습니다.

우리 머리 위 10센티미터에서 20센티미터 정도 되는 곳에 흰 연꽃과 월륜좌가 있습니다. 여기서도 연꽃은 윤회계에 머물되 집착하지 않음을 나타내며 불사를 상징합니다. 보좌 위에 금강살타께서 두 다리를 느슨하게 교차하여 앉아 있는데, 오른발이 약간 앞으로 뻗어있습니다. 금강저를 쥐고 있는 오른손은 가슴 차크라 앞에 놓여있고, 허벅지 위에 놓은 왼손에는 요령을 거꾸로 들고 계십니다. 금강저는 자비와 방편을, 요령은 공성과 지혜를 의미합니다. 형상은 공성이 드러난 것입니다. 본존으로 나타난 금강살타의 가슴 차크라에서 빛이 방사되면서 지혜의 제불보살을 모셔옵니다. 제불보살이 금강살타에게 섭수되어 금강살타는 모든 부처님들의 정수가 됩니다.

•거꾸로 된 금강살타

저는 나기 곰빠 시절에 아버지의 가르침에 따라 금강살타 수행을 시작했습니다. 처음에는 금강살타를 제대로 관상하지 못했습니다. 관상을 하느라 너무 애를 쓴 나머지 마음이 횅한 날도 많았습니다. 아무래도 수행을 못할 것 같다고 불평을 늘어놓자 아버지는 너무 애를 써서 그러니 마음을 편히 가지라고 말씀하셨습니다.

아버지 말씀대로 하니 몇 주 지나지 않아 금강살타의 형상이 아주 명료해졌습니다. 완벽하고 훌륭했습니다. 저는 아버지께 달려가서 금강살타가 머리 위에 앉아계시는 모습이 아주 잘 관상된다고 말씀드렸습니다. 연꽃 방석이며 요령과 금강저, 갖가지 색깔 등 모든 것을 제대로 관상할 수 있었으니까요. 그러자 아버지가 말씀하셨습니다.

"그래? 정말 잘 됐구나. 그러면 이번에는 금강살타께서 거꾸로 앉아계신 것을 관상해 보거라."

뜻밖의 말씀에 기가 꺾여 저는 낙담한 채로 돌아왔습니다. 며칠 뒤에 다시 아버지를 찾아뵈었습니다.

"아무리 애써도 거꾸로 앉아계신 금강살타 부처님은 도저히 관상이 안 됩니다."

제 하소연이 끝나자 아버지께서 설명해주셨습니다.

"관상은 실재가 아니라 호수에 비친 달과 같은 것이다. 움직이기도 하고 출렁거리기도 하고 모양도 변하지. 그것이 달의 본성이야. 확고하게 고정된 이미지를 붙잡으려고 애쓸 것 없다. 완벽한 이미지를 얻는 게 다가 아니니까. 부처님이 너와 함께 계시다는 걸 느끼는 것이 훨씬 더 중요한 게야."

불보살이 실제로 우리 앞에 계심을 생생하게 느끼도록 항상 노력해야 합니다. 그것이 완벽한 이미지를 얻는 것보다 훨씬 더 중요합니다.

후회의 힘

금강살타 수행에 적용되는 네 가지 힘은 석가모니 부처님의 네 제자에 얽힌 이야기에서 비롯되었습니다. 그 중 앙굴리말라의 이야기가 가장 널리 알려져 있고 또한 가장 극적입니다. 앙굴리말라는 지금의 파키스탄에 있었던 유명한 딱실라Taxila 대학에서 스승의 삿된 가르침에 빠져 1,000명의 목숨을 빼앗는 과업에 나섰습니다. 과업을 완수하기까지 단 한 명의 희생자를 남겨두고 그는 길에서 앞에 가는 스님을 보게 되었습니다. 그의 목에는 이미 999개의 손가락이 걸려있었지요. 앙굴리말라는 '손가락 목걸이'라는 뜻입니다. 앞에 가는 스님은 계속 같은 속도로 걸었지만, 앙굴리말라는 아무리 빨리 달려도 스님을 따라잡을 수 없었습니다. 마침내 앙굴리말라가 소리를 질렀습니다.

"당신! 거기서 기다려!"

스님은 계속 걸었습니다. 앙굴리말라가 다시 소리쳤습니다.

"거기 멈추라니까!"

스님은 돌아보지 않은 채 말했습니다.

"나는 이미 멈추었다, 앙굴리말라여. 멈추지 않은 것은 그대가 아닌가?"

앙굴리말라는 혼잣말을 중얼거렸습니다.

"이상도 하군. 그는 멈추었다고 말하지만 여전히 걸어가고 있잖아. 승려의 옷을 입긴 했지만 거짓말쟁이군."

앙굴리말라는 계속해서 빨리 뛰었고 스님은 천천히 걸었습니다. 스님에게서 멀리 떨어진 채 앙굴리말라가 외쳤습니다.

"멈추었다니, 그게 무슨 소린가? 너는 지금 여전히 걷고 있지 않는가."

스님의 대답이 들려왔습니다.

"나는 나 자신과 다른 존재들에게 괴로움을 짓는 것을 멈추었다. 나는 더 이상 괴롭지 않다. 그러나 앙굴리말라여, 그대는 두려움과 괴로움을 하나 가득 마음에 안은 채 여기저기 바쁘게 뛰어다니지 않는가?"

그 말에 앙굴리말라는 생각했습니다.

"아! 이 사람은 내 처지를 다 알고 있구나. 내 마음을 꿰뚫어보고 있어."

스님이 걸음을 늦추었습니다. 스님을 따라잡은 앙굴리말라는 석가모니 부처님을 알아보았습니다. 부처님은 999개의 손가락을 목에 걸고 있는 남자를 보고 미소를 지었습니다. 앙굴리말라는 그렇게 자애로운 눈빛을 처음으로 보았습니다. 이미 오래 전부터 아무도 앙굴리말라를 그런 눈으로 보지 않았으니까요. 살인하려는 마음이 눈 녹듯 사라졌습니다. 부처님이 말씀하셨습니다.

"살인을 멈추어라. 너는 지금 너 자신과 다른 사람들에게 이루 말할 수 없는 괴로움을 짓고 있다."

그제서야 앙굴리말라는 자신이 스승에게 속았다는 사실을 깨달았습니다. 자신이 저지른 짓에 생각이 미치자 그는 너무도 곤혹스럽고 두려웠습니다.

그 순간 앙굴리말라는 자신의 살인 행위에서 가치 있는 것을 눈곱만치도 생각할 수 없었습니다. 앙굴리말라의 행위에는 어떤 지혜도 찾아볼 수 없다고 생각하는 사람들이 대부분일 겁니다. 우리는 자신이나 다른 사람들의 악행에서 좋은 점을 찾아보려고 하지 않습니다. 그것은 잘못입니다. 앙굴리말라 같은 살인마에게도 특별한 성품이 한 가지는 있기 마련입니다. 모든 악행은 그 안에 정화의 씨앗을 가지고 있습니다. 절대적 악은 없습니다. 절대적 악업도 없습니다. 있을 수 없습니다.

금강살타 수행은 단지 수행자의 사기를 높여주고 기분 좋게 만드는 영적 테라피가 아닙니다. 이것은 법의 진리입니다. 가장 끔찍한 악행도 정화될 수 있다는 가능성을 믿지 않으면 무상을 상대적 진리로서 받아들이지 못합니다. 무상은 절대적 진리인 공성에 머물기 때문입니다. 그 무엇도 변하지 않는 것은 없으며, 여기에는 악업도 포함됩니다. 정화의 씨앗이 여물지 또는 여물지 않을지는 우리가 악행을 어떻게 다스리는가에 달려 있습니다. 그러나 우리에게 깨달음의 가능성이 있듯 정화의 가능성이 있다는 것에 확신을 가져야 합니다. 부처님께서는 앙굴리말라가 자신의 잘못을 확실하게 인식하고 자신의 행동에 책임을 지고 자신의 과오를 바로잡기를 진심으로 원했다는 것을 아셨습니다.

부처님을 뵙고 얼마 지나지 않아 앙굴리말라는 머리를 깎고 출가했습니다. 그는 다시는 살생을 하지 않겠다고 맹세했지만 과거에 저지른 악행 때문에 늘 괴로웠습니다. 부처님은 공성의 진리와 모든 현상의 무상함 그리고 정화의 가능성에 대해 가르치셨지만, 부처님 당신께서 마법의 지팡이를 휘둘러 앙굴리말라의 악업을 씻어내고 그를 온전하게 복원시킬 수 없었습니다. 죄책감과 후회를 긍정적인 품성으로 바꾸는 것은 앙굴리말라가 감당해야 할 몫이었습니다. 그것은 정말로 엄청난 도전이었습니다. 그토록 많은 사람을 죽였으니 얼마나 큰 어려움을 감당해야 할지 상상할 수 있을 겁니다. 마침내 앙굴리말라는 진심으로 참회함으로써 죄의식과 부끄러움을 지혜와 자비로 바꾸었습니다. 앙굴리말라의 변화는 정화수행을 시작하는 데 근간을 이루며, 기초수행에서는 이것을 후회의 힘이라 부릅니다.

우리는 옳고 그름의 기준을 스스로 정해놓고 그것에 어긋나는 행동을 하면 앙굴리말라와 마찬가지로 죄의식과 부끄러움을 느낍니다. 이런 느낌을 가진다고 해서 똑같은 행동을 반복하지 않거나 악업을 정화해야겠다는 마음이 반드시 일어나는 것은 아닙니다. 그러나 이때 참회하는 마음이 일어나면 변화의 가능성이 열립니다. 우리 자신이 괴로움을 야기했다는 사실을 인식하면 그렇게 하지 않았으면 좋았을 텐데 하고 후회하는 마음이 일어납니다. 그러면 앞으로 다시는 이런 일을 반복하지 않게 되기를 진심으로 기도하고 우리가 지은 업이 정화되기를 간절히 바라게 됩니다.

이번 생에서 자신이 저지른 악행을 모두 세세하게 기억하는 사람은 없습니다. 선의에서 한 사소한 거짓말이나 우리가 죽인 벌레들 하나하나를 모두 기억하는 것은 불가능합니다. 수많은 전생에 우리가 행한 일들을 기억하지 못하는 것은 당연합니다. 그러니 세세한 것에 매달리지 마십시오. 이번 생과 지난 생에 지은 악업이 무엇이든 일체중생의 깨달음에 도움이 되도록 정화되기를 발원하십시오.

•후회인가 죄의식인가?

후회와 죄의식을 한 번 구별해보겠습니다. 앙굴리말라의 경우는 너무 극단적이니, 적당한 것을 떠올리십시오. 여러분의 뇌리에서 떠나지 않는 사건이나 동물을 죽였다든가, 거짓말이나 도둑질 또는 부적절한 성행위 같은 것이 좋겠습니다. 특정한 상황을 마음에 떠올리고 보통 때는 이런 경우 어떻게 반응하는지 살펴 보십시오. 대개는 피하려 들 것입니다. 사건이 마음에 떠오르면 마음이 뒤로 물러납니다. 지나가는 트럭이 흙먼지를 흩뿌리면 그걸 피하려고 자신도 모르는 사이에 두 손으로 얼굴을 가리지 않습니까? 일종의 피하는 동작이지요. 죄의식이 있으면 우리 마음도 대체로 이런 식으로 반응합니다. 예전에 저지른 행동의 이미지나 영화처럼 이어지는 기억들이 너무나 큰 혐오감을 유발하여 눈을 감고 말지만, 그럼에도 불구하고 불안한 마음이 떠나지 않습니다. 마음이 그런 감정에 한 번 붙들리면 빠져나올 방법이 없습니다.

평온한 마음을 깨뜨리는 행동에 대한 또 다른 반응은 자꾸 되돌려 보는 것입니다. 앞의 경우는 차마 못 보는 것이고, 이번에는 보는 것을 멈추지 못해 끝없이 되돌려 보는 것입니다. 그러다 보면 부정적 감정을 일으키는 일들이 반복적으로 연상되어 결국에는 자신이 주인공으로 출연하는 영화를 또 한 편 만들고 맙니다. 빠져나갈 수 없는 덫에 걸린 자신을 보고 또 보면서 끝없이 자신을 비난하고 질책하는 것이지요.

그렇다면 후회하며 죄의식에 빠지는 대신 후회를 이용하여 괴로움을 더는 방법이 없을까요? 알아차림의 지혜가 있으면 가능합니다. 후회에서 죄책감을 떼어내는 것입니다. 죄책감은 감정에 지나치게 치중하므로 바로잡으려는 욕구가 일어날 여지가 없습니다.

문제가 되는 행동을 분별하지 말고 다만 바로 보도록 노력하십시오. 이해하려고 하지 말고, 판단도 하지 말고, 바꾸려고도 하지 마십시오. 다만 돌이켜 보십시오. 사마타로 마음이 고요하게 멈춘 상태에서 행동을 지켜봅니다. 마치 열병식 무대에 서서 행렬을 지켜보듯 또는 강둑에 서서 물결에 휩쓸리지 않고 흐르는 물을 지켜보듯. 문제의 행동에 얽힌 이야기가 많은 감정을 일으킬 수 있지만 대상 있는 알아차림 명상법을 적용해 보세요.

금강살타께서 우리 머리 위에 앉아계시면서 우리의 노력을 도와주신다는 것을 잊지 마십시오. 금강살타 또한 아무런 판단 없이 다만 지켜보십시다. 그 분의 자비심은 '희생자'와 '가해자'를 차별하지 않습니다. 우리가 본래 청정함을 아시는 금강살타께서는 우리가 그것을 볼 수 있기를 기원하십니다. 일체중생이 깨달음을 얻기를 바라시는 그 분의 발원은 어떤 존재든 차별하지 않고 사방으로 퍼져나갑니다.

금강살타께서 이렇게 도와주신다는 것을 믿고 지켜보는 노력을 계속하십시오. 사마타 수행에서는 우리 마음이 대상에서 떨어져 나오거나 또는 이야기에 빠지거나 싫은 마음에 사로잡혀 대상을 피하려고 드는 것을 쉽게 알 수 있습니다. 문제의 행동에 감정을 개입시켜 이야기를 고조시키지 않도록 주의하세요. 감정에 이끌려 행동하는 습관을 깰 수 있는지 살펴보세요.

후회는 이런 방법으로 우리가 저지른 행위와 그것에 대해 취할 수 있는 조처를 인식할 수 있는 환경을 만들어줍니다. 잘못된 행동을 인정함으로써 후회는 이제 우리의 친구가 되며, 금강살타는 수레가 되어 악행에서 선행으로 방향을 바꾸어줍니다. 죄의식과 부끄러움에 빠지는 대신 후회의 힘에 의지하여 수행자는 정화되어 앞으로 나아갈 수 있습니다.

●벌레 카르마

많은 제자들이 금강살타 수행으로 곤충과 나방, 쥐, 개미 등 셀 수 없이 많은 생명을 죽인 잘못을 정화합니다. 저는 벌레나 설치류 동물을 박멸하는 방법을 제자들에게서 하도 많이 들어서 그런 방면의 전문 상담가 노릇도 할 수 있을 것 같습니다. 한 달 동안 보드가야에 머물면서 샨티데바의 『입보리행론』에 대한 설법을 들었던 제자에게서 들은 이야기입니다. 어느 날 저녁, 그이는 방에서 『입보리행론』을 읽고 있었는데 천장에 붙은 모기 한 머리가 눈에 띄는 거였습니다. 그이는 그만 참지 못하고 모기를 향해 책을 냅다 던지고 말았습니다. "철퍼덕" 하는 소리가 나는가 싶더니 피가 튀었습니다. 천장이 워낙 높은 까닭에 제자는 그 피를 닦아낼 수 없었지요. 그날부터 그곳을 떠나기까지 그이는 날마다 그 흔적을 보며 자신의 행동과 충동적으로 집어 든 무기를 떠올려야 했습니다. 정말이지 끔찍한 경험이었노라고 그이는 덧붙였습니다.

쥐 때문에 고민하는 이들은 고양이를 키워 쥐를 잡게 함으로써 자신의 업을 깨끗하게 유지하기도 합니다. 또 고양이가 살생의 업을 모면하도록 먹잇감과 마주치지 않게 실내에서 키우는 이들도 있습니다. 곤충이나 작은 설치류를 상대할 때 너무 세세한 것까지 신경 쓰면 곤혹스러워집니다. 어떤 것이든 마찬가지지만 벌레의 경우에는 특히 그러합니다. 벌레를 죽인 사례를 하나도 빠짐없이 기억하려면 남은 생을 전부 바쳐도 모자랄 겁니다. 단순하게 생각하십시오. 예를 들면, "내가 죽인 생명들에 대해 진심으로 용서를 구합니다"라고 기도하십시오.

●보석 도둑

삶이 무너지고 나서야 불법을 찾는 사람들이 종종 있습니다. 제가 아는 가장 극단적인 예 중의 하나는 병적인 도벽으로 인한 상습적인 절도로 삶을 망친 여성입니다. 그이는 백화점을 찾아다니며 몇 백만 원이나 하는 귀걸이와 반지, 팔찌 등을 훔치곤 했습니다. 대기업의 회계 간부였던 그이의 절도 행각은 돈과는 전혀 관계가 없었지요. 그이 스스로 이런 행위가 일종의 병이고 중독이라는 것을 알았지만 도저히 통제가 되지 않았습니다. 그이는 훤칠하게 큰 키에 검은 머리는 늘 쪽을 지었으며 의젓하고 위엄 있는 자세는 자신감이 넘쳐 보였습니다. 그이 스스로 그토록 오랫동안 절도 행각을 벌일 수 있었던 것이 외모 때문이라고 말했습니다. 도둑 하면 떠오르는 모습과 전혀 달랐으므로 백화점의 영업사원들은 그이를 의심하지 않았습니다. 그러던 어느 날 값비싼 목걸이를 지갑에 슬쩍 넣는 그이가 은밀한 곳에 설치된 감시 카메라에 찍혔습니다. 20년도 넘는 세월을 함께 산 남편조차 자기 아내에게 이런 문제가 있다는 사실을 까맣게 몰랐습니다. 십대 자녀들은 어머니의 체포 소식이 뉴스에 보도되자 깊은 충격에 빠졌습니다. 그 사건 이후로 그이의 절도 행각은 그쳤지만 그이의 삶은 완전히 무너지고 말았습니다.

앙굴리말라와 마찬가지로 그이 또한 자신의 이야기를 오래 된 영화 필름 속의 정지 화면처럼 한 번에 하나씩 재생하는 방법을 배워야 했습니다. 그래야만 행위에서 감정 반응을 분리할 수 있습니다. 주시하고 있음을 마음이 계속 알아차리면 애착이나 미움에 더 이상 빠지지 않고 참회의 지혜에 다가갈 수 있습니다. 자신이 저지른 일이 계속해서 너무 두렵게 느껴지거나 죄의식과 부끄러움에 사로잡히면 자신의 행동을 제대로 평가하지 못합니다. 그러나 이제 우리는 자신의 행동이 가져오는 부정적인 결과를 침착하게 살펴보고 알 수 있습니다. 이로써 후회는 변화의 촉매제가 됩니다. 또한 금강살타께서 우리를 도와주십니다. 후회의 힘으로 우리는 이야기에 빠져 감정의 열기에 휩쓸리지 않고 우리가 초래한 해악을 이해하고 받아들입니다.

후회의 힘은 또한 잘못을 저지르고도 잘했다고 느끼는 오류를 막아줍니다. 온갖 술수를 써서 경쟁자보다 한 발 앞서게 되면 자만심이나 자부심이 생길 수 있습니다. 귀신같이 남을 속였다고 기뻐하는 순간 남에게 피해를 주는 습관에서 벗어나기는 그만큼 더 어려워지는 것입니다. 상대방의 실패를 거들고 나서 스스로에게 박수를 보낸다면 우리의 무서운 적, 즉 부정적인 감정들이 더 강해질 뿐입니다.

•수행을 위한 조언

후회의 힘이 아무리 강력하다 해도 억겁에 걸친 악업을 정화하기에는 충분치 않습니다. 대치법의 힘 또한 필요합니다. 대치법의 힘을 설명하기에 앞서 금강살타 수행에서 실제적인 요소를 몇 가지 짚어보겠습니다.

금강살타 수행에서는 먼저 보리심의 동기를 일으켜야 합니다. 수행을 하는 이유가 무엇인지, 누구를 위해 수행하는지를 스스로 밝히고 발원을 명확하게 세웁니다. 이것이 첫 번째 요소인 믿고 의지하는 힘입니다.

두 번째 요소는 후회의 힘으로, 우리 정수리 위에 금강살타가 계시는 것을 관상하며 죄의식이나 부끄러움이 일어나는 특정 행동을 1, 2분 정도 돌이켜봅니다. 시간이 충분할 경우에는 그 행동에 휩쓸려 들어가지 않은 상태에서 5분이나 10분 정도 반추합니다. 특히 어려운 상황을 대상으로 할 경우에는 더 많은 시간을 할애해야 합니다. 앙굴리말라와 같은 상황에 처했다면 정말로 많은 시간을 들여야겠지요. 특별히 정해진 시간은 없습니다.

세 번째로 대치법의 힘으로 넘어가기에 앞서 특별히 정화하고자 하는 행동이나 감정, 질병 등을 확인해두면 도움이 됩니다. 먼저 일반적인 발원을 합니다.

"제 모든 과거 생에서 일체중생에게 제가 일부러 초래하거나 모르고 초래한 해악과 이제까지 쌓아온 모든 악업이 정화되어 일체유정에게 도움이 되기를 기도합니다."

위와 같이 기도해도 좋고 다른 식으로 해도 괜찮습니다. 마음속 깊숙이 감추어진 사건을 끌어내기 위해 이런 식으로 기도를 올리는 사람들도 있습니다. 그렇지만 기억의 표면에 떠오르는 사건이 있다면 그것을 대상으로 하면 좋습니다.

이제 우리는 실제 정화에 들어갈 준비가 되었습니다. 후회의 힘으로 정화가 절박하게 필요하며 또한 반드시 정화하겠다는 결의가 일어납니다.

대치법의 힘

여기서 대치법이라는 말은 악행의 반대를 뜻합니다. 물이 불을 대치한다거나 빛이 어둠을 물리친다고 할 때와 같은 의미입니다. 금강살타 수행에서는 악행을 대치하기 위해 관상과 만트라를 이용합니다. 금강살타는 실재하는 실체로 보이지만 거울에 비친 상처럼 피와 뼈, 실체가 없습니다. 이제 금강살타의 심장 차크라에 월륜좌를 놓습니다. 월륜좌 위에 금강살타의 몸과 똑같은 투명한 흰색의 글자 '훙'이 있습니다.

만트라 글자들이 '훙'자 주위를 시계 반대 방향으로 원을 그리며 뱀처럼 둘러싸고 있습니다. 금강살타 만트라 또는 백자진언百字眞言은 지혜, 자비, 모든 부처님과 깨달은 존재, 구루와 스승의 정수가 하나임을 구체적으로 표현한 것입니다. 만트라를 염송하는 동안 우리가 바치는 헌신과 간절함이 금강살타의 심장 차크라에 있는 만트라를 작동시킵니다.

"옴 바즈라사트마 사마야 마누빨라야……"로 시작하는 금강살타 만트라를 염송하기 시작합니다. 영어의 알파벳이나 다른 나라 언어를 이용하여 산스크리트어 소리를 나타낸다는 것은 이 진언에 다양한 음역과 번역이 있다는 것을 의미합니다. 만트라는 소리만으로도 가피를 드러내고, 일으키고, 작동시킨다고 믿어집니다. 번역으로는 가피의 초월적 요소를 표현할 수 없기 때문에 의미를 모르더라도 산스크리트어로 만트라를 염송하는 것입니다. 그렇지만 제 생각에는 우리가 염송하는 만트라를 아주 정확하게는 아니더라도 대강의 뜻을 알면 더욱 힘을 받을 것 같습니다. 기본적으로 백자진언은 금강살타 부처님께 우리의 청정한 자성을 깨닫는 데 장애가 되는 모든 것을 인정하고 확인하고 고백하며 놓아버릴 수 있게 도와달라고 간절한 마음으로 청하는 것으로서 지극히 개인적인 기도입니다. "금강살타시여, 이제부터 제가 저지른 악행을 직시해야 합니다. 이 어려운 수행 내내 제 곁에 머무시고 붙들어주셔서 제가 흔들리지 않도록 도와주시기를!" 하고 기도합니다. 금강살타께 지금 우리를 버리지 말아 달라고 간절히 기도함으로써 우리가 스스로를 포기하고 버리지 않게 되기를 금강살타께 애원하는 것입니다.

만트라를 염송하면 글자들이 '훙'자 주위를 시계 반대 방향으로 돌기 시작합니다. 글자가 돌아가면서 깨달은 존재들의 모든 지혜가 청정

산스크리트어 '훙'

한 감로의 형태로 글자에서 흘러나옵니다. 수행 중 아무 때라도 만트라를 염송할 수 있습니다.

감로는 물이라기보다는 액상의 빛처럼 밝고 은은하게 빛나며 투명합니다. 감로 또한 모든 부처님과 모든 깨달은 존재의 지혜와 자비의 정수입니다. 물론 지혜는 형태와 색깔이 없고 자비 또한 형태와 색깔이 없습니다. 그러나 우리는 관상을 수행의 길로 택했으므로 수행의 열의를 북돋기 위해 지혜와 자비에 형태를 불어넣어도 좋습니다.

감로가 금강살타의 발가락에서부터 정수리까지 서서히 차오릅니다. 감로의 흐름을 따라 지혜와 자비, 불성의 힘이 금강살타의 반투명한 몸을 채웁니다. "훙"자와 백자진언 또한 감로에 흘러들어가 금강살타의 심장 차크라에 닿습니다. 감로가 점점 더 높이 차올라 더 이상한 방울도 들어갈 수 없게 되면 감로가 금강살타의 머리끝에서 발끝으로 내려와 오른발의 엄지발가락을 통해 수행자의 정수리로 들어옵니다.

●감로가 내려옴

감로가 우리 몸의 세포와 조직 하나하나까지 스며든다고 관상합니다. 감로가 두 눈의 뒷부분을 채우고 두 귀로 내려와 콧구멍, 목, 이뿌리 그리고 뇌의 회백질에 스며듭니다. 근육 사이사이에까지 스며듭니다. 정맥과 동맥에 감로가 흐릅니다. 뼈와 골수를 적십니다. 만트라를 염송하면서 감로가 내려오는 것을 아주 명료하게 관상합니다.

동시에 자신과 다른 존재들에게 해를 끼친 모든 행위, 죄책감, 불쾌한 느낌 그리고 몸과 마음의 질병 등이 모두 씻겨 내려가서 재가 섞인 잉크처럼 검댕과 진창의 형태로 우리 몸의 모든 구멍을 통해 빠져나가는 것을 관상합니다. 검댕이 우리 몸 안팎으로 뚝뚝 떨어지면서 발가락까지 내려와 땅 깊숙이 내려가서 정화됩니다.

감로가 내려가면서 우리 몸과 마음이 정화되고 바뀝니다. 금강살타로 나타나신 모든 부처님의 도움과 가피, 우리 자신의 진정한 참회에 힘입어 우리를 정화해주시기를 자신과 부처님들께 기도합니다. 우리 스스로 노력하고 의도와 동기를 세워야 합니다.

감염·종양·치통·요통 등의 신체적 질병이 있다면 감로가 내려갈 때 특히 아프거나 불편한 부분에 주의를 기울이십시오. 만트라를 계속 염송하되 아프거나 불편한 부위에 관심을 집중하세요. 그리고 감로가 그 부위를 씻어 내린다고 상상하며 질병이 거무튀튀한 검댕의 형태로 몸에서 빠져나가는 것을 관상하십시오. 이 수행은 신체적 질병에 도움이 될 수 있지만 의사의 진찰이나 처방을 대신할 수는 없습니다. 정화의 효력은 우리의 의도와 동기뿐만 아니라 능력에도 좌우됩니다. 무엇이든 성취할 수 있는 가능성은 무한하지만, 지금 이 시점에서 우리의 능력은 한계가 있을 수 있습니다.

•육바라밀

여기서 덧붙이고 싶은 말은 다른 사람들을 돕겠다는 목적을 가진 행동은 모두 악업을 상쇄한다는 것입니다. 빛이 어둠을 몰아내듯 관대함이 인색함을 몰아내며 선행은 악행을 물리칩니다. 보시·지계·인욕·정진·선정 그리고 지혜의 육바라밀은 악업을 없앱니다. 살생, 절도, 거짓말 등을 하지 않는 십선업도 마찬가지입니다. 선행은 선업을 쌓는 동시에 악업을 대치하거나 녹입니다. 그러므로 금강살타 수행에서 감로를 관상하지만, 그것만이 악업의 대치법은 아닙니다.

•하나를 사면 네 개가 공짜

금강살타 부처님께 우리가 기도하는 것은 정화의 이로움이지만, 이 수행을 하면 다른 이로운 결과들이 따라옵니다.

사마타

본존의 관상은 사마타 수행에 도움이 됩니다. 불보살의 전체적인 이미지 또는 그 이미지 안에서 특정한 요소를 알아차림의 대상으로 삼으십시오. 또는 감로가 우리 몸 안에서 내려가는 느낌이나 검댕이 우리 몸의 구멍을 통해 빠져나가는 느낌을 대상으로 해도 좋습니다.

만트라 소리도 이용할 수 있습니다. 마음을 특정 대상에 머물게 하다가 열린 알아차림으로 바꾸어도 좋습니다.

사마타 수행은 일반적으로 알아차림을 계발하는 것으로, 일상에서 우리의 삶을 미혹에서 명료함으로 돌려놓는 변화를 일으키는 것이 알아차림입니다. 명상적 알아차림이 없으면 이런 변화가 불가능하므로 사마타 수행보다 더 이로운 것은 없습니다.

보리심

금강살타 수행의 동기가 보리심이므로 일체중생이 깨달음을 얻기까지 돕겠다고 발원함으로써 선업을 짓게 됩니다. 이것만으로도 자량을 쌓고 악업을 대치합니다.

위빠사나

금강살타를 관상하는 과정에서 위빠사나 수행을 하게 됩니다. 상상력을 이용하여 금강살타의 이미지를 불러일으키고 용해시키다 보면 일상생활에서의 마음의 작동방식을 이해하게 되는데, 이것은 우리가 반드시 알아야 하는 부분입니다. 금강살타를 관상하면서 우리는 반복적으로 형상들을 만들어내고 사라지게 합니다. 일상에서는 하기 어려운 실험이지요. 우리가 마음대로 실험할 수 있는 일종의 마음의 실험실이 필요한데 관상수행은 이런 실험실을 제공하는 것으로서 형상과 공성이 서로 분리되지 않음을 인식하는 데 도움을 줍니다. 이것이 공성과 형상의 합일이며, 이런 인식은 지혜에서 비롯됩니다. 지혜는 공성을 인식하며 또한 형상과 공성이 하나임을 인식합니다.

지혜가 있어야만 물질적 형상이 공성에서 일어남을 인식하고 또한 공성과 명료함, 즉 형상이 하나임을 인식할 수 있습니다. 이 같은 인식을 통해 생긴 지혜가 다시 지혜를 일으켜 지혜가 더욱 심오해지고 확고해집니다. 사마타 명상의 알아차림으로 이 인식을 확인할 수 있습니다.

공덕

일체중생을 위해 정화되기를 발원함으로써 우리는 공덕과 자량을 쌓습니다. 정화는 대개 특정 행동, 즉 악행과 관련됩니다. 여기에 보리심 발원이 더해지면 동기가 확장되어 우리의 진정한 본성을 깨닫고 일체유정의 괴로움을 소멸하기 위해 우리 자신이 정화되기를 발원하게 됩니다.

●만트라 발음

만트라 수행을 시작할 때는 조금 시간이 걸리더라도 단어를 또렷이 발음해야 합니다. 소리와 말, 감각에 몰두할 수 있을 때까지 오래도록 염송합니다. 처음에는 금강살타 만트라를 108번 염송하여 염주를 한 번 돌리기까지 한 시간이 걸리기도 합니다. 그래도 괜찮습니다. 서두르지 마십시오. 요령을 알고 나면 아주 빨리 염송할 수 있습니다. 소리는 또렷하지 않더라도 단어 자체는 분명하게 발음해야 합니다. 아티샤께서 말씀하셨지만 진언을 완벽하게 발음해야만 가피를 입는 것은 아닙니다.

아티샤께서 티베트에 머물던 때 목에 종기가 여러 개 났습니다. 종기가 불편할 정도로 커지자 아티샤께서는 큰 사원에서 휴식을 취하

아티샤(980~1054), 인도의 대학자이자 위대한 스승

며 그곳 대중에게 자신을 위해 특별한 정화 의식을 올려줄 것을 요청
했습니다. 의식에는 아주 긴 만트라가 들어 있었는데 전부 산스크리
트어로 되어 있었지요. 스님들은 아티샤께서 산스크리트어 전문가라
는 사실을 알았지만 어쨌든 티베트어로 음역된 만트라를 읽기 시작했
습니다. 이를테면 서양인들이 그 나라 말로 쓴 티베트어 기도문을 읽
는 것과 같은 셈이니, 때로 정말 웃기는 발음도 있었지요.

　티베트 스님들이 산스크리트어로 만트라를 반복하자 아티샤께서 그 소리를 듣고 어찌나 웃으셨는지 종기가 다 터져버리고 완전히 나았답니다. 아티샤는 "만트라는 발음이 정확하지 않더라도 소리 자체에 확실한 가피가 있다"고 결론을 지으셨습니다.

•염송

금강살타 만트라를 108번 염송하여 염주를 한 번 돌릴 때마다 감로가 내려오는 것을 관상해야 하는 것은 아닙니다. 만트라를 300번이나 400번 염송하여 염주를 몇 차례 돌리고 나서 머리끝에서 발끝까지 감로가 흐르는 것을 관상해도 됩니다. 염주를 한 번 돌리는 동안 감로가 여러 번 내려올 수도 있습니다. 여러 방법으로 해보면서 자신에게 적합한 방법을 찾으면 됩니다. 적합한 방법이 자연스럽게 변하기도 합니다. 그러나 기초수행 지도자가 정해준 10,000번 또는 111,000번은 감로가 내려오는 횟수가 아니라 만트라 염송 횟수를 가리킵니다.

•수행의 확장

금강살타 수행을 다른 존재들을 위해 확장하려면 귀의 수행에서 우리와 함께 서있는 일체중생을 관상하되 각 존재의 머리 위에 금강살타가 앉아 계신 것을 관상하면 됩니다. 또는 여러분 자신을 일체중생의 대표로 관상해도 됩니다. 무엇을 발원하든 일체중생이 함께 기도하는 것이며, 우리가 무엇을 성취하든 일체유정이 함께 성취하는 것이며, 우리가 어떤 가피를 받든 일체유정이 함께 받는 것입니다.

특정한 대상을 위해 금강살타 수행을 하기도 합니다. 몸이 아프거나 정서적으로 괴로움을 겪고 있는 이가 걱정된다면 그이의 머리 위에 앉아계신 금강살타를 관상하십시오. 우리가 만트라를 염송할 때 감로가 그이의 몸으로 내려가 장애를 씻어냅니다. 우리가 잘못된 행동으로 정신적, 신체적 괴로움을 입힌 사람들을 위해 이런 식으로 수행하면 도움이 됩니다.

•섭수

장애와 악업이 우리 몸에서 씻겨 내려가 정화되면 우리 몸이 무지개 같은 지혜의 몸으로 바뀌며 감로와 자신을 구분할 수 없고 금강살타와 우리의 구분도 사라집니다. 심장·팔·손톱·손가락 그 밖의 모든 것이 흡수되어 사라지는, 일종의 연금술과도 같습니다. 우리 몸은 이제 더 이상 피와 뼈가 아니라 빛과 에너지로 느껴집니다. 그리고 관상과 만트라로써 악행을 완전히 대치하면 자신을 금강살타로 느끼게 됩니다.

감로가 내려오는 과정에서 우리가 정화되는 것이 아닙니다. 장애와 악업이 녹으면서 우리 스스로 우리의 근본적인 청정함에 의식적으로 이어지는 것입니다. 이 부분이 특히 중요합니다. 모든 본존 수행에서 본존과 하나가 되는 것은 정화의 효과가 있지만, 특히 금강살타 수행에서 정화가 중요한 이유는 스스로를 나쁜 사람으로 낙인찍는 행동을 대상으로 하기 때문입니다. 우리는 잘못된 행동을 하면 '나는 나쁜 사람이야. 부모님도 나더러 나쁘다고 하셨잖아. 내 DNA에 나쁜 것이 들어있으니 어쩔 수 없어'라고 생각합니다. 그 다음에 오는 결론은 "나는 절대로 변할 수 없어. 나쁜 것을 극복할 수 없어. 이건 죽을 때까지 나를 따라다닐 거야. 나는 악업을 가진 거야"입니다. 이런 종류의 해로운 자기 인식은 매우 심각한 장애를 초래합니다.

감로가 내려올 때 우리는 새로워지는 느낌을 맛봅니다. 이제 새로운 가능성이 생긴 것입니다. 믿음과 발원에 이 방식이 더해지면 우리가 마음의 주인이 되어 원하는 바를 성취할 수 있다는 자신감이 생깁니다. 우선 절망감에 무너지지 않고 이겨낼 수 있다는 자신감을 갖게됩니다. 새로운 가능성에 힘입어 우리는 네 번째 힘인 결의의 힘을 일으킵니다.

결의決意의 힘

수행에 필요한 만트라 염송을 모두 마치면 결의의 단계에 이릅니다. 이제까지 우리는 금강살타를 믿고 의지하여 우리의 악행을 살펴보았습니다. 후회의 힘으로 우리가 야기한 괴로움을 인식했으며 대치법의힘을 의도적으로 일으켜 악업이 쌓인 몸과 말 그리고 마음을 씻어냈습니다. 이제 불보살님들의 가피에 힘입어 해탈에 이르는 길을 막고 있는 장애를 없애겠다는 마음을 굳게 먹고 결의의 힘을 일으킬 차례입니다.

이 단계에서 우리는 부정적 성향을 긍정적인 성향으로 안정시키기위해 노력합니다. 지금 우리는 청정해진 느낌에 희망과 용기가 충만해서 이 좋은 상태가 사라지거나 스스로 물러나는 것을 원치 않습니다. 우리는 금강살타에게 기도합니다. "과거에 제가 저지른 잘못된 행동을 모두 용서해 주소서. 다시는 그런 짓을 반복하지 않으려고 진심

으로 노력하겠습니다. 약속합니다. 제가 그런 잘못을 다시 반복하지
않도록 부디 저를 가피하소서." 진심을 담아 기도합니다. 금강살타를
직접 만난다는 마음으로 기도합니다. 이제 우리 자신이 금강살타입니
다. 청정해진 자신에게 최선을 다하겠다고 약속합니다. '잘 됐어. 고백
도 하고 참회도 해서 백지 상태로 돌아갔으니 이제부터 해로운 행동
을 다시 해도 괜찮겠지'라고 생각해서는 안 됩니다. '이제 청정해졌으
니 자연적으로 나쁜 행동을 하지 않게 될 거야'라는 생각도 옳지 않

샨티데바, 8세기 인도의 대학승으로 『입보리행론』을 지음.

습니다.

　우리는 부정적인 행동을 실제로 다시 저지르게 됩니다. 아직 깨닫
지 못한, 윤회하는 존재로서 그렇게 될 확률이 높은 것이 사실입니다.
그렇지만 악행을 다시 저지르지 않기를 발원하며 결의의 힘이 우리를
확고하게 붙잡아주기를 기도합니다. 이렇게 새롭게 시작함으로써 우
리가 새로운 방향으로 나아가게 되기를 진심으로 기도하면서 금강살
타께서 우리를 향해 "이제 너의 모든 장애가 완전히 정화되었다"고 말
씀하시는 것을 관상합니다. 본존과 대화하는 것을 부끄러워하지 마십
시오. 사적이고 의미 있는 대화를 나누십시오. 『입보리행론』의 참회품
마지막에서 샨티데바 대사는 이렇게 쓰셨습니다.

> 세상을 이끄는 인도자들이시여, 기도하나이다.
> 악한 저를 받아주소서.
> 제가 지은 모든 악행들,
> 이제 다시는 저지르지 않겠나이다.
> (2-65)

●엄격한 사랑

　여러분이 가진 나쁜 습관 중 하나를 집중적으로 살펴본 적이 있을
겁니다. 이를테면 흡연이 그 중 하나인데, 폐를 망가뜨리고 수명을 줄
여서 다른 사람들을 도와줄 수 있는 능력 또한 줄어듭니다. 허풍을
떠는 습관도 있어 3킬로미터 정도를 산책해 놓고는 10킬로미터도 넘
게 등산을 했다고 과장합니다. 공항 활주로에 있는 비상시 대기 장소

에서 40분 정도 기다렸던 경험이 4시간짜리 드라마로 바뀝니다. "배는 고픈데 먹을 것 하나 없고, 햇볕이 쨍쨍 내리쬐는데 바람 한 점 없었어"라고 과장하지요. 나중에는 아기들이 시끄럽게 울어대서 정신이 하나도 없었다는 말을 덧붙이겠지요. 이야기를 반복할 때마다 당시의 상황은 더욱 심각해지고 여러분의 아집 또한 더욱 강해집니다.

위의 예에서 볼 때, 불안하기 때문에 담배에 불을 붙이거나 허풍을 떠는 등 외적으로 스스로를 안심시키는 행동을 찾는다는 것을 알 수 있습니다. 그러나 결의의 힘은 지금 우리가 가진 해로운 습관을 깨야 하므로 '엄격한 사랑'이라는 성격을 갖게 됩니다. 자신을 마구 때려주고 싶어 하는 사람은 없을 겁니다. 실제로, 스스로를 질책하는 것은 별로 도움이 안 됩니다. 그렇지만 우리는 이 습관을 끊기를 간절히 원합니다. 또한 우리가 해를 끼친 사람들과 스스로에 대해 연민을 일으키게 되어 자신의 노력에 엄격한 잣대를 적용합니다. 이런 일이 하룻밤에 이루어지지는 않습니다. 그렇지만 금강살타 수행과 알아차림 명상이 쐐기로 작용하여 이 습관을 서서히 밀어내어 결국 떨어져나가게 만듭니다.

문제가 되는 행동이나 습관이 떨어져나가 반복될 위험이 없어지면 결의의 힘은 종종 그 의미를 잃게 됩니다. 그러나 특정 상황뿐만 아니라 우리의 몸과 말, 마음이 어떻게 행동하는지 잘 살펴야 합니다. 문제가 되는 습관이나 행동이 다른 형태로 다시 나타날 수 있기 때문입니다. 가령 자동차 사고가 난 경우 사고가 다시 일어날 확률은 높지 않습니다. 그러나 산란한 마음 때문에 사고가 일어났다면 그 마음을 일으킨 조건들이 다시 표면에 떠오를 경우 다른 해로운 행동을 하게 되는 원인이 될 수 있습니다. 요즘 사람들은 입으로는 말하고 손으로는 문자를 보내고 눈으로는 아이팟이나 아이패드를 보고 귀로는 음악을 들으면서 자동차를 운전하고 기차를 운행하고 비행기를 조종합니다. 알아차림이나 조심성과는 아예 담을 쌓고 사는 것이니 자신과 다른 사람들에게 해를 끼치기가 그만큼 쉬워진 셈입니다.

명상법

어떤 수행을 하든 제일 먼저 자신이 지금 무엇을 하고 있는지를 마음을 기울여 사유해야 합니다. 우리의 몸과 마음이 수행의 느낌에 안주할 때까지 계속 사유합니다. 그런 다음 서서히 사마타 수행에 들어가면 자연스런 느낌이 들 것입니다. 그렇지만 수행 중에 때때로 사유로 돌아가 지금 우리가 무엇을 왜 하고 있는지 숙고하면 도움이 됩니다. 여기에 사마타 수행을 결합해도 좋습니다.

예를 들어 감로가 내려오는 것을 관상할 때는 알아차림을 자신의 머리 위에 계신 금강살타 이미지, 우리 몸 안으로 스며드는 감로 등에 둡니다. 동시에 수행의 동기와 의도, 발원을 사유하면 좋습니다. 다시 한 번 강조하거니와 이때 머리가 아니라 마음으로부터 사유하여 본존의 현존을 일으켜야 합니다. 만트라를 계속 염송하면서 이미지를 알아차림의 대상으로 삼아도 됩니다. 또한 수행에 대해 사유하여 이해하는 것도 좋은 방법입니다.

• 대상 있는 사마타

먼저 사유하면서 탐구해가다 대상 있는 사마타로 들어갑니다. 금강살타 이미지를 일으켜 그것으로써 알아차림을 인식합니다. 또는 감로를 대상으로 해도 좋습니다. 감로가 우리 몸의 세포 하나하나에 스며들 때 몸에 느껴지는 감각이 강렬해지므로 이 감각을 대상으로 하여 알아차림을 인식하면 아주 좋습니다. 대상 있는 알아차림이 힘이 들거나 지루해져서 마음이 계속 떠돌면 열린 알아차림, 즉 대상 없는 사마타로 전환합니다.

• 열린 알아차림

열린 알아차림으로 만트라를 계속 염송하면서 횟수를 셉니다. 어떤 대상에도 마음을 머물지 않고 알아차림 자체를 인식하는 데 집중합니다. 대상 있는 알아차림에서 저절로 열린 알아차림으로 전환되기도 하는데, 그래도 괜찮습니다.

• 보리심

보리심 수행에서는 관상을 멈추고 다만 일체중생을 돕겠다는 발원을 계속합니다. "일체중생이 악업과 장애를 정화하여 깨달음을 얻을 때까지 도움이 되도록 저의 악업과 장애가 정화되기를!" 하고 기도하십시오. 또는 "제가 저지른 악행을 모두 인정하고 고백합니다. 일체중생 또한 그러하기를 기도합니다"와 같은 기도도 좋습니다. 반드시 다른 존재들을 도우려는 의도를 강조해야 합니다.

•공성

위빠사나 명상이나 마음의 본성을 수행함으로써 공성을 닦을 수 있습니다. 여기서는 현상의 근본적 특성으로서 명료함과 공성의 합일을 사유합니다. 우리는 상상력을 이용하여 금강살타를 생기하고 감로가 내려오는 것을 관상했습니다. 만트라를 계속 염송하면서 상상력을 이용하여 모든 현상을 형상과 공성의 합일로 사유합니다. "누가 무엇을 정화하는가? 나는 공하고 내가 하는 수행 또한 공하고 내가 기도를 올리는 대상 또한 공하다." 이 시점에서 공성에 머물면 절대적 수행이 됩니다.

공성 명상은 수행을 마칠 때 하는 것이 좋습니다. 마음의 본성에 관한 직접 가르침을 받았다면 대상을 인식하는 것을 멈추고 순수 알아차림에 머뭅니다.

이들 명상 기법을 원하는 만큼 자주 바꿔도 됩니다. 특정한 순서에 따를 필요도 없으며, 그 중 어떤 것이든 더 자주 해도 좋습니다. 스승님들의 한결 같은 가르침에 따르면 수행 방법을 바꾸는 이유는 기계적으로 수행하거나 무턱대고 외워서 수행하는 대신 생생하고 활기 있는 수행을 하려는 것입니다. 금강살타 수행에서는 어떤 방법을 택하든 만트라를 계속 염송하면서 횟수를 세야 합니다.

수행의 마무리

금강살타께서 여러분의 정직한 의도를 인정하고 여러분이 정화되었음을 확인하시면 빛으로 용해되어 여러분 몸을 흐르는 감로와 하나가 되는 것으로 수행을 마칩니다. 수행자는 금강살타와 하나가 되었음을 인식합니다. 이렇게 하나가 됨으로써 공성의 측면에서 금강살타 수행을 체험하는 것입니다. 금강살타와의 합일이 여러분의 공성과 금강살타의 공성을 나타낸다는 것을 확연히 알게 됩니다. 두 형상의 합일은 오직 공성으로부터 일어날 수 있기 때문입니다. 이제 여러분은 자신이 저지른 악행과 참회 또한 공성을 나타낸다는 것을 깨달으면서 어떤 현상이든 고유하고 고정된 자성이 없음을 사유합니다.

이 순간 수행자는 상대적 실재에서 절대적 실재까지, 형상에서 공성까지 모든 것이 실체가 없고 꿈과 같고 환과 같음을 체험합니다. 이제는 어떤 종류의 명상도 하지 않습니다. 여러분의 마음을 금강살타의 마음에 섭수하고 편안히 쉬십시오. 모든 것에 실체가 없다는 깨달음에 마음을 머문 상태로 적어도 몇 분간 앉아 있도록 하세요.

가령 금강살타 수행을 한 시간 한다면 정식 수행을 50분 동안에 마치고 나머지 5분에서 10분은 관상이나 만트라 염송을 멈춘 상태에서 조용히 앉아 있는 것이 좋습니다. 공성 수행을 마치면서 자신이 정화되었음을 느끼며 기뻐하십시오. '나는 오늘 아주 훌륭한 일을 했다'고 생각하세요.

절대적 견해를 인식하게 되면 상대적, 관습적 의미의 정화는 더 이상 필요하지 않습니다. 그러나 앞서가지 않도록 주의해야 합니다. 절대적 견해를 알았다 해도 수행에서는 절대적 관점과 상대적 관점 양쪽을 통합해야 합니다. 절대적 견해가 확고하게 안정될 때까지 상대적 수행을 무시해서는 안 됩니다.

질병, 분노, 악업의 괴로움이 소멸되고 스트레스가 없어지고 트라우마가 해소되는 경험을 하게 되면 무지개 같은 느낌을 맛보게 되며, 빛으로 가득차고, 깨끗하고, 활기 있고, 생기가 넘치며 물질적인 무게가 느껴지지 않습니다. 죄의식이나 트라우마가 우리 마음에 있으면 체중처럼 무겁게 느껴집니다. 이제 우리는 젊음이 가득 찬 것처럼 자신감이 넘치고, 건강하고, 힘이 넘치며 죽음과 죽어가는 것에 대해 더 이상 두려움을 느끼지 않습니다. 이 상태에서는 모든 일이 마음먹은 대로 이루어질 것 같이 느껴지고 선업을 짓는 행위만을 하겠다는 자신감이 생깁니다.

금강살타 수행 중에 꿈속에서 그 효과를 계속 느끼는 사람들이 종종 있습니다. 예를 들면 강에서 목욕하거나 수영하는 꿈은 정화 기능이 수면 시간에까지 연장되는 것입니다. 날아다니는 꿈은 우리라는 존재가 점점 더 가벼워진다는 뜻입니다. 새 옷을 입는 것은 다시 태어남을 의미합니다. 그렇지만 진창에 빠지는 꿈을 꿀 때도 있습니다. 어느 쪽이든 꿈에 집착하면 안 됩니다.

비록 우리가 나쁜 습관을 반복하고 자신과 다른 사람들에게 새로운 문제를 자꾸 일으키더라도 우리가 기울인 노력의 긍정적인 효과는 절대로 사라지지 않습니다. 우리는 이미 나아가야 할 방향을 정한 것입니다. 길을 다시 떠나는 일이 여러 번 반복되더라도 결국은 우리의 여정을 성취할 것입니다. 금강살타 수행으로 완벽하게 정화되지 않았더라도 만달라 수행에 이를 즈음이면 아주 거친 악업이 심상속에서 걸러졌다는 느낌이 들 것입니다. 우리의 마음을 알아차림이라는 체로 한 번 걸러낸 것처럼 가장 독성이 강한 장애가 없어진 것입니다. 금강 살타 수행을 통해 장애와 악업이 씻겨나갔거나 적어도 가벼워졌다는 느낌으로 우리는 지금 만달라 수행의 문 앞에 서있습니다. 이제 새로운 활력으로 우리의 빈 수레에 공덕과 지혜를 채울 차례입니다.

10
세 번째 4불공가행
만달라 공양

제 아버지께서는 모든 것을 놓아버린 마음으로 먹고 남은 음식을 올리는 것이 고맙다는 인사를 기대하며 금을 올리는 것보다 더 훌륭한 보시라고 말씀하시곤 했습니다. 당신의 관점을 뒷받침하시려는 듯 아버지는 중국 황제의 초청으로 중국을 방문하신 10대 까르마빠 최잉 도르제Choying Dorje에 대한 이야기를 해주셨습니다.

옛 티베트에서는 큰 스님들이 여행에 나서면 지나가는 마을에서 여정을 멈추고 설법하는 것이 관례였습니다. 이번에는 황제의 초청이 시간적 여유가 없이 짧은 기간에 이루어졌기에 설법은 어려웠지만 마을 사람들은 그래도 까르마빠 존자님께 공양을 올리고 싶어 했습니다. 그 중 한 마을에서 농부들이 모여 공양물을 올릴 계획을 의논했습니다. 농부들은 자기네들이 가진 것을 하나하나 짚어가며 겨울을 나는

데 필요한 음식, 담요, 동물 등을 따져보고는 공양을 올릴 만한 것이 하나도 없다는 결론에 도달했습니다. 그들은 매우 낙담했습니다. 그때 한 농부가 생각해낸 것이 먹고 남은 음식이었습니다. 마을 사람들은 남은 음식에 흙과 돌을 섞어 공양물을 정성스럽게 준비하여 존자님이 마을을 지나실 때 기쁜 마음으로 공양을 올렸습니다.

번뇌와 업이 우리의 몸과 말과 마음의 삼문을 통해 들어오고 또한 삼문에 의해 야기되므로 기초수행에서는 삼문을 정화합니다. 강조하는 바가 조금씩 달라서 귀의대배에서는 주로 몸을 정화하고 만트라 수행에서는 말을 정화합니다. 만달라 수행에서는 조작되고 굳어진 정체성을 주장하는 마음을 주로 상상력을 이용하여 중점적으로 정화합니다. 수행자는 상상 속에서 한량없는 공양물을 보시하는데, 이 무량함이 우리를 변화시킵니다. 수행자는 또한 끝없이 광활하고 복잡한 우주를 관상합니다. 그 앞에서는 통상적인 의미의 세상이나 '나'를 더 이상 고집할 수 없습니다. 놓아버리는 마음을 기르면 집착심이 정화됩니다.

● 공덕과 지혜를 쌓음

탐욕과 집착은 마음에서 일어나므로 몸과 말만으로는 제거할 수 없습니다. 놓아버리는 마음으로 아집의 뿌리를 자르고, 놓아버리는 행위로써 공덕을 쌓습니다. 또한 놓아버림으로써 절대로 고갈되지 않는 엄청난 보물을 우리 안에서 만나게 됩니다. 우리가 가진 보물들을 인식하면 지혜가 축적되기 시작합니다.

　평범한 보시를 이기적인 습관을 내려놓는 수행으로 바꾸기 위해 수행자는 우주를 지어 공양 올립니다. 태양과 한량없이 많은 별들과 바다와 숲, 보석으로 지은 산을 바칩니다. 우리의 소유물이라 생각조차 할 수 없는 것들을 제일 먼저 바침으로써 놓아버리는 마음을 일으킵니다. 관습적인 보시의 개념을 완전히 뛰어넘는 것을 상상하여 세간에서 선행으로 인정되는 보시의 개념을 부수어버립니다. 선한 의도와 동기 그리고 보리심으로 우리의 몸과 피, 뼈를 바칩니다. 우리 마음에서 나온 것을 모두 바치고 분노와 탐욕 등 번뇌까지도 공양 올립니다.

　공양을 올리기에 너무 좋은 것도 없고 너무 나쁜 것도 없습니다. 모든 현상과 생각, 물질에는 고유한 성질이 없기 때문이지요. 우리를 탐욕에 빠뜨리는 것은 무엇이든, 우리의 감정, 스포츠카, 원수 또는 사랑하는 이들까지도 공양물로 적절합니다. 우리는 자기 자신과 일체중생을 위해 보시하는 마음과 놓아버리는 마음을 일으킵니다. 모든 수행과 마찬가지로 만달라 수행의 동기 또한 보리심입니다. 우리 마음을 정화하는 과정에서 일제유정의 마음을 정화합니다. 우리 자신을 포함한 일체유정을 이롭게 하고 모두가 궁극의 행복을 얻기 위해 우리의 마음을 보시할 때 일체유정의 마음을 함께 보시합니다.

　공덕을 일종의 점수처럼 생각하는 이들이 많습니다. 선행을 할 때마다 한 개씩 받은 별을 모은 점수가 해탈을 보증한다고 생각합니다. 그러나 일반적으로 '선행'은 문화적 가치들로 규정되며, "내가 다른 사람들을 위해 선행을 한다"는 이원적 견해를 굳혀서 에고를 강화시킵니다. 문화적 조건과 아집이 행동을 결정합니다. 별 점수를 놓고 농담하는 이들도 있지만, 이런 관점을 부수려면 엄청난 노력이 필요합니다. 오래도록 수행한 이들조차 자신과 다른 사람들에게 선행으로 '보이는' 행동에 여전히 유혹을 느낍니다. 행동 자체는 이로울 수 있지만 이런 태도는 이분법적 사고를 없애거나 마음을 바꾸는 데 장애가 됩니다.

이해의 폭을 넓히기 위해 원인과 조건을 통해 공덕을 살펴보겠습니다. 몸과 말과 마음으로 지은 행위는 몸과 말과 마음에 영향을 줍니다. 이것이 업의 법칙입니다. 우리의 행위가 몸과 말과 마음을 길들인다는 뜻도 됩니다. 가령 역기로 몸을 단련하는 경우, 이전에 들어올릴 수 없었던 무게를 서서히 들게 되면서 능력과 자신감이 커집니다. 공덕도 이와 같아서, 이로운 행위에 나서는 습관을 들여 마음을 길들이는 것입니다. 공덕이라는 유연제로 마음을 더 많이 길들일수록 타인을 이롭게 하는 우리의 능력은 더욱 자연스러워지고 커집니다. 마음에 무엇을 담는가에 따라서 마음의 역량이 달라집니다. 우리가 하는 모든 행동이 우리의 미래를 좌우합니다.

이 과정이 단계적으로 이루어지는 것처럼 생각될 수 있지만 실제로는 되풀이하여 돌아가면서 이루어집니다. 앞에서 무상을 깨닫지 못해 번뇌가 일어난다고 설명했습니다. 그러나 무상의 깨달음이 어느 날 갑자기 무지에서 솟아오르는 것은 아닙니다. 오히려 그것은 공덕을 통해 옵니다. 수행과 지적인 사유로 마음을 길들임으로써 무상을 깨닫게 되는 것입니다. 무상을 깨달을 수 있는 업의 조건을 짓는 것 또한 공덕에서 비롯되며 그것으로써 공덕을 지을 가능성이 더욱 높아집니다. 삶의 어느 순간, 우리는 짧은 순간 지속되는 행복이 변화를 조건으로 한다는 사실을 깨닫기도 하는데, 이 같은 통찰로 많은 번민이 사라집니다. 이 또한 공덕에서 오는 것입니다. 만약 우리가 어느 날 갑자기 우리 자신의 힘으로 이렇게 위대한 통찰에 이르렀다고 주장한다면 우리는 두 가지 잘못을 저지르는 것으로서, 첫 번째는 업의 진리와 연기법을 부정하는 것이며 두 번째는 우리에게 독립된 자아가 있어서 이런 통찰에 이르렀다는 잘못된 믿음을 가진 것입니다.

선행에 관심을 갖지 말라는 뜻이 아닙니다. 공덕을 마음의 활기차고 유동적인 특성으로 이해하는 것이 중요합니다. 공덕에 대해 상대적 시간과 공간에서 일어난 특정한 행동으로 이해하는 습관을 끊어야 합니다. 우리는 만달라 수행으로 공덕을 쌓게 되지만, 이 수행을 한다는 사실 자체가 우리가 이미 공덕을 쌓았음을 나타냅니다.

어렸을 적에는 아버지께서 저를 인정해주시는 것이 제가 공덕을 쌓고 있다는 증거라고 여겼으므로 아버지를 기쁘게 해드리는 방법을 생각해내느라 애를 썼습니다. 오후가 되면 아버지의 방을 자주 찾았는데, 방문객이 없을 때면 아버지는 바닥보다 조금 높은 침상 위에 앉아 마주 보이는 창문으로 하늘을 바라보곤 하셨습니다. 아버지는 참으로 편안해 보이셨지요. 저는 침상에 올라가 아버지 옆에 앉아 명상해보았습니다. 아버지가 저의 완벽한 자세와 편안한 마음을 알아보시면 좋겠다고 생각했지만 솔직히 말해서 제 몸은 막대기처럼 뻣뻣했고 마음은 돌처럼 딱딱하게 긴장되어 있었지요.

그 날 오후에도 저는 아버지와 함께 침상 위에 앉아 있었습니다. 지극히 자연스러운 자세로 앉아계신 아버지 옆에 저는 부자연스러울 정도로 꼿꼿하게 앉았습니다. 아버지가 아주 나지막한 목소리로 말씀하셨습니다.

"아메, 공덕을 쌓는 데 가장 좋은 방법은 공성을 깨닫는 거란다."

저는 싸움에 진 것처럼 힘이 쑥 빠지는 느낌이었습니다. 그리고는 정말 혼란스러워졌습니다. 아무것도 안 하면서 어떻게 사람들을 도울 수 있단 말인가? 나는 아버지께 여쭈었습니다.

"아무것도 안 하고 가만히 앉아 공성에 대해 명상만 하고, 다른 사람들을 위해 기도도 안 드리고, 아픈 사람을 돌보지 않는데도 공덕을 쌓는다고요? 그러면 다들 먹을 것이 떨어질 텐데, 그게 누구에게 도움이 되나요?"

"악업의 인은 무명이며, 무명은 실상을 깨닫지 못하는 것이다. 무아, 공성, 즉 마음의 본성을 깨닫지 못하는 게야. 무명을 떨치지 못하면 이분법적 사고와 분별이 그대로 남아 있어서 악업에 빠지지. 실상을 그릇되게 인식하여 잘못된 관념에 집착하는 것이 윤회야. 잘못된 인식으로 인해 분별하고 그것에 집착해서 자신과 다른 사람들에게 괴로움을 끼치는 게야."

아버지가 제게 설명하시려 한 것은 공성을 이해하지 못하면 우리의 몸과 마음에 개별적으로 독립된 자아가 분명히 있다는 무지한 생각을 하게 된다는 것이었습니다. 욕심 덩어리인 자아는 욕구와 욕망을 채우려고 늘 기를 쓰지만 그 때문에 우리는 괴로움의 굴레를 계속 돌면서 지혜에서 멀어집니다. 아버지는 다시 설명을 이어가셨습니다.

"공성은 빛과 같다. 태양과 같지. 너는 아무것도 없다고 생각하지만, 실제로 아무것도 없는 것이 전부다. 그것이 공성임을 이해하면 지혜가 꽃을 피우지. 지혜는 무명이라는 어둠을 몰아내기 때문에 공덕을 쌓는 게야."

그 말씀 끝에 아버지는 질문을 던지셨습니다.

"한밤중에 방에 촛불을 밝히면 어떻게 되지?"

"어둠이 사라집니다."

"지혜도 그와 같단다."

가장 중요한 요점을 반복하겠습니다. 궁극적 실재, 즉 불성에는 장애와 악업이 없으며, 기도하는 사람도 없고 기도를 올리는 대상도 없으며, 정화해야 할 것도 없고 쌓아야 할 것도 없습니다. 모든 것이 있는 그대로 완벽합니다. 정말 멋지지 않습니까?

이 말을 들은 제자들은 꼭 이렇게 질문합니다.

"그렇다면 왜 수행을 해야 하나요? 마음이 이미 청정하고 완벽하다면 만달라 공양으로 마음을 정화하는 까닭이 무엇입니까?"

그 이유는 우리가 궁극적 실재를 깨닫지 못했기 때문입니다. 우리가 완벽하다는 것을 깨달을 수 있는 지혜가 없기 때문입니다. 그것이 바로 장애이며 그 때문에 수행하는 것입니다.

정식 만달라 공양에서는 상대적 공양과 절대적 공양을 올림으로써 공덕과 지혜를 축적합니다. 행성, 별, 금, 집, 우리의 몸, 우리가 사랑하는 사람들 등 물질을 공양하여 공덕을 쌓고 이들 물질의 공성을 공양하여 지혜를 쌓습니다. 놓아버리고 쌓고, 다시 놓아버리고 또 쌓는 것입니다. 공덕과 지혜의 축적 그리고 정화는 동시에 일어납니다.

● 만달라의 의미

만달라라는 말에는 몇 가지 의미가 있습니다. 먼저 기초수행의 한 단계로서 지금 우리가 살펴보고 있는 만달라 수행이 있습니다. 그림이나 입체로 표현되는 만달라는 명상 수행에서 시각적 보조재로 사용됩니다. 의식용으로 쓰이는 만달라는 둥근 판으로서 만달라 공양을 올릴 때 사용합니다. 어떻게 쓰이든 만달라는 일체를 포함하는 우주 또는 성스런 세계를 의미하며 한없이 충만하여 시작과 끝, 안팎이 따로 없이 가없는 공간입니다. 고정되지 않는다는 것이 절대성을 드러냅니다. 만달라 속의 이미지는 부처님들의 깨달은 지혜, 청정지견을 나타내는 완벽한 우주를 묘사합니다.

이제부터 우리가 짓게 될 만달라는 종래의 어떤 척도로도 상상할 수 없고 능가할 수 없는, 웅장하고 화려하고 청정한 우주를 표현합니다. 우리는 상상력을 발휘하여 거대하고 신비한 만달라를 짓습니다. 자기 대치법을 적용하여 개념으로써 개념을 넘어섭니다. 상대적 마음의 상대적 도구인 상상력을 이용하여 절대를 얼핏이나마 보려는 것입니다. 인식이 어떻게 미세하게 일어나는지 탐구하는 데 상상은 최고의 수단입니다.

만달라 우주는 한정된 추정에 의거한 종래의 세계관과 전혀 다릅니다. 여러분이 지도를 아무리 들여다본들 그곳을 결코 직접 경험하지 못합니다. 대부분의 사람들이 문화적 습관에 젖어 지도는 세계를 있는 그대로 표현한 것이라 장담하지만, 이 세상을 본 사람은 아직 아무도 없습니다. 만달라의 양식화되고 상징적인 이미지는 관습적으로 표현된 세계를 완전히 바꾸어 놓습니다. 전혀 평범치 않은 만달라 우주를 시각적으로 보여주는 것이지요. 우리는 자신에게 집착하고 또한 우리를 둘러싼 세상을 살아가는 습관적인 방식에 집착합니다. 이 뿌리 깊은 집착을 놓아버리려면 특별한 충격이 필요합니다. 만달라라는 전혀 새로운 세계에 의지하여 우리는 이제 새로운 존재 방식을 실험하는 것입니다.

놓아버리는 마음

콩 한 톨을 기부하든 수십억 원을 기부하든 놓아버리는 마음은 똑같습니다. 그렇지만 기부는 또한 탐욕과 집착, 인색한 마음을 드러내기도 합니다. 이름과 명예를 높이려고 기부하는 사람들도 있으니까요. 돈이 많은 사람들 중에는 자신의 이름을 딴 병원과 도서관을 짓는 이들도 있습니다. 의학 연구나 교육 시설을 위한 기부는 훌륭한 결과를 낳지만, 기부를 이용하여 언론의 주목을 받거나 사회적으로 존경과 칭찬을 받으려는 사람들도 있습니다. 이 경우 인간을 윤회의 굴레에 묶는 자만심과 탐욕이 더욱 공고해질 뿐입니다. 우리는 어쩌다가 기차에서 노인에게 자리를 양보하며 자신이 정말 착한 보살이라고 생각하기도 합니다. 또는 다른 사람들에게 질투심을 불러일으키기 위해 보시하거나 다르마 센터에 거금을 보시하며 스스로 훌륭한 불자라고 생각하는 이들도 있습니다. 주변 사람들에게 저녁을 한턱내듯 좋은 인상을 주거나 존경받기 위해 보시하기도 하지요.

과거에 무엇인가 보시하거나 관대하게 마음을 베푼 행위 몇 가지를 기억해 보십시오. 그런 다음 그 상황을 분석하고 어떤 과정을 거쳐 그 행위를 하게 되었는지 솔직하게 살펴보세요. 놓아버리기는 경제적 가치와 전혀 상관 없습니다. 무엇인가를 꼭 내주어야 하는 것도 아닙니다. 보시를 자주 하는 사람들은 많지만 의도적으로 즉, 놓아버리려는 목적으로 보시하는 경우는 거의 없습니다.

한 줌의 흙

12세기의 위대한 스승이신 게셰 밴Geshe Ben은 매우 정직한 분으로 유명하며, 그 분의 수행법에 얽힌 재미있는 이야기가 많이 전해집니다. 게셰 벤은 산 속의 커다란 바위로 된 은둔처에서 살았습니다. 바깥벽에 나있는 구멍으로 계곡 전체가 내려다 보였지요. 어느 날, 계곡 저 아래서 한 남자가 올라오고 있는 것이 보였습니다. 잠시 후 다시 구멍으로 확인하니, 남자는 시주였습니다. 게셰 벤은 당장 법당을 청소하기 시작했습니다. 불단 앞을 쓸고 법복을 털고 물을 공양 올리는 잔들을 깨끗이 씻었습니다.

그러다가 그는 문득 청소하던 손을 멈추고 생각했습니다.

'내가 지금 무슨 짓을 하고 있지? 시주에게 잘 보이려고 청소를 하다니. 나란 존재를 그토록 드러내고 싶단 말인가?'

그는 밖으로 나가서 흙을 한 줌 퍼서 안에 들어와 법당 곳곳에 뿌렸습니다. 그리고는 밖에 앉아 시주를 기다렸습니다.

이윽고 맛있는 공양물을 손에 든 시주가 도착했습니다. 게셰 밴은 시주를 정중하게 맞이하고는 차를 들라며 안으로 청했습니다. 두 사람은 법당에 자리를 잡고 앉았습니다. 주변을 한 번 둘러본 시주는 조금 놀라는 표정으로 물었습니다.

"자리가 왜 이리 지저분합니까? 법당에 무슨 일이 있었습니까?"

게셰 밴은 자신이 순전히 이기적인 이유로 법당을 청소했다면서 시주에게 좋은 인상을 주기 위해 청소를 한 것이니 가짜 신심에서 나는 나쁜 냄새를 없애기 위해 흙을 뿌렸노라고 설명했습니다. 그 말에 진심으로 감동 받은 시주는 게셰 밴의 일화를 많은 이들에게 전했습니다. 얼마 지나지 않아 게셰 밴이 흠잡을 데 없는 인물이라는 소문이 나라 전체에 퍼졌습니다. 널리 존경받는 라마 한 분이 이 이야기를 듣고는 "내가 아는 한 그 한 줌의 흙이야말로 티베트 최고의 공양물이다"라고 말했습니다.

게셰 밴의 일화는 공양을 바라보는 생각을 확장시키고 자기 자신에 대해 솔직하고 진실할수록 수행이 더욱 효과적이라는 사실을 이해하게 해줍니다.

만달라 공양

만달라 수행은 간단한 것에서 아주 정교한 것까지 매우 다양합니다.

여기서는 약간 축약된 형태의 기본적인 일곱 덩이 만달라 공양을 설명하겠습니다. 불단 앞에 좌선 자세로 앉아 만달라 공양을 시작합니다. 두 개의 만달라 판을 사용하는데 만달라 판은 대개 청동, 구리 또는 은으로 만듭니다. 자신의 재정에 맞는 재료를 선택하는 것이 제일 좋습니다. 너무 사치할 필요는 없지만 너무 인색한 것도 좋지 않습니다. 가난한 티베트 사람들은 나무판이나 평평한 돌을 사용하는데, 그래도 괜찮습니다. 성취 만달라 판은 불단에 올리는 것이고, 공양 만달라 판은 손에 들고 공양 올리는 데 사용합니다.

먼저 성취 만달라 판을 닦습니다. 만달라 판을 왼손으로 잡으십시오. 대개는 쌀을 쓰는데 어떤 곡식이든 오른손 엄지, 검지 그리고 가운데 손가락으로 집습니다. 엄지와 검지만으로 집어도 됩니다. 곡식을 집은 채 손목의 둥근 부분을 시계 방향으로 돌리면서 판을 닦습니다. 동시에 아집으로 쌓아온 모든 악업과 장애가 자신과 다른 존재들의 깨달음을 위해 깨끗이 씻겨나간다고 생각합니다. 만달라 판 가장자리를 오른손으로 원을 그리듯 움직여 닦으면서 금강살타 백자 진언을 염송합니다. 만달라 판이 정화되고 깨끗이 씻기는 것같이 우리의 마음과 모든 존재의 마음이 정화되고 깨끗해지는 것을 동기로 합니다.

그다음에는 물을 찻숟가락으로 하나 정도 공양판 표면에 뿌립니다. 그 위에 공양물 다섯 덩이를 놓습니다. 대개는 곡식을 공양물로 하는데 보다 정교한 똘마torma를 써도 됩니다. 똘마는 티베트 사람들의 공양물로 구운 보리와 버터로 만듭니다. 곡식 한 덩이나 똘마 하나를 공양판 한가운데 놓고 동서남북 네 방향에 맞추어 테두리에 각각 곡식 한 덩이를 놓습니다.

이렇게 완성된 성취 만달라를 불단 위에 놓는데, 성취 만달라는 만달라궁이라 불리는 거대한 궁전을 상징합니다. 만달라궁은 크기가 같은 네 개의 벽으로 되어 있고 벽 한가운데 문이 하나씩 있습니다. 옛 문헌에 자세한 설명이 나와 있지만 내용에 대해 지나치게 염려하지 마십시오. 인도의 타지마할과 프랑스의 베르사이유 궁전을 합쳐놓은 것처럼 엄청나게 큰, 돔 형식의 궁전이라는 느낌을 가지면 됩니다. 목욕탕이나 침실, 부엌은 없습니다. 만달라 또한 호수에 비친 달이나 무지개처럼 실체가 없고 견고하지 않은 것으로 관상합니다.

하늘을 감싸 안은 듯한 무지개 궁전 안에는 귀의수에 나타난 존귀한 존재들이 동일한 위치에 배열되어 있습니다. 나무나 호수는 없지만 가운데 곡식 덩이로 상징되는 지금강불을 관상합니다. 나머지 네 덩이는 지금강불 오른쪽에 계신 석가모니 부처님, 지금강불 왼쪽의 고귀한 승가, 지금강불 뒤편의 불법 그리고 지금강불 앞쪽의 본존들을 각각 상징합니다. 호법신들을 위한 곡식 덩이는 놓지 않습니다. 수호신들은 만달라 공양판에 나타나지 않는 대신 만달라궁의 네 개의 문을 지키고 있습니다.

이제 우리는 존귀한 존재들께 공양을 올립니다. 다시 한 번 강조하거니와 이미지를 완벽하게 관상하는 것보다 이들 존귀한 존재들이 실제로 이곳에 계심을 생생하게 느끼는 것이 더 중요합니다. 부처님과 본존들께 모든 것을 공양 올리는 이유가 무엇일까요? 상대적 관점에서 이들 특별하고 숭고한 존재는 우리의 헌신과 기도를 받으실 만한 가치가 있는 대상입니다. 그 분들의 지혜가 우리의 공양에 영감을 줍니다. 외적 부처님을 뵈면 우리 안의 부처님과 이어지는 데 도움이 됩니다. 만달라 공양을 올릴 때마다 부처님과 우리의 마음이 하나가 된 상태에서 끝마칩니다. 이때 평범한 존재들은 부처님께서 주시는 것과 같은 영감을 우리에게 주지 못합니다. 어느 순간 우리는 일체중생이 근본적으로 똑같다는 사실을 알게 됩니다. 아버지께서는 당신이 본질적으로 거지와 다르지 않고 장관과도 다르지 않음을 아셨던 것입니다. 그렇지만 우리는 현재 우리가 가진 관점에서 수행을 시작합니다.

부처님께 공양 올리는 것은 또한 부처님과 연을 맺는 것입니다. 다시 한 번 우리는 부처님들과 연을 맺고 부처님께서 도와주시고 가피해주시기를 청함으로써 우리의 기도가 부처님의 가피로 일체중생을 이롭게 하는 한량없는 보시가 될 수 있기를 간절히 기도합니다. 우리가 만달라 공양을 올리는 이유가 일체중생의 깨달음을 도우려는 것임을 명심하십시오. 상대적 관점에서 보면 그렇습니다.

그러면 절대적 관점에서 부처님께 올리는 공양을 어떻게 이해해야 할까요? "누가 무엇을 누구에게 공양 올리는가?" 하는 질문을 스스로에게 던져보십시오. 스스로 이렇게 자문하면서 공양을 올리면 공성을 얼핏 맛볼 수 있습니다. 궁극적 견해에서 공성의 지혜는 가장 훌륭한 가피입니다. 앞으로 만달라 수행의 단계별 행위에서 공성의 요소를 살펴볼 것입니다.

불단에 성취 만달라 외에 과자, 사탕, 향, 램프, 촛불, 꽃, 조개, 과일이나 곡식 등 일곱 가지 공양물을 올려놓습니다. 공양물을 풍성하게 올려놓거나 장식물을 놓아 보시하는 마음을 지키고 북돋습니다. 성취 만달라와 공양물은 우리의 노력이 성취된다는 것을 상징합니다. '성취'를 이용하여 우리의 노력을 더욱 강화하고 번뇌에서 벗어나는 데 도움을 받는 것입니다. 무엇인가 우리 눈앞에 있으면 노력이 성취될 수 있다는 자신감을 갖게 합니다. 이렇게 목표를 수단으로 이용하여 과果를 도道로 삼는 것입니다.

공양물은 자신의 재정에 맞추어야 합니다. 인색하지 않되 지나치게 사치스런 산해진미를 구하느라 파산할 정도가 되면 안 됩니다. 우리는 지금 마음을 다스리고 있다는 사실을 기억하십시오. 날마다 새 쌀을 올리면 아주 좋습니다. 그렇지 못하다면 이전에 사용한 쌀에 새 쌀을 조금 더하면 됩니다. 어린 시절 뇨슐 켄 린포체는 너무나 가난해서 만달라 수행에 필요한 쌀 한 톨조차 살 만한 여유가 없으셨답니다.

이제 공양 만달라를 설명할 차례입니다. 불단에 올린 성취 만달라 판과 똑같은 방법으로 공양 만달라 판을 닦습니다. 공양물로는 주로 쌀을 사용합니다. 그러나 덩이를 만들 때처럼 서로 달라붙게 하려는 목적으로 쌀에 물을 뿌리지 마십시오. 때로 사프론을 탄 물에 쌀을 담갔다가 쌀이 마르면 귀한 향신료 씨앗이나 약초와 섞거나 터키석이나 산호 등 보석 또는 알록달록한 작은 돌과 섞어도 좋습니다. 쌀 등의 공양물을 오른손으로 집어서 공양 만달라 판에 올려놓습니다. 만달라 판은 표면이 둥글기 때문에 쌀을 놓으면 미끄러져서 흘러내립니다. 곡식을 받을 천이나 커다란 앞치마를 허리에 두르고 무릎을 덮어

만달라 판과 쌀 덩이

양푼처럼 만들어 쌀이 그 안으로 떨어지도록 합니다. 커다란 바구니 안에 보자기를 펴서 넣고 무릎에 놓아도 됩니다. 수행 중에는 무릎이 나 바구니에 떨어진 쌀을 퍼서 반복하여 사용합니다.

공양 만달라 판과 함께 왼손에 쥔 염주로 염송한 만트라의 횟수를 셉니다. 요즘에는 손에 쥐는 소형 계수기가 더 편하다는 수행자들이 많은데, 그것도 좋습니다.

만달라 판을 왼손에 들고 오른손 엄지와 검지로 곡식을 한 꼬집 집 습니다. 곡식을 집은 채 손목의 둥근 부분을 시계방향으로 돌려 판을 닦습니다. 동시에 금강살타 만트라를 염송합니다. "옴 바즈라사트바 사마야……." 시간을 잘 맞추어 만트라를 한 번 염송하는 동안 손목 을 세 번 돌립니다. 그러면서 깨달음을 얻기를 간절히 기도합니다. 번 뇌와 이원적 인식으로 가득찬 자신과 모든 존재들의 마음을 깨끗이 정화하여 일체중생이 깨달음을 얻도록 이끌겠노라고 기도하는 것입니다. 염송을 마치면 만달라 판을 시계 방향으로 세 번 문지른 다음 쌀을 판 한가운데 놓습니다.

●수미산의 관상

쌀을 놓는 순간 만달라 판은 광활하고 평평한 황금 땅으로 바뀝니다. 이 땅은 철위산들이 둘러싸고 있는 바다로 에워싸여 있습니다. 황금색 바다 한가운데 네 개의 면으로 되어있는 수미산이 솟아 있습니다. 수미산은 상상할 수 없이 거대한 우주의 중앙에 위치하고 있습니다. 수미산의 기단은 네 개의 사각 계단으로 되어 있으며 계단은 위로 올라갈수록 점점 작아집니다. 수미산이 솟아오르며 늘어나서 평평한 사각형 모양의 봉우리는 아래쪽보다 더 넓습니다. 수미산의 동쪽 면은 수정으로, 남쪽 면은 사파이어로, 서쪽 면은 루비로, 북쪽 면은 에메랄드로 되어 있습니다. 보석으로 이루어진 각 면으로부터 유색의 빛이 반짝이며 사방으로 퍼져나갑니다. 이 모두를 우리는 상상 속에서 짓는 것입니다. 그러니 쌀 덩이로 우주를 건립하는 방법을 놓고 논리적으로 따지려고 애쓰지 마십시오.

이제 가운데 쌀 덩이는 수미산이 되었습니다. 이것에 더해 만달라 판 가장자리에 네 개의 쌀 덩이를 놓아 수미산을 둘러싼 바다에 떠있는 사대주를 만듭니다. 사대주의 위치는 시계 바늘로 비유하면 각각 12시, 3시, 6시 그리고 9시 지점입니다. 9시와 12시, 3시와 6시 지점 사이에 두 개의 덩이를 더 놓아 각각 해와 달을 만듭니다. 이제까지 우리는 일곱 개의 곡식 덩이를 놓았습니다. 각각의 대륙은 마주 보이는 수미산 측면에서 방사되는 빛의 색깔을 띠고 있다고 관상합니다.

만달라 우주는 불사를 상징하는 전통적인 여덟 가지 길상물八吉祥로 가득 차있습니다. 팔길상에는 보호를 상징하는 보배양산, 불법의 가르침에서 나는 낭랑한 소리를 상징하는 소라, 부처님께서 법륜을 굴리신 것과 일체중생을 깨달음에 이르게 하는 불법의 힘을 상징하는 여덟 개의 바퀴살로 된 법륜이 포함됩니다. 관습에 따라 고대 인도와 티베트 왕족의 부를 나타내는 상징물 또한 만달라를 채웁니다. 왕국에 바치는 귀중한 공양물로 소원을 성취하는 소와 보석, 비옥한 땅, 보석, 말 그리고 코끼리 등이 포함됩니다. 재산과 감각적 쾌락을 상징하는 전통적인 공양물은 이 시대의 부와 호화로움을 상징하는 것들로 더욱 풍요롭게 만들 수 있습니다. 가령 롤스 로이스, 아이패드, 특급 호텔, 국립공원, 유기농 블루베리, 요트 등 특별하고 기분 좋은 느낌을 주는 모든 것을 수미산의 기단과 사대주에 올립니다.

무량하면서도 정교한 공양을 올리고자 한다면 왼손에 든 공양 만달라 판에서 무지개빛 광륜이 방사되는 것을 관상합니다. 광선 끝마다 지금 관상한 것과 똑같이 풍요로운 만달라가 있습니다. 이 만달라 또한 무지개빛 광륜을 방사하며 광선 끝마다 또 다른 만달라가 있어서 공양물은 수십억, 수조에 달하는 빛의 무리가 됩니다. 우리 자신이 건립한 풍요롭고 휘황찬란한 우주 한가운데 우리는 수행자로서 고요하게 앉아 있습니다.

● 만달라 수행

실제 수행은 칠지좌법으로 시작합니다. 언제든지 수행할 수 있는 몸의 자세를 갖추어야 합니다. 수행자가 몸을 바로 하고 초롱초롱한 정신으로 열의에 차서 앉아 있는지 아니면 균형을 잃고 구부정한 몸으로 앉아 있는지에 따라 수행의 이로움이 달라집니다.

지금 여러분은 깨끗이 닦은 만달라 공양판을 왼손에 들고 허리에는 곡식을 받을 앞치마를 두르고 있습니다. 불단에는 갖가지 공양물이 놓여 있습니다. 공양을 받으실 여섯 대상이 계신 만달라 궁전을 가능한 한 명료하게 관상하며 온갖 재물이 풍성한 수미산 우주를 공양 올린다고 상상하십시오. 오른손으로 쌀 등의 곡물을 한 꼬집 집습니다.

관상이 어느 정도로 복잡한지는 여러분의 스승이 추천하신 의궤에 따라 달라집니다. 여기서는 아래의 4지 기도문을 염송하며 공양물을 올립니다.

> 대지에 향수와 꽃을 뿌리고
> 수미산과 사대주, 해와 달을 장엄하여
> 부처님 왕국으로 관상하여 공양 올리오니
> 일체중생이 정토를 누리소서!

기도문을 염송하면서 만달라 판을 왼손에 들고 오른손으로 무릎에 있는 쌀을 한 움큼 집고 주먹을 쥡니다. 엄지를 위로 한 상태에서 주먹 쥔 손을 만달라 판 가장자리를 따라 시계방향으로 움직이며 주먹 아래로 쌀을 조금씩 흘려 놓습니다. 만달라 판 한가운데 작은 쌀 덩이를 놓은 다음 만달라 판의 맨 위쪽, 즉 12시 지점에 첫 번째 대륙을 만듭니다. 다음에는 3시 지점에 두 번째 대륙을 놓고 계속해서 6시와 9시 지점에 놓습니다. 9시와 12시 지점 사이에 작은 쌀 덩이를 놓은 다음 마지막으로 3시와 6시 지점 사이에 해와 달을 각각 짓습니다.

만달라 판에 놓은 쌀은 거의 다 미끄러져서 무릎 위로 떨어질 겁니다. 공양을 올리고 나서도 판에 남아있는 쌀은 공양을 다시 시작하기 전에 손목 안쪽으로 문질러 무릎으로 떨어뜨립니다. 이제 쌀을 다시 한 움큼 집고 만트라 염송을 반복합니다.

책에서 읽은 것만 갖고는 만달라 공양 수행법을 익히기 어렵습니다. 자신이 직접 해봐야 어떻게 하는지 느낄 수 있습니다. 앞의 설명으로 공양 올리는 방법의 기본은 이해했을 겁니다. 수행을 완수하는 데 필요한 염송 횟수는 기초수행 지도자나 스승에게서 받으십시오.

이것으로 기본적인 수행법에 대한 설명을 마칩니다. 관상과 동기에 대해서는 외적, 내적, 비밀의 3단계 공양에 들어가기에 앞서 다시 살펴볼 것입니다. 기도문 염송과 곡물 공양이 계속 이어지는 동안 3단계 공양이 모두 이루어집니다. 어떤 단계든 염송의 횟수는 계속 셉니다.

수미산

고대사에는 몇몇 현인들이 수미산의 정확한 높이를 제시하고 해저 깊이를 리그 단위로 나타냈다는 기록이 있습니다. 이 때문에 사람

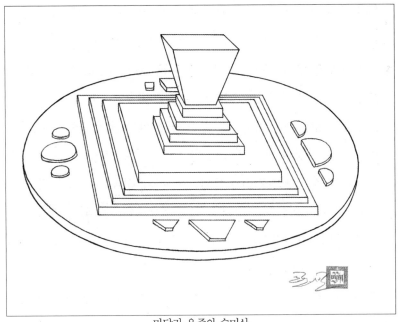

만달라 우주와 수미산

들은 수미산이 우리 눈으로 볼 수 있는 평범한 산이라는 인상을 갖게 되었습니다. 고대 인도 왕궁의 구조와 흡사한 만달라 궁전의 구조 역시 수미산을 확고한 현상으로 오해하게 만드는 원인이 되었습니다. '왕궁에 올리는 공양물' 또한 고대 인도를 상기시킵니다. 그러나 앞에서 언급한 바과 같이 이들 공양물은 우리 나름대로 호화롭게 생각하는 것들로 대체하면 됩니다. 요즘 사람들은 이렇게 말합니다.

"린포체, 저는 만달라 수미산을 도통 이해할 수 없습니다. 아시다시피 그건 철두철미 고대 인도의 산물이 아닙니까? 수천 년 전과 비교하면 지금은 우주와 지구에 대해 훨씬 더 많은 사실들이 알려지지 않았습니까?"

현대인들은 만달라 궁전을 관상하는 방식이 현대의 지식과 모순된다고 생각합니다. 그러나 우리는 지금 수미산으로 가는 비행기 표를 사거나 에베레스트를 오르는 것을 논하는 것이 아닙니다. 우리는 지금 마음의 소산에 대해 이야기하고 있는 것입니다.

수미산에 대한 전통적, 상징적인 묘사는 실제 산에 대해 우리가 가지고 있는 이미지와 완전히 모순됩니다. 직면체 형태는 '일반적'이라고 생각되는 것들과는 거리가 멉니다. 바다와 대륙 또한 고도로 양식화되었습니다. 수미산에 나타나는 이미지 요소에는 인도 역사를 시사하는 것도 있지만, 어디까지나 그 목적은 우리를 새로운 경험의 세계로 인도하는 것입니다. '산'하면 떠오르는 생각이나 선입견에 상응하는 이미지가 전혀 없다는 것은 만달라가 평범한 이 세상과 전혀 다르다는 사실을 강화합니다.

진짜 아니면 가짜?

만달라 수행에서 우리는 빨강색 스포츠카 등 자신이 아주 소중하게 여기는 소유물을 공양 올리지만 직장에 갈 시간이 되면 도로 가져옵니다. 설령 우리 몸을 바쳤다 해도 아침 식사 시간이 되면 도로 가져옵니다. 그러니 '이건 그저 연극일 뿐이야. 이런 것이 무슨 효과가 있겠어? 진짜로 공양 올리는 게 아니라 다만 그런 척하는 건데' 하는 생각이 들기도 하겠지요. 여러분 스스로가 거짓으로 그러는 척한다고 느낀다면, 이 수행은 물론 아무 효과가 없습니다. 그러나 '색즉시공 공즉시색'을 이해하고 수행한다면 아무 문제가 없습니다. 여러분은 지금

인간인 척하는 것이 아니니까요. 만달라 수행에서 요구되는 것은 공양물을 진짜로 보시하는 것이 아니라 놓아버리는 마음을 통해 모든 현상의 공성을 발견하는 것입니다. 그럼으로써 우리 자신과 우리를 둘러싸고 있는 세상을 보다 가변적으로 보게 되며 현상과 작용 뒤에 실체가 있다는 생각이 힘을 잃게 됩니다.

이 수행에 얼마나 성실하게 임하는가에 따라 수행의 효과가 달라집니다. 우리가 올리는 공양물이 마음을 살펴보고 바꾸는 도구가 됩니다. 집착을 살펴보는 것이지요. 마음을 가라앉히고 통찰력으로 살펴서 집착으로 야기되는 괴로움을 느껴봅니다. 빨강색 스포츠카를 실제로 내어주든 내어주지 않든, 그것을 계기로 우리가 그 금속 덩어리와 자신을 강박적으로 동일시한다는 것을 확인하고 인정하게 됩니다. 그 스포츠카에서 자신이 무엇을 기대하는지, 자신의 지위와 권력, 부와 매력, 자신감을 나타내기 위해 그것에 얼마나 의지하는지를 살펴봅니다. 이렇게 상상력을 이용하여 우리가 자신감이 없으며 자신이 가진 능력을 신뢰하지 않는다는 사실을 알게 됩니다. 사마타 명상을 통해 수행자는 이 모든 것을 느끼고 구체적으로 체험함으로써 변화가 일어납니다.

●3단계 놓아버리기―내, 외, 비밀 수행

만달라 수행은 내공양, 외공양, 비밀공양의 세 가지 수행으로 나뉩니다. 외공양은 상상의 우주에 나타나는 갖가지 특별한 요소들, 즉 수미산과 보석, 귀중한 보화 등을 공양 올리는 것입니다. 외공양은 또한 우리가 지금 살고 있는 땅 같이 일체유정과 함께 나누는 이 세상의 속성을 기리킵니다. 소나무 숲과 은하수, 빨간 튤립과 계곡에 대해 우리는 공통적인 인식을 가집니다. 내공양은 가족과 친구, 재산, 건강 등 우리와 가장 가깝고 사적인 대상입니다. 비밀공양은 공양하는 사람, 공양물 그리고 공양의 대상이 모두 공성을 드러낸다는 인식에서 이루어집니다. 아주 거칠게 드러나는 아집과 탐욕은 내공양과 외공양으로 제거될 수 있습니다. 그러나 아주 미세하고 알아차리기 어려운 형태의 아집을 제거하려면 비밀 만달라 수행을 해야 합니다.

내, 외, 비밀 공양은 따로따로 순차적으로 이루어지는 세 가지 수행이 아니라 동일한 수행의 세 가지 요소로서 한 번의 수행에서 세 가지를 모두 수행할 수 있습니다. 세 가지 범주는 단순히 이해를 돕기 위한 것으로서 근본적으로 다르지 않습니다. 수행자는 성취 만달라 앞에 앉아 공양 만달라 판을 손에 들고 진언을 염송하면서 세 가지 공양을 올립니다.

관상

내, 외, 비밀의 세 가지 공양을 구체적으로 살펴보기에 앞서 관상에 대해 다시 한 번 설명하고자 합니다. 만달라 수행에서는 정교하지 않은 관상이라 하더라도 이미지들이 매우 복잡하기 때문입니다.

일반적으로 현실에 대한 관습적인 인식을 정화하고 바꾸기 위해 관상의 힘을 이용합니다. 우리는 가령, 산은 이러저러하게 생긴 것이라고 생각합니다. 수미산은 이런 생각과 전혀 다릅니다. 이렇게 서로 일치하지 않는 실례에서 유연성을 개발할 수 있는 기회가 생깁니다. 불교의 가르침이라는 맥락에서 이 같은 모순을 알아차리면 방편이 됩니다. 지금 문제가 되는 것은 책상, 산, 자동차, 아이들 그리고 나 자신을 포함한 모든 것이 실체가 있고 영원하며 변하지 않고 독립적이라는 인식입니다. 여기에는 공성의 이해가 전혀 없습니다. 만달라 궁 안의 현상은 공성을 드러냅니다. 만달라 궁 밖의 현상 또한 공성을 드러냅니다. 그러나 우리는 대부분 현상을 인식할 때 '색즉시공 공즉시색'의 견해에서 공성의 요소를 제외시키는 뿌리 깊은 습관을 가지고 있습니다. 그러므로 길들여진 습관을 떨쳐내기 위해 상상의 만달라를 이용하는 것입니다. 우리 마음이 만든 우주선에 들어가 다른 세계로 가는 것입니다.

중요한 것은 만달라 안의 현상 또한 다른 것들과 똑같이 공하다는 사실입니다. 우리는 의도적으로 상상력을 이용하여 만달라 우주를 만들어냈습니다. 이 과정에 익숙해질수록 우리가 만달라 안의 현상을 만든 것처럼 만달라 바깥에 있는 현상들 또한 우리가 만들어낸다는 사실을 더욱 쉽게 알 수 있습니다. 모든 현상은 본질적으로 공합니다. 알아차림과 함께 만달라 공양을 수행하면 우리가 자신만의 현실을 만들어낸다는 사실을 인식하는 데 정말로 큰 도움이 됩니다. 이 사실을 이해하면 번뇌를 지혜로 바꾸는 대전환이 일어납니다.

만달라 수행의 관상은 매우 복잡하므로 편안한 마음으로 접근하는 것이 중요합니다. 세세한 사항들이 아주 많아서 처음에는 의기소침해질 수도 있습니다. 수많은 귀의 대상을 관상하고 전 우주와 그 안에 있는 모든 것을 떠올리고 공양 올릴 사사로운 공양물도 하나하나 떠올려야 합니다. 게다가 만트라의 횟수를 세고 만달라 판에 쌀 덩이를 올려놓아야 합니다. 이 수행에서 제일 중요한 것은 우리가 공양을 올리는 존귀한 존재들이 이곳에 계신다는 느낌을 일으키는 것입니다. 이것이 만달라 수행에서 전통적으로 내려오는 관상의 내용을 하나하나 구체적으로 생각해내는 것보다 훨씬 더 중요합니다.

관상은 사마타, 즉 마음을 한 곳에 고요히 머무는 지止 명상에 도움이 됩니다. 명상의 대상을 방편으로 삼아 대상 자체에 알아차림을 가져감으로써 동요하는 원숭이 마음을 안정시킵니다. 처음 만달라 공양을 올릴 때는 다양한 요소들이 너무 많아서 알아차림을 어디에 집중해야 할지 혼란스러울 수 있습니다. 또는 잔뜩 긴장한 채 신비한 우주를 전체적으로 관상하려고 안간힘을 쓰다가 어지럼증을 느끼기도 합니다. 세부 항목을 이것저것 바꾸어 관상하다 보면 원숭이가 이 가지에서 저 가지로 폴짝거리며 날아다니는 것처럼 느껴질 겁니다. 특히 처음에는 각각의 요소들이 명확하게 떠오르지 않을 것이 분명합니다.

이때 절대로 낙담하지 마십시오. 지금 우리가 무엇을 하고 있는지를 기본적으로 이해하는 것이 더욱 중요합니다. 지금 공양 올리는 만달라 우주야말로 우리가 올릴 수 있는 최고의 공양물이며 가장 아름답고 가장 기분 좋은 공양물이라고 느껴야 합니다. 청정한 의도만으로도 수행은 완벽한 효과를 낼 수 있습니다. 세부 사항들이 명료하지 않아도 염려하지 마십시오.

외공양

만달라 법본에 의거해 외공양에는 수미산을 둘러싸고 있는 사대주, 해와 달 그리고 철위산이 둥글게 감싸고 있는 청정한 바다가 포함됩니다. 또한 갖가지 재물과 보석, 동물과 꽃, 자동차와 별 다섯 개짜리 호텔 등 공양 만달라 우주에 올리는 것들도 들어갑니다. 거기에다 우리의 원에 따라 빛으로 이루어진 1조에 달하는 소우주도 있습니다. 기초수행 법본에 아주 자세히 설명되어 있지만, 일반적으로 외공양은 우주 전체와 우리가 우주에서 가장 아름다운 것으로 인식하는 상징물들을 가리킵니다.

쌀이나 곡물로 상징적인 공양을 올리며 기도문을 염송하는 횟수를 세면서 우리는 존귀한 존재들이 특별히 기뻐하실 우주의 장관을 관상하여 공양 올립니다. "향내 나는 소나무 숲, 산호초, 열대의 섬, 만년설이 쌓인 산들을 공양 올립니다." 여러분이 전 우주에서 가장 장엄하고 아름답고 기분 좋은 광경으로 상상하는 것 또는 그렇게 알고 있는 모든 것을 공양 올립니다. 경이로운 자연환경, 정성껏 준비한 잔치, 아름다운 궁전이나 기분 좋은 향기도 좋습니다. 앞서 말한 것처럼 느낌이나 감각을 공양 올려도 좋습니다. 자동차를 타고 가는 중이라면 차창으로 스쳐 지나가는 나무들과 머리 위로 보이는 하늘을 바칩니다. 또는 아이들이 노는 모습을 보면서, 예술품을 감상하거나 음악을 들으면서 느끼는 행복감을 공양 올립니다.

여러 해 전에 미국 친구로부터 캘리포니아에 오신 지 얼마 안 되는 티베트 라마에 관한 이야기를 들은 적이 있습니다. 어느 날 오후, 제 친구는 필요한 식료품을 사기 위해 자동차로 라마를 모시고 가다가 축구 운동장처럼 커다란 슈퍼마켓에 들어갔습니다. 제 경험에서 말하건대 미국의 초대형 슈퍼마켓에 가본 적이 없는 사람들은 이 이야기를 믿지 못할 겁니다. 라마는 층층이 줄을 지어 가지런히 놓여있는 상품들을 뚫어지라 보시더랍니다. 백 가지가 넘는 아침식사 대용 시리얼, 끝이 보이지 않게 줄지어 서있는 냉장고, 수백 가지의 크고 작은 캔 음료수, 갖가지 상표의 화장지, 백 가지도 넘는 아이스크림 등등. 라마는 몇 가지 상품을 직접 손으로 만져보기도 하고 선반에서 들어올리기도 하셨는데, 제 친구의 말에 따르면 그 모습이 마치 앞 못 보는 사람이 그것이 무엇인지 파악하려고 손으로 만져보는 것처럼 보였답니다.

그러나 라마의 놀라움은 과일 코너에 이르러서 극에 달했습니다. 오렌지, 그레이프프루트, 메론, 사과, 키위, 파인애플, 그 밖의 갖가지 과일들이 작은 산의 형태로 정갈하게 쌓여있는 모습이야말로 라마가 이제까지 보았던 그 어떤 것보다 천배 만배 더 아름답고 풍성했습니다. 티베트에서 제일가는 라마들의 정교하고 아름다운 사원에 올린 과일보다 호화로웠으며 최고로 길상한 의식에 쓰이는 과일보다 탐스러웠습니다. 그곳에서 만나리라고는 생각도, 상상도 하지 못했던 부처님의 세상이 바로 라마의 눈앞에서 펼쳐지고 있었습니다.

놀라움을 수습한 라마는 기도를 올리기 시작했습니다. 제 친구는 티베트어를 알지 못했지만 공양 올릴 때 맺는 수인, 공양 무드라는 알아보았습니다. 라마는 두 손을 돌리면서 양쪽 아래팔을 펴서 손바닥을 위로 하여 들어 올렸습니다. 그 모습이 모든 것을 바람에 바치는 것처럼 보였습니다. 이것이 바로 모든 것을 놓아버리는 마음입니다. 유난히 아름답고 환상적인 광경, 넘치는 선의와 풍요로움에 말문이 막혀버린 마음입니다. 바로 그 마음으로 라마는 방금 당신이 목격하신 모든 것을 제불보살께 공양 올린 것입니다. 라마는 과일을 직접 드시지도 않았고 그 광경을 눈으로 즐기지도 않았습니다. 저절로 생겨난 만달라를 보자 라마는 곧바로 그것을 제불보살께 공양 올리고 또한 일체중생에게 도움이 되도록 그것을 놓아버렸습니다. 일체중생이 복을 누리고 이 공양물의 자양분이 깨달음의 인이 되도록 놓아버린 것입니다. 이것이 만달라 수행에서 의미하는 놓아버리는 마음입니다. 일반적인 공양과는 정말 다르지 않습니까?

상상으로 올리는 공양의 이로움

다른 사람들을 위험으로부터 보호하고 자비롭고 관대한 행위로 돕는다면 그 행위에는 설사 욕심이 들어있다 해도 틀림없이 선업의 종자가 있어서 악업을 대치합니다. 이런 관점에서 생각하면 다음과 같은 의문이 자연스럽게 생겨날 것입니다. "불단 앞에 앉아 상상의 우주를 공양 올리는 것이 이 세상 속에서 일반적인 선행을 행하는 것보다 어떻게 더 효과적으로 공덕을 쌓을 수 있단 말인가?"

세속의 선행은 타협하고 절충합니다. 선행의 의미를 자기 식으로 생각하고 분별하여 행동합니다. 남들에게 보여주기 위해 행하는 선행은 겉으로 드러나는 것과 달리 아집과 아만심을 기릅니다. 우리가 긍정적인 동기를 가진다 해도 통상적인 기부와 보시에는 '나'라는 존재가 누군가에게 무엇을 준다는 명확한 의식이 들어있는 경우가 많습니다. 이렇게 되면 습관적인 이기주의에 빠져 우리의 무한한 가능성이 위축되기 쉽습니다.

만달라 공양은 이것과 반대로 상상력을 이용하여 습관적인 인색함에서 벗어납니다. 아무에게도 보여주지 않습니다. 친구든 가족이든 누구도 우리의 선행을 지켜보지 않는 가운데 우리는 아만과 사사로운 이익과 타협하지 않는, 청정한 보시의 거대한 신세계를 경험합니다. 만달라 공양으로 일어나는 관대한 마음에는 보답에 대해 기대하는 마음이 없습니다.

외공양을 이해하고 놓아버리기의 의미와 느낌을 알게 되면 그것보다 조금 어려운 내공양으로 나아갑니다.

내공양

내공양에서도 외공양과 마찬가지로 만트라를 염송하고 공양을 올리지만 공양물의 내용이 대단히 사적입니다. 내공양에서는 우리가 가장 집착하는 네 가지 범주, 즉 재산, 몸, 전통적으로 권속이라 칭하는 친구와 가족 그리고 선업에 집중합니다. 아집의 주요 대상인 4가지 범주는 우리 자신과 가장 동일시하는 물질, 사람, 감정 또는 상황으로서 우리는 이것들을 집요하게 탐하고 집착합니다. 네 가지 범주를 수행하는 데 특정한 순서가 있는 것은 아닙니다.

이들 공양물을 올릴 때 마음 깊은 곳으로부터 바칠수록 수행의 효과가 커집니다. 재산에는 보석, 집, 자동차, 주식, 회사 등이 포함됩니다. 또한 결혼반지, 가족사진, 사랑하는 사람이나 반려동물 같이 사적인 면에서 우리의 삶을 풍요롭게 해주는 것들도 들어갑니다. 우리에게 진정으로 의미 있는 것들을 바치는 이유는 공양의 의미 외에 '나의 것'이라는 마음을 놓아버리는 실험을 하려는 것입니다.

이것들을 놓아버리려니 여러분의 몸에서 어떤 반응이 일어나는지 살펴보십시오. 턱과 어깨, 손이 긴장되지 않습니까? 저항감이 느껴지지 않나요? 손을 뻗어 그것들을 다시 가져오고 싶지 않습니까? 집착심이 고무줄같이 늘어나기도 하고 줄어들기도 하는 것을 느껴보십시오. 여러분을 대상에 묶어놓는 집착이라는 고무줄은 점점 느슨해지기는 할지언정 결코 끊어지지 않습니다.

●번뇌를 공양함

만달라 수행에서는 부와 풍요에 대한 이야기를 많이 하게 되므로 이 수행에서 가장 중요한 요소가 집착을 다스리는 것임을 잊어버리곤 합니다. 마음을 괴롭히는 번뇌는 집착을 다스리는 데 아주 훌륭한 재료입니다. 우리가 느끼는 분노, 탐욕 또는 극심한 두려움을 공양 올리는 것입니다. 3년 무문관 수행을 하던 때 저희가 공부한 옛 문헌 중에 이런 글귀가 있었습니다.

"바깥세상은 공양물을 담는 용기로서 과일이나 보석이 가득 담긴 그릇과 같다. 그릇은 우주를 나타내고 과일이나 보석은 일체유정을 나타낸다. 공양물 용기는 어떤 것도 마다하지 않아서 우리의 번뇌조차 훌륭한 공양물이다."

그 당시에는 부처님께 분노와 질투, 자만심을 바치다니 제일 친한 친구에게 생일 선물로 쓰레기를 한 보따리 안기는 것처럼 생각되어 매우 모욕적으로 여겨졌습니다. 쌀제 린포체께 번뇌를 공양 올리는 것에 무슨 이로움이 있느냐고 여쭈었습니다. 린포체는 이렇게 말씀하셨지요.

"부처님께는 금이나 쓰레기나 아무 차이가 없다. 우리가 공양을 올리는 것은 놓아버리는 마음을 기르기 위한 게야. 부처님께 바칠 만한 가치가 있는 유일한 공양물은 놓아버리는 마음뿐이다. 만달라 수행은 미움과 갈애에 집착하는 마음을 다스리는 데 매우 효과적이지. 분노를 놓아버리기 위해 분노를 공양 올리고 자만심을 놓아버리기 위해 자만심을 공양 올리는 게야. 가피는 관습적인 가치관에서 오는 것이 아니라 놓아버리는 것에서 온단다."

쌀제 린포체는 말씀을 마치고 저를 가만히 들여다보셨습니다. 쓰레기와 금이 똑같다는 놀라운 말씀을 놓고 제가 고민하고 있다는 것을 아셨던 겁니다. 린포체는 부드러운 목소리로 말씀하셨습니다.

"부처님은 모든 것을 가지셨어. 모든 것을. 그러니 우리에게서 필요한 게 없으시단다. 우리가 바친 공양물로 부처님이 부유해지는 게 아니야. 그런 일은 불가능하지. 우리는 그 어떤 것도 부처님께 보태드릴 수 없어. 우리가 올리는 공양은 부처님을 기쁘게 해드리려는 것이 아니란다. 공양은 놓아버리기가 전부야."

한 제자는 졸음 탓으로 기초수행에 대한 초반의 열정을 다 잃어버렸노라고 탄식했습니다. 그이는 수행을 이어가기 위해 이런저런 노력을 했지만, 결국 자신의 특이한 행동 양식을 인정해야 했습니다. 수행하려고 앉으면 정신이 흐려지다가도 파티에만 가면 졸음이 달아나고 에너지가 넘치는 거였습니다. 영화관에 가면 아무리 어두워도 절대로 조는 법이 없었지요. 그이는 낙심하여 제대로 수행하지 못하는 자신을 탓했습니다. 그이는 어떤 수행이든 또 어떤 단계든 아주 즐겁게 열정적으로 임해야 한다고 생각하는 것 같았습니다. 그렇지만 만약 늘 그렇기만 하다면 수행의 동기를 갖지 못할 것입니다. 그이는 나를 찾아와 이렇게 물었습니다.

"도대체 이유가 뭘까요? 수행이 왜 이렇게 어려울까요? 저는 왜 수행은 뒷전이고 어리석은 짓에만 관심이 가는 걸까요?"

아무런 비밀도 없습니다. 우리가 윤회하는 존재이기 때문입니다. 그 이유가 전부입니다. 윤회는 나쁜 습관이 꼬리에 꼬리를 물고 일어나는 것입니다. 여기에서 나쁘다는 의미는 우리를 괴로움에서 벗어나지 못하게 만드는 습관에 집착한다는 뜻입니다. 윤회는 곤혹스럽습니다. 그러나 우리의 삶은, 열반은 좋고 윤회는 나쁘다는 양 극단 가운데서 선택하는 것이 아닙니다. 우리는 지금 윤회하는 존재로서 윤회계에서 선업을 찾고 있습니다. 그것이 우리가 기초수행을 하는 이유이며 기초수행의 이로움은 우리의 성실성에서 비롯됩니다.

보석과 과일 그리고 아름답고 훌륭한 것들만 공양 올려야 하는 것은 아닙니다. 저는 고민하는 제자에게 이렇게 말했습니다.

"당신의 저항감, 졸음 그리고 번뇌를 공양 올리세요. 파티와 영화를 좋아하는 마음을 바치세요. 그것에 '무지'라는 이름을 붙여도 좋습니다. 당신의 무지를 공양 올리세요."

만약 우리가 우리 자신의 번뇌를 인식하기만 한다면 그것보다 더 훌륭한 공양물이 또 어디 있겠습니까?

●자신의 몸을 바침

내공양의 두 번째 범주는 우리의 몸입니다. 무엇인가 포기해야 할 때 누구나 자신의 소유물을 제일 먼저 떠올릴 겁니다. 그러나 우리들 대부분이 가장 깊은 애착을 느끼는 것은 자신의 몸입니다. 우리 몸을 놓아버리는 느낌을 실제로 체험하려면 구체적으로 손·발·사지·기관·뇌·눈·귀 등을 내려놓아야 합니다. 놓아버리는 느낌이 일어나는지 또는 저항감이 일어나는지 다시 잘 살펴보십시오. 대상 자체를 살펴보고 자신이 그 대상의 주인이라는 의식이 있는지 살펴보세요. 스스로의 몸을 놓아버리는 것은 아집에 대한 강력한 대치법입니다. 또한 아집에서 오는 극심한 괴로움을 일으키는 모든 분별과 집착에서 벗어날 수 있는 가장 강력한 대치법입니다.

●가족과 친구를 드림

세 번째 내공양에서는 가족과 친구를 공양 올립니다. 사적인 인연이 있다고 느껴지는 주변 사람들 모두에 대해 집착을 놓아버립니다. '나의 것'으로 분류되는 사람들을 하나하나 떠올리세요. 나의 배우자, 나의 아버지, 나의 어머니, 나의 자식, 나의 선생님, 나의 강아지 등등. 또는 지금 죽어가고 있거나 최근에 고인이 된 이를 생각하며 그 상황을 이용하여 놓아버리기에 과감하게 도전해 보십시오.

어떤 제자는 이 수행을 위해 자신이 이 세상에서 가장 사랑하는 존재인 단테라는 이름의 검정색 개를 생각했다고 합니다. 그이는 제게 단테를 준다고 상상했습니다. 물론 제자는 제가 개를 키울 수 없다는 사실을 잘 알고 있었지요. 저는 늘 여행을 하거나 사원에서 지내니까요. 그래도 괜찮습니다. 그이는 제 대신 단테를 돌본다고 상상했습니다. 먹이를 주고 산책을 시키고 가장 좋은 친구가 되어주었습니다.

"단테가 여전히 제 곁에 있을 것을 알기 때문에 녀석을 누군가에게 주어버리는 연습만 한 셈입니다."

저는 그이에게 "잘했어요. 그렇게 시작하면 됩니다"라고 말해주었습니다. 그런 다음 그이를 놀려주기 위해 아주 심각한 표정으로 덧붙였지요.

"내가 언젠가는 내 개를 돌려달라고 할 겁니다."

제 말에 그이는 겁에 질린 표정이 되더군요.

그이의 공상은 올바른 방향으로 나아가는 출발점으로서 아주 가치 있는 일입니다. 여러분이 가장 사랑하는 대상을 누군가에게 주겠다고 생각하는 것만도 대단한 일입니다. 이 점을 꼭 기억하십시오.

•선행을 공양함

내공양의 네 번째 요소는 우리가 지은 선행을 놓아버리는 것입니다. 선행은 우리가 이룬 것으로서 긍정적인 모든 것을 말합니다. 긍정적인 행동, 공덕, 명상 또는 영적 수행을 포함합니다. 무엇이든 긍정적인 요소를 가진 내적 특성이 자신에게 있다고 느껴지면 그것을 우리의 선행으로서 공양 올립니다. 관대함, 자애, 연민, 근면, 인내, 충성,

용기, 대담함 등 긍정적이라고 생각되는 성격의 요소를 무엇이든 공양 올립니다.

자신의 선행을 한 가지도 떠올릴 수 없다고 말하는 제자들이 많습니다. 선행으로 확인하는 순간 자만심과 자기애가 자동적으로 나타날 것이라는 가정에서 비롯된 것 같습니다. 이것은 일종의 반전된 에고로서 자신의 선행을 과장하여 생각하는 것입니다. 자신이 한 것을 강조하거나 선행과 자신을 완전히 동일시합니다. 선행은 우리가 과거에 했거나 지금 하고 있는 긍정적인 행위에 불과합니다. 모든 사람들이 어느 정도의 선행을 합니다. 선행을 확인하려고 초조해하고 긴장한다면 선행을 무엇인가 특별한 것으로 만드는 것입니다. "나 좀 봐. 나는 정말 친절하고 인내심도 많고 참 대단한 사람이야"라고 자랑하는 것과 같습니다. 우쭐대는 동시에 곤란에 빠지게 됩니다. 이것은 교묘하게 자기를 드러내는 것으로서 선행과 거리가 멉니다. 이 둘을 분리하도록 노력하십시오.

비밀공양

앞서 귀의수행과 금강살타 수행을 설명하면서 피곤하고 지루해서 수행이 제대로 안 될 때 마음에 활력을 찾기 위해 몇 가지 명상법 중의 하나로 공성 명상을 하면 좋다고 언급했습니다. 그렇지만 만달라 수행에서는 공성 명상이 필수입니다. 공성은 비밀공양으로서, 이때의 비밀은 심오하다는 의미입니다. 공성 명상은 이제 선택할 수 있는 보너스가 아니라 필수적인 수행으로 만달라 수행의 이로움을 이해하는

데 꼭 필요합니다. 공성에 머물고 있는 실재에 대한 청정한 인식을 계발하려면 지혜 자량을 쌓아야 한다고들 말합니다. 공성을 깨닫는 것이 지혜이기 때문입니다.

비밀 만달라 공양에서도 이전과 똑같이 만달라 만트라를 염송하면서 공양 만달라 판 위에 쌀 일곱 덩이를 반복해서 올려놓으며 횟수를 계속 셉니다. 그러나 만달라 우주를 공양 올리는 관상은 하지 않습니다. 몸과 마음이 안정되면 "지금 이렇게 공양하는 자가 누구인가?" 하고 묻기 시작합니다. 우리의 몸은 형색이 무상함을 드러내는데, 이것이 공성의 명료함의 요소입니다. 우리가 들고 있는 만달라 판 또한 공성의 명료함의 요소입니다. 공양물인 쌀 또한 공성의 한 형태이며, 불단과 과일, 사탕, 향, 꽃 등 모든 것이 공성입니다. 우리가 기도를 올리는 대상인 제불보살 또한 공성입니다. "색불이공 공불이색 색즉시공 공즉시색"입니다.

만트라를 염송하며 만달라 판 위에 쌀 일곱 덩이를 놓으면서 앞서 외공양과 내공양에서 올린 모든 공양물을 떠올리며 기도합니다.

"이것, 이 반려견, 이 은행구좌, 이 몸, 이곳, 이 다이아몬드와 루비, 이 말들과 코끼리 떼, 이 팔다리, 이 친구, 이 번뇌와 선업 등 이 모든 것의 공성을 부처님과 본존의 공성에게 공양 올립니다."

만트라를 계속 염송하고 쌀을 공양 올리면서 모든 현상의 불이不二의 공한 본성에 머뭅니다. 만약 마음의 본성 수행법을 배웠다면 청정한 알아차림에 머뭅니다. 모든 관상과 물음을 멈추고 만트라를 염송하며 쌀 일곱 덩이를 공양 올리면서 계속 횟수를 셉니다.

공성 명상과 마음의 본성 명상은 절대적 형태의 만달라 수행으로서 수행의 이로움이 대단히 큽니다. 이것이 어떻게 이루어지는지 살펴봅시다. 앞에서 말했듯 지혜는 공성을 인식합니다. 모든 현상의 공한 성품에 대한 명확한 인식이 지혜로부터 일어나서 지혜를 흔들리지 않게 안정시키고 더 많은 지혜를 축적합니다. 이것이 궁극적 이로움으로서 우리가 무엇을 하든 우리 자신과 일체유정의 괴로움을 궁극적으로 소멸시키는 것을 지향하기 때문입니다. 이것은 실상을 깨닫고 실재에 대한 완전하고 참된 견해를 세움으로써 성취됩니다. 공성을 지속적으로 인식하면 지혜가 일어나고 축적됩니다.

비밀공양을 통해 수행자는 다음 단계이자 기초수행의 마지막 단계인 구루요가에 한 걸음 더 가까이 다가갑니다. 공덕과 지혜의 축적은 대승불교의 기본 요소로서 이 길을 계속 닦기 위해 꼭 필요합니다. 공덕과 지혜는 앞으로 가야 할 길을 위해 우리의 마음을 준비시킵니다. 이 수행을 마치면 우리는 금강승의 청정한 인식에 들어서게 됩니다. 구루요가와 함께 진정한 금강승의 가르침이 시작됩니다. 비밀공양으로 지혜를 쌓고, 구루요가는 지혜의 자리에서 수행합니다. 그렇게 하려면 비밀공양을 수행해야 합니다.

두 가지 자량의 축적

세 가지 공양을 모두 마치면 일체중생이 두 가지 자량을 완성하기를 발원합니다. 두 가지 자량을 모은다고 말하기도 합니다. 외공양과 내공양에서는 복덕 자량을 쌓고 비밀공양으로 지혜 자량을 쌓습니다.

우주와 그 안의 모든 것을 공양 올리고 일체중생을 위해 회향함으로써 선근과 공덕을 쌓는 것입니다. 만달라 수행에는 공양과 회향이 다 들어있습니다. 먼저 선근과 공덕을 기른 다음에 그것을 일체중생에게 회향합니다. 회향함으로써 공덕과 지혜를 축적합니다. 이런 식으로 회향은 받는 것이 됩니다. 일체중생에게 두 가지 자량이 가득하기를 발원하며 수행합니다.

● 다양한 명상법

만달라 궁에 계신 본존들과 수미산 그리고 수십억, 수조에 달하는 빛의 우주 등 모든 것을 마음의 눈에 담으려면 훈련이 필요합니다. 여기서도 여러 방법을 번갈아 사용하면 좋습니다.

　만달라 수행을 처음으로 시작할 때는 이 거대한 과업을 전체적으로 느껴보십시오. 세부사항에 얽매이지 말고 만달라 궁을 상상한 다음 불보살님들을 떠올려 그곳에 계심을 느낍니다. 무량함과 풍요로움, 무지개 색깔로 빛나는 투명한 빛줄기를 느낍니다. 수미산과 일반적인 공양물, 지극히 사적인 공양물을 관상하십시오. 수미산과 공양물은 지극한 기쁨과 화려함, 한없는 관대함을 나타냅니다. 이런 식으로 시작하면서 전체적인 의미를 사유합니다. 지금 관상하고 있는 장면의 요소들을 하나씩 마음으로 부드럽게 훑어본 후 천천히 다른 장면으로 옮겨가면서 만달라의 무한함을 어느 정도 인식합니다. 이렇게 마음으로 만달라를 건립하려면 편안한 마음으로 접근해야 합니다. 그렇지 않으면 매우 피곤하고 힘든 훈련이 되어버립니다. 그러나 만약 여러분이 몹시 들뜨거나 지루해지면 다른 방법으로 바꾸어도 좋습니다.

대상 있는 사마타

마음을 안정시키려면 관상하는 복전이나 그 안의 특정 요소를 대상으로 이용하여 사마타 수행을 합니다. 지금강불이나 다른 본존, 말이나 코끼리, 수미산의 보석을 대상으로 삼으면 좋습니다. 또는 이미지를 모두 내려놓고 만달라 판에 쌀을 올려놓는 손동작이나 만트라를 염송하는 소리를 대상으로 삼아도 됩니다.

대상 없는 사마타

열린 알아차림에 머물며 만트라를 계속 염송하면서 횟수를 셉니다. 앞의 수행과 마찬가지로 사마타를 기르는 것이 만달라 수행의 주목적은 아니지만 부수적으로 따라오는 이득입니다.

자비심과 보리심

여기서는 관상을 멈추고 만트라를 계속 염송하면서 곡물 덩이를 쌓으면서 횟수를 셉니다. 알아차림을 일체유정물이 깨달음을 얻도록 돕겠다는 발원에 둡니다. "내가 공덕과 지혜를 쌓아 일체중생이 깨달음을 얻는 데 도움이 되기를! 일체중생이 공덕과 지혜를 쌓아 그들 역시 다른 존재들이 깨달음을 얻는 데 도움이 되기를!" 하고 기도합니다. 궁극의 행복을 위해 궁극적인 발원을 강조합니다.

공덕은 보리심을 유지하는 데서 가외로 얻는 이득입니다. 만달라 공양의 주요 의도가 공덕을 쌓는 것은 아니지만 사마타와 마찬가지로 보리심을 일으키면 공덕이 자동적으로 따라옵니다. 앞서 설명했듯 일체유정의 괴로움이 소멸되도록 도와주겠다는 발원은 공덕을 쌓게 합니다. 동기와 의도 자체가 우리의 마음을 일체중생을 돕는 능력과 역량을 키우고 우리가 올바른 방향에서 벗어나지 않도록 이끕니다. 이것은 선행을 지향하며 자신과 다른 존재들에게 번뇌와 정신적 또는 육체적 괴로움을 야기하는 행동에서 멀어진다는 의미입니다. 원보리심으로 수없이 많은 공양물을 올림으로써 우리의 공덕이 증장됩니다.

공성

만달라 수행에서는 위빠사나 수행이나 마음의 본성 수행을 통해 공성을 닦을 수 있습니다. 비밀공양 외에 외공양과 내공양의 공한 성품 또한 이해하게 됩니다. 우리는 상상력을 이용하여 우주 안에 우주로 이루어진 거대하고 복잡한 복전을 생기했습니다. 만트라를 계속 염송하며 쌀 덩이를 쌓고 횟수를 세면서 모든 현상에서 형상과 공성이 하나임을 통찰했습니다. 그러면 "나는 공하고, 나의 행위도 공하며, 내 기도의 대상 또한 공하다. 그렇다면 누가 공덕과 지혜를 쌓는가?" 하는 물음이 일어납니다. 이런 식으로 탐구하면서 분별하지 않는 마음에 머물면 만달라 수행은 절대적 수행이 됩니다. 일체중생이 깨달음을 얻도록 돕겠다는 서원을 성취하려면 공성을 깨닫는 지혜를 길러야 합니다.

여러분이 마음의 본성 가르침을 받았다면 마음을 청정한 알아차림에 머물게 한 상태에서 만트라를 계속 염송하며 쌀 공양을 올리십시오.

이들 명상 기법을 여러분이 원하는 만큼 자주 바꾸어도 좋습니다. 특정한 순서대로 하지 않아도 되며, 어느 한 가지를 다른 것보다 더 많이 수행해도 좋습니다. 명상법이 저절로 상황에 맞추어 자연스럽게 바뀌기도 합니다. 이때 이것을 막거나 이전의 명상법으로 돌아가지 않아도 됩니다. 제 스승들께서 말씀하셨듯 수행법을 바꾸는 이유는 기계적으로 수행하지 않고 생생하고 활기 있는 수행을 지속하려는 것입니다.

● 수행의 마무리

수행을 마칠 때는 만달라 수행 중에 관상한 모든 불보살님이 지금강불께 섭수되는 것을 관상합니다. 만달라 궁 자체도 지금강불로 섭수되고 지금강불은 빛으로 용해되어 수행자와 일체중생에게 섭수됩니다. 모든 것이 지금강불께 섭수되므로 우리는 모든 불보살님과 하나가 됩니다. 석가모니 부처님, 불법 그리고 승가, 가피의 근원이신 구루, 성취의 근원이신 본존 그리고 불사의 근원이신 호법신들과 하나가 됩니다. 이제 마음을 쉬게 합니다. 마음의 본성을 인식한 수행자는 청정한 알아차림에 마음을 머물게 하거나 열린 알아차림에 머무십시오.

공덕의 회향

수행을 마칠 때는 우리가 얻은 공덕과 지혜를 일체유정의 해탈을 위해 회향합니다. 우리와 업연이 있는 사람들이 이것으로 직접적인 도움을 받게 됩니다. 우리들 대부분 그리고 우리가 아는 사람들의 대부분이 만성적인 불만족으로 괴로워합니다. 만달라 수행은 우리의 마음을 열어 일체유정과 이어지도록 도와줍니다. 이 세상에서 우리를 고립시키고 두려움에 떨게 만들며 끊임없이 불만족스럽게 느끼게 하는 것들의 뿌리인 집착하는 습관을 공양 올리는 것 또한 보시입니다. 일체중생이 놓아버리는 마음을 체험하기를 발원합니다.

청소

만달라 수행 중에는 쌀알들이 바닥에 떨어질 수밖에 없습니다. 수행이 끝나면 수행 공간을 구석구석 깨끗이 청소해야 합니다. 바닥에서 쓸어낸 쌀을 불단에 올린 쌀과 섞지 마십시오. 무엇을 버리든 쓰레기통에 함부로 버리지 마세요. 밖에 놓으면 벌레나 새가 먹을 테니 계속 공양물로 쓰일 수 있습니다.

성취의 징후

만달라 수행의 가장 뚜렷한 효과는 보시에 접근하는 태도에서 나타납니다. 만약 우리가 놓아버리는 마음으로 보시한다면 움켜쥐기만 하던 탐욕이 틀림없이 느슨해집니다. 보다 넓은 관점에서 볼 때 상상력을 이용하여 만달라 우주를 건립하다 보면 고정되고 한정된 인식의 한계와 직면하게 됩니다. 색과 공이 하나라는 청정한 인식이 당장에 확고해지지는 않겠지만 만달라 수행을 통해 보다 확장된 견해를 만나게 됩니다. 이것 또한 아집을 약화시키는데, 선입견과 조작된 관점을 붙들고 있는 것이 집착심이기 때문입니다.

기초수행을 시작하면서 우리는 상상력을 이용하여 자신과 가능성에 대해 습관적인 경계를 허물고 탁자, 다른 사람들 그리고 우리 자신의 무상을 탐구했습니다. 이런 방법으로 우리는 이것들이 견고하며 개별적으로 존재한다고 믿는 우리의 가정을 의심하고 이의를 제기합니다. 모든 현상의 실상에 의문을 갖는 것은 또한 집착과 애착을 없애는 데 도움이 됩니다. 기초수행에서 관상의 대상, 즉 부처님, 본존, 호법신, 일체유정, 성스런 우주는 매우 복잡합니다. 그러나 우리 자신은 여전히 육체적 형상 안에 남아 있습니다. 평소의 몸으로 우리는 삼보에 절하고, 평소의 말로 우리는 상상 속의 금강살타께 기도함으로써 업과 장애를 정화합니다. 만달라 공양을 통해 우리는 놓아버리는 마음으로 탐욕을 정화하여 복덕 자량과 지혜 자량을 쌓습니다.

우리가 이곳에 앉아서 수행하는 동안 우리가 관상한 본존, 부처님, 만달라 궁, 우주는 여전히 저 위에 존재했습니다. 수행을 마치는 때, 우리는 우리가 관상한 대상들과 온전히 하나가 되어 그들로부터 우리가 본질적으로 떨어질 수 없음을 인식합니다.

지금까지 우리는 기초수행 세 가지를 마쳤습니다. 이제 우리는 확고하고 정화되고 강화된 마음으로 구루요가를 수행하여 한 걸음 크게 앞으로 나아갈 준비를 갖추었습니다. 구루요가에서는 상상력을 이용하여 우리가 부처임을, 또한 늘 부처였음을 깨달아 지혜의 자리에서 수행하게 됩니다. 이들 본존과 우리는 별개가 아닙니다. 이제 우리는 '나'와 '그들'이라는 이원적 인식으로 수행하지 않습니다. 구루요가에서는 상상력을 이용하며 처음으로 본존에 깃들기 위해, 깨달은 존재가 되기 위해, 우리가 실제로 누구인지 그 진리를 체험하기 위해 한 걸음 더 앞으로 나아갑니다.

11
네 번째 4불공가행
구루요가

전 세계 각국에서 온 사람들이 제 아버지를 깨달음을 얻으신 위대한 스승으로 생각했습니다. 사람들이 구루에 대해 하도 많이 이야기하는 바람에 저는 구루의 중요성에 대해서라면 귀에 못이 박힐 정도로 들었습니다. 그렇지만 제가 어렸을 때 아버지는 이미 연로하셨습니다. 아버지는 당뇨병을 앓으셨고, 알이 매우 두꺼운 안경을 쓰셨지요. 저는 아버지를 몹시 사랑하고 스승으로서 아버지께 헌신했지만, 살아계신 구루가 제게는 조금 초라하게 보였습니다. 아버지를 살아계신 부처님으로 생각하기가 약간 거북했습니다.

셰랍링에서 3년 무문관 수행에 들어갈 때도 저는 구루를 반드시 모셔야 하는지 여전히 확신이 없는 상태였습니다. 쌀제 린포체께 제 주장을 펴면서 "불법승 삼보면 충분하지 않는가?"라는 점을 논리적으로 따지기도 했습니다.

그러던 어느 날 오후, 린포체를 모시고 겨울 햇볕에 몸을 녹이며 별다른 생각 없이 이야기를 듣던 중에 답을 만나게 되었습니다. 린포체께서는 예고를 하시는 법이 없었지요. 린포체는 티베트에서 30여 명의 스님들과 함께 3년 동안 무문관에서 수행했던 젊은 시절을 회상하며 구루요가에 얽힌 이야기를 들려주셨습니다.

당시 린포체의 무문관 스승은 많은 사람들로부터 존경 받았던 라마 라겐 남닥La Gen Namdak이셨습니다. 라겐은 노스님이라는 뜻입니다. 라마 남닥은 어느 시점부터 삭발을 하지 않아 숱이 적고 곧은 머리를 길게 늘어뜨리고 마른기침을 자주 하셨답니다.

은둔처에서 지내셨던 라마 남닥은 사원으로 내려와 쌀제 린포체를 비롯한 무문관 수행자들에게 기초수행의 마지막 단계인 구루요가를 가르치셨습니다. 라마는 연신 기침을 해가며 구루요가에 대해 설명하면서 수행자의 정수리 위에 지금강불이 계신 것을 관상하되, 본존은 살아있는 구루와 하나이며 동일하므로 살아있는 구루를 관상해도 좋다고 강조하셨습니다.

라마 남닥이 설법을 마치자 한 스님이 자신의 도반 스님, 즉 긴 세월이 흐른 뒤 저의 스승이 되신 쌀제 린포체에게 속삭였습니다.

"내 머리 위에 저 노인네가 앉아 있다니, 도대체 관상이 안 돼. 못생긴데다가 늘 콜록거리기나 하고, 게다가 저 우스꽝스런 머리라니! 대체 어떻게 하면 좋지?"

도반의 질문에 쌀제 린포체는 할 말을 찾지 못했습니다.

며칠 후, 라마 남닥이 다시 법당에 내려와 가르침을 주셨습니다. 쌀제 린포체는 도반에게 속삭였습니다.

"라마께 네 문제를 말씀드려. 무슨 말이라도 해봐."

그러자 그 스님이 라마 남닥에게 말했습니다.

"저는 구루요가 수행이 몹시 어렵습니다. 스승님 같이 외모도 그렇고 나이도 많은 분이 제 머리 위에 계신 것을 관상하고 싶지 않습니다."

라마 남닥이 답을 주셨습니다.

"나를 관상하라고 말한 적이 없다. 콜록콜록. 지금강불을 관상하면 된다."

린포체께서 이 대목을 마치기가 무섭게 저는 얼른 여쭈었습니다.

"만약 구루가 육체적인 형상이 아니라면, 구루는 누구입니까?"

"구루의 본질은 구루이다. 구루의 육체적 형상은 지각일 뿐이야. 네 눈에는 나 역시 평범한 이로 보일 게다. 이렇게 평범한 형상으로부터는 어떤 가피도 받을 수 없어. 실제 스승은 이 몸과 말과 마음에 있는 근본 지혜야."

제가 계속 질문을 이어가자 쌀제 린포체는 결국 아버지가 하셨던 것과 똑같은 말씀을 반복하셨습니다.

"불보살들은 불이 밝혀진 램프와 같다. 네 램프에 불이 켜지려면 그것에 연결이 되어야겠지. 심지와 심지, 마음과 마음이 서로 이어져야 하는 게야. 헌신의 마음이 구루를 통해 깨달음의 마음에 닿는 것이다."

쌀제 린포체, 세랍링에서 1988년 무렵

　이때 쌀제 린포체의 말씀이 통상적인 가르침이나 마구잡이 가르침
과 달리 제 안에 있는 무언가를 건드렸습니다. 저는 몹시 당혹스러웠
습니다. 린포체는 이미 연로하셔서 틀니를 하셨고, 다리를 절어 지팡
이에 의지해 걸으셨고, 아버지와 마찬가지로 안경을 쓰셨습니다. 그
분이 제 스승이 되실 거라는 말을 듣던 순간부터 '하필이면 저렇게 연
로한 분을 스승으로 모셔야 하다니. 걸음도 제대로 못 걸으시잖아' 하

는 생각이 들었습니다.

　그러니 그때까지 저는 티베트 빨뿡 사원 시절의 린포체의 도반 스님과 하나도 다를 것이 없었습니다. 이 노인네가 저의 구루라는 것이 못마땅했으니까요. 그렇지만 이 대화를 계기로 린포체에 대한 저항감이 완전히 사라졌으며 린포체께서 "구루의 본질은 구루"라고 하신 말씀을 자주 되새기게 되었지요.

　까르마 까규파에서 전승되는 구루요가 수행에서는 수행자가 자신을 본존인 바즈라요기니Vajrayogini로 관상하며 자신의 머리 위 또는 자신 앞에 계신 지금강불께 기원합니다. 바즈라요기니는 구루요가의 명상 본존으로 모든 부처님들의 근원인 불모佛母입니다. 종파에 따라 다른 본존을 모시기도 하지만 수행 자체는 거의 비슷합니다. 구루요가는 귀의와 보리심, 참회와 공양, 바라밀, 공덕과 지혜의 축적을 망라하며, 기초수행의 이전 단계를 모두 포함하는 완전한 수행입니다. 그러나 이전 수행들과 비교하여 아주 중요한 차이가 하나 있습니다. 구루요가에서는 수행자가 바즈라요기니의 신구의身口意 안에서 수행한다는 점입니다. 우리가 발견한 깨달음의 성품 자리에서 수행하는 것으로 우리 자신을 깨달은 존재로서 경험하는 것입니다. 수행이 끝난 후에는 이 경험이 이어지지 않을 수 있지만 점차 익숙해질 것입니다. 이 경험과 함께 우리는 금강승의 길로 들어섭니다.

● 절대적 인식과 상대적 인식

일상에서 우리는 자신이 다른 존재들과 분리되었다고 느낍니다. 그러므로 불법 수행을 시작할 때 부처님과 하나가 되지 못합니다. 이원적인 마음이 으레 드러내는 한계를 넘지 못한 채 '나는 여기 있고 석가모니 부처님은 저 위에 계시다'는 생각으로 수행합니다. 구루요가에서는 이원적 인식을 버리고 우리 자신을 포함한 모든 사람들을 부처로 봅니다. 이 견해는 구루를 통해 일체유정으로 확대됩니다. 이전 수행에서는 지금강불이나 금강살타가 구루를 구현한다고 보았지만 구루요가에서는 구루가 모든 부처님을 구현한다고 봅니다. 대상은 그대로지만 인식이 바뀌는 것입니다. '구루의 본질은 구루'입니다. 구루의 외적 형상은 인간이지만 내적 본질은 부처로서 절대적 견해에서는 늘 그렇습니다. 이것은 우리에게도 해당합니다. 이 인식을 구루에게 한정하지 않고 일체유정에게 적용합니다. 구루와 우리 사이, 구루와 부처님 사이의 인연을 생각하면 좀 더 쉽게 다가갈 수 있습니다.

이전 수행에서는 부처님의 형상이 우리에게 영감을 주었습니다. 구루요가에서는 우리 자신을 부처님 형상으로 관상함으로써 인간의 형상을 한 구루를 부처님으로 보게 됩니다. 이전 수행에서 우리는 인간의 형상으로 부처님 형상에 헌신하는 마음을 일으켰습니다. 이제 우리 자신을 부처님 형상으로 관상하여 인간의 형상에 자비심을 일으킵니다. 깨달은 존재에 대한 헌신과 일체유정에 대한 자비심이라 말하지만, 결국 이 둘은 하나가 됩니다. 구루를 부처로 인식하게 되면 자신과 일체유정을 부처로 보기가 쉬워집니다. 이것이 과果를 도道로, 결과를 길로 삼는다는 뜻입니다.

실제 수행에 들어가면 수행자는 명상 자세로 앉아서 자신을 바즈라요기니의 지혜의 몸으로 상상하며 귀의대배를 올리는 것을 관상합니다. 이때 대배를 올리는 이가 누구입니까? 누가 참회하고 정화하고 공덕과 지혜를 쌓는 것입니까? 여느 때와 같은 우리 몸이 바즈라요기니가 되어 기도하는 것입니다. 우리는 가만히 앉아있지만 우리의 바즈라요기니 심장 차크라에서 수천, 수만의 화현들이 우리의 평범한 형상으로 나툽니다. 이제 우리는 자동차의 기어를 변환한 것입니다. 이전 수행에서는 부처님이 우리의 일상적인 형상으로 나투셨다면 지금은 우리의 일상적인 형상이 부처님의 나툼입니다. 우리는 부처님께 기도하는 자신의 일상적인 몸을 보고 일상적인 목소리를 듣지만 바즈라요기니의 눈과 귀를 통해 보고 듣습니다. 우리의 일상적인 형상은 더 이상 '상대적'인 실재가 아니라 '오로지' 상대적일 뿐으로, 이 말은 이제 우리 자신을 영속하고 견고하고 독립적인 것으로 더 이상 조작하지 않는다는 뜻입니다. 바즈라요기니의 지혜의 마음으로 우리의 화현들이 무상하고 실체가 없이 서로 의존함을 아는 것입니다.

이 단계는 통상적인 이원적 인식과 청정한 인식, 즉 윤회와 열반이 본질적으로 분리되지 않은 하나라는 인식 사이에 놓인 다리를 반쯤 건넌 상태입니다. 바즈라요기니라는 본존이 됨으로써 우리는 다리 위에 올라선 것입니다. 그러나 우리는 혼자 힘으로 다리를 건널 수 없습니다. 상대적 실재에서 절대적 실재로 우리가 건너갈 수 있게 도와주시는 분이 구루입니다. 구루는 안내자이자 다리 그 자체입니다. 구루

에 대한 인식이 바뀌고 그로 인해 우리 자신에 대한 인식이 바뀌어야
만 우리는 번뇌에서 지혜로 건너갈 수 있습니다.

금강승에서 가장 중요하면서도 가장 오해를 많이 받고 있는 요소
가 바로 구루입니다. 금강승을 처음 접한 사람들은 구루가 마치 폭군
처럼 순진한 제자들을 노예처럼 만들어 일종의 신권체제를 조장한다
고 생각하기 쉽습니다. 그러나 이런 생각은 제자 역시도 부처라는 가
장 중요한 사실을 간과한 것입니다. 금강승의 모든 수행, 원칙과 방편
은 우리 자신이 부처임을 이해하도록 이끌어줍니다. 일체유정이 부처
입니다. 누군가를 부처로 볼 수 있다면, 우리 자신을 부처로 보는 데
도움이 됩니다. 우리가 부처임을 이해하는 것은 개념에 호흡과 피와
뼈를 부여하는 것입니다. 그렇지 않다면 개념은 실제와 괴리되어 추
상적인 이상에 그치고 맙니다.

일상의 삶에서 발견한 이상형이나 멘토는 구루와 마찬가지 방식으
로 이롭습니다. 여러분이 고등학교 스키선수라고 가정합시다. 어느 날
여러분의 우상인 올림픽 챔피언이 여러분의 경기를 보고 "너는 틀림
없이 나처럼 훌륭한 선수가 될 것"이라고 말해줍니다. 구루의 경우도
이와 같습니다. 반드시 성취하겠다는 다짐을 제자뿐만 아니라 구루
도 함께 합니다. 구루는 제자들과 똑같이 간절하게, 때로 더욱 간절한
마음으로 제자들이 불성을 인식하도록 이끌어줍니다. 훌륭한 코치나
멘토는 제자를 믿으며 제자의 잠재력과 최대 역량을 간파합니다. 코
치가 제자를 바르게 파악하면 제자 또한 자신을 제대로 파악할 수 있
습니다. 구루가 그러하듯 코치는 제자가 최고의 능력을 발휘하도록

이끕니다. 내용은 다르지만 전략은 비슷합니다.

금강승의 갖가지 체계와 수행법은 깨달은 존재들을 이롭게 하려는 것이 아닙니다. 깨달은 존재들은 그것들이 필요 없습니다. 우리의 헌신과 기도, 공양물 또한 필요로 하지 않습니다. 이 모든 것이 필요한 쪽은 우리들입니다. 특히 서양의 수행자는 이 점을 반드시 이해해야 합니다. 금강승에서는 여러 가지 의식을 치르고 구루와 다양한 부처님을 모시며 또한 다양한 수행 체제와 방법을 사용합니다. 이 모든 것들이 깨달음에 이르는 길을 밝혀주기 때문입니다.

● 세 가지 요소

구루요가에서는 관상의 힘을 빌려 우리와 같은 인간인 스승을 청정하게 인식합니다. 그 이치를 알아보기 위해 중요한 요소 세 가지를 살펴보겠습니다. 과를 도로 삼는 것, 헌신과 믿음 그리고 업연이 그것들입니다.

첫째, 과를 도로 삼음

구루요가에서는 부처님의 내적인 삶을 외적 형상에서 상상하지 않고 안으로 돌려 우리 자신의 불성을 비춥니다. 우리의 몸과 말과 마음을 부처님의 몸과 말과 마음으로 바꾸는 것입니다. 이것이 "관상을 도道로 삼는다"는 의미입니다. 이전에 했던 수행에서는 우리가 되고자 발원하는 본존을 관상함으로써 우리와 그 분들 사이의 간격을 줄였습니다. 구루요가에서는 이 간격이 완전히 없어집니다.

구루요가 이전에는 수행을 통해 지혜에 접근했습니다. 우리의 본성을 지혜로 인식함으로써, 무상의 진리와 공성의 진리를 지혜로서 인식함으로써, 모든 현상의 상호의존성을 지혜로서 인식함으로써 그리고 괴로움 자체가 지혜로 바뀔 수 있다는 것을 인식함으로써 우리는 지혜에 접근했습니다. 위의 견해는 모두 지혜에 이르는 길을 밝혀줍니다. 구루요가에서는 방법과 방편을 제거한 채 지혜를 체현합니다. 우리는 금강승에 입문한 것으로서 모든 부처님의 어머니이며 모든 지혜의 근원으로 깨달은 존재인 바즈라요기니가 되는 것입니다.

지금까지는 알아차림과 관상을 방편으로 사용했습니다. 귀의, 금강살타, 만달라 수행에서는 우리의 몸을 이용하지만 "수행을 하는 자가 누구인가?"를 사유함으로써 상대적 요소와 절대적 요소를 모두 이용하여 수행했습니다. 우리는 이 질문에 의지하여 현상과 공성을 탐구했습니다. 우리의 형상 안과 밖에 존재하는 불성을 살펴보고 우리가 본질적으로 부처님으로부터 분리되지 않음을 인식했습니다. 그러나 구루요가에서는 우리의 잠재력이 성취된 자리에서 수행합니다. 여기에 이르기까지 우리는 씨앗을 도로 삼았고, 원인을 도로 삼았고, 방편을 도로 삼았습니다. 이제부터는 과를 도로 삼는 것입니다.

물론 우리는 아직 길 위에 있습니다. 완전한 깨달음을 얻기까지는 분별심으로 인한 장애가 나타날 것입니다. 윤회의 징후가 조금이라도 나타나면 마음이 어두워지고 약간의 불만족에도 산란해지겠지요. 그러나 우리의 잠재력과 과가 합쳐지면 수행이 진전되어 우리의 노력은 더욱 빛을 발할 것입니다.

•우리는 부처

수십 년 넘게 수행을 하면서도 자신이 해탈할 수 있다는 것을 진정으로 믿지 못하는 사람들이 많습니다. 사실, 자신에게 불성이 있다는 것을 눈곱만큼도 의심하지 않고 완전히 믿기가 매우 어렵습니다. 제가 이런 의구심을 비칠 때마다 아버지는 말씀하셨습니다.

"그게 정상이야. 믿으려고 노력하면 돼. 그리고 수행을 빼먹지 말고. 가장 중요한 건 수행을 멈추지 않는 게야."

자신을 바즈라요기니로 관상하다 보면 마치 할로윈 축제 때 변장하는 것처럼 느껴지기도 할 겁니다. 옷이 잘 맞는지 또 느낌은 어떤지 잘 살펴봐야겠지요. 관상을 통해 우리는 큰 위압감 없이 '나'라는 이름표를 붙여놓은 좁은 상자 속에 자신을 가두는 습관에서 벗어나는 기회를 갖습니다. 그러나 관상 수련에서 온갖 노력을 기울여도 우리 힘만으로는 우리의 잠재력을 완전히 실현하지 못합니다. 청정한 인식을 확립하려는 우리의 노력을 실제로 도와주는 힘이 과연 어디에서 올까요? 본존도 아니고 부처님도 아니고 수백 년 전에 이미 고인이 된 법맥의 조사들도 아닙니다. 직접적이며 유용한 도움은 바로 살아있는 스승에게서 옵니다.

•밀라레빠의 경고

밀라레빠께서 산속의 동굴에서 살았던 시절을 회상한 적이 있습니다. 하루는 제자 하나가 동굴을 찾아와 먹을 것이라고는 쐐기풀밖에 없는 것을 보고는 말했습니다.

"평범한 사람은 절대로 스승님처럼 살지 못합니다. 겨울에도 누더기로 등만 겨우 가리고 드시는 것도 쐐기풀뿐이잖습니까? 그러니 스승님은 부처님의 화현이 틀림없습니다."

"그건 삿된 견해다. 불법을 수행하면 자네 또한 부처가 되고 깨달음을 얻을 것이야. 우리는 모두 똑같은 가능성이 있지. 나를 부처의 화현으로만 생각한다면 자네는 자신의 불성을 절대로 깨닫지 못할 걸세."

제자가 밀라레빠를 부처의 화현으로 인식한 것은 원숭이 마음이 만든 분별에서 비롯된 것입니다. 스승에게 진정으로 헌신하는 제자는 스승에 대해 이것저것 분별하며 긍정적이든 부정적이든 스승에 대한 생각과 관념을 이리저리 바꾸지 않습니다. 밀라레빠에 대해 부처님의 화현이라 표현한 제자는 아마도 찬사로 말했을 겁니다. "정말로 대단하십니다. 스승님은 부처님의 화현이 틀림없습니다"라는 느낌이었을 겁니다. 그러나 제자의 인식에는 진정한 해탈이 들어있지 않았습니다.

구루의 머리를 둘러싸고 있는 후광을 보지 못하는 제자는 구루에 대한 헌신이 부족한 것이라고 생각하는 이들이 많습니다. 이것은 분별심이 그만큼 더 많다는 의미일 뿐입니다. '부족함'은 개념입니다. '후광'은 개념입니다. '화현' 또한 개념입니다. 그러나 앞에서 설명했듯 우리는 개념을 넘어서기 위해 개념을 이용하는 것으로 여기에는 청정한 인식에 대해 논하는 것도 포함됩니다. 물론 이것은 역설입니다. 청정한 인식에 대한 어떤 개념도 그 의미를 제대로 나타내지 못하니까요.

●부처님은 의사

석가모니 부처님께서는 제자를 환자로, 스승을 의사로 그리고 다르마, 즉 법을 약으로 비유하셨습니다. 몸의 병은 경험이 많은 의사에게 맡기고 마음의 병은 의사이신 구루께 맡깁니다. 2,600여 년 전에 돌아가신 부처님은 지금도 여전히 우리의 길을 밝혀주시지만 살아있는 스승만큼 친절하고 자비로울 수는 없습니다. 부처님은 우리의 신경증적 습관을 거울로 비추어줄 수 없으며, 게가 숨을 구멍을 찾아 종종걸음 치듯 에고가 황급히 숨어버리는 비밀 장소를 밝히시지 못합니다. 무지로 인해 몸과 말과 마음으로 짓는 습관적 행동에서 비롯된 정신적 괴로움과 불안을 제거하려면 불서에 실린 옛 글귀보다 훨씬 독한 약이 필요합니다. 경험이 풍부하고 숙련된 의사로서 최고의 진단을 내리고 가장 효과적인 치료제를 처방해주는, 지금 우리 곁에 있는 의사가 필요합니다. 병을 앓는 환자가 많은 만큼 치료제 또한 형태가 갖가지입니다.

티베트 역사에는 제자들을 깨달음으로 이끌기 위해 온갖 종류의 일을 마다하지 않으신 위대한 스승들의 이야기가 수없이 많습니다. 그중에는 불가사의하게 들리는 이야기들도 있어 요즘 사람들이 듣기에는 유익한 가르침이라기보다는 민간설화처럼 여겨질 겁니다. 그러나 근래의 사례 중에도 불안증세나 강박증을 기발한 방법으로 치유한 이야기가 많습니다.

한 제자가 자신의 생일을 맞아 스승을 모시고 카투만두의 멋진 식당을 찾았습니다. 스승이 직접 음식을 주문하겠다고 하자 제자는 스승이 당연히 채식을 선택하실 거라고 생각했습니다. 스승도 제자도 채식주의자였거든요. 이 친구는 단순히 고기를 먹지 않을 뿐만 아니라 동료에게 그 사실을 떠벌리며 자신의 도덕적 우월함을 자랑하고 고기를 먹는 불자를 멸시하곤 했습니다.

웨이터가 오자 스승은 양념 치킨과 양고기 카레를 주문했습니다. 제자는 냅킨을 만지작거리면서 물을 연거푸 들이켰습니다. 음식이 나오자 스승이 크게 한 숟가락 떠서 먹고는 말했습니다.

"양고기가 정말 맛있군. 양고기 카레를 먹어본 게 언제였지? 둘이 먹다가 하나가 죽어도 모르겠군."

제자가 아무런 대꾸를 하지 않자 스승이 물었습니다.

"자네는 어떤가?"

제자는 작은 소리로 맛있다고 말했습니다. 그러나 그는 기분이 상하고 혼란스러워 오만상을 찌푸리고 있었지요. 즐겁게 식사를 계속하던 스승이 말했습니다.

"생일을 축하하네! 내 선물이 자네 마음에 들면 좋겠네."

그 말과 함께 스승과 제자는 동시에 웃음을 터뜨렸습니다.

석가모니 부처님은 당신의 공동체 안에서 일어나는 갈등과 여러 상황에 대비해 제자들이 지켜야 할 규칙과 단속 규정을 정했습니다. 이것들을 묶은 가르침이 비나야vinaya, 즉 율장입니다. 여기에는 윤리적 행동, 성과 관련된 규정, 개인위생, 식습관 등에 대한 조항이 포함되어 있습니다. 그러나 가능한 모든 상황이 그 시기에 전부 다 일어나지는 않았기에 율장에는 채식주의자의 아만을 다스리는 치료제는 들어있지 않습니다. 살아있는 스승의 도움과 지도가 필요한 대목이 바로 이런 부분입니다.

환자가 약을 삼키려면 의사를 신뢰해야 합니다. 채식을 고집하던 제자는 스승의 가르침을 받아드릴 수 있었습니다. 스승의 의도가 자신의 생일을 망치려는 것이 아니라 자신의 집착을 끊어놓고 자만심을 깨뜨리려는 것임을 믿었기 때문이지요. 스승으로서는 제자의 잠재력을 파악해야 합니다. 만약에 제자가 상처 받고 분노하여 아무것도 배운 것이 없다면 스승의 가르침은 아무 소용이 없었을 겁니다.

●기도

우리의 발원은 한 생에 깨달음을 얻는 것이므로 우리에게 깊이 뿌리박힌 무지를 뽑아내는 데 도움이 되는 강력한 방편을 다양하게 사용합니다. 시각적 이미지, 냄새, 상상력, 만트라, 대상물, 기도 등을 주로 이용합니다. 이런 방편들을 법의 소품 정도로 여겨 중요하게 생각하지 않는 수행자는 오만과 자만심으로 인해 무너질 수 있습니다. 우리는 이 길을 가는 데 도움이 필요합니다. 여러분도 그렇고 저도 마찬가지입니다. 누구든 예외가 없습니다.

발원 자체가 기도의 한 형태입니다. 우리가 부처님의 길을 따르기를, 일체유정을 자비심으로 대하기를, 자신만의 이익을 꾀하지 않기를, 보다 관대하게 행동하기를 간절하게 발원하며 기도하는 것입니다. 여기에서 발원은 돌돌 말린 것이 풀어지기를 원하는 것과 같고, 아주 작은 씨앗이 완전한 열매로 자라나기를 간절히 바라는 것과 같습니다. 무언가를 밖에서 구하지 않고 안에서 일으키려는 마음입니다.

기도의 또 다른 의미는 우리 외부에 있는 누군가에게 도움을 청하여 외부에 나타나는 현상들을 청하는 것으로 이해할 수 있습니다. 우리는 상상력으로 외적 존재를 관상하며 '나'와 '구루', '나'와 '부처님' 또는 '구루'와 '부처님' 같은 식으로 둘로 나눕니다. 그런 다음 이 상대적 실재를 방편으로 이용하여 '내'가 '구루' 또는 부처님'께 악업과 장애를 없애게 해달라고 기도를 드리며 도움을 청합니다. 우리는 문제를 만드는 습관이 있기 때문에 이분법과 기도가 매우 유용합니다.

절대적 견해에서 보면 이들 존재는 우리 바깥에 있지 않습니다. 우리는 상상력으로 이들 존귀한 존재들을 불러옵니다. 이런 식으로 마치 실이 물레에 감기듯 기도는 우리 마음 안에서 계속 돌아갑니다. 물레에 감기는 실은 고치에서 나온 것과 같은 실이지만 공정에 따라 질감과 품질, 기능성이 달라집니다. 기도는 우리의 마음에서 결코 떠나지 않지만 마음으로 상상한 부처님을 통해 돌아가면서 바뀝니다. 이로써 서원이나 기도가 성취되는 능력이 커집니다.

부처님의 가피는 신뢰와 확신의 선물입니다. 우리가 느끼는 확신과 능력이 커지면 효과가 틀림없이 나타납니다. 앞에서 설명했듯 어떤 것이든 가피로서 체험할 수 있습니다. 구루는 부정을 긍정으로 바꾸는 변압기와 같습니다. 열반은 실재가 아니라 우리가 열반이라고 인식하는 것일 뿐입니다. 윤회 또한 우리의 인식입니다. 윤회와 열반이 고정된 것이 아니고 '실재'가 아님을 이해할 때, 우리는 구루의 도움으로 더 큰 행복을 짓고 일체중생이 괴로움을 소멸할 수 있는 인식을 가지게 됩니다.

둘째, 헌신과 믿음

구루요가에서 두 번째로 중요한 요소는 헌신과 믿음입니다. 전통적인 티베트 불자들은 믿음과 헌신을 구별하지만, 여기서는 그럴 필요가 없을 것 같습니다. 여기서 꼭 알아야 할 점은 에고가 아무리 지적이고 전략적으로 나온다 해도 헌신과 믿음을 이길 수 없다는 것입니다. 에고는 스스로를 보호하기 위해 단단한 껍질을 겹겹이 둘러치고 있지만 진정한 믿음은 이 껍질들을 모두 녹여버립니다. 이 과정이 반드시 필요한 이유는 우리의 마음이 부드러워지지 않으면 영적인 발원이 성숙되지 않기 때문입니다. 절대로 불가능합니다.

쌜제 린포체께서는 세 종류의 믿음을 길러야 한다고 가르치셨습니다. 첫 번째는 직관적 또는 순수한 믿음, 두 번째는 갈망하는 믿음으로 무언가를 성취하려는 욕구나 바람, 세 번째는 확신에 찬 믿음입니다.

린포체는 예를 들어서 설명하셨습니다.

"가령, 네가 티베트 남부에 있는 사막을 건너고 있다고 하자. 자동차도 없고 오토바이도 없고 낙타도 없는 곳이지. 구름 한 점 없이 뜨거운 태양이 내리쬐는 사막을 다만 너의 두 발로 걸어서 건너는 거야. 발바닥에 불이 난 것처럼 뜨거운데, 사막을 반쯤 건너자 너는 이 여정이 애초에 생각했던 것보다 오래 걸린다는 것을 알게 되었어. 먹을 물은 어느새 떨어져 가고 너는 비가 오기를 눈이 빠져라 고대하고 있지.

머리 위에 사정없이 내리쬐는 햇볕은 점점 뜨거워지고 땅에서는 모래가 머금은 열기가 푹푹 올라오고 있어. 하늘과 땅과 공기가 뿜어내는 열기 속을 너는 하염없이 걷고 있는 게야. 목이 타들어가는 갈증 때문에 머릿속에는 온통 물 생각뿐이야. 물을 갈망하는 것이지. 그런 것이 갈망하는 믿음이다.

그런데 저 멀리로 사막 평원의 끝부분이 조금씩 드러나기 시작했어. 그 위로 아름다운 에메랄드 빛깔의 산이 보이고 그 산 꼭대기에서 아주 맑은 폭포수가 쏟아져 내리는 거야. 이 광경을 보고 있는 네 마음에는 행복이 차오르겠지. 그 물의 청량함이 네게 그대로 느껴지는 게야. 그것이 직관적 또는 순수한 믿음이다. 마음속에서 너는 그 물을 맛보았어. 그것을 실제로 맛볼 수 있다는 가능성에 대한 믿음으로 너는 다시 힘을 내서 그 열기를 뚫고 계속 걸어가는 거야. 그 물이 갈증을 풀어줄 거라고 확신하며 폭포를 향해 걷는 것이지. 너는 그걸 확실히 믿고 있어. 그것이 확신하는 믿음이다."

설명을 마치신 린포체께서 제게 물었습니다.

"이 세 가지 믿음에서 어느 것이 제일 중요하다고 생각하느냐?"

그때 저는 린포체의 이야기 속에 완전히 빠져들어 '어린 내가 혼자서 사막을 건너고 있어. 날은 뜨겁고 물은 떨어져가고 목은 타들어가고, 나는 어쩌면 죽을지도 몰라' 하는 생각을 하고 있었지요. 저는 린포체를 물끄러미 쳐다보았습니다. 린포체께서 스스로 답을 하실 거라 기대했지요. 린포체는 말씀을 이어가셨습니다.

"확신하는 믿음은 어떻게 일어날까? 추론을 통해서야. 여행을 준비하려면 우선 물을 포함하여 필요한 것들을 꾸려야겠지. 사막의 끝에 다다르니 저 멀리로 초록산과 폭포가 보여서 너는 몹시 행복했어. 이 행복하다는 느낌이 순수한 믿음을 보여주는 게야. 두 번째, 목이 타는 듯한 갈증으로 너는 물을 애타게 찾게 되지. 그것이 갈망하는 믿음이다. 셋째, 이 물이 갈증을 없애주므로 네게 큰 도움이 된다고 굳게 믿으면서 물을 마시면, 그것이 확신하는 믿음이야. 그것이 어떻게, 왜 도움이 되는지 네 스스로 경험했기 때문에 너는 그걸 믿게 된 게야. 그렇게 되면 순수한 믿음과 갈망하는 믿음은 자동으로 오게 되어 있지."

구루에 대한 믿음과 헌신을 어떻게 일으킬까요? 우리는 스승이 본질적으로 부처님과 같다는 것을 압니다. 구루와 모든 부처님은 똑같이 불성이 있습니다. 제자 또한 불성이 있습니다. 절대적 실재에 따른 것으로서, 우리가 이것을 깨달으면 절대적 구루요가 수행이 됩니다. 그러나 상대적 실재의 견해에서 보면 헌신은 스승이 부처임을 알게 해주고 청정한 인식을 기를 수 있는 수단이 됩니다. 이제 우리는 절대적 실재의 지혜에 의지하여 구루와 부처님 그리고 우리 자신이 무시이래 서로 분리되지 않은 하나임을, 또한 우리 마음과 구루의 마음이 항상 본질적으로 일치한다는 것을 깨닫고 또한 받아들입니다. 모든 인식은 마음이 드러난 것임을 이해합니다.

세간의 마음으로 스승이 정말로 부처인지 아닌지 분석하고 분별하고 알아내려 하면 안 됩니다. 헌신이라는 상대적 방편에 의지하여 스승을 부처님으로 인식하는 것이 중요합니다. 스승을 부처로 인식하면 자기 자신을 부처로 볼 수 있는 믿음을 일으킬 수 있습니다.

옛 문헌은 구루의 진정성을 당연시합니다. 그러나 지금같이 타락한 시대에는 완전한 스승을 찾기 어렵습니다. 스승이 무지하면 우리에게 잘못된 가르침을 줄 위험이 있을 터인데 어떻게 그런 스승에게 헌신하고 청정한 인식으로 대할 수 있겠습니까? 아버지는 스승의 충고를 따르느라 자신의 직관적인 지혜를 거슬러서는 안 된다고 말씀하셨습니다. 스승의 충고가 법에 관한 것이라면 우리는 신중하게 생각해야 합니다. 만약 세속적인 일과 관련된 충고라면 제자가 그것을 따라야 할 의무가 없다고 아버지는 말씀하셨지요.

요즘 제자들은 불법과 세간의 질문을 혼동합니다. 구루에게 불법의 수행에 대한 질문도 하지만 어떤 집을 사는 것이 좋을지에 대해서도 질문합니다. 한 자리에서 명상에 대해 질문하는가 하면 직업과 관계에서 오는 문제점들도 묻습니다. 제자가 세간사에 대해 질문하고는 구루의 충고를 따르지 않는다 해도 계를 깨뜨리는 것이 아니라고 아버지는 설명하셨습니다.

요즘 제자들 중에는 스승이 어디를 가든 따라다니며 가르침을 받고 관정이든 구전이든 주는 대로 다 받는 이들이 많습니다. 그러나 이런 것이 수행을 대신하지는 못합니다. 순수한 제자들은 스승을 무턱대고 따라다니지 않습니다. 가르침이나 지도 또는 설명이 필요할 때 스승을 찾아가지만 가르침을 받고 나면 다시 스승을 떠나 수행합니다. 만약 우리가 스승을 부처로 인식한다면 우리는 부처님의 가피를 받는 것입니다. 그러나 가피는 상호의존하는 업력에 따르는 것이지 하늘에서 그냥 뚝 떨어지지 않습니다. 가피는 우리의 마음과 따로 떨어져 존재하지 않습니다. 모든 것이 다 같습니다. 가피를 받고 가피에서 이로움을 읽는 능력은 우리에게서 비롯되는 것으로, 그것은 수행에서 옵니다.

이것을 잘 보여주는 티베트 설화가 있습니다. 여기저기 떠돌아다니며 지내는 라마가 한 번은 어떤 가족에게 청을 넣어 그 집에 머물게 되었습니다. 배움이 짧은 라마는 그 집 식구들에게 깊은 인상을 주어 돈과 음식을 가외로 챙기겠다는 마음을 먹었습니다. 그러려면 관세음보살 만트라인 '옴 마니 빼매 홍'보다 특별한 것을 만들어내야 했습니다. 사실 '옴 마니 빼매 홍'이 라마가 아는 유일한 만트라였지만 티베트에서는 코흘리개 아이들도 모두 아는 거였습니다. 그래서 그는 아무 의미도 없는 말을 아주 빠르게 읊기 시작했습니다. "옴 바즈라 뚜레 홍 소 바즈라 어쩌고저쩌고." 그 가족은 라마를 자기네 집에 청하면 아주 큰 가피를 입을 거라고 믿었습니다. 다음날 아침, 안주인이 라마에게 말했습니다.

"라마는 살아있는 부처님이십니다. 저는 오랫동안 라마가 오시기를 기다렸습니다. 청컨대 제게 녹색 따라Tara 구전을 주십시오."

라마는 녹색 따라보살에 대해 아는 것이 없었습니다. 따라는 관세음보살의 눈물에서 태어난 보살로 티베트인들이 가장 사랑하는 보살입니다. 라마는 이마를 긁적이며 말했지요.

"음, 그대에게 그렇게 수승한 가르침을 주어도 되는지 아직 확신이 서지 않네."

그러나 안주인은 라마가 녹색 따라 구전을 줄 때까지 자리를 뜨지 않겠다고 우겼습니다. 마침내 라마는 안주인에게 물과 생쌀을 가져오라고 말했습니다. 안주인이 돌아오자 라마는 그이를 자기 앞에 앉혔습니다. 라마는 긴 음절을 중얼거리며 쌀을 여주인의 머리 위에 뿌리고 정화된 물을 마시라고 지시하고는 그것으로 구전이 끝났다고 말했습니다. 그런 다음 라마는 여주인에게 눈을 감고 잠시 고요히 앉아 있으면 만트라를 일러주겠다고 말했습니다.

안주인이 앉아 있는 동안 라마는 어떻게 하면 좋을지 몰라서 고개를 이쪽저쪽으로 돌리며 머리를 쥐어짰습니다. 문지방 너머로 안주인의 젊은 딸이 흙이 지저분한 바닥을 빗자루로 쓸어내는 모습이 보였습니다. 열어놓은 창문으로 한 줄기 빛이 비추면서 작은 먼지 알갱이들이 공중으로 피어올랐습니다. 라마는 생각했지요.

"우리는 곧 먼지가 될 것이다. 나도 먼지가 되고 저 여인도 그리고 저 딸애도. 그러니 내가 어떤 말을 하든 무슨 상관이란 말인가."

라마는 안주인에게 눈을 뜨라고 지시하고는 말했습니다.

"그대의 헌신과 순수한 믿음을 내가 이제 알았으니 오직 극소수의 제자들만 아는 비밀스런 녹색 따라 만트라를 그대에게 가르쳐주겠소. 그러나 조건이 하나 있소. 이 만트라를 누구에게도 발설하지 말고 오직 그대 혼자서 작은 소리로 염송해야 하오."

라마는 만트라를 일러주었습니다.

"돌마 사뚜 루루."

라마는 그 길로 그 집을 떠났습니다. 안주인은 행복한 마음으로 매일같이 만트라를 염송했습니다. 곧 녹색 따라보살이 꿈에 나타나셨고, 안주인은 더욱 큰 가피를 느꼈습니다.

하루는 위대한 스승이자 대학자가 이 마을을 지나가게 되었습니다. 여주인은 "돌마 사뚜 루루"를 작은 소리로 염송하며 대학자에게 다가갔습니다. 속삭이듯 작은 목소리였지만 대학자는 "따라, 남는 것은 오직 먼지뿐"이라는 말을 똑똑히 들었습니다.

놀란 대학자는 안주인에게 지금 염송한 것이 무엇이냐고 물었습니다. 안주인은 비밀리에 구전과 가르침을 받은 희귀하고 비밀스런 녹색 따라보살 만트라라고 설명했습니다.

"이런 말을 하게 되어 안 됐소만 그 만트라는 옳지 않소. '옴 따레 뚜 따레 뚜레 소하'가 올바른 녹색 따라보살 만트라요."

안주인은 자신의 수행에 대해 염려하는 학자에게 크게 감동했습니다. 그이는 대학자에게 잘못된 점을 사과하고 정확한 만트라를 염송하겠다고 약속했습니다. 그러나 이제 녹색 따라보살은 더 이상 여주인의 꿈에 나타나지 않았습니다. 그러던 어느 날, 녹색 따라보살이 대학자의 꿈에 나타나 노부인이 잘못된 만트라를 염송한 것을 후회하게 만들었으니 아주 큰 잘못을 저지른 것이라며 그를 꾸짖었습니다. 깜짝 놀라서 잠을 깬 대학자는 노부인의 집으로 달려갔습니다.

"참으로 미안하게 됐소. 방금 알게 된 사실인데, 그대가 염송했던 만트라는 아주 오래 전부터 내려온 녹색 따라보살의 가르침으로 대단히 귀중하고 비밀스런 것이오. 그러니 반드시 그 만트라를 다시 염송하도록 하오."

그러자 안주인이 말했습니다.

"저도 그렇게 생각했습니다. 새로 가르쳐주신 만트라를 염송한 뒤로는 녹색 따라보살님이 나타나지 않으시거든요."

믿음과 영감은 이렇게 작용합니다. 동시에 스승이 실제로 가장 존귀한 부처님이라 하더라도 우리에게 청정한 인식이 없다면 우리는 이 사실을 알 수도 없고 볼 수도 없습니다. 밀라레빠가 처음 만난 스승 마르빠는 들판에서 일하는 농부에 불과했습니다. 티베트를 탈출한 뇨술 켄 린포체는 콜카타로 건너가서 노숙하는 힌두교 사두들과 함께 걸식하며 거리에서 살기로 작정했습니다. 그 분은 고행의 수행을 택했습니다. 집도 없고 옷가지도 없이 하루 세 끼도 제대로 챙기지 못하고 린포체의 명성에 걸맞는 어떤 보호막도 없이 고통 속에서 지내셨습니다. 이런 식의 수행을 "타오르는 불길에 마른 장작을 더 넣는 것"이라고 표현합니다. 흔들리지 않는 깨달음이 일어나면 그 깨달음이 더욱 뜨겁게 타오르도록 장애와 난관을 일부러 보태는 것입니다.

제가 만약 그 당시 헐벗고 더러운 몸을 드러낸 채 긴 머리카락이 엉겨 붙은 켄 린포체를 보았다면, 그 분의 깨달은 성품을 알아보지 못했을 것입니다. 우리에게 청정한 인식이 없다면 설사 부처님이 우리 앞에 나타나셨다 해도 알아보지 못합니다. 우리에게 헌신과 청정한 인식이 있다면 우리는 청정한 스승과 함께 이 길을 빠르게 나아갈 수 있습니다. 그 분은 단지 몇 발자국 앞에서 걸어가실 뿐이지만 우리가 청정한 인식으로 깨달을 수 있도록 도와주실 것입니다.

셋째, 업연

구루 요가에서 세 번째로 중요한 요소는 구루를 통해 부처님과 업연을 짓는 것입니다. 윤회의 굴레를 벗어나야만 불성이 깨어납니다. 그때까지 우리는 윙윙대며 제자리를 맴도는 벌과 같아서 우리보다 많은 것을 아는 분의 도움이 필요합니다. 구루의 깨달은 마음에 이어지면 기도와 발원을 통해 일체제불에 이어질 수 있습니다. 스승의 몸을 보고 스승의 목소리를 듣고 스승의 가르침을 받는 것은 불법에 가장 효과적으로 이어지는 것입니다. 경전에서 불보살님들은 해와 같고 그 가피는 햇빛과 같다고 하는 말하는 것이 이 때문입니다.

쌀제 린포체께서는 우리의 무명이 쓰레기와 같다고 말씀하셨습니다. 쓰레기를 태우려면 햇빛 아래에 쓰레기를 가져다 놓습니다. 실제로 햇빛으로 쓰레기를 태우기가 쉽지 않지만, 쓰레기 위에 돋보기를 놓으면 불이 붙습니다. 돋보기가 햇빛을 모아 무명이라는 쓰레기를 불태워 없애는 것입니다. 스승은 돋보기이고, 부처님은 태양입니다.

부처님과 깨달은 성품을 생각하면 우리와 너무나 다르기 때문에 그 분들과 우리를 동일시하지 못합니다. 아니, 감히 생각조차 할 수 없지요. 그러나 구루는 우리와 똑같이 식사도 하시고, 잠도 주무시고, 화장실에도 가십니다. 피곤함을 느끼고 머리가 벗겨지기도 하고 안경도 쓰십니다. 우리와 똑같이 양말도 갈아 신습니다. 그래도 우리는 구루의 이타적인 행위를 존경하며 그 분들의 자애로운 가르침 덕분에 발전하는 것입니다. 동시에 구루의 인간적인 특성으로 인해 그 분에게서 좋아하거나 싫어하는, 또 존경하거나 존경하지 않는 면을 쉽게

밀라레빠(1040~1123), 티베트의 시인이자 성인으로 까규파의 제4대 조사

발견하기도 합니다.

　밀라레빠께서 한 번은 넓은 야외 행사장에서 법문을 하셨습니다. 당시 그 분은 이미 티베트 전역에서 존경을 받고 있었고 제자들도 아주 많았습니다. 밀라레빠의 명성과 인기를 몹시 시기하는 두 학자가 있었습니다. 둘 다 수행자는 아니었지요. 그들도 법문을 듣기로 했습니다. 밀라레빠의 지혜를 배우려는 것이 아니라 그 분의 지식을 시험하려는 것이었지요. 그들은 난폭하고 사나운 감정에 사로잡혀 밀라레빠를 망신 주기 위해 음모를 꾸몄습니다.

전략을 꼼꼼하게 짜놓은 학자들이 제자들을 데리고 법석에 도착했습니다. 두 사람은 우선 조용히 앉아서 공손하게 법문을 듣는 척했습니다. 이윽고 한 사람이 일어나 큰 소리로 말했습니다.

"당신이 그토록 위대한 요기라 하니 경전에 나오는 논리 또한 틀림없이 잘 아시겠지요."

그 말에 밀라레빠가 답했습니다.

"나는 경전을 공부하는 것이 아니오. 나는 체마tsema와 쳄마chemma가 어떻게 다른지도 모른다오."

티베트어로 체마는 '논리'를, 쳄마는 채식 요리를 의미합니다.

그러자 학자가 말했습니다.

"공부하지 않는다면 도대체 어떻게 알 수 있단 말입니까? 바른 논리가 진리로 이어지는 것이 아닙니까?"

시와 노래로써 가르침을 펼치는 것으로 유명한 밀라레빠께서 노래로 답했습니다.

나는 바른 스승을 만나
바른 요의了意를 받았노라
나는 바른 산으로 가서
나 자신을 바르게 세우고
바른 법을 수행하여
바른 깨달음을 이루었도다.

자리에 앉아있던 또 다른 학자는 이 노래를 듣자 불같이 화를 내면서 한 손 가득 흙을 퍼서 튀어 오르듯 자리에서 일어나 그것을 밀라레빠를 향해 던졌습니다. 학자의 불손한 행동에 실망한 많은 제자들이 그가 속한 사원의 강원을 떠났습니다.

그러나 법회에서 질문을 던졌던 학자는 밀라레빠의 노래를 몇 주 동안 숙고하고는 밀라레빠를 찾아와 법에 대해 많은 질문을 했습니다. 몇 년 후 그는 크게 깨달은 요기가 되었습니다. 오물을 던진 학자는 계속 밀라레빠를 멸시하다가 몇 년 뒤에 죽고 말았습니다.

밀라레빠께서 두 학자에 대해 언급한 바가 있습니다.

"두 사람 모두 나와 인연이 있다. 한 사람은 좋은 인연이고 다른 사람은 나쁜 인연이다. 그러나 나와 악연인 자도 몇 생 이내에 윤회에서 벗어날 것이다."

이것이 업연의 힘입니다.

이것으로 구루요가 수행에서 가장 중요한 세 가지 요소인 과를 도로 삼는 것, 헌신과 믿음 그리고 업연을 마칩니다. 이제 구루를 선택할 때 중요하게 고려해야 하는 네 가지 요소를 살펴보겠습니다.

● 스승의 선택

티베트 사람들은 "스승을 만나려면, 개가 맛도 보지 않은 채 고기를 꿀꺽 삼키듯 걸신들린 사람처럼 행동하면 안된다"고 말합니다. 스승을 조사하고 살펴보십시오. 그것이 제자의 책임입니다. 금강승의 가르침은 특별한 스승을 모시지 않으면 성취할 수 없음을 반드시 기억하십시오. 뇨술 켄 린포체는 스물다섯 분의 구루를 모셨습니다.

스승을 만나기 위해 서두르지 않아야 하는 이유 중 하나는 특히 첫 번째 스승의 경우 그 분이 무엇을 주실지 또는 자신이 그 분에게서 무엇을 기대하는지 제대로 알지 못한 상태에서 스승을 만나는 사람들이 많기 때문입니다. 또한 기대감 때문에 혼란이 생길 수도 있습니다. 티베트의 위대한 스승들은 대부분 당신들의 지혜를 조금도 드러내지 않는 특징이 있습니다. 제 아버지도 그러하셨습니다. 아버지는 자신의 깨달음을 결코 드러내거나 자랑하지 않으셨지요. 만약 당신 혼자 시장에 가셨다면 아무도 아버지에게 관심을 보이지 않았을 테고, 아버지도 그걸 편하게 여기셨을 겁니다.

위대한 스승이신 빠뚤 린포체Patrul Rinpoche*(1808~1889, 닝마파 기초수행서인 『위대한 스승의 가르침』을 지음)는 늘 초췌하기 그지없어 떠돌이 같이 보였으며, 실제로 그런 취급을 당한 일도 아주 많습니다. 빠뚤 린포체가 스승을 뵙거나 설법을 하기 위해 찾아간 사원에서조차 경비원이나 요리사에게 모질게 내쫓겼다는 일화가 수도 없이 전해집니다. 린포체에 대해 듣지 못한 사람들은 그 분의 특성을 전혀 인식하지 못했습니다.

빠뚤 린포체께서 한 번은 사원에 가는 길에 어떤 라마의 은둔처를 지나게 되었는데 때마침 라마가 린포체를 보고 말했습니다.

"노인장, 보아하니 옷도 그렇고 신발도 변변찮구려. 내 오두막에서 청소와 부엌일을 해주고 불단에 공양을 올려주면 내가 옷가지를 주리다. 어쩌면 가르침도 조금 내릴 수 있을 테고."

"그렇게 해주신다면야 저야 더할 나위 없이 좋습니다."

그렇게 대답한 린포체는 곧바로 허드렛일을 말끔하게 처리하기 시작했습니다. 사원을 청소하고 불단에 공양을 올리고 음식도 준비했습니다.

이 거래를 무척 흡족해하던 라마가 어느 날 린포체에게 말했습니다.

"오늘부터 저 위대한 스승이신 빠뚤 린포체께서 쓰신 '위대한 스승의 가르침'에서 몇 가지 법을 그대에게 가르치겠네."

빠뚤 린포체는 고마워하며 라마의 가르침에 공손하게 귀를 기울였습니다.

이렇게 며칠이 흘렀습니다. 어느 날 아침, 라마는 불단에 공양 올린 물잔이 똑바로 줄이 맞지 않은 것을 발견하고는 늙은 시자를 야단쳤습니다.

"빠뚤 린포체께서 공양그릇은 똑바로 줄을 맞추어놓아야 한다고 가르치신 걸 잊었단 말인가?"

그러자 빠뚤 린포체는 정말 죄송하다며 고개를 조아렸습니다.

보름날이 되자 빠뚤 린포체가 라마를 찾았습니다.

"오늘은 사원에 올라가 탑돌이를 하고자 라마의 허락을 구하러 왔습니다."

라마의 허락을 받은 린포체는 사원에 가서 기도를 드리고 탑돌이를 했습니다. 그때 사원의 행정 책임자가 린포체를 알아보고는 곧바로 진흙길 한가운데 엎드려 절을 올리기 시작했습니다. 그는 린포체에게 카따를 올리면서 이처럼 위대한 스승께서 자기네 사원을 방문하셨으니 아주 큰 가피를 입었노라고 몹시 기뻐했습니다. 라마든 재가자든 할 것 없이 탑 주변에 있던 사람들 모두가 이 분이 대체 누구인지 궁금해 했습니다. 이윽고 그 분이 그 위대한 빠뚤 린포체라는 말이 퍼졌습니다. 사람들은 모두 절을 드리고 가피를 받기 위해 린포체 주위로 몰려들기 시작했습니다. 린포체는 거듭 말씀하셨습니다.

"제발 그만 하세요. 저는 이 자리를 떠나야 합니다. 중요한 일이 있어서 더 지체할 수가 없습니다. 길을 비켜주세요."

그러나 점점 더 많은 사람들이 몰려들었습니다. 한편, 오두막에 있던 라마는 "노인네에게 무슨 일이 있나? 꽤 늦는군" 하며 의아해하기 시작했습니다. 그때 사원에서 사람들이 몰려나오는 것을 보고는 그 중 한 사람에게 다가가 물었습니다.

"혹시 내 늙은 시자를 보았소?"

"늙은 시자는 보지 못했지만 빠뚤 린포체께서 사원에 오셔서 사람들에게 가피를 주고 계시니, 노인네도 거기 있겠지요."

이 말에 라마는 조금 화가 났습니다.

"노인네가 점심을 준비해주는 대로 사원에 올라가 린포체를 뵈어야지."

얼마 후 라마는 어떤 노인이 절을 올리고 카따를 바치는 사람들에게 둘러싸인 채 길을 내려오는 것을 보았습니다. 라마는 '설마 저 사람이 우리 노인네일 리는 없겠지' 하고 생각했습니다. 사람들이 가까이 다가오자 라마는 그 노인이 린포체라는 사실을 알게 되었습니다. 라마는 당황해서 어쩔 줄 모르고 집으로 달려 들어가 문과 창문을 모두 걸어 잠그고 숨어버렸습니다. 빠뚤 린포체가 문 밖에 서서 말했습니다.

"문 좀 열어주세요. 점심을 지어드리려고 돌아왔습니다. 늦어서 정말 죄송합니다."

린포체는 집 주위를 돌아다니며 들여보내 달라고 요청했지만 라마는 너무나 당혹스러워 나오지 못했습니다. 마침내 빠뚤 린포체는 그곳을 떠날 수밖에 없었지요.

우리 중에 그 라마와 다르게 행동할 사람이 얼마나 될까요? 스승을 찾을 때 세간의 가치를 적용하면 세간의 스승을 만나게 됩니다. 그러므로 스승에게서 어떤 특성을 찾고 있는지 스스로 어느 정도 알고 있어야 합니다. 그런데 일단 가르침을 받게 되면 우리는 자동적으로 그분의 제자가 되므로 애초에 제대로 조사해야 합니다. 주변에 물어보고 그 분이 쓴 책을 읽고 비디오를 보거나 녹음 자료를 들으면 좋을 것입니다.

만약 자격이 없거나 믿을 만하지 못한 스승을 만난다면 마치 맹인이 맹인을 인도하는 격이 됩니다. 맹목적인 믿음으로 스승을 선택하면 눈 먼 스승을 만날 수도 있어서 그 분이 이끄는 대로 가다 보면 낭떠러지에 서게 될 때도 있습니다. 지금같이 어지러운 시대에 완전한 스승을 찾기란 거의 불가능한 일입니다. 스승이 100퍼센트 완벽하다 하더라도, 제자가 그 사실을 알 수 있을 정도의 지혜를 갖추기 어렵습니다. 어쨌든 구루가 제자를 선택하는 것이 아니라 제자가 구루를 선택하는 것으로서 반드시 일정한 지침에 따라야 합니다.

●스승의 선택에서 중요한 네 가지 요소

스승을 선택할 때 고려해야 하는 네 가지 요소는 법맥, 수행 경력, 자비심과 제자를 돌보려는 태도 그리고 지계입니다. 이런 정보는 인터넷에서 찾을 수 있는 것들이 아닙니다. 여러분 스스로 어느 정도 노력을 해야겠지요. 그러나 여러분의 평가가 사실로 확인되고 여러분과 스승의 마음이 이어진다면 노력을 들일만한 가치가 충분히 있습니다.

첫째, 스승의 법맥

스승의 법맥이 그 분의 신뢰성을 보증해주지는 못합니다. 네 가지 고려사항은 보장이 아니라 일종의 지침으로서, 그 중 법맥은 훌륭한 출발점입니다. 지난 수백 년에 걸쳐 위대한 스승들은 구전되어 내려오는 가르침과 경전, 학문적 주석을 통해 법맥을 지키고 강화했습니다. 또한 불상과 탱화 등 다양한 예술과 조형 작업은 위대한 스승들의 전설과 일화와 더불어 법맥의 역사를 풍요롭게 만들었습니다. 어떤 스승도 혼자서 위대한 법맥을 대표하지 못하지만 스승은 우리를 법맥 속으로 이끌어줍니다.

가령 과학이나 미술 또는 역사 등 여러분이 가장 흥미를 느끼는 분야를 전문적으로 가르치는 대학에 들어간다고 가정해 봅시다. 여러분은 그 대학의 교수, 선배, 동료, 도서관, 데이터베이스 등 그 동안 대학에서 축적해놓은 지혜에 접근하는 것입니다. 끝없이 펼쳐지는 풍성한 경험과 지식을 흡수하기 위해 그 안으로 들어가는 것이지요. 그것이 우리가 할 일입니다. 이 얼마나 놀라운 기회입니까? 법맥도 그와 똑같습니다. 법맥이 있기에 수행은 더욱 활기가 넘치며 더 많은 변화가 일어납니다. 법맥은 절대로 고갈되지 않으며 지루해지거나 침체되지 않습니다. 반면에 책에 의지하여 수행하면 그렇게 되기 쉽습니다.

법맥이 없는 스승을 만나면 어떻게 될까요? 스승이 안 계신 스승을 만나면 어떻겠습니까? 살아있는 구루를 한 분도 존경하지 않는 스승을 모신다면 어떨까요? 다른 스승들을 깎아내리고 자신을 돋보이게 만드는 스승은 또 어떻습니까? 스스로 궁극의 스승이라거나 정통이라든지 깨달았다고 주장하는 이들은 피하는 것이 상책입니다. 금강승에서는 신통력이 있다거나 기적을 행한다거나 부처님으로부터 직접 말씀을 듣는다거나 특별한 에너지와 치유력이 있다거나 최고의 깨달음을 얻었다고 말하는 스승은 틀림없이 무엇인가 잘못된 것입니다. 믿을 만한, 진정한 스승이 아닙니다.

법맥과 법맥의 스승을 점검하는 것은 여러분의 책임입니다. 그 분이 어떤 사람인지, 스승으로서의 자격이 있는지, 또한 법맥의 다른 스승들이 그 분을 지지하는지 등에 대해 여러분의 도반 또는 스승의 도반과 따져보고 점검해야 합니다.

둘째, 스승의 수행 경력

스승은 수행과 명상, 교학의 경력이 있어야 합니다. 여러분이 불법을 배우고자 한다면 여러분보다 불법을 더 많이 알고 더 많이 이해하며 더 많은 경험과 수행 경력을 가진 이와 함께 공부해야 합니다. 한 개인의 역사는 그이의 실제 관심사에 대해 많은 것을 말해줍니다. 그들이 진정으로 전념한 것이 무엇인지, 더 깊이 이해하기 위해 노력하는지, 제자들을 돕고 자신의 구루를 돕는지 그리고 다른 사람들을 돌보는지 살펴봐야 합니다. 스승이 어떤 분인지 다른 제자들에게 알아보십시오. 놀랄 만한 사항이 늘 있게 마련입니다. 모든 것을 미리 예상할 수는 없으니까요.

셋째, 제자를 대하는 태도

제자가 먼저 스승을 선택하고 스승이 제자로 받아들이겠다고 승낙하면, 스승은 제자가 깨달음을 얻기까지 자신의 능력을 다해 인도할 책임이 있습니다. 제자가 알아야 할 것은 스승이 가까이에 계시면서 자신의 여정에 도움을 주려고 애쓰며 자신이 영적으로 성숙하도록 돌본다는 점입니다. 구루의 친절함과 자비 그리고 연대감과 우정이 있기에 우리는 지치지 않고 온 마음을 다해 이 길을 갈 수 있습니다. 경론과 이미 돌아가신 스승에게 의지하는 것만으로는 불법의 힘찬 맥박을 느끼기 어렵습니다.

스승은 제자들이 저마다 다 다르다는 사실을 명심해야 합니다. 개성도 다르고 부정적인 요소도 각기 다르므로 한 제자에게 적절한 지도가 다른 제자에게는 장애의 요소가 될 수 있습니다. 이런 이유로 제자로서는 구루가 다른 사람들을 어떻게 대하는지 알기 어렵습니다. 어떤 두 제자도 완전히 똑같을 수 없기 때문입니다.

제자에게 제일 중요한 것은 스승에 대한 완전한 믿음입니다. 일체중생의 이로움을 위해 깨달음의 길에 나선 제자를 도우려고 스승이 모든 노력을 다하고 있다는 사실을 믿어야 합니다. 그렇다고 해서 스승이 완벽한 인간이라는 뜻은 아닙니다. 그러나 이런 노력으로써 스승은 세 번째 고려사항에 관한 한 완벽한 자격을 갖추게 됩니다.

넷째, 지계

스승을 선택할 때 네 번째로 고려해야 할 사항은 지계입니다. 스승이 계를 잘 지키는지, 즉 사마야samaya를 지키는지 점검해야 합니다. 사마야는 금강승에서 쓰이는 말로서 삼보에 더해 구루를 언제나 존중하는 것입니다. 금강승 고유의 사마야계는 주로 관정을 통해 형성되며 제자는 많은 계율을 지켜야 하는데 특히 구루에 대한 확고한 믿음이 강조됩니다.

서양인들 중에는 스승을 떠나면 사마야를 깨는 것이라고 생각하는 이들이 많은데, 이 생각이 꼭 옳지는 않습니다. 스승 아래서 어느 정도 공부한 후 그 분이 적합하지 않다는 결론이 내려지면 인연을 끊는 것이 최선입니다. 금강승에는 무슨 일이 있어도 한 스승을 고수해야 한다는 법은 없습니다. 결코 그렇지 않습니다. 네 가지 고려 사항에 의거하여 자격이 없음을 100퍼센트 증명할 수 있는 스승이라면 반드시 인연을 끊어야할 뿐 아니라 다른 사람들과 이 상황에 대해 의논해도 좋습니다. 이것은 완벽하게 정당합니다. 만약에 스승이 네 가지 요건을 갖추지 못하고 여러분이 그 분의 부적절한 행위를 증명할 수 있다면 다른 사람들에게 이것을 발설한다 해도 사마야를 깨는 것이 아닙니다. 사원에 소속되어 있는 스승의 경우 가장 좋은 방법은 이 문제를 스승보다 높은 위치에 있는 이들과 논의하는 것입니다.

제 사원은 동 티베트의 캄 지역에 있는데, 그곳에서 멀지 않은 사원에서 뚤꾸와 관련되어 불미스런 사건이 일어난 적이 있습니다. 사미승을 가르치는 주요 스승에다 사판 경력도 꽤 많은 뚤꾸가 마을의 한 여인과 관계를 맺은 것입니다. 한밤중에 방을 비운 것이 여러 차례 발각되면서 마을과 사원에 소문이 떠돌더니 험담이 꼬리에 꼬리를 물고 이어졌습니다. 그 사원에서 자란 뚤꾸였기에 그이가 어떤 계를 받았는지 모든 사람들이 알고 있었지요. 만약에 소문이 사실이라면 그는 계를 범한 것이었습니다.

서로 간에 별로 틈이 없는 사원 공동체에서는 한 개인의 행동이 전체 공동체에 큰 영향을 끼칩니다. 스무 사람이 배를 저어 앞으로 나가는데 한 사람이 갑자기 노를 반대 방향으로 젓는다고 상상해 보십시오. 배 전체가 방향을 이탈하여 위험한 지경에 이르게 되겠지요. 어린 스님들이 배워나가는 과정은 수행의 기반이 되므로 스승으로 인해 혼란스럽거나 낙담하는 일이 일어나면 안 됩니다. 스승이라면 마땅히 그들을 격려하고 북돋아주어야 합니다.

젊은 스님들은 행정 소임을 맡은 스님들을 찾아가서 뚤구의 행실에 불만을 토로했지만 증거가 없는데다 뚤꾸 자신도 소문을 계속 부인했습니다. 증거가 없으니 어떤 조처도 취할 수 없었지요. 결국 모든 사람들이 소문과 험담 그리고 그로 인한 혼란에 진저리를 치기에 이르렀습니다. 어느 날 밤, 마침 내린 큰 눈이 잦아지자 고참 스님 몇이 뚤꾸의 발자국을 따라가서 상대방 여자의 집에 있는 그를 현장에서 붙잡았습니다. 그는 사원에서 쫓겨났습니다. 후에 뚤꾸는 그 여자와 결혼하여 자식까지 두었습니다. 그는 특별한 일이 있을 때면 재가신도로서 사원을 방문했지만 법당에서 수행하는 것은 금지되었지요.

현실적으로 말하자면, 스승이 정확히 어떤 계를 받았는지 항상 알지는 못합니다. 법맥에서 지계와 관련하여 어느 정도의 융통성을 허락하는지도 잘 알 수 없습니다. 또한 동서양의 많은 실례에서 드러났듯 스승의 부적절한 행동을 제자들이 비난할 경우, 다른 제자들이 스승을 방어하기 위해 나서는 경우가 대부분이므로 혐의를 확인하기가 쉽지 않습니다. 그러나 만약 스승이 잘못을 저지르고 있다고 생각되면 증거가 없더라도 스승을 떠나는 것이 옳을 것입니다. 그런 상황에서는 그 분의 가르침을 받아들기 어려우므로 충분히 떠날 만한 사유가 됩니다. 그러나 적대감을 갖지 말고 중립적인 입장에서 떠나도록 하십시오. 다른 사람들에게 그 분의 제자가 될 것을 권하지도 말고 말리지도 마십시오.

많은 사람들, 특히 서양인 제자들이 스승을 청정하게 보지 못하는 이유가 자신에게 있다고 생각합니다. 스승을 비난하거나 부정적으로 보게 될 경우 자신을 탓하는 것이지요. 이런 태도는 아무 도움이 되지 않습니다. 스승과의 관계가 이 길에 도움이 되지 않는다면 변화를 꾀하는 것은 제자의 책임입니다. 이때 불쾌한 기억이나 감정을 가지지 않은 채 변화를 시도하는 것이 중요합니다.

● 대차 대조표

구루라는 개념이 아주 낯선 서양에서 구루에 대해 가장 중요하게 생각해야 할 것은 아주 간단명료합니다. 구루가 자신에게 도움이 되는지, 수행하고자 하는 마음을 더 많이 일으키게 만드는지 그리고 자신의 발원에 도움이 되는지를 살펴보면 됩니다. 대차 대조표를 만드느라 많은 시간을 소비하는 제자들도 많습니다. 장점과 단점을 일일이 따져가면서 어느 쪽이 더 나은지, 누구를 선택해야 좋을지 고민하는 것이지요.

스승의 가르침이 자신에게 도움이 되지 않거나 상황이 자신의 길에 장애가 된다면 아무런 감정을 드러내지 않고 정리하는 것이 맞습니다. 쌀제 린포체께서는 대차 대조표가 70~80퍼센트 긍정적이라면 아주 훌륭하다고 하셨습니다. 만약 70~80퍼센트 부정적이라면 스승을 떠나는 것이 최선이며 그렇다고 해서 사마야를 깨는 것도 아닙니다. 그러나 그 상황과 관련하여 부정적인 일을 일으키지 않도록 주의해야 합니다.

만약 여러분이 스승을 바꿀 때마다 늘 실망하고 불만족하고 스승의 행동이나 인격에 배신감을 느끼게 된다면 자신이 스승에게서 무엇을 기대하는지 점검해볼 필요가 있습니다. 요즘은 많은 제자들이 결혼 상대자를 찾는 것과 같은 방식으로 구루를 찾습니다. 완벽한 배우자를 구하려고 하지만, 그것은 절대로 불가능한 일입니다. 개념으로 만들어진 이상형은 설사 석가모니 부처님이 오셔도 만족시킬 수 없습니다. 결혼에서 절대적 배우자를 찾는 방식은 통하지 않으며 스승의 경우에도 마찬가지입니다. 윤회계에 완벽함이란 존재하지 않습니다. 여기에는 구루와 스승도 포함됩니다.

피와 살을 가진 구루는 기질과 성향, 까르마 그리고 취향 등 각기 다른 성격이 있습니다. 만약 여러분이 구루의 인격에만 초점을 맞춘다면 장담컨대 늘 결점을 발견하게 될 것입니다. 어떤 구루는 육식을 하고, 어떤 구루는 형편없고, 또 어떤 구루는 음식을 먹을 때 요란하게 소리를 냅니다. 구루가 너무나 뚱뚱해서 깨달음을 얻지 못할 거라고 흉을 보는 제자들도 있습니다. 텔레비전으로 중계되는 권투 시합이라면 사족을 못 쓰는 구루에게 질려버리기도 합니다. 여자를 밝히는 구루가 있는가 하면 맥주를 좋아하고 런던에 가면 자주색 캐시미어 양말을 사는 구루도 있습니다. 정말 끔찍하다고 말하는 제자들이 많습니다. 그렇지만 그 분들의 이 같은 행동 자체가 이 길에서 우리를 인도하는 스승으로서의 역량을 말해주는 것은 아닙니다. 비난하는 의도로 거론한다 해도 이런 행동들은 우리 자신이 좋아하지 않거나 용납하지 못하는 행동에 불과한 것으로서 마치 친구의 행동을 놓고 왈가왈부하는 것과 같습니다. 문화와 계층 그리고 개인의 선호에 따라 형성된 편견과 의견이 개입된 것입니다.

우리는 구루를 흔히 상대적인 측면에서 판단합니다. 그러나 구루의 역할은 우리에게 있는 절대적 본성으로 우리를 인도하는 것입니다. 이런 까닭에 청정한 인식의 이로움과 스승을 부처로 보는 것의 이로움에 대해 말하는 것입니다. 진정으로 깨달음을 얻겠다고 발원한다면, 스승의 행동에서 나타나는 세속적인 요소를 우리 관점으로 보는 것은 우리에게 전혀 도움이 되지 않습니다. 쌀제 린포체께서 "구루의 본질은 구루이다. 네 눈에 보이는 평범하기 그지없는 내 형상으로부터는 어떤 가피도 받을 수 없다. 진정한 스승은 이 몸과 말과 마음에 있는 본질적 지혜이다"라고 말씀하신 이유가 바로 이 때문입니다.

인도의 엘로라Ellora와 아잔타Ajanta에 있는 석굴에는 돌을 깎아 만든 거대한 불상 조각과 불당이 있습니다. 바위 면을 끌로 깎아 정교하고 기념비적인 조각물을 만들어낸 것으로 아무것도 더해진 것이 없습니다. 겹겹이 쌓인 돌과 흙을 제거하자 그 모든 이미지와 형태가 드러난 것입니다. 누군가 거대한 바위산을 보다가 부처님들이 모여 계신 것을 문득 발견한 것입니다. 이렇듯 관점의 전환이 필요합니다.

세랍링에 맨 처음 도착했을 때, 치아도 하나 없고 지팡이를 짚은 노인이 제 구루라는 말을 듣자 저는 몹시 실망했습니다. 그러나 쌀제 린포체의 지식과 가르침을 일단 맛보고 나니 다른 요소들은 보이지 않고 그것에만 관심이 갔습니다. 구루의 육신이 사라진다거나 그것을 이 세상에서 가장 아름다운 형상으로 인식하게 된다는 의미가 아닙니다. 그것에서 우리가 무엇을 보는지가 바뀌는 것입니다. 구루의 마음은 우리 자신을 포함하여 다른 사람들의 마음과 근본적으로 다르지 않습니다. 그러나 우리가 그 마음을 어떻게 인식하는지가 중요합니다. 그 인식이 우리가 가진 최고의 특성에 다가가는 데 도움이 되는 것입니다.

● 구루를 택하는 세 가지 형태

구루를 택하는 데는 기본적으로 세 가지 형태가 있습니다. 첫 번째는 한 분을 근본스승으로 선택하는 것입니다. 때에 따라 다른 스승들, 특히 근본 스승과 같은 법맥의 스승들로부터 가르침을 받기도 하지만 어느 분이 근본스승이신지는 의문의 여지가 없습니다. 두 번째는 근본스승이나 주된 스승을 택하지 않고 여러 분의 스승에게서 가르침을 받는 것입니다. 세 번째는 이른바 자동적으로 구루를 모시게 되는 경우입니다.

첫 번째, 한 분의 근본스승

대부분의 경우, 평생토록 한 분의 스승을 모실 수 있다면 아주 좋습니다. 강력한 믿음이 일어나서 시간이 흐를수록 제자는 스승을 향해 마음을 더 활짝 열게 됩니다. 이로써 스승의 도움으로 제자는 자신의 마음과 혐오, 분별을 다스릴 수 있는 가능성이 커집니다.

그러나 이것은 단지 한 가지의 방법일 뿐입니다. 서양인들은 흔히 특별한 구루 한 분을 모셔야 한다고 생각하는 경향이 있습니다. 구루와 아주 친밀한 관계를 유지해야 하며 마치 배우자처럼 가족, 관계, 돈

문제 등 모든 것에 대해 상의하고 거주지 선택, 주택이나 주식 구입 등과 관련하여 조언을 들어야 한다고 생각합니다. 어쩌다가 다른 스승에게서 가르침을 받게 되면 마치 자신의 구루를 배신한 것처럼 느낍니다. 이것은 상당히 잘못된 태도로서 친밀감이 역효과를 낼 수 있습니다. 사람 자체를 지나치게 강조하거나 그 사람의 인격과 성격 또는 관계 자체를 너무 중요하게 생각하는 것입니다.

서양에는 티베트인 스승이 아직 그리 많지 않아 불법을 진심으로 배우려는 이들이 스승을 한 분밖에 접하지 못하는 경우도 있습니다. 그렇지만 지금은 많은 티베트 스승들이 정기적으로 세계 각국을 방문하는데다 서양인 제자들 중에서 스승이 된 이들이 많아서 이런 추세는 빠르게 바뀌고 있습니다. 그렇지만 단 한 분이어야 한다는 생각이 이 상황을 파고들어 불균형을 초래할 수 있습니다. 이를테면 "아버지도 한 분, 어머니도 한 분, 남편 또는 아내도 하나이니 스승도 한 분이어야 한다. 전에 믿었던 하나님도 한 분, 교회도 하나였으니 스승은 꼭 한 분만 모셔야 한다"라고 생각하는 것이지요.

'한 분의 구루'에 집착하면 할수록 '구루의 본질은 구루'라는 쌀제린포체의 가르침을 제대로 이해하기 어렵습니다. 좋든 나쁘든 또는 좋지도 나쁘지도 않든 구루의 인격이 지혜나 가피의 원천은 아닙니다. 구루를 구루의 본질로서 또한 시방삼세 제불보살과 깨달은 존재들의 본질로서 인식할 때 구루의 이로움이 증대됩니다. 진정한 불법의 자양분은 이렇게 모든 깨달은 존재의 본질로 구루를 확장할 때 구루의 마음의 빛나는 지혜와 함께 옵니다. 한 분의 구루가 공덕과 지혜의 복전에 섭수되어 일체제불과 하나가 됨으로써 확장되는 것입니다. 그러나 구루라는 인간 자체와 인격을 '나의 하나뿐인 구루로 한정시키면 구루를 청정한 인식으로 보기 어려워 우리를 비추어보기 어렵습니다. 우리를 비추어보는 청정한 인식이야말로 우리에게 가장 큰 도움이 되는 것입니다.

서양인들에게 구루와 제자의 관계는 전혀 새로운 것이므로 일관되게 이해하려면 시간이 걸릴 수밖에 없습니다. 서양인들은 구루에 대해 부모·상관·장군·경찰관·심리학자 등 그 사회의 실세들과 비슷한 역할을 해주기를 기대합니다. 이 문제들을 불법의 관점에서 이해하면 이 같은 투사를 다스릴 수 있습니다.

때로 자신의 어린 시절에 대해 이야기하는 사람들이 있습니다. 어머니와 아버지, 형제간의 사적인 관계에서부터 시작해서 전체 가족사로 이어집니다. 저는 그들이 불법에 대해서는 한 마디도 묻지 않는 것이 의아합니다. 그들이 수행의 기회를 찾을 수 있을지 걱정스러울 때도 있습니다. 스승은 제자의 집착이나 탐욕, 분노 또는 질투를 치료해주는 테라피스트가 아닙니다. 그러나 때로 이런 문제에 도움이 되는 수행법을 일러주면서 저항감을 느끼기도 합니다. 그럴 때면 "이 친구는 도반이 아니라 테라피스트를 원하는 모양이군" 하는 생각이 듭니다.

제자들이 심리적인 문제, 결혼, 가족사 등에 대해 질문할 때 저는 대부분의 경우 문답을 불법으로 돌려서 도움이 되리라 생각되는 행동이나 수행, 기도문을 알려주는 편입니다. 불법과 상관없는 질문에 대해서는 질문자가 자신만이 가진 지혜와 지식, 성향을 돌아볼 수 있도록 유도합니다. 세간사와 관련된 문제의 경우 누군가가 조금만 도와주면 내부분의 경우 질문자 스스로 답을 찾게 됩니다. 질문자가 스스로 불법의 가르침에서 답을 찾으려고 할 때 제가 무언가 할 수 있는 역할이 비로소 생기는 것이지요.

감정의 위기나 만성적인 정신적 괴로움을 겪게 되면서 불법을 찾는 이들이 많습니다. 충분히 이해가 갑니다. 그런데 이런 사람들 중에는 자신의 구루가 심리적인 문제를 모두 해결해주기를 원하는 이들이 꽤 있습니다. 문제를 계기로 명상과 공부의 길로 들어서는 대신 구루가 문제를 해결해주기를 바라는, 잘못된 생각을 갖고 있습니다. 요즘은 수행보다 구루를 쫓아다니느라 더 많은 시간을 보내는 제자들이 많습니다. 티베트의 위대한 스승들은 가르침과 명확한 지침을 받기 위해 구루를 찾아갔으며, 가르침을 받으면 다시 구루를 떠나 수행했습니다. 중요한 것은 수행 장소나 수행법이 아닙니다. 스승 주변에 머무는 것을 수행과 혼동해서는 안 됩니다. 자신만의 내적 구루를 키워야 합니다.

티베트에는 구루가 아주 많습니다. 훌륭한 구루도 있고 나쁜 구루도 있고 가짜 구루도 있습니다. 이런 현상은 정상입니다. 정계나 업계에서 거물이 되어 명성과 명예를 성취하는 이가 있는가 하면 구루라는 간판으로 사회적 지위를 얻는 이도 있습니다. 피할 수 없는 일이지요. 그러나 예전 티베트는 물론 지금의 티베트 망명사회에서도 일종의 '품질 관리'가 이루어지고 있습니다. 어떤 스승이 가령 승원장에 대

해 험담을 하거나 부적절한 행동으로 사원을 위협에 빠뜨리는 등 잘
못된 행동을 저지르면 그가 속한 법맥이나 사원의 도반들이 조처를
취합니다. 우선은 문제를 일으킨 이에게 또 한 번의 기회를 주기 위해
개인적인 면담을 합니다. 그러나 그가 공동체나 법맥에 계속 나쁜 영
향을 주면 강제로 퇴출시킵니다.

얼마 전에 네팔에서 어느 정도 교육을 이수한 뚤꾸가 계를 어긴 사
건이 일어났습니다. 그는 사원의 젊은 승려들과 재가 신도들에게 자
신이 큰 성취를 이루었노라고 거짓말을 하고 다녔습니다. 깨달음을
얻어 불보살님들을 직접 볼 수 있다고도 했습니다. 시주자들에게도
그런 식으로 접근하여 사원을 사칭하여 돈을 받은 것이 분명했습니
다. 하루는 사람들이 잠들기를 기다렸다가 승복을 벗어 던지고 평복
으로 갈아입고는 이 돈으로 카투만두 시내의 나이트클럽에서 위스키
를 마시고 춤을 추기도 했습니다. 자동차까지 한 대 구입한 것으로
보아 공공연하게 돈을 긁어모은 것이 틀림없었습니다. 뚤꾸는 자기를
위해 조언하는 사람들의 말을 묵살하고 자신의 잘못을 고치지 않았
습니다.

마침내 승원장이 회의를 소집했습니다. 여러 사원으로부터 법맥을
대표하는 스승들과 승려들이 모인 자리에는 문제의 뚤꾸도 참석했습
니다. 대중 앞에서 승원장은 그에게서 공식적으로 승려 자격을 박탈
하고 앞으로는 법맥과 사원을 사칭하는 것을 금지한다고 선언했습니
다. 승원장은 또한 그의 뚤꾸 자격을 박탈했습니다. 그는 이제 뚤꾸
라는 신분을 이용하여 자신을 선전할 수 없게 되었고 모든 신용을 잃

고 말았습니다. 뚤꾸의 신분이라 해서 무엇이든 마음대로 다 할 수 있는 자격이 있다는 의미는 아닙니다. 뚤꾸는 다른 사람들과 똑같이 사원의 규율과 윤리, 양식을 지켜야 합니다. 그렇지 않으면 비난을 받거나 축출됩니다.

모든 공동체는 필연적으로 혼란과 갈등을 겪습니다. 중요한 것은 혼란에 대처하는 태도입니다. 세상 사람들과 외따로 떨어져 도반들과 함께 생활하지 않는다 해도 문제가 일어납니다. 15년인가 20년 전에 대만에서 이런 사건이 일어난 적이 있습니다. 대만 사람들 몇 명이 스스로 금강승의 법맥을 전승했다고 주장하면서 스스로를 린포체라 칭하고 자신들이 두 번째 부처라고 주장했습니다. 당시에는 그들을 대신할 스승이 없었기에 그들은 한때 매우 번성했습니다. 그러나 법맥을 정통으로 이어받은 스승들이 대만에서 가르침을 펴기 시작하면서부터 가짜 린포체들은 더 이상 뻔한 속임수를 쓰지 못했습니다. 일단 대중들에게 선택권이 주어지니 가짜와 진짜의 차이가 명백해졌고, 오늘날 대만의 상황은 많이 개선되었습니다.

마을들이 고립되어 있었던 옛 티베트에서는 승복을 그럴 듯하게 차려입고 염주와 마니차를 손에 든 가짜 승려들이 마을을 돌아다니곤 했습니다. 그들은 마을 입구의 스투파에 앉아서 턱을 내민 채 "옴 마니 빼매 훙"을 염송했습니다. 티베트에서는 갓난애도 다 아는 만트라임에도 불구하고 이 같은 속임수가 통해서 마을 사람들은 그들의 발우에 먹을 것을 놓고 가곤 했습니다.

두 번째, 다수의 스승

만약 여러분이 한 분의 스승과 연을 맺는다면 아주 좋습니다. 여러분의 스승들과 연을 맺어도 좋습니다. 다만 수행을 계속하십시오. 초대 켄쩨 린포체인 잠양 켄쩨 왕뽀Jamyang Khyentsse Wangpo(1820~1892)는 법맥과 상관없이 진정하고 심오한 가르침을 듣기 위해 티베트 전역을 20년 이상 유랑했습니다. 켄쩨 린포체는 125분의 근본스승을 모셨습니다. 그 분은 법맥과 스승에 대해 아무런 편견 없이 모든 가르침을 완전하게 이해하여 무종파 불교 운동인 이른바 리메Rime 운동을 주도했습니다. 위대한 스승 딜고 켄쩨 린포체는 모든 가르침을 열린 마음으로 받아들인 리메 운동의 발자취를 따라 50분이 넘는 스승에게서 가르침을 받았습니다.

아무리 많은 스승들 아래서 공부하더라도 앞에서 언급한 네 가지 고려사항을 반드시 참고해야 합니다. 오랜 기간에 걸쳐 다수의 스승에게서 가르침을 받을 때도 스승 한 분 한 분과 진정으로 마음이 이어져야 하며 동기 또한 진실해야 합니다. 스승은 꽃과 같고, 불법은 감로와 같고, 제자는 벌과 같습니다. 불법이라는 감로를 얻을 수만 있다면 아무리 많은 꽃이라도 찾아가야 합니다.

때로 많은 인내가 필요한 상황도 있습니다. 뇨술 켄 린포체를 모시던 때 제가 그랬습니다. 제가 린포체를 처음 뵌 것이 부탄에서 거행된 딜고 켄쩨 린포체의 다비식 때였습니다. 그 후 여러 차례 뵈올 기회가 있었습니다. 저도 그랬지만 린포체께서도 카투만두를 여러 번 방문하셨으니까요. 그때마다 린포체의 가르침을 듣긴 했지만 정식 가르침은 아니었습니다. 제가 셰랍링의 강원에 들어간 때가 1994년이었습니다. 방학이 되면 대부분 나기 곰빠로 돌아와 지내면서 아버지께 명상에 대해 많은 질문을 드렸습니다. 그럴 때마다 아버지는 늘 같은 말씀을 하셨습니다.

"전에도 말했지만 너는 반드시 켄 린포체의 가르침을 받아야 한다."

농티 법맥은 비말라미뜨라Vimalamitra와 구루 린포체로 잘 알려진 파드마삼바바로부터 시작됩니다. 두 분 모두 8세기에 인도에서 티베트로 건너가 티베트에 불교의 씨앗을 심고 농티 법맥의 귀중한 핵심 가르침을 전해주신 것으로 존경받고 있습니다. 비말라미뜨라는 오탁악세가 도래하여 심오한 가르침이 많은 사람들에게 전수되어야 할 필요가 생기기 전까지는 법맥의 가르침이 한 스승에서 한 제자에게로 이어져야 한다고 했습니다.

오탁악세에는 다섯 가지 징후가 나타납니다. 첫 번째 징후는 전쟁과 살인, 짐승의 도살 같은 악행이 일어나는 것입니다. 두 번째 징후는 분노, 질투, 보복 등의 개인적인 감정을 정치적, 군사적 목적으로 이용하여 많은 사람들에게 극심한 괴로움을 끼치는 것입니다. 세 번째 징후는 타락한 견해로 사람들이 자신의 편협한 관점을 맹신하여 단기적 욕망을 만족시키려고 명예와 탐욕, 재산을 유지하려는 것입니다. 네 번째 징후는 홍수, 지진, 가뭄, 화재, 쓰나미, 태풍 등 사대원소로 인해 일어나는 극심한 재난입니다. 마지막 징후는 HIV, 헤르페스, 간염 등 새로운 질병과 전염병이 생기는 것입니다.

저는 켄 린포체에게 처음으로 가르침을 청한 후에 어느 정도 시간이 흐르고 나서야 다시 부탄을 방문하게 되었습니다. 강원에서 공부할 때였는데 형 촉니 린포체와 둘이서 봄 방학 동안 네팔에서 부탄까지 여행 계획을 세웠습니다. 모든 준비를 마칠 즈음에는 네팔에 머물고 있었지요. 그런데 문제가 하나 생겼으니, 비자를 받지 못한 거였습니다. 저는 날마다 우편물을 확인하고 비자 사무국에 전화를 걸었습니다. 그러는 동안 6주의 방학이 거의 지나가고 있었습니다. 촉니 린포체는 꼭 참석해야 할 일정이 있었고, 저는 저대로 켄 린포체께서 제자로 받아 주실지 확실치 않았습니다. 그즈음 육로로 부탄에 도착하면 국경에서 비자를 받을 수 있다는 정보를 친구에게서 들었습니다. 저는 그 방법대로 했습니다. 그런데 켄 린포체께서 팀푸에 계시지 않는다는 사실을 알게 되었습니다. 린포체는 동부 지역의 타르팔링Tarpaling이란 곳에 머무시면서 제례 의식인 뿌자puja를 대규모로 주재하셨습니다. 뿌자는 11일 동안 밤낮없이 계속되었습니다. 타르팔링에 도착하여 저는 린포체를 뵙고 말씀드렸습니다.

"아버지께서 린포체를 꼭 뵈어야 한다고 당부하시기도 했지만, 저 또한 린포체의 가르침을 꼭 받고 싶습니다"

린포체는 제게 뿌자에 참석해도 좋다고 하셨지만 제가 드린 청에 대해서는 가타부타 아무 말씀도 없으셨습니다. 저는 뿌자에 참석했습니다. 하루, 이틀, 사흘 그렇게 시간이 흘렀습니다. 저녁마다 린포체께서는 저와 식사를 함께 했지만 가르침은 주시지 않았습니다. 뿌자가 끝나는 날, 린포체는 제게 족첸에 대해 대략적으로 말씀해주셨습니다. 그리고는 제게 팀푸로 오라고 하셨지요.

팀푸는 나무가 울창한 좁은 계곡 아래쪽에 위치했고 린포체의 집은 산기슭에 있었습니다. 콘크리트와 나무로 지어진 이층집으로, 아래층은 건물을 증축하여 의식이 따르는 수행에 사용되었습니다. 위층은 주거 공간으로, 저는 그곳의 작은 방에 머물었습니다. 그곳에 머물면서부터는 린포체께서 날마다 가르침을 주셨습니다. 10주에 걸쳐 하루에 세 번, 한 번에 2시간에서 2시간 반 정도 수행했습니다. 법본도 없고 따로 공부하는 것도 없었습니다. 문자나 경론을 떠나 이심전심以心傳心으로 가르침을 받으면 저 혼자서 수행하다가 린포체를 뵙는 식이었습니다. 수행 내내 린포체께서는 제가 다음 과정으로 나가도 되는지 아닌지를 결정하셨습니다.

제가 모신 네 분의 스승은 법맥과 수행을 통해 아주 밀접하게 연결되어 있어서 한 분에게서 받은 가르침이 다른 분들의 가르침을 통해 확인되고 심화되었습니다. 그렇지만 스승이 여러 분 계실 경우, 가르침의 방식이나 전통, 이해 등이 서로 달라 모순되는 가르침을 받게 되는 일이 종종 있습니다. 예를 들면, 기초수행을 이 책에서처럼 전통적인 순서대로 해야 한다고 가르치는 스승이 있는가 하면, 어떤 스승은 여러 가지를 동시에 수행해도 좋다고 말씀하실 수도 있습니다. 이런 경우에는 기초수행 또는 다른 특정 수행을 하는 동안에는 한 분의 스승을 택하여 그 분의 지침을 따르면 됩니다. 그 후 다른 수행을 하게 될 때 다른 스승을 택하면 될 것입니다. 스승이 여러 분이신 경우, 가령 기초수행을 한다면 지금강불을 스승들 전부 또는 특정 수행을 허락하신 스승의 근본으로 관상하면 됩니다.

아무리 많은 스승을 택한다 해도, 심지어 125분이나 된다고 해도 우리가 가진 모든 지식과 판단을 총동원하여 한 분씩 자격요건을 따져봐야 합니다. 스승들이 모든 자격조건에 맞고 우리와 연이 될 때 그 분들의 가르침은 우리에게 큰 이로움을 줍니다.

제가 모신 네 분의 스승들 중에서 오직 따이 시뚜 린포체만이 생존해 계십니다. 저는 완벽하고 진정한 스승이신 린포체를 지금도 뵐 수 있어 정말 다행이라고 생각합니다. 그러나 심오한 차원에서는 어떤 분은 살아계시고 어떤 분은 돌아가셨다고 생각하지 않습니다. 그 분들은 늘 저와 함께 하시며 저는 여전히 그 분들의 가피를 구하기 때문입니다. 더 이상 이곳에 안 계신 스승들의 상대적 현현이 그리울 때도 있지만 그 분들은 이심전심으로 언제나 저와 함께 계십니다.

세 번째, 자동적 구루

한 분이나 다수의 스승을 택하는 것 외에 세 번째 범주는 자동적으로 스승이 되는 형태입니다. 스승으로부터 마음의 본성을 직접 가리키는 가르침을 받아서 실제로 우리 마음의 본성을 자각할 때 이런 일이 일어납니다. 이때의 스승은 자동적으로 근본스승이 됩니다. 이 분에 앞서 다른 한 분을 이미 선택했다면 두 분의 근본스승을 모시게 됩니다. 그래도 아무 문제없습니다.

제 아버지의 숙부께 이런 일이 일어났습니다. 그 분은 예닐곱 살 때 집을 떠나 사원으로 들어가 공부를 시작했습니다. 이미 뚤꾸로 인정되었기에 융숭한 대접을 받았지요. 사원에 들어갈 당시 그 분은 장난

꾸러기 소년의 습성을 아직 버리지 못했습니다. 선생님과 시자에게서 도망갈 방법을 늘 궁리하는가 하면, 틈만 나면 산 아래 마을로 달려 내려가 아이들과 놀곤 했습니다. 하루는 마을 아이들과 스투파 근처에서 놀고 있는데 어떤 할머니가 나타났습니다. 이는 다 빠지고 굽은 허리에 한 손에는 염주를 들고 다른 한 손에는 마니차를 든 할머니가 소년을 보고는 큰 소리로 나무랐습니다.

"얘야, 지금 이 시각에 여기서 대체 무엇을 하는 게냐?"

아이들은 하던 놀이를 멈추고는 함께 모여 있는 것이 안전하다고 생각했는지 모두 할머니 가까이로 모여들었습니다. 그러나 할머니는 아버지의 숙부를 계속 응시하면서 다시 나무라는 목소리로 말했습니다.

"마을에서 이러고 있다니! 사원에서 명상을 배우고 불경 공부를 해야 할 사람이 여기서 이렇게 노느라고 아까운 시간을 낭비해서야 되겠느냐?"

할머니의 나무람에 어리둥절해진 소년이 물었습니다.

"대체 무슨 말씀이세요? 명상이 뭐에요?"

그러자 할머니가 말했습니다.

"나 원, 이런 일이 다 있나? 명상이 뭔지도 모른단 말이냐?"

소년이 도움을 구하듯 친구들을 돌아보았으나 그들 역시 어깨를 으쓱할 뿐이었습니다. 다시 할머니에게 돌아선 소년 또한 어깨를 으쓱이며 고개를 저으며 말했습니다.

"모르는데요."

"눈을 안으로 돌려 네 머리 뒤쪽으로 향하게 하여 마음을 보는 거야."

소년은 할머니의 말씀대로 마치 머리 뒤쪽을 보듯 주의를 내면으로 집중했습니다. 그 순간 '쿵' 하는 느낌과 함께 그는 마음의 본성을 깨달았습니다. 그러자 끝없이 거대하고 광활하면서도 일상처럼 느껴졌습니다. 소년은 곧 산을 올라 사원으로 돌아가서 스승에게 명상을 가르쳐달라고 요청했습니다.

아버지의 숙부는 성장하면서 여러 분의 위대한 스승들로부터 많은 가르침을 받았습니다. 그렇지만 그 분은 그 할머니의 가르침보다 더 위대한 것은 없었다며 그 분이 자신의 첫 번째 구루라고 늘 말씀하셨답니다.

이것으로 구루를 선택하는 세 가지 형태에 대한 설명을 마칩니다. 이제 구루요가 수행을 자세하게 살펴보도록 하겠습니다.

●바즈라요기니

수행자는 자신을 바즈라요기니로 관상하며 본존들의 깨달은 성품을 자기 안에 느끼면서 '빛이 내게서 뿜어져 나온다. 내게는 무량한 지혜와 자비가 있다. 나는 자신감이 넘치며 평화롭다. 나의 본질은 명료함과 공성의 합일이다'라고 생각합니다. 우리는 이제 더 이상 '저기 바깥'에 있는 부처님의 영적인 삶을 관상하지 않습니다. 더 이상 부처가 되려고 준비하지 않습니다. 부처가 되거나 부처가 되기 위해 보시, 지계, 선정 등 육바라밀을 더 이상 수행하지 않습니다. 이제 우리는 부처입니다.

일체제불의 어머니이신 바즈라요기니는 여러 형태로 나타나며 이름과 색깔, 자세도 다양합니다. 지금 우리가 하고 있는 구루요가 수행에서는 선홍색의 바즈라요기니가 평평한 일륜좌와 월륜좌 위에 똑바로 서 계십니다. 일륜좌와 월륜좌는 연꽃 위에 살포시 얹어져 있습니다. 바즈라요기니의 자세, 색깔, 머리칼, 얼굴 표정 등 신체 부위에서 소용돌이치는 듯한 엄청난 에너지가 느껴집니다. 마치 춤을 추는 중간에 순간을 포착하여 사진을 찍은 것 같이 자세가 역동적입니다. 바즈라요기니는 세 개의 눈으로 과거, 현재, 미래를 봅니다. 오른쪽 다리는 절대적 실재를 상징합니다. 들려있는 다리는 윤회에서 벗어났음을 나타내며 바깥쪽으로 무릎이 접혀져 있습니다. 왼쪽 다리는 상대적 실재를 의미합니다. 왼쪽 발은 축 늘어진 인간의 시체를 밟고 있습니다. 시체는 외적으로는 무상을 뜻하며 내적으로는 자아가 죽은 것으로서 그토록 집착하던 자아가 파괴된 것을 의미합니다. 끝없이 이분법을 주장하며 자아를 만들어내던 아집이 파괴되면서 이제 상대적 실재와 절대적 실재가 하나로 나타납니다. 실재의 본성이 드러나 윤회와 열반이 하나가 됩니다.

바즈라요기니의 몸통은 약간 오른쪽으로 기울어져 있습니다. 왼쪽으로 조금 기울어진 얼굴은 공성을 드러내는 법신을 상징합니다. 바즈라요기니의 몸을 둘러싸고 있는 타오르는 불길로 무명의 암흑이 사

바즈라요기니, 까규 법맥에서 가장 중요한 불모

라집니다. 양 팔은 지혜와 자비를 상징합니다. 하늘을 향해 들어 올린 오른손으로 휘어진 월륜도를 휘둘러 자아와 탐진치의 삼독을 자릅니다. 가슴 가까이에 놓은 왼손에는 보리심의 붉은 감로가 가득한 해골 잔을 들고 있는데 이것은 성취를 의미하며 붉은색은 소망을 나타냅니다. 바즈라요기니는 에고라는 무명을 끊겠다는 서원을 성취했으며 또한 지혜를 성취하여 일체유정이 깨달음을 얻을 수 있게 도와줍니다. 바즈라요기니는 피와 뼈가 아니라 빛으로 되어 있다는 사실을 잊지 마십시오. 빛나는 색깔과 에너지가 넘치는 모습은 강렬하지만, 바즈라요기니는 실체가 없이 투명하고 맑습니다.

우리는 아직 무명의 상태이지만 우리가 부처님 특성의 정수를 체현한다는 것을 알아야 합니다. 만약 우리가 평범한 몸과 마음으로 이 수행에 접근한다면 부처님에서 부처님으로 이심전심으로 전해지는 가피를 받을 수 없습니다. 우리 자신이 부처 바즈라요기니가 되면 이것이 가능해집니다.

바즈라요기니는 까규 전승의 주요 본존 중 하나입니다. 바즈라요기니는 불부佛夫와 합체된 형상으로 나타나기도 하는데, 공성의 지혜, 모든 부처님의 어머니, 모든 형상이 일어나는 근원을 의미합니다. 불부는 방편과 형상의 명료함을 나타냅니다. 이 두 본존의 합체는 색과 공의 합일을 의미합니다. 두 분의 본존이 합쳐지는 것이 아니라, 원래 하나인데 둘로 나타난 것입니다. 두 본존의 성품은 본래 분리할 수 없습니다. 우리가 살고 있는 상대적 개념의 세상 너머로 가려면 바즈라요기니의 공성의 지혜가 핵심입니다. 지금 우리가 하는 구루요가 수행에서는 바즈라요기니가 한 분의 형상으로 나타납니다.

바즈라요기니가 지니고 있는 뼈로 된 장식물 여섯 가지는 각각 육바라밀을 상징합니다. 목걸이와 장신구 외에 다섯 가지의 투명한 목도리를 두르고 있으며 이것들은 다섯 가지 지혜를 나타냅니다. 벗은 몸은 있는 그대로의 마음으로 꾸밈없고 순수하고 분별과 집착에서 벗어난 마음을 상징합니다.

수행자는 '나는 보신 부처이다. 지금까지 나는 내가 부처라는 사실을 깨닫지 못했으나 이제 나는 그것을 깨달았다'라고 생각하며 영감을 얻습니다. '보신'이라 말하는 이유는 바즈라요기니가 청정한 형상이기 때문입니다. 바즈라요기니는 화신의 형상으로 나타나신 석가모니 부처님과 달라서 늙지도 죽지도 않습니다. 그러나 공성을 드러내는 법신과 다르게 바즈라요기니는 형상이 있습니다. 수행자는 '나는 이제 일체제불의 깨달음의 성품, 지혜, 청정함을 가졌다'라고 생각합니다. 이것이 금강의 자긍심입니다. 우리는 바즈라요기니로 나타나지만, 바즈나요기니는 본래 내재된 존재가 아니라 공성, 즉 우리의 불성이 드러난 것입니다. 세간의 자부심은 자아에 대한 집착에서 일어나므로 자신이 다른 사람들보다 더 높고 중요하다고 생각하게 만듭니다. 여기서의 자부심은 공성에서 일어난 것으로 자신감과 역량을 증진시키지만 자아가 없습니다. 왜냐하면 모든 것이 공성에서 일어나기 때문입니다.

●지금강불 관상

자신의 정수리 위에 지금강불께서 앉아있고, 지금강불의 정수리 위로 법맥의 선대 조사들이 수직으로 앉아있습니다. 그 줄 맨 위에 다시 지금강불이 앉아계시는데 이는 법맥의 수장임을 나타냅니다. 지금강불께서 자신을 마주보고 있다고 관상하는 것이 더 쉽다는 사람들도 있습니다. 머리 위에 계시든 앞에 계시든 상관없습니다. 지금강불의 푸른 몸은 주관과 객관 너머, 조작되지 않고 분리되지 않는 실재를 나타냅니다. 우리의 스승이 한 분이든 여러 분이든 상관없이 지금강불은 모든 스승의 근본이십니다. 구루요가에 대해 가르침을 주신 근본 스승으로 관상해도 좋습니다. 지금강불은 귀의수행과 만달라 수행에서와 같은 색깔에 장신구와 자세도 같습니다. 법맥의 선대 조사들을 하나하나 관상하느라 너무 힘을 쏟지 마십시오. 아래쪽에 계신 구루 지금강불께 주로 집중하십시오. 여기서도 지금강불은 사자좌 위의 연화좌, 그 위에 놓인 일륜좌와 월륜좌 위에 앉아 계십니다.

기초수행은 법맥에 따라 조금씩 다릅니다. 닝마파에서는 지금강불 대신에 파드마삼바바를 관상합니다. 바즈라요기니가 아닌 다른 부처님을 관상할 수도 있습니다. 같은 법맥 내에서도 법본이 다르며 그 중에는 아주 긴 장본도 있습니다. 이제부터 구루 요가의 주요 요소를 살펴보겠습니다.

● 칠지공양

매일 하는 수행의 일부로서 기초수행 수행자들은 첫 번째 수행을 시작하면서 기초수행의 이전 단계들을 간략하게 수행합니다. 그러므로 수행자는 이미 불단 앞에 앉아 있는 상태에서 구루요가를 시작하게 됩니다. 이제 모든 개념과 생각을 공성으로 용해시킵니다. 자신이 공성으로부터 바즈라요기니로 나타나는 것을 관상합니다. 바즈라요기니로서 칠지공양을 올리며 구루와 법맥의 스승들께 기도합니다.

칠지공양을 꼭 구루요가에서만 하는 것은 아닙니다. 기초수행에서 우리가 수행한 것을 요약하면 칠지공양이 되지만, 실제로 칠지공양으로 시작하는 수행이 많습니다. 헌신과 받아들이는 마음을 일으키고, 신구의 삼업의 깨달은 성품을 안정시키는 데 도움이 되기 때문입니다. 바른 자세로 앉아 모든 부처님들과 깨달은 존재들, 법맥의 조사들, 자신의 스승을 포함한 구루를 구현하는 지금강불께 7지공양을 올리며 기도합니다. 칠지공양은 귀의대배, 공양, 참회, 다른 이들의 공덕과 선행을 더불어 기뻐하기, 지금강불께 법륜을 굴리시기를 청하기, 지금강불께 일체유정의 이로움을 위해 열반에 드시지 말기를 청하기 그리고 공덕의 회향입니다. 칠지공양은 반드시 공덕을 회향하는 것으로 마칩니다.

귀의대배

공경하는 마음을 일으키기 위해 삼세의 모든 구루에게 귀의대배를 올리는 것을 관상합니다. 우리 마음의 진정한 본성을 거울처럼 비추어주는 삼세의 모든 구루에게 최고의 헌신과 공경하는 마음을 일으킵니다. 앉은 자리에서 일어나 실제로 몸을 움직여 절을 하지는 않습니다. 고요히 앉은 채로 자신을 바즈라요기니로 관상합니다. 우리는 이제 바즈라요기니입니다. 서 있는 바즈라요기니의 지혜의 몸의 심장 차크라에서 우리의 형상과 똑같은 분신들이 수천, 아니 끝없이 나오는 것을 관상합니다. 이 분신들이 모두 지금강불께 귀의대배를 올립니다. 또한 이들과 함께 시방삼세의 일체유정이 절을 올린다고 관상해도 좋습니다. 자신의 스승을 포함한 모든 깨달은 존재들의 상징으로서 지금강불을 계속 관상합니다. 또는 자신의 근본스승이나 구루요가의 구전을 주신 스승으로 관상해도 됩니다.

평상시의 우리와 똑같은 분신들 외에 다카, 다키니가 나투어 함께 대배를 올리는 것을 관상하기도 합니다. 절을 올리는 동시에 7지기도를 염송하며 구루께서 우리에게 마음의 본성이 법신임을 보여주신다는 것을 인식하면서 일체제불의 근본으로서 구루를 관상합니다. 대배는 자만심을 물리치는 최고의 대치법입니다. 자만이라는 독을 제거함으로써 우리 마음은 다음 차례인 공양을 올릴 채비를 갖춥니다.

공양

만달라 수행에서 공양 올린 우주, 행성, 우리의 재산과 몸, 권속, 선행, 또한 우주에 있는 모든 것으로서 공양 올릴 가치가 있는 것을 모두 공양 올립니다. 공양에서 놓아버리는 마음은 탐욕과 집착심에 대한 최고의 대치법입니다.

참회

금강살타 수행에서 했던 참회 수행을 반복합니다. 과거에 저지른 악행을 참회하고 다시는 반복하지 않겠다고 다짐합니다. 바즈라요기니의 심장 차크라에서 나온, 우리의 일상적 형상으로 나툰 분신들이 참회하는 것을 관상합니다.

수희찬탄

다른 사람들의 선행과 성취를 더불어 기뻐함은 경쟁심과 질투, 시기심을 놓아버리고 타인의 선업과 공덕을 기뻐하는 능력을 기르는 동시에 우리 자신을 위한 공덕을 짓게 됩니다.

법륜을 굴림

지금강불과 제불보살님께 법륜을 굴려주시기를 간청합니다. 부처님이 나타나셨다 해도 가르침을 남기시지 않을 수도 있습니다. 가르침은 누군가 청할 때만 이루어지기 때문입니다. 그러므로 우리는 제불보살께 일체중생의 이로움을 위해 법륜을 굴리시어 그들이 괴로움의 궁극적인 소멸을 얻기를 발원하며 가르침을 청합니다.

윤회계에 남으시기를 청함

제불보살이 우리를 위해 윤회계의 암흑 속에서 빛을 방사하여 길을 밝혀주심을 깨닫고 구루와 부처님 그리고 인간의 형상으로 나투신 모든 지혜로운 존재에게 가능한 한 우리 곁에 오래 머무시고 또한 우리가 가까이 다가갈 수 있는 방식으로 출현하셔서 무량한 지혜와 자비로써 일체유정이 깨달음을 얻도록 도와주시기를 간절히 청합니다.

회향

우리는 지금강불의 형상을 하신 구루께서 자신의 공덕과 자량을 일체중생의 깨달음을 위해 회향하겠다는 각오로 우리의 수행을 지켜보았음을 확신합니다. 우리 또한 우리의 공덕과 자량을 일체유정에게 예외 없이 회향함으로써 구루를 본받기를 진심으로 발원합니다.

●6절기도

7지공양을 마치면 6절기도로 넘어갑니다. 까규 전승의 기초수행에서는 6절기도가 구루요가 수행의 핵심입니다. 바즈라요기니로서의 수행자가 깨달은 존재의 지혜의 몸으로 구루를 처음으로 청하는 것입니다.

> 존귀하신 스승님께 기도합니다.
> 아집을 놓아버릴 수 있도록 저를 가피하소서.
> 제 안에서 출리심이 일어나도록 저를 가피하소서.
> 법이 아닌 생각이 끊어지도록 저를 가피하소서.
> 생겨나지 않는 마음을 깨닫도록 저를 가피하소서.
> 망상이 스스로 사라지도록 저를 가피하소서.
> 나타나고 존재하는 모든 것이 법신임을 깨닫도록 저를 가피하소서.

'나'라는 것에 집착하는 마음을 놓아버릴 수 있게 도와달라는 첫 번째 기도는 모든 수행 그리고 불법의 모든 길의 요체입니다. 우리는 "아집과 탐욕, '나'라는 것에 집착하는 해로운 마음을 놓아버릴 수 있게 도와주시기를 간절히 청합니다" 하고 기도합니다. 우리가 만약 집착을 내려놓고 아집에서 벗어난 마음의 자리에서 수행한다면 우리에게 본래 있는 깨달은 성품이 드러납니다. 이어지는 기도문이 깨달은 성품의 요소들입니다.

출리심은 아집을 놓아버리게 합니다. 승복을 입고 동굴로 들어가라는 소리가 아닙니다. 에고의 습관을 진정으로 버리려는 시도는 무엇이든 출리심에 이롭습니다. 명상 좌복에 앉아 있는 것은 미혹에서 반드시 벗어나겠다는 마음을 반영합니다. 음식점이든 학교든 또는 공항이든 원숭이 마음을 다스리기 위해 의도적으로 노력한다면 비록 그 노력이 실패했다는 생각이 들더라도 여러분은 출리심을 일으킨 것입니다. 충동적으로 행동하려 들거나 욕심을 부리는 습관이 나타나는 것을 알아차리고 간섭할 때마다 여러분은 출리심을 기릅니다. 알아차림에 의지하여 충동과 행동 사이의 끈을 끊어놓는 것이 출리심입니다.

법이 아닌 생각은 다른 사람들에게 도움이 되지 않는 몸과 마음의 행위입니다. 이 길에서는 모든 것이 보리심으로 시작해서 보리심으로 끝납니다. 보리심은 일체중생이 깨달음을 얻도록 돕겠다는 간절한 바람입니다. 그러므로 타인을 돕는 것과 아무 상관없는 생각은 법과 관련된 것이 아닙니다. 아집을 놓아버리고 자기중심의 좁은 생각을 버리면 보리심이 일어납니다. 이런 생각과 습관을 끊고 원숭이 마음이 만드는 문제와 이기심에서 벗어나기를 기도합니다. 구루의 가피로 장애와 불선한 생각을 제거할 수 있기를 간절히 기도합니다.

생겨나지 않는 마음은 본래의 마음으로 조작되지 않고 분별하지 않으며, 일어나지도 사라지지도 않습니다. 생겨나지 않으므로 스러지지도 않습니다. 우주처럼 무한하고 분리할 수 없고 끝이 없으므로 모든 가능성이 있습니다. 깨달음, 불성, 보리심, 무엇이든 다 가능합니다. 그러므로 무시 이래로 생겨나지 않는 이 마음을 깨달을 수 있도록 구루께서 가피하시기를 기도합니다.

우리는 망상이 스스로 사라지기를 기도합니다. 일상에서 우리는 수없이 많은 망상과 만납니다. 그 너머로 가려면 어떻게 해야 할까요? 망상이 나쁘다는 생각만으로는 아무 도움이 되지 않습니다. 대치법을 찾는 것 또한 망상입니다. 그러므로 망상이 스스로 사라지게 해야 합니다. 수행자는 알아차림으로써 그렇게 할 수 있습니다. 망상을 알아차리면 망상이 녹아집니다.

마지막으로 우리는 나타나고 존재하는 모든 것이 법신임을 깨달을 수 있기를 구루께 기도합니다. 실재의 본성을 온전히 인식하는 마음으로 살아갑니다. 모든 것을 청정한 인식으로 경험하는 것입니다. 윤회와 열반이 하나입니다. 일체유정이 깨달은 마음을 인식하기를 기도합니다.

● 여러 가지 명상법

스승에 따라 구루요가 수행법이 달라져서 6절기도를 11만 번 염송하기도 합니다. 자격을 갖춘 기초수행 지도자의 가르침을 따르면 됩니다. 6절기도를 반복해서 염송하는 동안 명상법을 바꿀 수 있습니다.

이전의 수행에서와 마찬가지로 마음이 지루해하거나 동요할 때 명상
법을 바꿉니다. 예를 들어, 관상을 멈추고 열린 알아차림, 즉 대상 없
는 사마타를 닦습니다. 또는 만트라를 염송하는 소리를 대상으로 사
마타를 닦거나 기도문을 반복해서 염송하면서 보리심에 집중하여 "일
체중생이 아집을 놓아버리고 깨달음을 얻는 데 도움이 되도록 내가
아집을 놓아버리기를!" 하고 기도합니다. 일체중생이 깨달음을 얻도
록 돕겠다는 자비로운 바람에 의도적으로 마음을 가져갑니다. 기도문
을 계속 염송하면서 자신에게 "누가 누구에게 기도하는가? 누가 무엇
을 청하는가? 기도하는 이가 누구인가? 듣는 이가 누구인가?"를 자문
합니다. 마음의 본성에 머무는 가르침을 받은 이들은 그 명상 수행으
로 바꾸어도 좋습니다. 어떤 명상법을 선택하든 기도문은 계속 염송
해야 합니다.

●금강승 4관정

구루는 특별한 의식을 통해 수행자가 특정 수행을 할 수 있도록 권한
을 주십니다. 관정은 일종의 입문식으로 의식을 통해 성스런 세계에
들어간다는 의미가 있습니다. 또한 성취를 위한 수행 과정이 시작된
다는 의미가 있습니다. 고대 인도에서는 왕의 즉위식에서 새 왕이 자
신의 권능을 확인하고 성취할 수 있도록 자신감을 불어넣기 위해 관
정을 주었습니다. 여기에서는 우리가 새로운 왕입니다. 네 가지 관정
과 이로써 입문이 인가된 수행을 통해 수행자는 자신의 보물을 깨달

게 되는 것입니다.

관정은 산스크리트어로 아비셰카abhishekas라고 하는데, 까규 전승에서는 대체로 스승이 제자들에게 단체 또는 개별적으로 관정을 줍니다. 구루요가에서는 수행의 일부로서 네 가지 관정을 관상하는데 반복해서 관상해도 좋습니다. 관상을 반복하는 횟수는 수행자가 결정하지만, 수행을 할 때마다 네 가지 관정을 순서대로 관상해야 합니다. 각 관정은 수행자의 몸과 말과 마음의 장애를 없애고 수행자를 명상의 길로 이끌어주며 사신四身을 성취할 수 있는 종자를 심어줍니다. 사신은 화신·보신·법신 그리고 이들 삼신의 통합이자 근본인 자성신svabhavikakaya입니다.

우리의 몸은 불단 앞에 앉아 있습니다. 이제까지는 바즈라요기니인 우리의 정수리 위에 지금강불을 모시고 수행했지만 사관정에서는 지금강불이 우리를 마주보고 계신 것으로 관상합니다. 모든 구루와 부처님들이 지금강불로 나타나신 것입니다. 자신도 모르게 빨려 들어갈 수밖에 없이 영감을 주는 형상으로 관상하되 그 형상이 본질적으로 모든 부처님을 구현한다는 것을 잊지 마십시오.

먼저 지금강불 위에 계신 법맥의 조사들이 빛으로 용해됩니다. 이 빛이 아래쪽에 계신 지금강불께 섭수됩니다. 바즈라요기니인 우리 정수리 위에 관상했던 푸른 몸의 지금강불이 이제는 우리를 마주 보고 계십니다. 우리의 일상적 자아와 바즈라요기니가 하나라고 상상합니다. 이렇게 하면 우리의 평범한 형상이 관정의 이로움을 얻게 됩니다. 이제 보병 관정을 시작하겠습니다.

보병관정

여기에서 의미하는 보병은 형태, 색깔, 몸, 물질, 자연 원소와 우리 몸 안의 원소 등 물질계에 관한 것입니다. 스승의 이마에서 흰색 빛줄기가 나와서 바즈라요기니인 우리의 양 눈썹 사이 미간을 통해 우리 몸으로 들어옵니다. 이로써 질병이나 통증 같은 육체적 장애를 녹여버리고 상해나 살생 등 몸으로 행한 악행을 정화합니다. 보병 관정은 마음을 명료하게 만들어 청정한 인식을 일으켜 모든 현상을 청정하고 명료한 알아차림의 현현으로 체험토록 합니다. 이 관정은 다음 단계인 생기차제로 나아갈 수 있는 권한을 부여합니다. 생기차제에서는 자신을 본존으로 관상함으로써 청정하지 못한 인식 습관이 무너지고 만트라와 관상 수행을 통해 본존의 깨달은 성품이 우리 안에 내재된 불성을 불러일으켜 하나가 됩니다. 부처님의 지혜는 형태도 없고 색깔도 없지만 우리는 형태와 색깔로써 수행합니다. 이렇게 하여 화신이 될 수 있는 종자를 심는 것입니다. 인간의 형상으로 부처가 되는 것입니다. 여기서 '보병'은 인간의 형상을 나타내는 것으로서 화신을 담는 배 또는 그릇을 뜻합니다.

비밀관정

다음으로 지금강불의 목에서 붉은 빛이 방사되어 바즈라요기니인 우리의 목으로 들어와 거짓말·비방·중상·잡담 등 말로 인한 장애와 악업을 정화합니다. 비밀관정을 받음으로써 우리는 생기차제에 이어 원만차제의 길에 들어서게 됩니다.

우리의 마음에는 부처님과 똑같은 지혜와 알아차림이 있으며, 우리의 몸 또한 부처님의 몸과 똑같습니다. 우리의 몸이 부처님의 지혜 요소라 생각하며 원만차제를 수행합니다. 거친 차원의 몸은 공기나 바람을 만나면 말로 나타납니다. 그런 다음 기맥과 호흡, 바람 에너지를 이용한 기맥수행을 통해 몸으로 수행합니다. 이것은 또한 과를 도로 삼는 것으로서 우리가 수련하려는 몸의 요소, 즉 프라나prana·빈두bindu·나디nadi가 이미 우리 안에 있기 때문입니다. 프라나는 우리 몸의 기맥을 통해 순환되는 바람 또는 공기 에너지를 가리키며 나디는 프라나가 이동하는 통로입니다. 빈두는 우리 몸 안에 있는 에너지 요소의 '미세한 방울'을 가리키는데 아주 작아서 육안으로는 보이지 않습니다.

원만차제에서 이들 미세한 몸의 요소에 알아차림을 두고 몸 안의 에너지를 조절하고 조종하는 법을 배우면 더욱 수행에 정진하게 되어 마음의 본성이 공성임을 깨닫게 됩니다. 통상적인 몸의 요소를 바꾸어 마음을 바꾸는 것입니다. 시간이 흘러 우리의 몸이 정화되면 모든 번뇌와 무지가 정화됩니다. 이렇게 되면 마음의 본성을 자연스럽게 깨닫게 됩니다. 원만차제의 과뫄는 실체가 없이 현현하는 보신으로 나타납니다. 물질적 요소가 방출하는 부처의 정수입니다. 원만체제 수행에서 '비밀'이란 개념은 기본적으로 '심오한' 또는 '내적'이라는 뜻으로서 외적 현상보다 미세합니다.

지혜관정

지금강불의 심장 차크라에서 푸른색 빛이 방사되어 바즈라요기니인 우리의 가슴으로 들어와 마음으로 지은 악업과 무명을 정화합니다. 삿된 견해, 왜곡된 견해, 증오, 제멋대로 구는 원숭이 마음, 자기애, 아집 등이 정화됩니다. 지혜관정은 지복과 공성의 합일을 수행할 수 있는 권한을 부여합니다.

지복이라는 말은 행복이란 말과 비슷하여 혼란을 불러오기도 합니다. 특히 서양인들은 환각성 약물, 마약에서 비롯된 환각상태, 또는 모든 것이 행복하게 느껴지는 초월적 상태를 연상하기 쉽습니다. 여기에서 의미하는 지복은 수행자가 괴로움의 반대편에 있음을 뜻합니다. 자신이 원하는 대로 이루어져야 한다는 집착을 버린 것입니다. 그렇다고 우리의 상황이 완벽하다는 뜻은 아닙니다. 우리가 원하는 것에 집착하지 않고 무엇이 일어나든 본래 완벽함을 깨닫는 것입니다. 지복은 적극적이고 활기찬 느낌의 기쁨을 담고 있어 중립적인 감정보다는 약간 강합니다. "아, 나는 이제 자유야"라고 외치는, 활기차고 의기양양한 느낌입니다.

말씀관정

네 번째 관정에서는 구루에게서 방사된 세 가지 빛이 바즈라요기니인 우리 몸에 동시에 들어와서 몸과 말, 마음의 가장 미세한 습기와 장애, 악업을 한꺼번에 정화합니다. 이로써 우리는 마음의 본성을 직접 가리키는 구전 가르침을 받을 수 있습니다. 말씀관정이라는 명칭은 이 구전 가르침에서 비롯된 것입니다. 우리의 일상적인 마음은 이제 깨달음의 마음이 되었습니다. 이 마음은 분별과 집착, 혐오, 탐욕과 무지에서 완전히 벗어난 마음으로 우리 마음은 언제나 이 마음입니다. 단 하나의 장애는 우리가 그것을 알지 못한다는 것입니다. 말씀 관정을 통해 '말씀', 즉 마하무드라의 정수를 받아들일 수 있는 준비를 갖추게 됩니다.

사관정의 과는 자성신으로 사신의 정수이며 모든 것의 정수입니다. 사관정은 과를 도로 삼습니다. 지혜는 거친 수준의 몸에 섞여 있습니다. 버터가 밀크에 들어있는 것과 같습니다. 청정하지 못한 것이 빠져나가면 지혜의 마음이 일어나므로, 우리가 필요한 모든 것이 이미 우리 안에 있다는 사실을 알아야 합니다.

사관정의 요약

네 가지 관정에는 모두 16가지 요소가 들어있습니다. 보병관정, 비밀관정, 지혜관정, 말씀관정이 각각 몸, 말, 마음 그리고 몸과 말과 마음의 합일에 작용합니다.

각 관정은 다음의 네 가지 수행을 할 수 있는 권한을 부여합니다. 보병 관정은 생기차제 수행을, 비밀관정은 원만차제 수행을, 말씀관정은 지복과 공성의 합일을, 말씀관정은 깨달음의 길을 수행할 수 있는 권한을 부여합니다.

각 관정은 화신, 보신, 법신 그리고 자성신의 종자를 심어줍니다. 몸에는 화신, 말에는 보신, 마음에는 법신, 몸과 말과 마음의 합일에는 자성신의 종자가 심어집니다.

구루요가 결어

네 번째 관정이 끝날 때 구루 지금강불께서 빛으로 용해되어 우리에게 섭수됩니다. 우리는 '나와 구루가 하나'임을 직접 체험합니다. 애초에 한 번도 분리된 적이 없었지만 그 사실을 알지 못했던 것이지요. 그러므로 빛, 섭수 등의 상대적 실재를 이용하여 절대적 실재를 인식합니다. 하나임을 깨닫기 위해 분리된 것으로 관상합니다. 단지 구루와 하나가 되는 것이 아니라 일체중생과 하나가 됩니다. 그 순간 세가지 전환이 이루어집니다. 우리의 몸과 일체중생의 몸이 구루의 몸이 되고, 우리의 말과 일체중생의 말이 구루의 말이 되며, 우리의 마음과 일체중생의 마음이 구루의 마음이 됩니다. 책상, 나무, 책, 건물등 외적인 현상도 법신이 됩니다. 이것이 헌신, 믿음, 자비 그리고 자애의 체험으로서 모든 현상으로 퍼져갑니다. 모든 것이 자애와 기쁨, 헌신에서 일어납니다. 구루요가를 통해 모든 현상이 법신이 되는 것으로서, 그러려면 관정을 받아야 합니다.

수행에서 관정을 받는 것을 여러 번 관상할 경우 마지막 관정을 받는 것으로 수행을 마무리합니다. 관정이 끝나면 자연스런 합일에 머뭅니다. 가능한 한 오랫동안 하나가 된 마음에 고요히 머뭅니다. 그런 다음 공덕을 회향하는 것으로 수행을 마칩니다.

하나를 사면……

구루요가에서 우리가 얻고자 하는 가장 중요한 이익은 구루에 대한 믿음과 헌신을 통해 우리 자신의 진정한 본성을 체험하는 것입니다. 이를 위해 우리는 자신을 바즈라요기니로 관상하며 지금강불께 간절히 기도합니다. 이것이 구루요가 수행의 핵심입니다. 그러나 다른 수행과 마찬가지로 수행자는 구루요가를 통해 사마타를 기르고 보리심을 일으키고 공성을 사유하고 마음의 본성에 머뭅니다. 구루요가는 우리를 본래 상태의 마음에 이어주는 대단히 강력한 수행입니다. 수행 중 때때로 여러분의 마음을 구루의 마음과 하나로 합치십시오. 또한 수행 법본을 독송하고 6절기도문을 염송하며 횟수를 세면서 자신의 마음을 자연스럽고 편안하게 쉬게 합니다.

●변화의 징후

구루요가는 여러 형태의 변화를 가져옵니다. 지금껏 기초수행을 닦아오면서 익혔던 이전 단계의 수행들의 여러 요소들을 보다 깊이 있고 광범위하게 이해하기 때문입니다. 헌신의 마음이 커지면서 명상에 더욱 집중하게 되어 명상할 때보다 고요한 마음에 더 오래도록 머물게 됩니다. 이것은 수행이 잘 되고 있음을 나타내는 최고의 징후입니다. 스승에 대한 믿음이 커지면서 우리 자신에 대한 믿음 또한 자라나서 자신감이 고조되어 수행 또한 강력해집니다. 수행의 힘은 이렇게 작용합니다. 우리의 능력에 자신감이 붙으면 명상수행이 강력해집니다.

구루요가를 시작하면서 우리는 구루를 부처님으로 봅니다. 이렇게 함으로써 우리 자신을 부처로 보게 되고, 청정한 인식이 일어나면 일체중생을 부처로 보게 됩니다. 이와 같은 이해가 생기면 번뇌는 더 이상 우리의 삶을 지배하지 못합니다. 우리 마음이 에고에 덜 집착하게 되므로 자만, 거만, 분노 등의 부정적인 요소가 옅어지고 줄어들기 시작합니다. 그리하여 우리는 타인의 욕구를 보다 명료하게 보고 듣고, 적절히 반응할 수 있게 됩니다. 지혜와 자비가 우리 마음에 퍼지므로 아집은 자동적으로 줄어듭니다.

기초수행을 마친 뒤 여러 가지 수행을 할 수 있습니다. 이들 수행은 기본적으로 기초수행으로 시작된 깨달음의 길을 지원하고 더욱 굳건하게 합니다. 이 책의 서두에서 언급했듯 많은 위대한 스승들께서 기초수행을 여러 번 완수하셨습니다. 기초수행은 할 때마다 매번 다릅니다.

12
기초수행을 마치고

스무 살 때 저는 뇨술 켄 린포체를 뵙기 위해 인도의 셰랍링에서 부
탄으로 갔습니다. 뇽티의 전반부에 대한 가르침을 이미 받았기에 후
반부 가르침을 받기 위해서였지요. 저는 그 즈음 끔직한 혼돈에 빠져
있었습니다. 훌륭한 가르침을 많이 받기는 했는데, 어느 것을 수행해
야 할지 도무지 마음을 정할 수 없었습니다. 마하무드라 수행이 제일
중요하다고 생각했지만, 마음의 본성을 깨달으려면 여러 수행을 닦아
야 제대로 잘 할 수 있다는 가르침을 받았으니까요. 그런데다 이 수행
들이 하나하나 대단히 중요하다는 말씀도 들었습니다. 본존요가, 기맥
수행, 만달라 공양 등등 닦아야 할 수행이 정말 많았습니다.

새로운 수행을 가르치실 때마다 스승들께서는 그 수행이 얼마나 심
오하며 또한 수행자를 변화시키는 힘이 얼마나 강력한지를 강조하셨

습니다. 수행자의 영적 성숙에 절대적으로 필요하며 또한 불법의 정수를 포함하고 있다고 하셨지요. 그러나 어느 시점에 이르자 그 모든 수행을 도저히 할 수 없을 것 같다는 생각이 들었습니다. 중요한 수행이 너무나 많았습니다.

수행을 시작할 때마다 다른 수행을 하는 것이 더 나을 것 같다는 생각이 들었습니다. 그런 날들이 여러 달 이어지고 있었습니다. 같은 만달라 공양이라도 정교한 수행법으로 하다 보면 간단한 관상을 하는 편이 더 지혜롭고 겸손하지 않을까 하는 생각이 들곤 했습니다. 어떤 날은 깨달음을 얻으려면 단순한 수행이 제일이라는 마음을 먹었다가도 다른 복잡한 수행에 들어있을 핵심 요소를 놓칠까봐 불안해지기도 했지요. 그러다 "출리심이야말로 불법에서 가장 중요한 요소"라는 가르침이 떠오르면 또 그것에 매달렸습니다. 그러다가도 '보리심이 제일'이라는 말씀이 문득 생각나면 다시 보리심 수행으로 바꾸고는 했습니다. 결국 완벽한 대안이 나올 때까지 결정을 미루기로 마음을 정했지만, 그런 식으로 시간을 낭비하는 저 자신에 대해 곧바로 자책하는 마음이 들어 곤혹스러웠습니다.

켄 린포체를 뵈러 갔을 때는 이미 6개월 넘게 그런 혼돈 속에서 지내고 있었습니다. 린포체는 방바닥에 앉아 계셨습니다. 린포체는 의자에 앉거나 바닥보다 높은 침대에서 주무시지 않고 늘 바닥에 깔려 있는 매트를 쓰셨지요. 매트 오른쪽에 나 있는 커다란 창문으로 작고 아름다운 마을, 팀부가 한 눈에 들어왔습니다. 열린 창문으로 부드러운 바람이 불어들었습니다. 언제나처럼 린포체의 마음은 알아차림에 머물러 있었고 그 분의 두 눈에는 지혜와 자비가 가득했습니다.

벽에는 금강살타, 파드마삼바바, 보현보살과 아미타불을 비롯하여 많은 탕카가 걸려 있었습니다. 저는 깨달은 존재들을 둘러보면서 과연 어느 분의 수행이 제일 수승한지 궁금한 마음이 들었습니다. 저는 린포체께 고민을 말씀드렸지요.

"마음의 본성에 대한 가르침이 제일 수승하다는 것은 확실히 알겠습니다. 그런데 그 수행을 잘 하려면 어떤 수행을 해야 할지 정말 모르겠습니다."

저는 지난 몇 달 동안 제게 최선의 수행이 무엇인지 확신하지 못해 이것저것 옮겨 다녔노라고 고백했습니다.

"어떤 수행이든 다 훌륭한 것 같아 오히려 질리는 느낌입니다. 그러면서도 중요한 요소는 하나도 빠뜨리고 싶지 않습니다. 제가 어떻게 해야 하는지 일러 주십시오."

린포체는 대답 대신 아티샤의 일화를 예로 드셨습니다. 티베트의 왕 장춥외는 아티샤를 초청하며 자국에서 쇠퇴한 불교를 거론했습니다. 그 당시로부터 수백 년 전에 인도에서 티베트로 처음 전해진 불교는 정치 세력의 지지와 왕실의 후원으로 융성했습니다. 그러나 불법을 믿는 국민이 많이 늘어난 것에 위협을 느낀 랑다르마가 새로 권력을 잡게 되자 불교를 몰아내려고 갖은 애를 썼습니다.

린포체는 웃으시며 말씀하셨습니다.

"그 왕은 부처님과 경쟁하는 것이 싫었던 모양이야. 성공하지는 못했지만 초반에 번성했던 부처님의 가르침이 많이 쇠락했지. 불교 교리에 대한 올바른 이해가 사라지고 왜곡된 부분도 많았지. 이렇게 어려운 시기가 지나고 새로운 왕이 권력을 잡았어. 왕은 티베트에서 불법을 다시 번성하게 만들리라 결심했지."

이때 아티샤는 이미 완전한 깨달음과 학식으로 명성을 널리 떨치고 있었습니다. 왜곡된 견해를 바로잡으려는 노력 또한 이름이 높았지요. 아티샤는 장춥외의 초청을 받아들여 티베트로 향했습니다. 서쪽 국경을 넘자 곧 응아리Ngari에 도착했는데 그곳에는 유명한 역경사 린첸 상보Rinchen Zangpo가 살고 있었습니다. 백 권이 넘는 경론을 번역, 보완한 린첸 상보는 당시 이미 나이가 많이 들었지요. 그 분 또한 티베트에 불법을 다시 세우려는 계획의 일환으로 인도로 보내진 승려로서 불경을 공부하고 산스크리트어를 배웠습니다. 두 거장은 서로 만나게 된 것을 몹시 기뻐하며 삼승三乘, 즉 부처님의 초기 가르침, 대승의 자비, 티베트에서 일어난 금강승의 근본 요소를 토론하느라 여러 날을 보냈습니다.

아티샤가 산스크리트 문헌이나 티베트와 인도의 경전 중에서 미묘한 부분에 대해 질문하면 린첸 상보는 한 점의 실수도 없이 완벽한 답을 제시했습니다. 신중하게 경청하던 아티샤는 린첸 상보의 흠 잡을 데 없는 학식과 논리에 점점 더 깊은 인상을 받게 되었습니다. 마침내 아티샤는 린첸 상보에게 선언하다시피 말했습니다.

"티베트에 이토록 위대한 스승이 계시니 제가 이곳에 있어야 할 이유가 없습니다. 저는 발길을 돌려 인도로 가야겠습니다."

린첸 상보는 내심 기뻤지만 아티샤에게 존경의 마음을 표하며 여정을 계속하기를 간곡하게 청했습니다. 아티샤는 린첸 장포에게 질문을 하나 던지고는 자신의 여정에 대해 생각해보기로 했습니다.

"삼승의 그 많은 가르침을 어떤 방식으로 수행하시는지 말씀해 주십시오."

린첸 상보가 대답했습니다.

"수행을 성취하기 위해 저는 3층짜리 집을 지었습니다. 아침에는 아래층에서 부처님의 근본 가르침을 수행하고, 점심에는 2층으로 가서 대승을 수행하고, 저녁에는 3층에서 금강승을 수행합니다."

린첸 상보가 대답을 마칠 때쯤 아티샤는 웃음보가 터져서 말을 제대로 할 수 없을 정도였습니다. 간신히 웃음을 거둔 아티샤 존자가 말했습니다.

"이제 제가 티베트에 머물어야 하는 이유를 알았습니다."

그러자 린첸 상보가 아티샤에게 물었습니다.

"존자께서는 삼승을 어떤 식으로 함께 수행하십니까?"

아티샤의 설명이 이어졌습니다.

"기본 수행에는 두 가지 요소가 있으니 귀의와 보리심입니다. 본 수행의 두 가지 요소는 지혜와 방편입니다. 마무리는 회향으로 합니다. 이 다섯 가지 수행에 삼승의 핵심 요소가 모두 들어있습니다. 그것으로 충분합니다. 불법의 모든 것이 여기 있으니 수행자는 한 자리에 앉아 모두 수행합니다. 귀의는 소승을 대표하고, 보리심은 대승을 대표하며, 방편과 지혜는 금강승을 대표합니다. 수행의 방편은 사마타 또는 본존 수행입니다. 지혜는 공성입니다. 그런 다음 회향으로 마무리

하는 것입니다."

아티샤의 가르침에 린첸 상보는 매우 기뻐했습니다. 그는 여생을 수행으로 보낼 것을 발원하고 아티샤의 가르침을 그대로 따랐습니다.

아티샤의 이야기를 마치고 켄 린포체는 덧붙이셨습니다.

"이것이야말로 불법의 핵심을 나타낸 지도란다. 이것만 있으면 길을 잃을 염려가 없지. 이 지도를 이해하면 불법의 전체 골격을 아는 것이다. 이제 무슨 가르침을 받든 네가 가진 지도에 세부사항만 더하면 되는 게야."

잠깐의 침묵 끝에 린포체께서 물으셨습니다.

"이 모든 것을 한 자리에 앉아서 수행한다는 것이 아직도 못 미더운가?"

린포체는 제 대답을 기다리지 않고 곧바로 말씀을 이으셨습니다.

"귀의는 근본적인 가르침으로 들어가는 문이다. 어떤 수행이든 귀의로 시작한다. 귀의와 함께 우리는 윤회계의 미혹을 뒤로 하고 마음을 깨달음으로 돌려놓는 게야. 구루와 부처가 같다는 사실을 깨우치면 귀의수행은 구루요가가 되는 것이지.

귀의한 다음에는 대승의 관문인 보리심의 동기를 일으켜야 한다. 보리심은 우리가 닦는 모든 수행의 동기로서 종국에는 일상의 모든 행위가 보리심의 동기로 이루어지지. 금강살타와 만달라 공양은 대승의 견해를 넓히는 것이다."

"이제 금강승의 본 수행을 할 차례다. 본존 수행으로 색과 공이 하나임을 확실히 이해하면 지혜가 생긴다. 금강승의 주된 방편은 과를 도로 삼는 것이다. 구루요가에서 수행자는 깨달은 본존 바즈라요기니가 된다. 진정한 믿음을 가지고 본존 수행을 하려면 공성의 진리, 즉 지혜를 이해해야 한다. 이것이 기초수행을 마친 후에 하는 모든 본존 수행의 핵심이다. 어떤 수행을 선택하든 가장 중요한 요소는 알아차림이다. 알아차림에 모든 것이 다 들어있다. 알아차림을 깨닫게 되면 모든 수행이 심오해지지. 알아차림을 깨닫지 못하면 아무리 훌륭한 방편을 전부 동원하여 수행한다 해도 실제로 도움이 되지 않아. 그런 다음 공덕을 회향하는 게야. 수행은 언제나 공덕을 회향하는 것으로 마쳐야 한다."

켄 린포체의 설명을 듣는 동안 저는 불안감이 제 몸과 마음을 빠져나가는 것을 거의 몸으로 느낄 수 있었습니다. 이 대화 이후 저는 여러 가지 수행을 많이 했지만 어떤 수행이 가장 수승한지, 또는 무엇인가 놓치는 것이 아닌가 하는 걱정을 다시는 하지 않았습니다. 린포체께서 주신 가르침과 충고로 모든 법이 하나임을 이해했기 때문입니다. 어떤 형태의 수행이든, 즉 사마타, 본존 수행, 보리심 할 것 없이 목표는 똑같습니다. 아집에서 벗어나고, 개념을 넘어서고, 일체중생을 돕고, 알아차림을 인식하는 것입니다.

기초수행에서 가장 내밀한 핵심은 세 가지 수행으로 축약될 수 있습니다. 수행의 머리, 수행의 심장 그리고 수행의 팔과 다리입니다. 귀의와 보리심은 수행의 머리를 이룹니다. 수행의 심장은 지혜로서 공성 명상이나 마음의 본성에 대한 명상을 통해 다가갑니다. 이것이 금강승의 정수입니다. 마지막으로 공덕을 회향하는 것이 수행의 팔과 다리입니다.

수행자는 법으로 마음을 돌리는 네 가지 사유를 통해 윤회계에서 벗어나겠다는 마음을 갖습니다. 귀의 수행은 이 같은 출리심을 확인하고 더욱 심화시킵니다. 출리심을 일으킴으로써 우리는 스스로의 가능성을 확인하게 됩니다. 자신에 대해 희망을 느끼는 것입니다. 윤회계에서 벗어날 수 있다는 가능성이 우리가 가는 길에 활기찬 기쁨을 만듭니다. 우리는 사막 건너편에 있는 폭포를 본 것입니다. 아직 목이 마르지만, 물이 보이니 희망과 행복을 느낍니다. 우리를 보호하고 이끌어주시기를 바라는 마음으로 불법승 삼보에 귀의하는 것이 외적 귀의입니다. 내적 귀의는 안으로 눈을 돌려 자신의 지혜와 자비를 향하는 것입니다. 외적 귀의와 내적 귀의를 통해 우리 자신에게 깨달은 존재와 똑같은 본성이 있음을 알게 됩니다.

보리심은 우리의 의도를 세웁니다. 그러나 보리심 자체가 번뇌와 무지를 정화하기 때문에 금강살타 수행의 효과를 포함합니다. 보리심은 또한 공덕과 자량을 쌓으므로 만달라 공양의 효과도 있습니다. 그리고 켄 린포체의 말씀처럼 수행자가 구루를 부처로 인식하면 귀의와 구루요가는 하나의 수행이 됩니다.

이쯤에서 여러분은 그렇다면 네 가지 사유와 금강살타 수행은 시간 낭비가 아닐까 하는 의구심이 들 수 있습니다. "귀의와 보리심, 회향만 하면 다 된다는데 다른 수행을 할 필요가 있을까?" 하는 의심이지요.

앞에서도 언급했지만 아버지께서는 자신을 발견해가는 과정이 깨달음이라고 말씀하셨습니다. 어떤 수행이든 우리의 본성에서 아직 드러나지 않은 모호한 부분에 주의를 기울이게 만드는 방법이 있습니다. 그러나 우리는 서로 다른 인격과 욕구, 취향을 가진 채 이 길에 들어섰습니다. 우리는 지금 불법의 탐구라는 과제와 함께 탐험에 필수적인 지도 한 장을 받아든 것입니다. 불법을 탐구하는 것은 우리 자신을 탐구하는 것과 같습니다. 이제부터 자신에게 어떤 방법이 맞는지 가능한 한 완벽하게 찾아내야 합니다.

　출리심과 깨달음이 흔들리지 않도록 도와주는 것이 무엇일까요? 구루조차도 우리에게 어떻게 수행해야 하는지 늘 정확하게 말씀해주지 못합니다. 자신에게 올바른 방법을 찾아내는 것은 수행자의 몫입니다. 켄 린포체께서 알아차림의 인식에 대해 말씀하신 것을 명심하십시오. 알아차림을 인식하면 모든 수행의 차원이 한 층 더 깊어집니다. 알아차림이 있으면 모든 수행이 심오해지는 것입니다.

● 꿈과 예언

뇨술 켄 린포체의 스승의 스승이신 켄포 응아왕 빨상Khenpo Ngawang Palzang은 뇽티 법맥을 일생에 한 명 이상 가르칠 수 있는 권한을 가진 대스승이셨습니다. 켄포 응아왕 빨상이 뇽티 가르침을 받는 때부터 이 가르침이 더욱 널리 전파되기 시작할 것이라는 예언이 있었습니다. 실제로 뇽티 가르침을 받던 중에 켄포 응아왕 빨상은 예언적인 꿈을 꾸었습니다.

꿈에 티베트 영토 전체를 덮을 수 있는 거대한 스투파가 나타났습니다. 인도의 왕이자 불교도인 아소카가 지은 스투파였습니다. 그런데 탑의 서쪽 부분이 갑자기 금이 가며 갈라지기 시작했습니다. 지진으로 땅이 갈라지고 마구 흔들리는 것처럼 스투파가 꼭대기에서부터 전부 무너져 내리기 시작했습니다. 파편들이 떨어져 흩어지며 산 아래로 굴러내려 바다로 굴러 들어갔습니다. 바다는 선홍색으로 변했습니다. 그러더니 하늘에서 누군가의 목소리가 들렸습니다. "바다 속에서 살고 있는 천만 존재들이 직접 깨달음을 얻을 것이다!"

꿈에 나온 거대한 스투파는 티베트 불교를 가리킵니다. 아소카 왕이 지은 스투파는 인도에서 티베트로 건너온 불교를 상징합니다. 왼쪽이 무너진 스투파는 티베트 불교가 중국 문화혁명으로 파괴되지만 서방으로 이동하여 전 세계로 전파된다는 예언입니다. 티베트 바깥에 있는 바다가 티베트 불교를 상징하는 붉은색으로 변했다는 것은 금강승이 태어난 국가에서 바다를 거쳐 전파된다는 것을 의미합니다. '천만의 존재'는 티베트에서 멀리 떨어진 세계 각국에 걸쳐 있는 사람들을 가리킵니다. 직접 깨달음을 얻는다는 것은 완전한 깨달음을 의미합니다.

이것은 저의 발원이기도 합니다. 티베트에서 그토록 끔찍하게 행해진 불법의 파괴가 전 세계의 중생들에게 무량한 이로움이 되기를 간절히 기도합니다.

이 책이 유익한 지침이 되기를 진정으로 기원합니다. 이제 막 불교에 입문한 독자라면 무언가 도움이 되는 것을 배울 수 있을 겁니다.

그것만으로 훌륭한 일입니다. 어쩌면 자신의 마음을 새로운 방식으로 들여다볼 수도 있으니까요. 무엇이라도 도움이 되었다면, 이 책에서 한 가지 지혜라도 만났다면, 그 공덕을 다른 이들에게 회향하기를 바랍니다.

석가모니 부처님께서는 누구든 4구게를 읽거나 듣기만 해도 비길 수 없는 이로움을 얻는다고 말씀하셨습니다. 그러므로 여러분의 소중한 시간을 불법의 가르침에 바쳤다는 사실을 기뻐하십시오. 수행과 마찬가지로 공덕과 지혜를 여러분 혼자서 향유하거나 다만 장식용으로 여겨서는 안 됩니다. 일체중생의 이로움을 위해 회향하십시오. 마음속으로라도 "내가 배운 모든 것을 일체중생에게 회향합니다. 그들의 삶이 혼돈에서 벗어나 지혜와 명료함을 개발하고 괴로움이 평화가 되기를!" 하고 간절히 기도하십시오.

■ 옮긴이 후기

　제 자신이 티베트 불교의 기초수행을 하게 된 연유와 이 책을 만난 사연을 나누는 것으로 옮긴이의 후기를 대신하려고 합니다.

　저는 아주 늦은 나이에 불교에 입문했음에도, 모자란 머리로 분별하느라 또 다시 방황하던 시간 중에 한 티베트 스승의 자비심에 관한 짧은 법문을 인터넷에서 우연히 또는 필연적으로 만났습니다. 그 분이 까르마 까규파의 수장이신 17대 까르마빠 존자님이셨습니다. 법문이 마음에서 떠나지 않아 존자님과 티베트 스승들의 가르침을 책과 인터넷으로 접하다가 2013년 봄, 인도 다람살라에서 존자님을 뵈었습니다. 존자님께서는 참으로 감사하게도 기초수행 구전을 주셨습니다.

　그해 겨울, 존자님의 가르침을 듣기 위해 보드가야로 떠났습니다. 도착한 첫날, 석가모니 부처님께서 깨달음을 얻으신 보리수를 찾아 나섰다가 온몸을 땅에 던지며 절을 올리는 수많은 사람들을 보았습니다. 승속, 인종, 남녀의 구분이 없었습니다. 그이들 대부분이 기초수행의 하나인 귀의대배를 올리는 거였고, 저 또한 곧바로 그이들의 일부가 되었습니다. 인천의 스승이신 석가모니 부처님의 발자취가 곳곳에 남아있는 곳, 그리고 스승님이 가까이 계신 곳에서 오체투지로 절을 올리면서 먼 길을 돌고 또 돌았다는 회환과 이제 고향에 돌아왔다는 감사함이 복받쳐 하염없이 눈물을 흘렸던 기억이 지금도 새롭습니다.

국내에서는 기초수행에 대한 가르침을 스승들로부터 직접 듣기가 쉽지 않아 책과 인터넷 법문에 의지하여 공부하고 수행하는 과정에서 까르마 까규 전승의 위대한 스승이신 밍규르 린포체의 이 책을 만났습니다. 당시 린포체께서는 히말라야에서 은둔 수행 중이셨습니다. 린포체의 제자들이 이끄는 온라인 커뮤니티에서 이 책을 주요 텍스트로 1년 넘게 함께 공부하며 조금씩 우리말로 옮긴 것이 이 번역서의 단초가 되었습니다.

이 책의 근간은 밍규르 린포체께서 2004년 캐나다 벤쿠버에서 설하신 기초수행에 대한 가르침입니다. 여기에 미국의 불교 저널인 트라이시클Tricycle 편집자, 헬렌 트워르코프Helen Tworkov가 2009년부터 2011년까지 린포체와 면담하여 받은 가르침이 더해졌습니다. 2011년 6월, 린포체는 4년여에 걸친 운둔 수행을 시작하시면서 제자들에게 당신께서 시작한 일들을 계속할 것을 당부하셨습니다. 이 책『번뇌를 지혜로 바꾸는 수행Turning Confusion into Clarity』은 그 일들 중 하나로 2014년에 출간되었습니다. 영문판 권말의 주해는 흐름을 방해하지 않는 선에서 한글로 옮겨 본문에 넣었음을 밝힙니다.

부족하기 그지없는 제가 이 귀한 책을 번역하게 되어 송구합니다. 오역은 모두 저의 잘못입니다. 지적하여 주시면 다음 판에서 보완하고 수정할 수 있기를 기대합니다. 부족하나마 이 책이 여러분에게 힘이 되기를 기원하며, 이 책의 번역으로 제게 조금의 공덕이라도 있다면 모두에게 회향합니다.

이 책의 번역을 결정하는 과정과 번역하는 과정에서 가피해주시고 힘을 주신 까르마빠 존자님께 마음 깊은 곳으로부터 감사드립니다. 번역을 허락하고 가피해주신 밍규르 린포체께 깊이 감사드립니다. 쉽지 않은 상황에서 출간을 결정하고 원고를 읽어주신 도서출판 지영사의 이연창 사장님께 진심으로 감사드립니다. 티베트어 번역과 귀한 도움을 주신 까르마 랍셸 님께 감사드립니다. 바쁜 중에도 꼼꼼히 원고를 읽어주신 까르마 출팀 뺄모 스님께 감사드립니다. 린포체의 법음을 국내에 알리고 이 책의 출간에 도움을 주신 텔가 코리아 대표분들께 감사드립니다. 표지 사진원고를 기꺼이 내어주신 법화심 님께 감사드립니다. 마음으로 응원해준 분들께 감사드립니다. 이번 생에서 가장 치열했을 여름과 고군분투하며 말없이 격려해준 오랜 길동무에게 고마운 마음을 전합니다.

2017년 10월

까르마 뺴마 돌마 합장